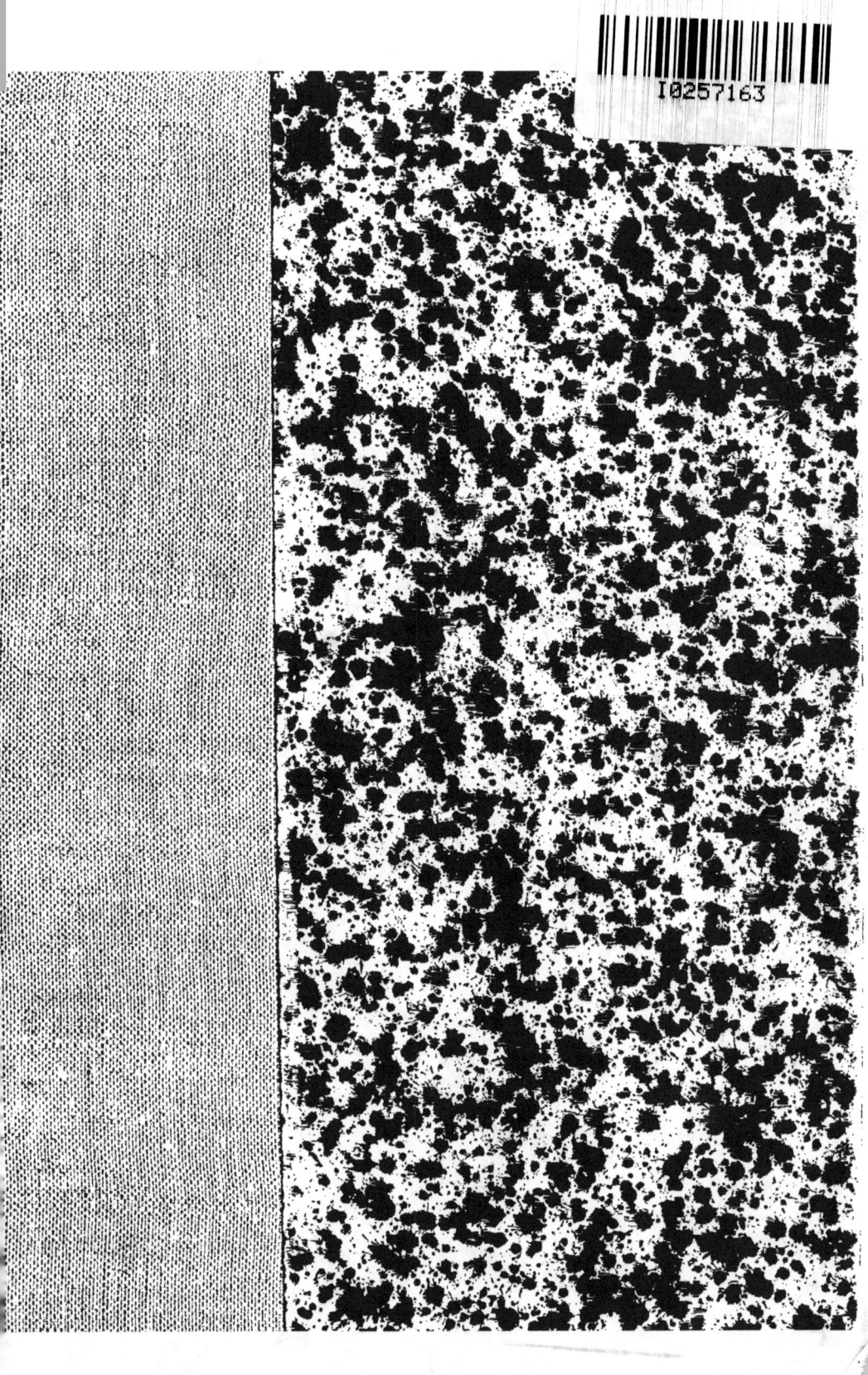

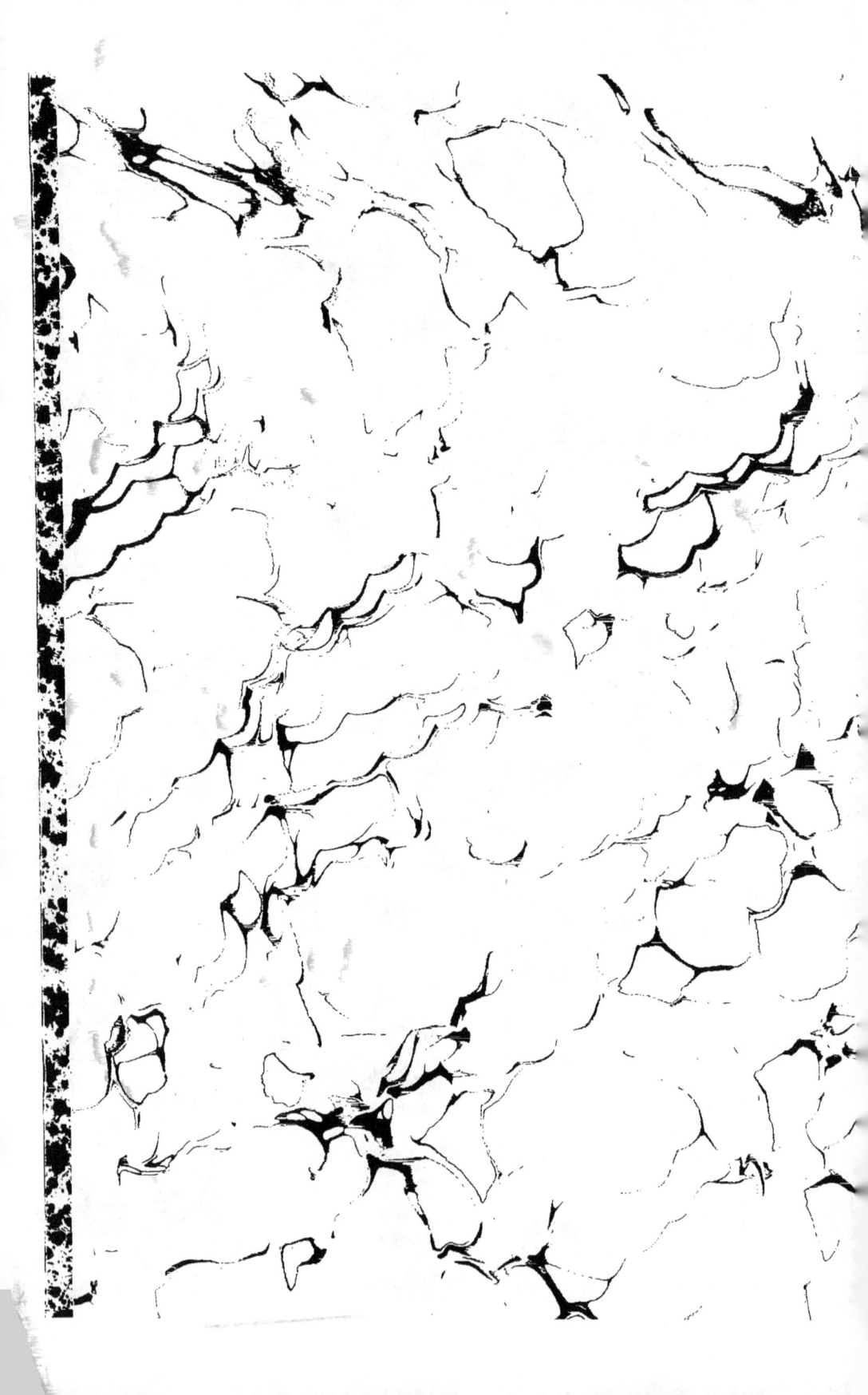

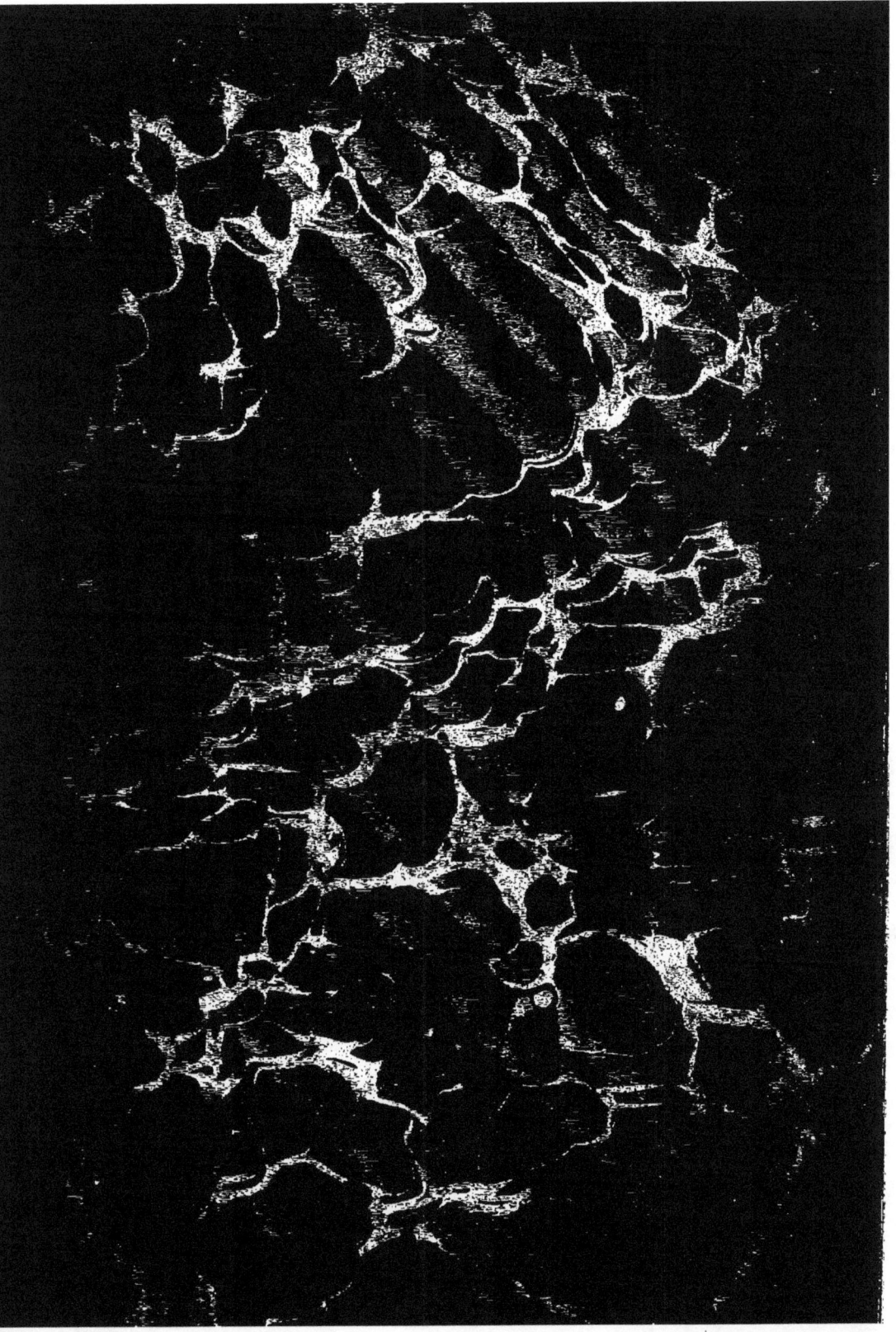

ŒUVRES

DE

CHATEAUBRIAND

Itinéraire de Paris à Jérusalem

PARIS
DUFOUR ET MULAT, LIBRAIRES-ÉDITEURS
QUAI MALAQUAIS, 21
1852

ŒUVRES
DE
CHATEAUBRIAND

VII

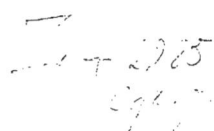

LAGNY. — TYPOGRAPHIE DE VIALAT ET C

ATALA ET CHACTAS SUR LE RADEAU.

ŒUVRES
DE
CHATEAUBRIAND

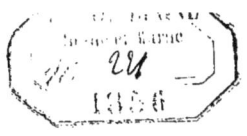

Itinéraire de Paris à Jérusalem

PARIS
DUFOUR, MULAT ET BOULANGER, LIBRAIRES-ÉDITEURS
24, QUAI MALAQUAIS

1853
1856.

ITINÉRAIRE

DE PARIS A JÉRUSALEM

PRÉFACE

POUR L'ÉDITION DE 1827.

Lorsqu'en 1806 j'entrepris le voyage d'outre-mer, Jérusalem était presque oubliée ; un siècle anti-religieux avait perdu mémoire du berceau de la religion : comme il n'y avait plus de chevaliers, il semblait qu'il n'y eût plus de Palestine.

Le dernier voyageur dans le Levant, M. le comte de Volney, avait donné au public d'excellents renseignements sur la Syrie ; mais il s'était borné à des détails généraux sur le gouvernement de la Judée. De ce concours de circonstances, il résultait que Jérusalem, d'ailleurs si près de nous, paraissait être au bout du monde : l'imagination se plaisait à semer des obstacles et des périls sur les avenues de la cité sainte. Je tentai l'aventure, et il m'arriva ce qui arrive à quiconque marche sur l'objet de sa frayeur : le fantôme s'évanouit. Je fis le tour de la Méditerranée sans accidents graves, retrouvant Sparte, passant à Athènes, saluant Jérusalem, admirant Alexandrie, signalant Carthage, et me reposant du spectacle de tant de ruines dans les ruines de l'Alhambra.

J'ai donc eu le très-petit mérite d'ouvrir la carrière, et le très-grand plaisir de voir qu'elle a été suivie après moi. En effet, mon *Itinéraire* fut à peine publié qu'il servit de guide à une foule de voyageurs. Rien ne le recommande au public que son exactitude ; c'est le livre de poste des ruines : j'y marque scrupuleusement les chemins, les habitacles et les stations de la gloire. Plus de quinze cents Anglais ont visité Athènes dans ces dernières années ; et lady Stanhope, en Syrie, a renouvelé l'histoire des princesses d'Antioche et de Tripodi.

Quand je n'aurais eu en allant en Grèce et en Palestine que le bonheur de tracer la route aux talents qui devaient nous faire connaître ces pays des beaux et grands souvenirs, je me féliciterais encore de mon entreprise. On a vu à Paris les *Panoramas* de Jérusalem et d'Athènes ; l'illusion était complète ; je reconnus au premier coup d'œil les monuments et les lieux que j'avais indiqués. Jamais voyageur ne fut mis à si rude épreuve ; je ne pouvais pas m'attendre qu'on transportât Jérusalem et Athènes à Paris, pour me convaincre de mensonge et de vérité. La confrontation avec les témoins m'a été favorable : mon exactitude s'est trouvée telle, que des fragments de l'*Itinéraire* ont servi de programme et d'explication populaires aux tableaux des *Panoramas*.

L'*Itinéraire* a pris par les événements du jour un intérêt d'une espèce nouvelle : il est devenu, pour ainsi dire, un ouvrage de circonstance, une carte topographique du théâtre de cette guerre sacrée, sur laquelle tous les peuples ont aujourd'hui les yeux attachés. Il s'agit de savoir si Sparte et Athènes renaîtront, ou si elles resteront à jamais ensevelies dans leur poussière. Malheur au siècle, témoin passif d'une lutte héroïque, qui croirait qu'on peut, sans périls comme sans pénétration de l'avenir, laisser immoler une nation ! Cette faute, ou plutôt ce crime, serait tôt ou tard suivi du plus rude châtiment.

Il n'est pas vrai que le droit politique soit toujours séparé du droit naturel : il y a des crimes qui, en troublant l'ordre moral, troublent l'ordre social, et motivent l'intervention politique. Quand l'Angleterre prit les armes contre la France, en 1793, quelle raison donna-t-elle de sa détermination ? Elle déclara qu'elle ne pouvait plus être en paix avec un pays où la propriété était violée, où les citoyens étaient bannis, où les prêtres étaient proscrits, où toutes les lois qui protégent l'humanité et la justice étaient abolies. Et l'on soutiendrait aujourd'hui qu'il n'y a ni massacre, ni exil, ni expropriation en Grèce ! On prétendrait qu'il est permis d'assister paisiblement à l'égorgement de quelques millions de chrétiens !

Des esprits détestables et bornés, qui s'imaginent qu'une injustice, par cela seul qu'elle est consommée, n'a aucune conséquence funeste, sont la peste des États. Quel fut le premier reproche adressé pour l'extérieur, en 1789, au gouvernement monarchique de la France ? Ce fut d'avoir souffert le partage de la Pologne. Ce partage, en faisant tomber la barrière qui séparait le nord et l'orient du midi et de l'occident de l'Europe, a ouvert le chemin aux armées qui tour à tour ont occupé Vienne, Berlin, Moscou et Paris.

Une politique immorale s'applaudit d'un succès passager : elle se croit fine, adroite, habile ; elle écoute avec un mépris ironique le cri de la conscience et les conseils de la probité. Mais, tandis qu'elle marche, et qu'elle se dit triomphante, elle se sent tout à coup arrêtée par les voiles dans lesquels elle s'enveloppait ; elle tourne la tête, et se trouve face à face avec une révolution vengeresse qui l'a silencieusement suivie. Vous ne voulez pas serrer la main suppliante de la Grèce ? Eh bien ! sa main mourante vous marquera d'une tache de sang, afin que l'avenir vous reconnaisse et vous punisse.

Lorsque je parcourus la Grèce, elle était triste, mais paisible : le silence de la servitude régnait sur ses monuments détruits ; la liberté n'avait point encore fait entendre le cri de sa renaissance du fond du tombeau d'Harmodius et d'Aristogiton ; et les hurlements des esclaves noirs de l'Abyssinie n'avaient point répondu à ce cri. Le jour je n'entendais, dans mes longues marches, que la longue chanson de mon pauvre guide ; la nuit je dormais tranquillement à l'abri de quelques lauriers-roses, au bord de l'Eurotas. Les ruines de Sparte se taisaient autour de moi; la gloire même était muette : épuisé par les chaleurs de l'été, l'Eurotas versait à peine un peu d'eau pure entre ses deux rivages, comme pour laisser plus d'espace au sang qui allait bientôt remplir son lit. Modon, où je foulai pour la première fois la terre sacrée des Hellènes, n'était pas l'arsenal des hordes d'Ibrahim ; Navarin ne rappelait que Nestor et Pylos ; Tripolizza, où je reçus les firmans pour passer l'isthme de Corinthe, n'était pas un amas de décombres noircis par les flammes, et dans lesquels tremble une garnison de bourreaux mahométans, disciplinée par des renégats chrétiens. Athènes était un joli village qui mêlait les arbres verts de ses jardins aux colonnes du Parthénon. Les restes des sculptures de Phidias n'avaient point encore été entassés pour servir d'abri à un peuple redevenu digne de camper dans ces remparts immortels. Et où sont mes hôtes de Mégare? Ont-ils été massacrés? Des vaisseaux chrétiens ont-ils transporté leurs enfants aux marchés d'Alexandrie? Des bâtiments de guerre construits à Marseille pour le pacha d'Égypte, contre les vrais principes de la neutralité (1), ont-ils escorté ces convois de chair humaine vivante ou ces cargaisons de mutilations triomphales qui vont décorer les portes du sérail?

Chose déplorable ! j'ai cru peindre la désolation en peignant les ruines d'Argos, de Mycènes, de Lacédémone ; et si l'on compare mes récits à ceux qui nous viennent aujourd'hui de la Morée, il semble que j'aie voyagé en Grèce au temps de sa prospérité et de sa splendeur !

J'ai pensé qu'il était utile pour la cause des Grecs de joindre à cette nouvelle préface de l'*Itinéraire* ma *Note sur la Grèce*, mon *Opinion* à la Chambre des pairs, à l'appui de mon amendement sur le projet de loi pour la répression des délits commis dans les échelles du Levant, et même la page du discours que j'ai lu à l'Académie, page où j'exprimais mon admiration pour les anciens comme pour les nouveaux Hellènes. On trouvera ainsi réuni tout ce que j'ai jamais écrit sur la Grèce, en exceptant toutefois quelques livres des *Martyrs*.

(1) Il y a deux sortes de neutralité : l'une qui défend tout, l'autre qui permet tout.

La neutralité qui défend tout peut avoir des inconvénients ; elle peut, en certains cas, manquer de générosité, mais elle est strictement juste.

La neutralité qui permet tout est une neutralité marchande, vénale, intéressée : quand les parties belligérantes sont inégales en puissance, cette neutralité, véritable dérision, est une hostilité pour la partie faible, comme elle est une connivence avec la partie forte. Mieux vaudrait se joindre franchement à l'oppresseur contre l'opprimé, car du moins on n'ajouterait pas l'hypocrisie à l'injustice.

Vous laissez le pacha d'Égypte bâtir des vaisseaux dans vos ports, vous lui fournissez tous les moyens qui sont en votre pouvoir pour achever ses expéditions, et vous dites que les Grecs peuvent en faire autant ! Le pacha d'Égypte peut vous payer les moyens de destruction qu'il vous achète : son fils ravage la Morée. Les Grecs ont-ils, pour faire bâtir des vaisseaux, l'or que les Arabes d'Ibrahim leur ont ravi? Les enfants de ces Grecs ne sont-ils pas élevés dans vos cités par la piété publique, à laquelle vous ne voulez prendre aucune part ! Cessez donc de nous dire que les Grecs peuvent aussi faire construire des vaisseaux dans vos ports ; ne venez pas, en insultant la raison et l'humanité, appeler du nom de neutralité une alliance abominable.

J'ai offert dans la *Note* un moyen simple et facile d'émanciper les Grecs, et j'ai plaidé leur cause auprès des souverains de l'Europe; par l'*amendement*, je ne suis adressé au premier corps politique de la France, et ce noble tribunal a prononcé une magnanime sentence en faveur de mes illustres clients.

La *Note* présente la Grèce telle que des Barbares la font aujourd'hui, l'*Itinéraire* la montre telle que d'autres Barbares l'avaient faite autrefois. La *Note*, indépendamment de son côté politique, est une espèce de complément de l'*Itinéraire*. Si la nouvelle édition de cet ouvrage tombe jamais entre les mains des Hellènes, ils verront du moins que je n'ai pas été ingrat : l'*Itinéraire* fait foi de l'hospitalité qu'ils m'ont donnée : la *Note* témoigne de la reconnaissance que j'ai gardée de cette hospitalité.

Au surplus, on pourra remarquer que j'ai jugé les Turcs dans l'*Itinéraire* comme je les juge dans la *Note*, bien qu'un espace de vingt années sépare les époques où ces deux ouvrages ont été écrits.

Les affaires de la Grèce se présentaient naturellement à mon esprit en m'occupant de la réimpression de l'*Itinéraire* : j'aurais cru commettre un sacrilége de les passer sous silence dans cette préface. Il ne faut point se lasser de réclamer les droits de l'humanité : je ne regrette que de manquer de cette voix puissante qui soulève une indignation généreuse au fond des cœurs, et qui fait de l'opinion une barrière insurmontable aux desseins de l'iniquité.

NOTE SUR LA GRÈCE.

AVERTISSEMENT.

Ce n'est point un livre, pas même une brochure, qu'on publie (1) : c'est, sous une forme particulière, le prospectus d'une souscription, et voilà pourquoi il est signé; c'est un remercîment et une prière qu'un membre de la société, en faveur des Grecs, adresse à la pitié nationale; il remercie des dons accordés; il prie d'en apporter de nouveaux; il élève la voix au moment de la crise de la Grèce; et comme, pour sauver ce pays, les secours de la générosité des particuliers ne suffiraient peut-être pas, il cherche à procurer à une cause sacrée de plus puissants auxiliaires.

(1) La première édition de la *Note sur la Grèce* n'était en effet qu'une sorte de prospectus du comité grec, dont l'auteur est membre; mais les événements qui ont suivi cette première publication ont engagé l'auteur à ajouter un avant-propos à la seconde édition et une préface à la troisième édition. Cet avant-propos est en deux parties; le lecteur le trouvera à la suite de cet avertissement, ainsi que la préface.

AVANT-PROPOS.

PREMIÈRE PARTIE.

Les personnages du drame qui depuis trente ans se joue sous nos yeux se retirent. Les acteurs populaires ont descendu les premiers dans les tombeaux qu'ils avaient placés sur la scène : ils ont emporté avec eux quelques têtes couronnées; d'autres potentats, en plus grand nombre, les ont suivis, Louis XVI, Louis XVII, Gustave III, Pie VI, Léopold II, Pie VII, Catherine II, Sélim III, Charles III d'Espagne, Ferdinand Ier de Sicile, Georges III, Louis XVIII, le roi de Bavière, Alexandre, et ce Buonaparte, unique dans sa dynastie, solitaire dans la vie et dans la mort, ce Buonaparte qu'on ne sait ni comment admettre au nombre des rois, ni comment retrancher de ce nombre; tous ces souverains ont disparu. En face des antiques monarchies qui perdent tour à tour leurs vieux chefs, s'élèvent des républiques nouvelles, qui, dans toute la vigueur de la jeunesse, semblent se promettre la terre par droit de déshérence.

Des hommes importants qui marquèrent dans la fondation d'un nouveau système ont pris la file, et sont arrivés de même au rendez-vous général : Pitt et Fox, Richelieu et Castlereagh se sont hâtés; d'autres ne tarderont pas à les rejoindre.

Ce grand mouvement, qui tout entraîne, rend bien petites les ambitions, les intrigues et les choses du jour. Buonaparte meurt au bout du monde, sur un rocher, au milieu de l'Océan; et Alexandre revient dans son cercueil chercher un tombeau par ces chemins de la Crimée qui virent le voyage triomphant de son aïeule. Ainsi Dieu se joue de la puissance humaine, et annonce par des signes éclatants les révolutions que ses conseils vont opérer dans les destinées des peuples.

Une nouvelle époque politique commence : le temps qui a appartenu à la restauration proprement dite finit, et nous entrons dans une ère inconnue. Où est l'ouvrage de nos dix années de paix? Qu'avons-nous fondé ou qu'avons-nous détruit? Si nous n'avons rien fait au milieu du profond calme de l'Europe, que ferons-nous au milieu de l'Europe peut-être agitée? Quand les événements du dehors viendront se compliquer avec les misères du dedans, où irons-nous?

La consternation de cinquante millions d'hommes annonce, mieux qu'on ne pourrait le dire, tout ce que la Russie a perdu en perdant Alexandre. Une famille auguste en larmes; une épouse à qui sa mort coûtera peut-être la vie; l'héritier d'un empire qui, oubliant cet immense et glorieux héritage, s'enferme deux jours pour pleurer, et dont la puissance n'est annoncée que par le serment de la plus noble fidélité fraternelle; l'idole d'un peuple religieux et sensible, une vénérable mère plongée dans une affliction d'autant plus cruelle qu'une fausse espérance était venue se mêler à ses craintes, et que c'est au pied des autels où cette mère remerciait Dieu d'avoir sauvé son fils, que ses actions de grâces se sont changées en cris de douleur : tous ces signes non équivoques d'un deuil profond et véritable sont une éloquente oraison funèbre.

L'Europe a partagé ce deuil; elle a pleuré celui qui mit un terme à des ravages effroyables, à des bouleversements sans nombre, à l'effusion du sang humain, à une guerre de vingt-deux années; elle a pleuré celui qui le premier releva parmi nous le trône légitime, et servit à nous rendre, avec les fils de saint Louis, l'ordre, la paix et la liberté.

L'empereur Alexandre, qui avait senti les abus de la force, avait cherché la gloire dans la modération. Il sera toujours beau au maître absolu d'un million de soldats de les avoir retenus sous la tente. Né avec les sentiments les plus nobles, religieux et tolérant, incliné aux libertés publiques, ayant affranchi en partie les serfs de sa couronne; magnanime en 1814, lorsqu'il sauva Paris après avoir vu brûler Moscou, lorsqu'il ne voulut pour fruit de ses succès que le bonheur d'applaudir à nos institutions naissantes; généreux en 1817, lorsqu'il repoussa toute idée d'affaiblir la France, lorsqu'il ne demanda rien au moment même où il était obligé de contracter des emprunts, au moment où tant de puissances profitaient de nos malheurs. Alexandre avait fait violence à son penchant naturel en s'arrêtant devant l'indépendance de la Grèce, et il ne s'arrêta que dans la seule crainte de troubler le repos du monde. Que d'autres eussent de lui cette frayeur, rien de plus simple sans doute; mais qu'il eût cette crainte de lui-même, certes elle ne pouvait sortir que d'une délicatesse de conscience, que d'un fonds de justice et de grandeur d'âme peu commune.

Qu'il soit permis à l'auteur de la *Note* de donner des regrets à un prince qui rehaussait les qualités les plus rares par cette bonté de cœur, ces mœurs sans faste, cette simplicité si admirable dans la puissance; qu'il soit permis à un homme peu accoutumé à la faveur et au langage des cours de manifester ses sentiments pour un prince qui lui avait témoigné, et par ses lettres et par ses paroles, la confiance la plus honorable; pour un prince qui l'avait comblé des marques publiques de son estime, pour un prince auquel il ne peut payer ici que le tribut d'une stérile et douloureuse reconnaissance : du moins aujourd'hui on ne pourra soupçonner cette reconnaissance d'être dictée par l'ambition ou par la flatterie.

Cependant on ne peut se dissimuler que la politique suivie par la Russie à l'égard des Hellènes ne fût contraire à l'opinion religieuse, populaire et militaire du pays. Quels que fussent les événements de la Morée, on en rendait toujours le cabinet de Pétersbourg responsable : si la Grèce triomphait, les Russes demandaient pourquoi ils n'avaient pas pris part à la victoire; si la Grèce éprouvait des revers, les Russes s'irritaient de n'avoir pas empêché la défaite. Leur orgueil national avait vu avec peine les négociations de leur gouvernement confiées, à Constantinople, à un diplomate étranger; ils trouvaient leur rôle au-dessous de leur puissance : il n'y avait que leur confiance sans bornes dans les lumières de leur souverain, leur respect, leur vénération pour un monarque digne de tous les hommages, qui les rassurât sur le parti qu'on avait adopté. Mais Alexandre lui-même commençait à nourrir des doutes, et les ennemis des

Grecs, qui s'étaient aperçus de cette disposition nouvelle, pressaient par cette raison même l'extermination d'un peuple infortuné : ils craignaient le réveil d'un prince dont les vertus semblaient tenir à la fois de celles du juste et du grand homme.

Une importante question s'était élevée en 1823, au moment de l'expédition d'Espagne : non-seulement cette question fut traitée par les voies ordinaires de la diplomatie, mais elle le fut encore par une correspondance particulière entre l'auteur de la *Note*, alors ministre, et un de ses illustres amis dans une des grandes cours de l'Europe. Un jour il ne sera peut-être pas sans avantage pour l'étude de la société de savoir comment deux hommes dont les positions et les destinées avaient quelque analogie à cette époque, ont débattu entre eux les intérêts généraux du monde et les intérêts essentiels de leurs pays, dans des confidences fondées sur une estime réciproque.

Aujourd'hui que l'auteur de la *Note* est privé des renseignements et de l'autorité que donne une place active, ces facilités d'être utile lui manquent : il ne peut servir une cause sacrée que par le moyen de la presse, moyen borné sous le rapport diplomatique, puisqu'il est évident que ne pouvant ni ne devant tout dire au public, beaucoup de choses restent dans l'ombre par l'impossibilité même où l'on est de les expliquer.

Si l'on a été bien instruit, l'idée d'une dépêche collective ou de dépêches simultanées en faveur des Grecs, adressées par les puissances chrétiennes au divan (cette idée développée dans la *Note*), aurait été prise en considération avant la mort de l'empereur Alexandre, sinon officiellement, du moins comme matière de controverse générale. Mais une objection aurait été faite par les politiques d'une cour principale.

« On ne peut pas, auraient-ils dit, demander au divan la séparation de la Grèce, sans appuyer cette demande d'une menace en cas de refus. Or, toute intervention avec menace est contraire aux principes du droit politique. D'un autre côté, toute dépêche comminatoire qui demeurerait sans effet serait puérile ; et toute dépêche comminatoire suivie d'un effet produirait la guerre : donc une pareille dépêche est inadmissible, puisqu'une guerre avec la Turquie pourrait ébranler l'Europe. »

Le raisonnement serait juste s'il n'était applicable au projet exposé dans la *Note*. Mais la *Note* ne demande point de dépêche menaçante ; elle ne place point la Porte dans la nécessité d'obéir ou de se battre : elle désire qu'on dise simplement à la cour ottomane : « Reconnaissez l'indépendance de la Grèce ou
« avec des conditions ou sans conditions ; si vous ne voulez pas prendre ce parti,
« nous serons forcés nous-mêmes de reconnaître cette indépendance, pour le
« bien de l'humanité en général, pour la paix de l'Europe en particulier, pour
« les intérêts du commerce. »

A ces motifs, on pourrait ajouter aujourd'hui qu'il ne convient pas à la sûreté des puissances chrétiennes que des forces soient transportées chaque jour de l'Afrique et de l'Asie en Europe ; qu'il ne convient pas à ces puissances que la Morée devienne un camp retranché où l'on exerce au maniement des armes de nombreux soldats ; qu'il ne leur convient pas que le pacha d'Égypte se place avec toutes les populations blanches et noires du Nil aux avant-postes de la Turquie, menaçant ainsi ou la chrétienté, ou Constantinople même.

Le pacha d'Égypte domine en Chypre ; il est maître de Candie ; il étend sa puissance en Syrie ; il cherche à enrôler et à discipliner les peuplades guerrières du Liban ; il fait des conquêtes dans l'Abyssinie, et s'avance en Arabie jusqu'aux environs de la Mecque ; il a des trésors et des vaisseaux ; il influe sur les régences barbaresques. Le voilà en Morée, il peut demander l'empire avant que le sultan lui demande sa tête. On ne remarque pas ces progrès pourtant fort remarquables. Si une nation civilisée précipitait toutes ses armées sur un point de son territoire, l'Europe justement inquiétée lui demanderait compte de cette résolution. N'est-il pas étrange que l'on voie l'Afrique, l'Asie et l'Europe mahométane verser incessamment leurs hordes dans la Grèce, sans que l'on craigne les effets plus ou moins éloignés d'un pareil mouvement? Une poignée de chrétiens qui s'efforcent de briser le joug odieux sont accusés par des chrétiens d'attenter au repos du monde ; et l'on voit sans effroi s'agiter, s'agglomérer, se discipliner ces milliers de Barbares qui pénétrèrent jadis jusqu'au milieu de la France, jusqu'aux portes de Vienne.

On fait plus que de rester tranquille, on prête à ces nations ennemies les moyens d'arriver plus promptement à leur but. La postérité pourra-t-elle (1) jamais croire que le monde chrétien, à l'époque de sa plus grande civilisation, a laissé des vaisseaux sous pavillon chrétien transporter des hordes de mahométans des ports de l'Afrique à ceux de l'Europe, pour égorger des chrétiens? Une flotte de plus de cent navires, manœuvrés par des prétendus disciples de l'Évangile, vient de traverser la Méditerranée, amenant à Ibrahim les disciples du Coran qui vont achever de ravager la Morée. Nos pères, que nous appelons barbares ; saint Louis, quand il allait chercher les infidèles jusque dans leurs foyers, prêtaient-ils leurs galères aux Maures pour envahir de nouveau l'Espagne?

L'Europe y songe-t-elle bien ? On enseigne aux Turcs à se battre régulièrement. Les Turcs, sous un gouvernement despotique, peuvent faire marcher toutes leurs populations : si ces populations armées se forment en bataillons, s'accoutument à la manœuvre, obéissent à leurs chefs ; si elles ont de l'artillerie bien servie ; en un mot, si elles apprennent la tactique européenne, on aura rendu possible une nouvelle invasion des Barbares à laquelle on ne croyait plus. Qu'on se souvienne (si l'expérience et l'histoire servent aujourd'hui à quelque chose), qu'on se souvienne que les Mahomet et les Soliman n'obtinrent leurs premiers succès que parce que l'art militaire était, à l'époque où ils parurent, plus avancé chez les Turcs que chez les chrétiens.

Non-seulement on fait l'éducation des soldats de la secte la plus fanatique et la plus brutale qui ait jamais pesé sur la race humaine, mais on les approche de nous. C'est nous, chrétiens, c'est nous qui prêtons des barques aux Arabes et aux Nègres de l'Abyssinie pour envahir la chrétienté, comme les derniers em-

(1) Le comité grec ayant désiré faire connaître, par la voie de la presse périodique, une lettre de Canaris à son fils, et une lettre d'un Grec de Napoli de Romanie, l'auteur de la *Note* fit insérer ces lettres dans le *Journal des Débats*, en y mettant pour introduction ce paragraphe et quelques autres de l'avant-propos.

pereurs romains transportèrent les Goths des rives du Danube dans le cœur même de l'empire.

C'est en Morée, à la porte de l'Italie et de la France, que l'on établit ce camp d'instruction et de manœuvres; c'est contre des adorateurs de la Croix qu'on leur livre que les conscrits du turban vont apprendre à faire l'exercice à feu. Établie sur les ruines de la Grèce antique et sur les cadavres de la Grèce chrétienne, la barbarie enrégimentée menacera la civilisation. On verra ce que sera la Morée lorsque, appuyée sur les Turcs de l'Albanie, de l'Épire et de la Macédoine, elle sera devenue, selon l'expression énergique d'un Grec, une nouvelle régence barbaresque. Les Turcs sont braves, et ils ont derrière eux, sur le champ de bataille, le paradis de Mahomet. Le ciel nous préserve de l'esclavage en guêtres et en uniforme, et de la fatalité disciplinée !

Et cette nouvelle régence barbaresque, n'en prenons-nous pas un soin tout particulier? Nous lui laissons bâtir des vaisseaux à Marseille; on assure même, ce que nous ne voulons pas croire, qu'on lui cède, pour ses constructions, des bois de nos chantiers maritimes. D'un autre côté, elle achète aussi des vaisseaux à Londres; elle aura des bateaux à vapeur, des canons à vapeur, et le reste. Les Turcs ont conservé toute la vigueur de leur férocité native; on y ajoutera toute la science de l'art perfectionné de la guerre. Vit-on jamais combinaison de choses plus formidable et plus menaçante?

Qu'on revienne, il est temps encore, à une politique plus généreuse et en même temps plus prévoyante et plus sage. Il n'est donc question, ainsi qu'on l'a dit dans la *Note*, que d'agir envers la Grèce de la même manière que l'Angleterre a cru devoir agir envers les colonies espagnoles. Elle a traité commercialement ou politiquement avec ces colonies, comme États indépendants, et elle n'a point laissé entrevoir qu'elle ferait la guerre à l'Espagne, et elle n'a point fait la guerre à l'Espagne.

Mais le divan, objectera-t-on, ne prendrait pas les choses si bénignement : en vain on éviterait le ton menaçant en lui déclarant la résolution des alliés relative à l'indépendance de la Grèce; ce téméraire conseil serait capable de dénoncer lui-même les hostilités contre les puissances qui lui présenteraient une pareille déclaration.

Le divan sans doute est passionné; mais quand on raisonne, on ne peut pas admettre comme une objection solide la supposition d'une folie. Quiconque a pratiqué les Turcs et étudié leurs mœurs, sait que l'abattement de la Porte égale sa jactance aussitôt qu'elle est sérieusement pressée. D'imaginer que la Porte déclarerait la guerre à l'Europe chrétienne, si toute l'Europe demandait ou reconnaissait l'indépendance de la Grèce, ce serait vouloir s'épouvanter d'une chimère. Quand on voit le divan alarmé à la seule annonce de l'équipement de trois bateaux à vapeur que devait monter lord Cochrane, on peut juger s'il serait désireux de lutter avec les flottes combinées de l'Angleterre, de la France, de la Russie, de l'Autriche et de la Grèce.

Mais la simple reconnaissance de l'indépendance des Grecs par les puissances chrétiennes suffirait-elle pour leur assurer cette indépendance? N'en auraient-ils pas moins à soutenir les efforts de toute la Turquie?

Sans doute ; mais le gouvernement de la Grèce, reconnu par les puissances alliées, prendrait une force insurmontable à ses ennemis. Ce gouvernement, entouré des résidents des diverses cours, pouvant communiquer avec les États réguliers, trouverait facilement à négocier des emprunts : avec de l'argent, il aurait des flottes et des soldats. Les vaisseaux chrétiens n'oseraient plus servir de transport aux Barbares, et le découragement, qui ne tarderait pas à s'emparer des Turcs, aurait bientôt forcé le divan à ces trêves successives par où l'orgueil musulman consent à s'abaisser, et aime à descendre jusqu'à la paix.

Quelles que soient les tentatives que la bienveillance ait pu faire, ou pourra faire en faveur de la Grèce à Constantinople, on ne peut guère espérer de succès tant qu'on ne viendra pas à la déclaration que la *Note* propose, ou à toute autre mesure décisive. Recommander l'humanité à des Turcs, les prendre par les beaux sentiments, leur expliquer le droit des gens, leur parler de hospodarats, de trêves, de négociations, sans rien leur intimer et sans rien conclure, c'est peine perdue, temps mal employé. Un mot franchement articulé finirait tout. Si la Grèce périt, c'est qu'on veut la laisser périr : il ne faut pour la sauver que l'expédition d'un courrier à Constantinople.

La conséquence de l'extermination des Hellènes serait grave pour le monde civilisé. On veut, repète-t-on, éviter une commotion militaire en Europe. Encore une fois, cette commotion n'aurait pas lieu si l'on consentait à délivrer les Grecs par le moyen proposé ; mais d'ailleurs, qu'on ne s'y trompe pas : du succès même des Turcs dans la Morée sortiraient des guerres sanglantes. Toutes les puissances sont jusqu'à présent dans une fausse position relativement à la Grèce : supposez la destruction des Hellènes consommée, alors s'élèveraient de toutes parts les plaintes de l'opinion. Le massacre de toute une nation chrétienne civilisée, opéré sous les yeux de la chrétienté civilisée, ne resterait pas impuni ; le sang chrétien retomberait sur ceux qui l'auraient laissé répandre : on se souviendrait que la chrétienté, non-seulement aurait été forcée d'assister au spectacle de ce grand martyre, mais qu'elle aurait encore vendu ou prêté ses vaisseaux pour transporter les bourreaux et les bêtes féroces dans l'amphithéâtre. Tôt ou tard les gouvernements apprendraient à leurs dépens à connaître le mal qu'ils se seraient fait : dans les uns les pensées généreuses, dans les autres des antipathies secrètes et des ambitions cachées, se réveilleraient ; on s'accuserait réciproquement, et l'on viendrait se battre sur des ruines, après avoir refusé de sauver des peuples.

L'auteur de la *Note* justifierait facilement ses prédictions par des considérations tirées du caractère, de l'esprit, des intérêts, des opinions des peuples de l'Europe, et des événements qui attendent bientôt ces peuples. Quelle influence a déterminé la politique que l'on a suivie jusqu'ici par rapport à la Grèce ? Par quelle idée et par quelle crainte toute cette grande affaire a-t-elle été dominée ? Ici le droit de l'écrivain finit, et l'homme d'État laisse tomber le rideau.

La mort de l'empereur Alexandre vient de changer la position des choses : Alexandre, déjà vieilli sur le trône, avait deux fois traversé l'Europe à la tête de ses armées ; guerrier pacificateur, il avait, pour adopter une conduite particulière, cette prépondérance que donnent le triomphe, l'âge, le succès, l'habitude de la couronne et du gouvernement. Son héritier suivra-t-il la même politique, et lui serait-il possible de la suivre quand il le voudrait? Ne trouvera-t-il pas plus facile et plus sûr de rentrer dans la politique nationale de son empire, d'être Russe avant d'être Français, Anglais, Autrichien, Prussien? alors la Grèce serait secourue. Quel noble début pour un prince dans la carrière royale de faire de l'affranchissement de la Grèce, de la délivrance de tant de chrétiens infortunés, le premier acte de son règne! Quelle popularité et quel éclat pour tout le reste de ce règne! C'est peut-être la seule gloire qu'Alexandre ait laissée à moissonner à son successeur.

Veut-on savoir ce qu'on peut attendre du nouveau monarque! Un général français va nous l'apprendre :

« Le grand duc Constantin faisait soigner sous ses yeux, et jusque dans
« ses appartements, les officiers français malades, qu'il allait chercher lui-
« même dans les hôpitaux; il allait les visiter dans leurs lits, et les consolait
« par des expressions de bonté et d'intérêt; il sauva d'un bâtiment incendié
« deux officiers qu'il arracha des flammes, en chargeant l'un sur ses épaules,
« tandis que son valet de chambre emportait l'autre; il brava, pour suivre les
« impulsions de son cœur généreux, une épidémie mortelle dont il fut lui-même
« atteint. Plus d'un officier français, arraché par son humanité active des bras
« de la mort, lui doit son existence : c'est à ce titre que l'auteur lui adresse
« l'hommage de sa juste reconnaissance (1). »

Et Constantin Ier, ce généreux ennemi, ne serait pas l'ami secourable de ses frères en religion! N'y a-t-il ni contagion à braver, ni incendie à éteindre, ni victime à sauver dans la Morée? Constantin le saura : les peuples trouvent dans son nom un présage, et dans son caractère un garant de la délivrance de la Grèce (2).

Que le cabinet de Pétersbourg demande aujourd'hui la dépêche collective ou les dépêches simultanées, elle sera, nous n'en doutons point, accueillie par plusieurs puissances; que sur la réponse négative ou évasive des Turcs, la Russie reconnaisse l'indépendance de la Grèce, et un terme est mis à tant de calamités.

D'un autre côté, l'Angleterre, prévoyant un changement probable, n'essaiera-t-elle pas de devancer les événements, en acceptant le protectorat qu'elle a d'abord refusé? Le temps développera la nouvelle politique qu'il n'est pas impos-

---

(1) *Mémoires pour servir à l'histoire de la guerre entre la France et la Russie en* 1812, page 324, par le général Vaudoncourt.

(2) Tout ce qu'on disait ici de Constantin peut s'appliquer en partie à Nicolas, qui, plus jeune, n'a pas eu les mêmes occasions de déployer son caractère, mais qui vient de montrer les hautes vertus dont il est capable, en saluant le premier du nom d'*empereur* un frère digne de porter le sceptre. Constantin, qui, de son côté, a conservé toute la gloire de la royauté en rejetant seulement le fardeau de la couronne; Constantin peut appuyer de son expérience et de ses conseils, et s'il le faut de son épée, les résolutions généreuses que Nicolas serait disposé à prendre en faveur de la Grèce. Cet empereur, qui a voulu rester soldat, a sa place à la tête des grenadiers russes, et il ne peut manquer d'être souvent consulté par un frère auquel il a laissé le diadème.

sible de voir naître, qu'il est même raisonnable de supposer. Le projet indiqué dans la *Note* serait donc plus utile que jamais, si l'on voulait l'adopter à la fois pour sauver la Grèce, et pour prévenir toute collision entre les États de l'Europe. Puissent les Grecs trouver moyen de vivre jusqu'au jour qui doit peut-être les délivrer !

Malheureusement ce jour ne peut être fixé. Un nouveau règne peut s'annoncer par un changement complet de système ; mais il peut aussi marcher quelque temps dans les voies tracées par le règne précédent. Bien des obstacles se rencontrent quelquefois au commencement d'une carrière : la prudence et la circonspection sont alors commandées. Lorsque le monarque descendu dans la tombe a d'ailleurs été un grand et vertueux prince, lorsqu'il a joué un rôle éclatant sur le théâtre du monde, lorsqu'il a été le fondateur d'une politique particulière, enfin lorsqu'il est mort dans une haute réputation de sagesse, aimé, pleuré, admiré de ses peuples et des nations étrangères, la vénération que l'on a pour sa mémoire, le culte mérité qu'on rend à ses cendres, la tristesse même et la désolation que produit le spectacle de ses funérailles, les sentiments de tendresse et de douleur de son successeur, tout fait que l'on est enclin à suivre d'abord les traditions qu'il a laissées. Ce qu'il a établi paraît sacré ; y toucher semblerait une impiété, et l'on se sent disposé à déclarer que rien ne sera changé à l'ouvrage de son génie. Mais le temps affaiblit ces impressions, sans les détruire en ce qu'elles ont de naturel et de respectable : le caractère du nouveau souverain, la force des intérêts nouveaux, l'esprit différent des ministres appelés aux affaires, finissent par dominer surtout dans les choses justes et visiblement utiles à l'État. Pour la Grèce il ne suffit que de pouvoir attendre : que sa liberté campe sur la montagne, elle verra venir ses amis. Au delà de six mois, rien ne peut se calculer en Europe.

On espère avoir détruit l'objection au moyen de laquelle des hommes influents sont censés avoir écarté l'idée de se rapprocher du plan indiqué dans la *Note*. On croit avoir démontré qu'il ne s'agit pas d'une dépêche comminatoire, mais d'une simple déclaration qui amènerait l'émancipation désirée. Refusera-t-on d'acheter à si peu de frais une si sainte gloire ? Un pareil résultat ne vaut-il pas bien la demi-heure que coûterait la rédaction de la dépêche libératrice de la Grèce ?

Maintenant nous allons passer à l'examen des reproches que l'on fait aux Grecs, dans l'intention d'enlever à un peuple opprimé l'admiration due à son courage et à la pitié qu'inspirent ses malheurs.

DEUXIEME PARTIE.

Comme le consentement universel des nations démontre l'existence de la grande vérité religieuse, il est des vérités secondaires qui tirent leur preuve de l'aquiescement général des esprits. Quand vous voyez des hommes de génie différent, de mœurs opposées, de principe, d'intérêts, et même de passions contraires, s'accorder sur un point, vous pouvez hardiment prononcer qu'il y a dans ce point consenti une vérité incontestable.

Appliquez cette observation aux affaires de la Grèce. Que feraient des peuples rivaux s'ils étaient les maîtres? Ils affranchiraient cet infortuné pays. Que pensent les esprits susceptibles de voir les objets sous des rapports dissemblables? que pensent-ils, ces esprits, à l'égard de la légitimité dont les mahométans réclament les droits sur la Grèce conquise et chrétienne? Ils pensent que cette légitimité n'existe pas.

M. de Bonald a soutenu cette thèse avec toute la conviction de sa foi et la force de sa logique; M. Benjamin Constant, dans une brochure pleine de raison et de talent, a montré que cette prétendue légitimité était une monstruosité d'après les définitions mêmes des plus grands publicistes, et qu'il ne fallait pas joindre à l'absurdité du principe l'imprévoyance, plus dangereuse encore, de discipliner des Barbares; M. Pouqueville, dans son ouvrage substantiel et rempli de faits, a établi les mêmes vérités; M. Charles Lacretelle, dans des discours animés d'une chaleur et d'une vie extraordinaires, a plaidé la cause des infortunés Hellènes d'une manière digne de cette cause; M. Villemain, dans son *Essai sur l'état des Grecs*, a retracé avec toute l'autorité de l'éloquence et toute la puissance des témoignages historiques les droits que les Grecs ont à la liberté (1). Et nous, si nous osons nous compter pour quelque chose, notre opinion est formée depuis longtemps : nous l'avons manifestée à une époque où l'on ne songeait guère à l'émancipation de la patrie de Léonidas (2).

Dans tous les comités philhellènes formés en Europe on remarque des noms qui, par des oppositions politiques, semblaient devoir difficilement se réunir : que faut-il conclure de ces observations? Qu'aucune passion, qu'aucun esprit de parti n'entre dans l'opinion qui sollicite la délivrance de la Grèce; et la rencontre de tant d'esprits divers dans une même vérité dépose fortement, comme nous l'avons dit, en faveur de cette vérité.

Les ennemis des Grecs, d'ailleurs en très-petit nombre, sont loin de montrer la même unanimité dans les motifs de la haine qui les anime : cela doit être, car ils sont dans le faux, et ils ne peuvent soutenir leur sentiment que par des sophismes. Tantôt ils transforment les Grecs en carbonari et en jacobins; tantôt ils attaquent le caractère même de la nation grecque, et se font des arguments de leurs calomnies.

On répondra sur le premier chef d'accusation : que les Grecs ne sont point

---

(1) Quelques écrivains, et en particulier M. Viennet, ont bien voulu se plaindre de n'avoir pas été nommés dans ce passage. L'auteur de la *Note* se fût fait un devoir de donner de justes éloges à cette foule de poëtes et de prosateurs qui ont plaidé avec autant de générosité que de talent la cause des Hellènes, s'il avait pu supposer un moment qu'on attachât quelque importance à son suffrage; mais il était loin d'avoir la prétention d'être le dispensateur de la gloire. Quand il a cité les noms de cinq ou six écrivains, opposés sous d'autres rapports politiques, mais d'accord sur la question de la Grèce, il n'a voulu faire valoir qu'un argument, et il n'a pas prétendu publier un catalogue. Si quelqu'un avait des droits à se présenter comme défenseur des Grecs, c'était sans doute le capitaine Raybaud, qui les a servis de sa plume et de son épée; et M. Fauriel, traducteur des *Chants populaires* de la Grèce, ouvrage d'un grand mérite, soit par la traduction élégante et fidèle des chants populaires, soit par la savante notice dont ces chants sont précédés.

(2) Dans l'*Itinéraire*.

des jacobins; qu'ils n'ont point manifesté de projets destructeurs de l'ordre; qu'au lieu de s'élever contre les princes des nations, ils ont imploré leur puissance. Ils leur ont demandé de les admettre dans la grande communauté chrétienne; ils ont élevé vers eux une voix suppliante; et, loin de préférer à tout autre le gouvernement républicain, leurs mœurs et leurs désirs les font pencher vers la monarchie. Les a-t-on écoutés? Non : on les a repoussés sous le couteau; on les a renvoyés à la boucherie. On a prétendu que briser les fers de la tyrannie, c'était se délier d'un serment de fidélité, comme s'il pouvait y avoir un contrat social entre l'homme et la servitude!

Le souvenir des maux qui ont désolé notre patrie sert aujourd'hui d'argument aux ennemis des principes généreux. Eh quoi! parce qu'une révolution se sera plongée dans les excès les plus coupables, tous les opprimés, quelque part qu'ils gémissent sur la surface du globe, seront obligés de se résigner au joug pour expier des crimes dont ils sont innocents! Toutes les mains enchaînées qui labourent péniblement la terre seront accusées des forfaits dont elles n'ont point été souillées! Le fantôme d'une liberté sanglante qui couvrit la France d'échafauds aura prononcé du haut de ces échafauds l'esclavage du monde!

Mais ceux qui se montrent si effrayés du passé ont-ils toujours manifesté les mêmes craintes? n'auraient-ils jamais capitulé avec des républiques? Ils se repentent aujourd'hui d'avoir favorisé l'indépendance; soit. Mais que ne rachètent-ils eux-mêmes leurs péchés? La Grèce n'avait pas besoin que leur repentir retombât sur elle; elle se serait bien passée d'avoir été choisie pour accomplir leur pénitence.

On a laissé se former des républiques en Amérique, et par compensation on veut du despotisme dans la Grèce : mauvais jeu pour la monarchie. La royauté qui se place entre des démocraties et des gouvernements arbitraires se met dans un double péril : la crainte de la tyrannie peut précipiter dans des libertés populaires. Que les couronnes délivrent la Grèce, elles se feront bénir : les bénédictions font vivre.

Le second chef d'accusation porte sur le caractère des Grecs, et la conduite qu'ils ont tenue depuis qu'ils combattent pour leur indépendance.

Quels sont ici les accusateurs? Ce sont, en général, de petits traficants qui craignent toute concurrence. La Grèce est encore ingénieuse et vaillante : libre, elle deviendrait promptement une pépinière de hardis matelots et de marchands industrieux. Cette rivalité future que l'on prévoit donne de l'humeur. Mais, pour conserver le monopole des huiles et du miel de l'Attique, des cotons de Sères, des tabacs de la Macédoine, des laines de l'Olympe et du Pélion, des fabriques d'Ambélakia, du vermillon de Livadie, des raisins de Corinthe, des gommes de Thessalie, de l'opium de Salonique, et des vins de l'Archipel, faut-il vouer tout un peuple à l'extermination? faut-il qu'une nation appelée à son tour aux bienfaits de la Providence soit immolée à la jalousie de quelques marchands?

Les Grecs, nous disent leurs ennemis, sont menteurs, perfides, avares, lâches et rampants; et l'on oppose à ce tableau, qu'un intérêt jaloux a tracé, celui de la bonne foi des Turcs et de leurs vertus singulières.

Les voyageurs qui, sans intérêts commerciaux, ont parcouru le Levant, savent à quoi s'en tenir sur la bonne foi et les vertus des pachas, des beys, des agas, des spahis, des janissaires ; espèce d'animaux cruels, les plus violents quand ils ont la supériorité, les plus traîtres quand ils ne peuvent triompher par la force.

Défions-nous de nos préjugés historiques, relativement aux Grecs du Bas-Empire et de leurs malheureux descendants; nous sommes fascinés par nos études ; nous sommes, plus que nous ne le pensons peut-être, sous le joug des traditions. Les chroniqueurs des croisés, et les poëtes qui depuis chantèrent les croisades, rejetèrent les malheurs des Francs sur la perfidie des Grecs ; les Latins, qui prirent et saccagèrent Constantinople, cherchèrent à justifier ces violences par la même accusation de perfidie. Le schisme d'Orient vint ensuite nourrir les inimitiés religieuses. Enfin la conquête des Turcs et l'intérêt des commerçants se plurent à propager une opinion qui servait d'excuse à leur barbarie et à leur avidité : le malheur a tort.

Mais du moins aujourd'hui il faut rayer de l'acte d'accusation ce reproche de lâcheté qu'on adressait si gratuitement aux Grecs. Les femmes souliotes se précipitant avec leurs enfants dans les vagues ; les exilés de Parga emportant les cendres de leurs pères; Psara s'ensevelissant sous ses ruines; Missolonghi, presque sans fortifications, repoussant les Barbares entrés deux fois jusque dans ses murs; de frêles barques transformées en flottes formidables, attaquant, brûlant, dispersant les grands vaisseaux de l'ennemi : voilà les actions qui consacreront la Grèce moderne à cet autel où est gravé le nom de la Grèce antique. Le mépris n'est plus permis là où se trouve tant d'amour de la liberté et de la patrie : quand on est perfide et corrompu, on n'est pas si brave. Les Grecs se sont refaits nation par leur valeur ; la politique n'a pas voulu reconnaître leur légitimité ; ils en ont appelé à la gloire.

Si on leur objecte quelques pirates qu'ils n'ont pu réprimer et qui ont souillé leurs mers, ils montreront les cadavres des femmes de Souli, qui ont purifié ces mêmes flots.

Pour que le caractère général attribué aux Grecs par la malveillance eût d'ailleurs une apparence de vérité, il faudrait que les Grecs fussent aujourd'hui un peuple homogène. Or les Klephtes de la Thessalie, les paysans de la Morée, les manufacturiers de la Romélie, les soldats de l'Épire et de l'Albanie, les marins de l'Archipel, ont-ils tous les mêmes vices, les mêmes vertus! doit-on leur prêter les mœurs des marchands de Smyrne et des princes du Fanar? Les Grecs ont des défauts : quelle nation n'a les siens? et comment les Français (plus équitables dans leur jugement sur les autres peuples que ces peuples ne le sont envers eux), comment les Français sont-ils traités par les historiens de la Grande-Bretagne?

Après tout, dans la lutte actuelle des Grecs et des Turcs, on n'est point appelé à juger des vertus relatives des deux peuples, mais de la justice de la cause qui a mis les armes à la main des Grecs. Si les Grecs ont des vices que leur a donnés l'esclavage, l'iniquité serait de les forcer à supporter cet esclavage en considération des vices mêmes qu'ils devraient à cet esclavage. Détruisez la cause, vous détruirez l'effet. Ne calomniez pas les Grecs parce que vous ne voulez pas les secourir; pour vous justifier d'être les amis du bourreau, n'accusez pas la victime.

Enfin il y a dans une nation chrétienne, par cela seul qu'elle est chrétienne, plus de principes d'ordre et de qualités morales que dans une nation mahométane. Les Turcs, eussent-ils quelques-unes de ces vertus particulières que donne l'usage du commandement et qui peuvent manquer aux Grecs, ont moins de ces vertus publiques qui entrent dans la composition de la société. Sous ce seul rapport, l'Europe doit préférer un peuple qui se conduit d'après les lois régénératrices des lumières, à un peuple qui détruit partout la civilisation. Voyez ce que sont devenues, sous la domination des Turcs, l'Europe, l'Asie et l'Afrique mahométanes.

Après les reproches généraux faits au caractère des Grecs, viennent les reproches particuliers relatifs à leur position du moment.

« Les Grecs ont appliqué à des intérêts privés l'argent qu'on leur avait prêté pour les intérêts de leur liberté; les Grecs admettent dans leurs rangs des aventuriers; ils souffrent des intrigues et des ambitions étrangères. Les *capitani* sont divisés et avides; la Grèce est plongée dans l'anarchie, etc., etc. »

Des compagnies françaises s'étaient présentées pour remplir l'emprunt de la Grèce. Si elles l'avaient obtenu, elles n'auraient pas fait des reproches si amers à la nation qu'elles auraient secourue : on sait en France que quelques désordres sont inséparables des grands malheurs; on sait qu'un peuple qui sort tumultuairement de l'esclavage n'est pas un peuple régulier, versé dans cet art de l'administration, fruit de l'ordre politique et de la progression du temps. On ne croit point en France que les services rendus donnent le droit d'insulte et autorisent un langage offensif et hautain. Si des particuliers avaient détourné à leur profit l'argent prêté à la Grèce, comment la Grèce aurait-elle depuis cinq ans fourni aux frais de cinq campagnes aussi dispendieuses que meurtrières? On sait de plus que les Hellènes avaient acheté des vaisseaux en Angleterre et aux États-Unis. Ces forces seraient arrivées, si les sources n'en avaient été taries par l'Europe chrétienne.

« Les Grecs admettent dans leurs rangs des aventuriers; ils souffrent des intrigues et des ambitions étrangères. »

Admettons ce reproche, si tel est le fait; mais à qui la faute ? Les Grecs abandonnés de tous les gouvernements réguliers et chrétiens reçoivent quiconque leur apporte quelque secours. Que des intrigues étrangères s'agitent au milieu d'eux, ils ne peuvent les empêcher : mais loin de les favoriser, ils les désapprouvent, car ils sentent qu'elles ne peuvent que leur nuire. Sauvez les Grecs par une intervention favorable, et ils n'auront plus besoin des enfants perdus de la fortune. N'assimilons pas toutefois à quelques particuliers inconnus ces hommes généreux qui, abandonnant leur patrie, leurs familles et leurs amis, accourent de toutes les parties de l'Europe pour verser leur sang dans la cause de la Grèce. Ils savent que la Grèce ne peut rien pour eux, qu'elle est pauvre et désolée; mais leur cœur bat pour sa gloire et pour son infortune, et ils veulent partager l'une et l'autre.

« L'anarchie règne dans la Grèce, les *capitani* sont divisés : donc le peuple est indigne d'être libre, donc il faut le laisser périr. »

C'est aussi la doctrine que l'Europe monarchique a suivie pour la Vendée : les chefs étaient désunis, la Vendée a été abandonnée. Qu'en dit aujourd'hui l'Europe monarchique?

Nous voyons les Grecs au moment de la lutte : peut-on s'étonner que les difficultés sans nombre qu'ils ont à surmonter ne fassent pas naître chez eux divers sentiments, diverses opinions? Les Grecs sont divisés, parce que la nature de leurs ressources pécuniaires et militaires sont inégales, ainsi que leurs populations ; parce qu'il est tout simple que les habitants des îles et des diverses parties du continent aient des intérêts un peu opposés. Refuser de reconnaître ces causes naturelles de divergence et en faire un crime aux Grecs, serait grande injustice.

Loin de s'étonner que les Grecs ne soient pas tout à fait d'accord, il faut plutôt s'émerveiller qu'ils soient parvenus à former un lien commun, une défense commune. N'est-ce pas par un véritable miracle qu'un peuple esclave, à la fois insulaire et continental, ait pu, sous le bâton et le cimeterre des Turcs, sous le poids d'un immense empire, se créer des armées de terre et de mer, soutenir des sièges, prendre des places, remporter des victoires navales, établir un gouvernement qui délibère, commande, contracte des emprunts, s'occupe d'un code de lois financières, administratives, civiles et politiques? Peut-on, avec une apparence d'équité, mettre en balance ce qu'ont fait les Grecs dans le cours de leur lutte héroïque, avec quelques désordres inséparables de leur cruelle position?

Si un voyageur eût visité les États-Unis après la perte de la bataille de Brooklyn, lors de la prise de New-York, de l'invasion du New-Jersey, de la défaite à Brandywine, de la fuite du congrès, de l'occupation de Philadelphie et du soulèvement des royalistes; s'il avait rencontré de méchantes milices, sans vêtements, sans paie, sans nourriture, souvent sans armes; s'il avait vu la Caroline méridionale soumise, l'armée républicaine de Pensylvanie insurgée ; s'il avait été témoin des conjurations et des trahisons; s'il avait lu les proclamations d'Arnold, général de l'Union, qui déclarait que *l'Amérique était devenue la proie de l'avidité des chefs, l'objet du mépris de ses ennemis et de la douleur de ses amis;* si ce voyageur s'était à peine sauvé au milieu des guerres civiles et des égorgements judiciaires dans diverses cités de l'Union ; si on lui avait donné en échange de son argent des billets de crédit dépréciés, au point qu'un chapeau rempli de ces billets suffisait à peine pour acheter une paire de souliers ; s'il avait recueilli l'acte du congrès qui, violant la foi publique, déclarait que ces mêmes billets n'auraient plus cours selon leur valeur nominale, mais selon leur valeur de convention : quel récit un pareil voyageur aurait-il fait de la situation des choses et du caractère des chefs dans les États-Unis? N'aurait-il pas représenté l'insurrection d'outre-mer comme une honteuse anarchie, comme un mouvement prêt à finir? n'aurait-il pas peint les Américains comme une race d'hommes divisés entre eux, d'hommes ambitieux, incapables à la liberté à laquelle ils prétendaient; d'hommes avides, sans foi, sans loi et au

moment de succomber sous les armes victorieuses de la Grande-Bretagne?
L'événement et la prospérité actuelle des États-Unis auraient aujourd'hui donné un démenti au récit de ce voyageur, et pourtant il aurait dit ce qu'il aurait cru voir à l'époque de sa course. Combien néanmoins les Américains étaient dans une position plus favorable que les Grecs pour travailler à leur indépendance! Ils n'étaient pas esclaves; ils avaient déjà l'habitude d'une administration organisée; chaque État se régissait dans une forme de gouvernement régulier, et jouissait de cette force qui résulte d'une civilisation avancée.

Qu'un voyageur vienne donc maintenant nous faire le tableau de l'anarchie qu'il aura trouvée ou cru trouver en Grèce, il ne peindra que la situation naturelle d'une nation dans l'enfantement pénible de sa liberté. Il serait beaucoup plus extraordinaire qu'on nous apprît que tout est calme et florissant dans la Morée, au milieu de l'invasion d'Ibrahim, que de nous dire que les Grecs sont agités, que les ordres s'exécutent mal, que la frayeur a atteint des âmes pusillanimes; que quelques ambitieux, et peut-être quelques traîtres, cherchent à profiter des troubles de leur patrie.

Et certes, sans manquer de courage, il faut avoir une âme d'une trempe extraordinaire pour envisager d'un œil tranquille la suite que pourraient avoir les succès de ce Barbare à qui l'Afrique envoie incessamment de nouveaux assassins. L'auteur de cette *Note* a jadis connu Ibrahim. On lui pardonnera de rappeler, dans l'intérêt du moment, ce qu'il a dit de son entrevue avec ce chef.

« Le lendemain de notre arrivée au Caire, 1er novembre 1806, nous mon-
« tâmes au château, afin d'examiner le puits de Joseph, la mosquée, etc. Le
« fils du pacha habitait alors ce château. Nous présentâmes nos hommages à
« Son Excellence, qui pouvait avoir quatorze ou quinze ans. Nous la trouvâmes
« assise sur un tapis, dans un cabinet délabré, et entourée d'une douzaine de
« complaisants qui s'empressaient d'obéir à ses caprices. Je n'ai jamais vu un
« spectacle plus hideux. Le père de cet enfant était à peine maître du Caire, et
« ne possédait ni la Haute ni la Basse-Égypte. C'était dans cet état de choses
« que douze misérables Sauvages nourrissaient des plus lâches flatteries un jeune
« Barbare enfermé pour sa sûreté dans un donjon. Et voilà le maître que les
« Égyptiens attendaient après tant de malheurs!

« On dégradait dans un coin de ce château l'âme d'un enfant qui devait con-
« duire des hommes; dans un autre coin on frappait une monnaie du plus bas
« aloi. Et afin que les habitants du Caire reçussent sans murmurer l'or altéré
« et le chef corrompu qu'on leur préparait, les canons étaient pointés sur la
« ville (1). »

Voilà l'homme peut-être destiné à exterminer la race grecque, et à la remplacer dans la terre natale des beaux arts et de la liberté, par une race d'esclaves nègres!

Sait-on bien ce que c'est pour les Osmanlis que le droit de conquête, et de conquête sur un peuple qu'ils regardent comme des *chiens* révoltés? Ce droit, c'est le massacre des vieillards et des hommes en état de porter les

(1) *Itinéraire*, vi^e partie.

armes (1), l'esclavage des femmes, la prostitution des enfants suivie de la circoncision forcée et de la prise du turban. C'est ainsi que Candie, l'Albanie et la Bosnie, de chrétiennes qu'elles étaient, sont devenues mahométanes. Un véritable chrétien peut-il fixer les yeux, sans frémir, sur ce résultat de l'asservissement de la Grèce? Ce nom même, qu'on ne peut prononcer sans respect et sans attendrissement, n'ajoute-t-il pas quelque chose de plus douloureux à la catastrophe qui menace ce pays de la gloire et des souvenirs? Qu'irait désormais chercher le voyageur dans les débris d'Athènes? les retrouverait-il ces débris? et s'il les retrouvait, quelle affreuse civilisation retraceraient-ils à ses yeux? Du moins le janissaire indiscipliné, enfoncé dans son imbécile barbarie, vous laisserait en paix, pour quelques sequins, pleurer sur tant de monuments détruits; l'Abyssinien discipliné ou le Grec musulman vous présentera sa consigne ou sa baïonnette.

Il faut considérer l'invasion d'Ibrahim comme une nouvelle invasion de la chrétienté par les musulmans. Mais cette seconde invasion est bien plus formidable que la première : celle-ci ne fit qu'enchaîner les corps; celle-là tend à ruiner les âmes : ce n'est plus la guerre au chrétien, c'est la guerre à la Croix.

Nous n'ignorons pas qu'on murmure à l'oreille des hommes qui s'épouvantent de cet avenir un secret tout extraordinaire : Ibrahim n'a point l'intention de rester en Grèce; tous les maux qu'il fait à ce pays ne sont qu'un jeu; il passe par la Morée avec ses Nègres et ses Arabes pour devenir roi en Égypte.

Et qui le fera roi? Lui-même? Il n'avait pas besoin d'aller si loin, de faire tant de dépenses, de perdre une partie de ses troupes nouvellement disciplinées.

Est-ce pour aguerrir ces troupes qu'il s'est donné ce passe-temps? Les Grecs l'auraient volontiers dispensé du voyage.

Est-ce le Grand Seigneur qui mettra la couronne sur la tête d'Ibrahim? Mais apparemment qu'il ne la lui donnera que pour récompense de l'extermination des Grecs, et il ne se contentera pas d'un simulacre de guerre. Quand un pacha a rendu des services à la Porte ce n'est pas ordinairement une couronne qu'elle lui envoie. Les ennemis des Grecs en sont pourtant réduits à cette politique et à ces excuses!

La cour de Rome, dans les circonstances actuelles, s'est montrée humaine et compatissante; cependant, nous osons le dire, si elle a connu ses devoirs, elle n'a pas assez senti sa force.

« Pontifes du Très-Haut (dit d'une manière admirable l'*Essai historique sur*
« *l'état des Grecs* (2), successeurs des Bossuet et des Fénelon, comment n'a-t-on
« pas entendu votre voix dans cette cause sacrée? L'Église de France n'a-t-elle
« pas, hélas! à l'époque la plus affreuse de nos troubles civils, connu toutes
« les tortures de la persécution, et ne trouve-t-elle pas de la pitié dans ses sou-
« venirs? Vers la fin du moyen âge, dans la chaleur des dissensions réveillées
« par le concile de Florence, le pape Calixte fit publier des indulgences, et or-

---

(1) Sous Mahomet II, les habitants d'une bourgade près de Modon furent, au nombre de cinq cents, sciés par le milieu du corps : sous Bajazet, toute la population de Modon au-dessous de douze ans fut massacrée, etc.
(*Essai historique sur l'état de la Grèce*, par M. VILLEMAIN.)
(2) Par M. VILLEMAIN.

« donna des prières dans tous les temples d'Europe pour les chrétiens de la
« Grèce qui combattaient les infidèles; il oubliait leur schisme, et ne voyait
« que leur malheur !

« Ne craint-on pas, si la Grèce achève de périr, ne craint-on pas de préparer
« à l'avenir un terrible sujet de blâme et d'étonnement ! Les peuples chrétiens
« de l'Europe, dira-t-on, étaient-ils dénués de force et d'expérience pour lutter
« contre les Barbares ? Non. Jamais tous les arts de la guerre n'avaient été
« portés si loin. Cette catastrophe fut-elle trop rapide et trop soudaine pour que
« la politique ait eu le temps de calculer et de prévenir ? Non. Le sacrifice dura
« cinq ans ; plus de cinq ans s'écoulèrent avant que tous les prêtres fussent
« égorgés, tous les temples brûlés, toutes les croix abattues dans la Grèce. »

Qu'il eût été touchant de voir le père des fidèles réveiller les princes chrétiens, les appeler au secours de l'humanité, se déclarer lui-même, comme Eugène III, comme Pie II, le chef d'une croisade pour le moins aussi sainte que les premières ! Il aurait pu dire aux chrétiens de nos jours ce qu'Urbain II disait aux premiers croisés (nous empruntons cette éloquente traduction à l'excellente complète et capitale *Histoire des Croisades* (1) :

« Quelle voix humaine pourra jamais raconter les persécutions et les tour-
« ments que souffrent les chrétiens ? La rage impie des Sarrasins n'a point res-
« pecté les vierges chrétiennes ; ils ont chargé de fers les mains des infirmes et
« des vieillards ; des enfants arrachés aux embrassements maternels oublient
« maintenant chez les Barbares le nom de Dieu..... Malheur à nous, mes en-
« fants et mes frères, qui avons vécu dans des jours de calamités ! Sommes-nous
« donc venus dans ce siècle pour voir la désolation de la chrétienté, et pour
« rester en paix lorsqu'elle est livrée entre les mains de ses oppresseurs ?..
« Guerriers qui m'écoutez, vous qui cherchez sans cesse de vains prétextes de
« guerre, réjouissez-vous, car voici une guerre légitime ! »

Que de cœurs un pareil langage, une pareille politique, n'auraient-ils pas ramenés à la religion !

Elle eût surtout formé un contraste frappant, cette politique, avec celle que l'on suit ailleurs. Jamais, non jamais, on ne craint pas de le déclarer, politique plus hideuse, plus misérable, plus dangereuse par ses résultats, n'a affligé le monde. Quand on voit des chrétiens aimer mieux discipliner des hordes mahométanes que de permettre à une nation chrétienne de prendre, même sous des formes monarchiques, son rang dans le monde civilisé, on est saisi d'une sorte d'horreur et de dégoût. On refuse tout secours aux Grecs, qu'on affecte de regarder comme des rebelles, des républicains, des révolutionnaires, et l'on reconnaît les républiques blanches des colonies espagnoles, et la république noire de Saint-Domingue ; et lord Cochrane a pu faire ce qu'il a voulu en Amérique, et on lui ôte les moyens d'agir en faveur de la Grèce !

Aux bras, aux vaisseaux, aux canons, aux machines que l'on a fournis à Ibrahim, il fallait une direction capable de les faire valoir. Aussi a-t-on surveillé le plan des Turcs. Ceux-ci n'auraient jamais songé à entreprendre une

(1) Par M. Michaud.

campagne d'hiver; mais les ennemis des Hellènes ont senti qu'il fallait les exterminer vite; que si on laissait la Grèce respirer pendant quelques mois, un événement inattendu, quelque intervention puissante pourrait la sauver.

Eh bien ! s'il est trop tard aujourd'hui, si les Grecs doivent succomber, s'ils doivent trouver tous les cœurs fermés à la pitié, tous les yeux à la lumière; que les victimes échappées au fer et à la flamme se réfugient chez les peuples divers; que, dispersées sur la terre, elles accusent notre siècle auprès de tous les hommes devant la dernière postérité ! Elles deviendront, comme les débris de leur antique patrie, l'objet de l'admiration et de la douleur, et montreront les restes d'un grand peuple. Alors justice sera faite, et justice inexorable. Heureux ceux qui n'auront point été chargés de la conduite des affaires au jour de l'abandon de la Grèce ! mieux vaudra cent fois avoir été l'obscur chrétien dont la prière sera montée inutilement vers les trônes ! Mille fois plus en sûreté sera la mémoire du défenseur sans pouvoir des droits de la religion persécutée et de l'humanité souffrante !

PRÉFACE

DE LA TROISIÈME ÉDITION DE LA NOTE.

Un rare spectacle a été donné au monde depuis la publication de la dernière édition de cette *Note*: deux princes ont tour à tour refusé l'empire, et se sont montrés également dignes de la couronne, en renonçant à la porter.

Quoique cette couronne soit enfin restée sur la tête du grand duc Nicolas, et que l'avant-propos de la *Note* parle de Constantin comme empereur, on n'a rien changé au texte de cet avant-propos. Il y a une politique commune à tous les rois : c'est celle qui est fondée sur les principes éternels de la religion et de la justice; bien différente de cette politique qu'il faut accommoder aux temps et aux hommes, de cette politique qui vous oblige de rétracter le lendemain ce que vous avez écrit la veille, parce qu'un événement est arrivé, parce qu'un monarque a disparu.

Mais serait-ce le sort de cette Grèce infortunée de voir tourner contre elle jusqu'aux vertus mêmes qui la pourraient secourir? Le temps employé à une lutte où les progrès des idées du siècle se sont fait remarquer au milieu de la résistance des mœurs nationales et militaires, ce temps a été perdu pour le salut d'un peuple dont on presse l'extermination : tandis que deux frères se renvoyaient généreusement le diadème, les Grecs, héritiers les uns des autres, se léguaient en mourant la couronne du martyre, et pas un d'eux n'a refusé d'en parer sa tête. Mais ces monarques à la façon de la religion, de la liberté et du malheur, se succèdent rapidement sur leur trône ensanglanté; cette race royale sera bientôt épuisée : on ne saurait trop se hâter, si l'on en veut sauver le reste.

On assure qu'Ibrahim, arrivé à Patras, va faire transporter une partie de son armée à Missolonghi. Cette place, assiégée depuis près d'un an, et qui a résisté aux bandes tumultueuses de Reschid-Pacha, pourra-t-elle, avec des remparts à moitié détruits, des moyens de défense épuisés, une garnison affaiblie, résister aux brigands disciplinés d'Ibrahim? Au moment même où l'on publie la nouvelle édition de cette *Note*, le voyageur cherche peut-être en vain Missolonghi, comme ce messager de l'ancienne Athènes, qui, en passant, n'avait plus vu Olynthe. Nous invitons les monarques de la terre à délivrer des hommes dont le Roi des rois a peut-être à jamais brisé les chaînes. Nous écrivons peut-être sans le savoir sur le tombeau de la Grèce moderne, comme jadis nous avons écrit sur le tombeau de la Grèce antique.

Si la Grèce avait succombé une seconde fois, ce serait pour notre âge le grand crime de l'Europe chrétienne, l'œuvre illégitime de ce siècle, qui pourtant a rétabli la légitimité, la faute qui serait punie bien avant que ce siècle se soit écoulé. Toute injustice politique a sa conséquence inévitable, et cette conséquence est un châtiment. Dans l'ordre moral et religieux, ce châtiment n'est pas moins certain. Le sang des pères massacrés pour être restés fidèles à leur religion, la voix des fils tombés dans l'infidélité, ne manqueraient pas d'attirer sur nous les vengeances et les malédictions du ciel.

Et quelle double abomination! Quoi! ces vaisseaux de chrétiens qui ont porté en Europe les hordes mahométanes de l'Afrique pour égorger des chrétiens, ont rapporté en Afrique les femmes et les enfants de ces chrétiens pour être vendus et réduits en servitude! Et ces auteurs de la traite des blancs oseraient parler de l'abolition de la traite des nègres, oseraient prononcer des paroles d'humanité, oseraient se vanter de la philanthropie de leur politique!

Non, elles ne seront point admises à dire qu'elles étaient chrétiennes, ces générations qui auraient vu sans l'arrêter le massacre de tout un peuple chrétien. Vous n'étiez point chrétiens, répondra la Justice divine, vous qui demandiez des lois contre le sacrilége, et qui laissiez changer en mosquées les temples du vrai Dieu; vous n'étiez point chrétiens, vous qui appeliez la sévérité des tribunaux sur des écrits irréligieux, et qui trouviez bon que le Coran fût enseigné aux enfants chrétiens tombés dans l'esclavage; vous n'étiez pas chrétiens, vous qui multipliez en France les monastères, et qui laissiez violer en Orient les retraites des servantes du Seigneur; vous n'étiez pas chrétiens, vous qui fréquentiez les hôpitaux, qui ne parliez que de charité et d'œuvres de miséricorde, et qui avez abandonné à toutes les douleurs quatre millions de chrétiens dont les plaies accusent votre charité; vous n'étiez point chrétiens, vous qui vous faisiez un triomphe de ramener à l'Église catholique quelques-uns de vos frères protestants, et qui avez souffert que vos frères du rit grec fussent contraints d'embrasser l'islamisme; vous n'étiez pas chrétiens vous qui vous unissiez pour approcher ensemble de la sainte table, et qui, l'hostie sur les lèvres, condamniez les adorateurs de la victime sans tache aux prostitutions de l'apostasie! vous avez dit avec le pharisien : « Je ne suis point comme le reste des hommes, qui sont « voleurs, injustes et adultères; je jeûne deux fois la semaine. » Et Dieu vous préférera le publicain, qui, en s'accusant, n'osait même lever les yeux au ciel.

Ces remarques seront faites; elles le sont déjà, et elles tourneront contre les choses même que vous prétendez établir. L'incrédulité s'enquerra de ce que votre foi a fait pour la Grèce, comme la révolution demande à votre royalisme quelle chaumière il a rebâtie dans la Vendée. Vos doctrines, par vous-mêmes démenties, feront éclater chez les ennemis du trône et de l'autel une grande risée.

Le passé prédit l'avenir: des événements se préparent. Ce n'est pas sans un secret dessein de la Providence qu'Alexandre a disparu au moment où les éléments d'un ordre de choses nouveau fermentent chez tous les peuples. Cette arrière-garde de huit cent mille hommes, qui tenait le monde en respect, ne peut plus agir dans la même politique, dans la même unité. L'Europe continentale sort de tutelle; la base sur laquelle s'appuyaient toutes les forces militaires de l'Alliance ne tardera pas à s'ébranler; cette vaste armée disposée en échelons, dont la tête était à Naples et la queue à Moscou, bientôt sera disloquée. Quand les flots de cette mer seront retirés, on verra le fond des choses à découvert. Alors on se repentira, mais trop tard, d'avoir refusé de faire ce qu'on aurait dû pour n'avoir pas besoin de ces flots.

On aime encore à espérer que Missolonghi n'aura pas succombé, que ses habitants, par un nouveau prodige de courage, auront donné le temps à la chrétienté enfin éclairée de venir à leur secours. Mais s'il en était autrement, chrétiens héroïques; s'il était vrai que, près d'expirer, vous nous eussiez chargé du soin de votre mémoire; si notre nom avait obtenu l'honneur d'être au nombre des derniers mots que vous avez prononcés, que pourrions-nous faire pour nous montrer digne d'exécuter le testament de votre gloire? Que sont à tant de hauts faits, à tant d'adversités, d'inutiles discours? Une seule épée tirée dans une cause si sainte aurait mieux valu que toutes les harangues de la terre: il n'y a que la parole divine qui soit un glaive.

NOTE SUR LA GRÈCE.

Les derniers événements de la Grèce ont attiré de nouveau les regards de l'Europe sur cet infortuné pays. Des bandes d'esclaves nègres, transportées du fond de l'Afrique, accourent pour achever à Athènes l'ouvrage des eunuques noirs du sérail. Les premiers viennent dans leur force renverser des ruines, que du moins les seconds, dans leur impuissance, laissaient subsister.

Notre siècle verra-t-il des hordes de Sauvages étouffer la civilisation renaissante dans le tombeau d'un peuple qui a civilisé la terre? La chrétienté laissera-t-elle tranquillement les Turcs égorger des chrétiens? Et la légitimité européenne souffrira-t-elle, sans en être indignée, que l'on donne son nom sacré à une tyrannie qui aurait fait rougir Tibère?

On ne prétend point retracer ici l'origine et l'histoire des troubles de la Grèce ; on peut consulter les ouvrages qui abondent sur ce triste sujet. Tout ce qu'on se propose dans la présente *Note*, c'est de rappeler l'attention publique sur une lutte qui doit avoir un terme ; c'est de fixer quelques principes, de résoudre quelques questions, de présenter quelques idées qui pourront germer utilement dans d'autres esprits ; de montrer qu'il n'y a rien de plus simple et qui coûterait moins d'efforts que la délivrance de la Grèce ; d'agir enfin par l'opinion, s'il est possible, sur la volonté des hommes puissants. Quand on ne peut plus offrir que des vœux à la religion et à l'humanité souffrante, encore est-ce un devoir de les faire entendre.

Il n'y a personne qui ne désire l'émancipation des Grecs, ou du moins il n'y a personne qui osât prendre publiquement le parti de l'oppresseur contre l'opprimé. Cette pudeur est déjà une présomption favorable à la cause que l'on examine.

Mais les publicistes qui ont écrit sur les affaires de la Grèce, sans être toutefois ennemis des Grecs, ont prétendu qu'on ne devait pas se mêler de ces affaires, par quatre raisons principales :

1° L'empire turc a été reconnu partie intégrante de l'Europe au congrès de Vienne ;

2° Le Grand Seigneur est le souverain légitime des Grecs, d'où il résulte que les Grecs sont des sujets rebelles ;

3° La médiation des puissances à intervenir pourrait élever des difficultés politiques ;

4° Il ne convient pas qu'un gouvernement populaire s'établisse à l'orient de l'Europe.

Il faut examiner d'abord les deux premières raisons.

Première raison : L'empire turc a été reconnu partie intégrante de l'Europe au congrès de Vienne.

Le congrès de Vienne aurait donc garanti au Grand Seigneur l'intégralité de ses États ? Quoi ! on les aurait assurés même contre la guerre ! Les ambassadeurs de la Porte assistaient-ils au congrès ? le grand vizir a-t-il signé au protocole ? le mufti a-t-il promis de protéger le souverain pontife, et le souverain pontife le mufti ? On craindrait de s'écarter d'une gravité que le sujet commande en s'arrêtant à des assertions aussi singulières que peu correctes.

Il y a plus : la Porte serait fort surprise d'apprendre qu'on s'est avisé de lui garantir quelque chose ; ces garanties lui sembleraient une insolence. Le sultan règne de par le Coran et l'épée ; c'est déjà douter de ses droits que de les reconnaître ; c'est supposer qu'il ne possède pas de sa pleine et entière volonté : dans le régime arbitraire, la loi est le délit ou le crime, selon la légalité plus ou moins prononcée de l'action.

Mais les écrivains qui prétendent que les États du Grand Seigneur ont été mis sous la sauvegarde du congrès de Vienne, se souviennent-ils que les possessions des princes chrétiens, y compris leurs colonies, ont été réellement garanties par les actes de ce congrès ? Voient-ils où cette question, qu'on soulève ici en passant, pourrait conduire ? Quand il s'agit des colonies espagnoles, parle-t-on de ce congrès de Vienne, que l'on fait intervenir si bizarrement quand il s'agit de la Grèce?

Qu'il soit permis au moins de réclamer pour les victimes du despotisme musulman la liberté que l'on se croit en droit de demander pour les sujets de S. M. Catholique. Que l'on s'écarte des articles d'un traité général signé par toutes les parties, afin de procurer ce qu'on pense être un plus grand bien à des populations entières, soit; mais alors n'invoquez pas ce même traité pour maintenir la misère, l'injustice et l'esclavage.

Seconde raison : Le Grand Seigneur est le souverain légitime des Grecs; d'où il résulte que les Grecs sont des sujets rebelles.

D'abord le Grand Seigneur ne prétend point aux honneurs de la légitimité qu'on veut bien lui décerner; et il en serait extrêmement choqué; ou plutôt il n'élève point des chrétiens au rang de sujets légitimes.

Les sujets légitimes du successeur de Mahomet sont des mahométans. Les Grecs, comme chrétiens, ne sont ni des sujets légitimes ni des sujets illégitimes. ce sont des esclaves, des *chiens* faits pour mourir sous le bâton des vrais croyants.

Quant à la nation grecque, que la nation turque n'a point incorporée dans son sein en l'appelant au partage de la communauté civile et politique, elle n'est tenue à aucune des conditions qui lient les sujets aux souverains et les souverains aux sujets. Soumise, dans l'origine, au droit de conquête, elle obtint quelques priviléges du vainqueur en échange d'un tribut qu'elle consentit à payer. Elle a payé, elle a obéi tant qu'on a respecté ces priviléges, elle a même encore payé et obéi après qu'ils ont été violés. Mais lorsqu'enfin on a pendu ses prêtres et souillé ses temples, lorsqu'on a égorgé, brûlé, noyé des milliers de Grecs; lorsqu'on a livré leurs femmes à la prostitution, emmené et vendu leurs enfants dans les marchés de l'Asie, ce qui restait de sang dans le cœur de tant d'infortunés s'est soulevé. Ces esclaves par force ont commencé à se défendre avec leurs fers. Le Grec, qui déjà n'était pas sujet par le droit politique, est devenu libre par le droit de nature : il a secoué le joug sans être rebelle, sans rompre aucun lien légitime, car on n'en avait contracté aucun avec lui. Le musulman et le chrétien en Morée sont deux ennemis qui avaient conclu une trêve à certaines conditions : le musulman a violé ces conditions; le chrétien a repris les armes : ils se retrouvent l'un et l'autre dans la position où ils étaient quand ils commencèrent le combat il y a trois cent soixante ans.

Il s'agit maintenant de savoir si l'Europe veut et peut arrêter l'effusion du sang. Mais ici se présentent les deux dernières raisons des publicistes :

La médiation des puissances à intervenir pourrait élever des difficultés politiques;

Il ne convient pas qu'un gouvernement populaire s'établisse à l'orient de l'Europe.

Ces raisons peuvent être écartées par les faits.

La scène politique a bien changé de face depuis le jour où les premiers mouvements se firent sentir dans la Morée. Le divan et le cabinet de Saint-Pétersbourg ont commencé à renouer leurs anciennes relations; les hospodars ont été nommés; les Turcs ont à peu près évacué la Moldavie et la Valachie; et s'il y a encore quelque question pendante à l'égard des principautés, il n'en est pas moins vrai que les affaires de la Grèce ne se compliquent plus avec les affaires de la Russie.

On est donc placé sur un terrain tout nouveau pour négocier; et, par la lettre de ses traités, notamment de ceux de Jassy et de Bucharest, la Russie a le droit incontestable de prendre part aux affaires religieuses de la Grèce.

D'un autre côté, l'Europe n'est plus, ni par la nature de ses institutions, ni par les vertus de ses souverains, ni par les lumières de ses cabinets et de ses peuples, dans la position où elle se trouvait lorsqu'elle rêvait le partage de la Turquie. Un sentiment de justice plus général est entré dans la politique depuis que les gouvernements ont augmenté la publicité de leurs actes. Qui songe aujourd'hui à démembrer les États du Grand Seigneur? Qui pense à la guerre avec la Porte? Qui convoite des terres et des priviléges commerciaux quand on a déjà trop de terres, et quand l'égalité des droits et la liberté du commerce deviennent peu à peu le vœu et le code des nations?

Il ne s'agit donc pas, pour obtenir l'indépendance de la Grèce, d'attaquer ensemble la Turquie, et de se battre ensuite pour les dépouilles; il s'agit simplement de demander en commun à la Porte de traiter avec les Grecs, de mettre fin à une guerre d'extermination qui afflige la chrétienté, interrompt les relations commerciales, gêne la navigation, oblige les neutres à se faire convoyer, et trouble l'ordre général.

Si le divan refusait de prêter l'oreille à des représentations aussi justes, la reconnaissance de l'indépendance de la Grèce par toutes les puissances de l'Europe pourrait être la conséquence immédiate du refus : par ce seul fait la Grèce serait sauvée sans qu'on tirât un coup de canon pour elle, et la Porte, tôt ou tard, serait obligée de suivre l'exemple des États chrétiens.

Mais peut-on contester au gouvernement ottoman le droit de souveraineté sur ses États?

Non. La France, plus qu'un autre pouvoir, doit respecter son ancien allié, maintenir tout ce qu'il est possible de maintenir de ses traités antérieurs et de ses vieilles relations; mais il faut pourtant se placer avec la Turquie comme elle se place elle-même avec les autres peuples.

Pour la Turquie, les gouvernements étrangers ne sont que des gouvernements de fait : elle ne se comprend pas elle-même autrement.

Elle ne reconnaît point le droit politique de l'Europe, elle se gouverne d'après le code des peuples de l'Asie; elle ne fait, par exemple, aucune difficulté d'emprisonner les ambassadeurs des peuples avec lesquels elle commence des hostilités.

Elle ne reconnaît pas notre droit des gens : si le voyageur qui parcourt son empire est protégé par les mœurs, en général hospitalières, par les préceptes charitables du Coran, il ne l'est pas par les lois.

Dans les transactions commerciales l'individu musulman est sincère, religieux observateur de ses propres conventions; le fisc est arbitraire et faux.

Le droit de guerre chez les Turcs n'est point le droit de guerre chez les chrétiens : il emporte la mort dans la défense, l'esclavage, dans la conquête.

Le droit de souveraineté de la Porte ne peut être légitimement réclamé par elle que pour ses provinces musulmanes. Dans ses provinces chrétiennes, là où elle n'a plus la force, là elle a cessé de régner; car la présence des Turcs parmi les chrétiens n'est pas l'établissement d'une société, mais une simple occupation militaire (1).

Mais la Grèce, État indépendant, sera-t-elle d'une considération aussi importante que la Turquie dans les transactions de l'Europe? pourra-t-elle offrir, par sa propre masse, un rempart contre les entreprises d'un pouvoir quel qu'il soit?

La Turquie est-elle un plus fort boulevard? La facilité de l'attaquer n'est-elle pas démontrée à tous les yeux? On a vu dans ses guerres avec la Russie, on a vu en Égypte, quelle est sa force de résistance. Ses milices sont nombreuses et assez braves au premier choc; mais quelques régiments disciplinés suffisent pour les disperser. Son artillerie est nulle; sa cavalerie même ne sait pas manœuvrer, et vient se briser contre un bataillon d'infanterie : les fameux mamelouks ont été détruits par une poignée de soldats français. Si telle puissance n'a pas envahi la Turquie, rendons-en grâces à la modération même sur le trône.

Que si l'on veut supposer que la Turquie a été ménagée par la crainte prudente que chacun a ressentie d'allumer une guerre générale, n'est-il pas évident que tous les cabinets seraient également attentifs à ne pas laisser succomber la Grèce? La Grèce aurait bientôt des alliances et des traités, et ne se présenterait pas seule dans l'arène.

Il faut dire plus : la Grèce libre, armée comme les peuples chrétiens, fortifiée, défendue par des ingénieurs et des artilleurs qu'elle emprunterait d'abord de ses voisins, destinée à devenir promptement, par son génie, une puissance navale; la Grèce, malgré son peu d'étendue, couvrirait mieux l'orient de l'Europe que la vaste Turquie, et formerait un contre-poids plus utile dans la balance des nations.

Enfin la séparation de la Grèce de la Turquie ne détruirait pas ce dernier État, qui compterait toujours tant de provinces militaires européennes. On pourrait même soutenir que l'empire turc augmenterait de puissance en se resserrant, en devenant tout musulman, en perdant ces populations chrétiennes placées sur les frontières de la chrétienté, et qu'il est obligé de surveiller et de garder comme on surveille et comme on garde un ennemi. Les politiques de la Porte prétendent même que le gouvernement ottoman n'aura toute sa force que lorsqu'il sera rentré en Asie. Ils ont peut-être raison.

En dernier lieu, si le divan voulait traiter pour l'affranchissement de la Grèce, il serait possible que celle-ci consentît à payer une subvention plus ou moins considérable : tous les intérêts seraient ainsi ménagés.

Toutes choses pesées, le droit de souveraineté ne peut pas être vu du même œil sous la domination du Croissant que sous l'empire de la Croix.

La Grèce, déjà à moitié délivrée, déjà politiquement organisée, ayant des

---

(1) Partout en Grèce où le poste est militaire, les Grecs sont relégués dans une bourgade à part et séparés des Turcs.

flottes, des armées, faisant respecter et reconnaître ses blocus, étant assez forte pour maintenir des traités, contractant des emprunts avec des étrangers, battant monnaie et promulguant des lois, est un gouvernement de fait ni plus ni moins que le gouvernement des Osmanlis : son droit politique à l'indépendance, quoique moins ancien, est de même nature que celui de la Turquie; et la Grèce a de plus l'avantage de professer la religion, d'être régie par les principes qui régissent les autres peuples civilisés et chrétiens.

Si ces arguments ont quelque force, reste à examiner les dangers ou les frayeurs que ferait naître l'établissement d'un gouvernement populaire à l'orient de l'Europe.

Les Grecs, qu'aucune puissance n'a pu jusqu'ici secourir pour ne pas compromettre des intérêts plus immédiats; les Grecs, qui bâtiront leur liberté de leurs propres mains, ou qui s'enseveliront sous ses débris; les Grecs ont incontestablement le droit de choisir la forme de leur existence politique. Il faudrait avoir partagé leurs périls pour se permettre de se mêler de leurs lois. Il y a trop d'équité, trop de connaissances, trop d'élévation de sentiments, trop de magnanimité dans les hautes influences sociales, pour craindre qu'on entrave jamais l'indépendance d'un peuple qui l'a conquise au prix de son sang.

Mais si l'on pouvait, d'après les faits, hasarder un jugement sur la Grèce; si les divisions dont elle a été travaillée pouvaient donner une idée assez juste de son esprit national; si sa forte tendance religieuse, si la prépondérance de son clergé, expliquaient le secret de ses mœurs; si l'histoire enfin, qui nous montre les peuples de l'Attique et du Péloponèse sortant, après plus de mille ans, du double esclavage du Bas-Empire ou du fanatisme musulman; si cette histoire pouvait fournir quelque base solide à des conjectures, on serait porté à croire que la Grèce, excepté les îles, inclinerait plutôt à une constitution monarchique qu'à une constitution républicaine.

Les droits de tous les citoyens sont aussi bien conservés (particulièrement chez un vieux peuple), dans une monarchie constitutionnelle que dans un État démocratique. Si les passions avaient été moins pressées, peut-être aujourd'hui de grandes monarchies représentatives s'élèveraient-elles dans les Amériques espagnoles d'accord avec la légitimité. Les besoins de la civilisation auraient été satisfaits, une liberté nécessaire aurait été établie sans que l'avenir des antiques royaumes de l'Europe eût été menacé par l'existence de tout un monde républicain.

La plus grande découverte politique du dernier siècle, découverte à laquelle les hommes d'État ne font pas assez d'attention, c'est la création d'une *république représentative* telle que celle des États-Unis. La formation de cette république résout le problème que l'on croyait insoluble, savoir : la possibilité pour plusieurs millions d'hommes d'exister en société sous des institutions populaires.

Si l'on n'opposait pas, dans les États qui se forment ou se régénèrent, des monarchies représentatives à des républiques représentatives; si l'on prétendait reculer dans le passé, combattre en ennemie la raison humaine, avant un siècle peut-être toute l'Europe serait républicaine ou tombée sous le despotisme militaire.

Quoi qu'il en soit, il est assez vraisemblable qu'une forme monarchique adoptée par les Grecs dissiperait toutes les frayeurs, à moins toutefois que les monarchies constitutionnelles ne fussent elles-mêmes suspectes. Il serait malheureux pour les couronnes que le port fût regardé comme l'écueil : espérons qu'une méprise aussi funeste n'est le partage d'aucun esprit éclairé.

Une médiation qui se réduirait à demander de la Turquie pour la Grèce une sorte d'existence semblable à celle de la Valachie et de la Moldavie, toute salutaire qu'elle eût été il y a deux ans, pourrait bien être aujourd'hui insuffisante. La révolution paraît désormais trop avancée : les Grecs semblent au moment de chasser les Turcs ou d'être exterminés par eux.

Une politique ferme, grande et désintéressée, peut arrêter tant de massacres, donner une nouvelle nation au monde, et rendre la Grèce à la terre.

On a parlé sans passion, sans préjugé, sans illusion, avec calme, réserve et mesure, d'un sujet dont on est profondément touché. On croit mieux servir ainsi la cause des Grecs que par des déclamations. Un problème politique, qui n'en était pas un, mais qu'on s'est plu à couvrir de nuages, se résout en quelques mots.

Les Grecs sont-ils des rebelles et des révolutionnaires ? Non.

Forment-ils un peuple avec lequel on puisse traiter ? Oui.

Ont-ils les conditions sociales voulues par le droit politique pour être reconnus des autres nations ? Oui.

Est-il possible de les délivrer sans troubler le monde, sans se diviser, sans prendre les armes, sans mettre même en danger l'existence de la Turquie ? Oui, et cela dans trois mois, par une seule dépêche collective souscrite des grandes puissances de l'Europe, ou par des dépêches simultanées exprimant le même vœu.

Ce sont là de ces pièces diplomatiques qu'on aimerait à signer de son sang.

Et l'on a raisonné dans un esprit de conciliation, dans le sens et dans l'espoir d'une harmonie complète entre les puissances ; car, dans la rigoureuse vérité, une entente générale entre les cabinets n'est pas même nécessaire pour l'émancipation des Grecs : une seule puissance qui reconnaîtrait leur indépendance opérerait cette émancipation. Toute bonne intelligence cesserait-elle entre cette puissance et les diverses cours ? A-t-on rompu toutes les relations amicales avec l'Angleterre, lorsqu'elle a suivi pour les colonies espagnoles le plan que l'on indique ici pour la Grèce ? et pourtant quelle différence sous tous les rapports dans la question !

La Grèce sort héroïquement de ses cendres : pour assurer son triomphe, elle n'a besoin que d'un regard de bienveillance des princes chrétiens. On n'accusera plus son courage, comme on se plaît encore à calomnier sa bonne foi. Qu'on lise dans le récit de quelques soldats français qui se connaissent en valeur, qu'on lise les récits de ces combats dans lesquels ils ont eux-mêmes versé leur sang, et l'on reconnaîtra que les hommes qui habitent la Grèce sont dignes de fouler cette terre illustre. Les Canaris, les Miaulis auraient été reconnus pour véritables Grecs à Mycale et à Salamine.

La France, qui a laissé tant de grands souvenirs en Orient, qui vit ses soldats régner en Égypte, à Jérusalem, à Constantinople, à Athènes ; la France, fille aînée de la Grèce par le courage, le génie et les arts, contemplerait avec joie la liberté de ce noble et malheureux pays, et se croiserait pieusement pour elle. Si la philanthropie élève la voix en faveur de l'humanité, si le monde savant, comme le monde politique, aspire à voir renaître la mère des sciences et des lois, la religion demande aussi ses autels dans la cité où saint Paul prêcha le Dieu inconnu.

Quel honneur pour la restauration d'attacher son époque à celle de l'affranchissement de la patrie de tant de grands hommes! Qu'il serait beau de voir les fils de saint Louis, à peine rétablis sur leur trône, devenir à la fois les libérateurs des rois et des peuples opprimés!

Tout est bien dans les affaires humaines quand les gouvernements se mettent à la tête des peuples et les devancent dans la carrière que ces peuples sont appelés à parcourir.

Tout est mal dans les affaires humaines quand les gouvernements se laissent traîner par les peuples et résistent aux progrès comme aux besoins de la civilisation croissante. Les lumières étant alors déplacées, l'intelligence supérieure se trouvant dans celui qui obéit au lieu d'être dans celui qui commande, il y a perturbation dans l'État.

Nous, simples particuliers, redoublons de zèle pour le sort des Grecs ; protestons en leur faveur à la face du monde ; combattons pour eux ; recueillons à nos foyers leurs enfants exilés, après avoir trouvé l'hospitalité dans leurs ruines.

En attendant des jours plus prospères, nous recevons et nous sollicitons à la fois de la munificence publique ce qu'elle nous adresse de tous côtés pour nos illustres suppliants. Nous remercions cette généreuse et brillante jeunesse qui lève un tribut sur ses plaisirs pour secourir le malheur. Nous savons ce qu'elle vaut, cette jeunesse française! Que ne pourrait-on point faire avec elle en lui parlant son langage, en la dirigeant, sans l'arrêter, sur le penchant de son génie ; toujours prête à se sacrifier, toujours prête à faire dire à quelque nouveau Périclès : « L'année a perdu son printemps ! »

Nous voulons aussi témoigner notre gratitude à ces officiers de toutes armes qui viennent nous offrir leur expérience, leur bras et leur vie. Telle est la puissance du courage et du talent, que quelques hommes peuvent seuls faire pencher la victoire du côté de la justice, ou donner le temps, en arrêtant la mauvaise fortune, d'arriver à une médiation que tous les intérêts doivent désirer.

Quelles que soient les déterminations de la politique, la cause des Grecs est devenue la cause populaire. Les noms immortels de Sparte et d'Athènes semblent avoir touché le monde entier : dans toutes les parties de l'Europe il s'est formé des sociétés pour secourir les Hellènes ; leurs malheurs et leur vaillance ont rattaché tous les cœurs à leur liberté. Des vœux et des offrandes leur arrivent jusque des rivages de l'Inde, jusque du fond des déserts de l'Amérique : cette reconnaissance du genre humain met le sceau à la gloire de la Grèce.

EXTRAIT

D'UN DISCOURS SUR L'HISTOIRE DE FRANCE,
LU A L'ACADÉMIE FRANÇAISE,

Dans sa séance tenue le 9 février 1826, à la réception de M. le duc Matthieu de Montmorency.

Une même génération de Romains eut pour maîtres, en moins d'un quart de siècle, un Africain, un Assyrien et un Goth (1) : nous allons dans un moment voir régner un Arabe (2). Il est digne de remarque que de tous ces aventuriers, candidats au despotisme, qui affluaient à Rome de tous les coins du globe, aucun ne vint de la Grèce. Cette vieille terre de l'indépendance, tout enchaînée qu'elle était, se refusait à produire des tyrans : en vain les Goths firent périr ses chefs-d'œuvre à Olympie, la dévastation et l'esclavage ne purent lui ravir ni son génie ni son nom. On abattait ses monuments, et leurs ruines n'en devenaient que plus sacrées ; on dispersait ces ruines, et l'on trouvait au-dessous les tombeaux des grands hommes ; on brisait ces tombeaux, et il en sortait une mémoire immortelle! Patrie commune de toutes les renommées? pays qui ne manqua plus d'habitants! car partout où naissait un étranger illustre, là naissait un enfant adoptif de la Grèce, en attendant la renaissance de ces indigènes de la liberté et de la gloire qui devaient un jour repeupler les champs de Platée et de Marathon.

OPINION

DE M. LE VICOMTE DE CHATÉAUBRIAND

SUR LE PROJET DE LOI RELATIF A LA RÉPRESSION DES DÉLITS COMMIS DANS LES ÉCHELLES DU LEVANT (3).

MESSIEURS,

J'ai remarqué, dans le projet de loi soumis à votre examen, une lacune considérable, et qu'il est, selon moi, de la dernière importance de remplir.

Le projet parle de contraventions, délits et crimes commis dans les échelles du Levant ; mais il ne définit point ces contraventions, ces délits et ces crimes ; il annonce seulement qu'il les punit par les lois pénales françaises, quand ils se commettent.

On est donc réduit à remonter, par l'infliction des peines, à la connaissance des délits : cela est dans l'ordre, puisqu'il ne s'agit ici que d'une loi de procédure, et que l'on peut toujours connaître les délits par la loi pénale, celle-ci

---

(1) Macrin, Héliogabale et Maximin.
(2) Philippe. — (3) Chambre des pairs, séance du lundi 13 mars 1826.

désignant toujours et nécessairement le délit ou le crime qui provoque son application.

Mais, s'il arrive qu'il y ait des contraventions, des délits et des peines qui n'aient point été prévus, et que par conséquent aucun châtiment ne menace, il en résulte que ces contraventions, délits et crimes ne peuvent être atteints par les lois pénales existantes jusqu'à ce qu'ils aient été rangés dans la série des contraventions, des délits et des crimes connus et signalés.

Ainsi, par exemple, il a été loisible d'entreprendre la traite des noirs jusqu'au jour où une loi l'a défendue. Eh bien! un crime pour le moins aussi effroyable, que je nommerai la *traite des blancs*, se commet dans les mers du Levant, et c'est ce crime que mon amendement vous propose de rappeler, afin qu'il puisse tomber sous la vindicte des lois françaises.

Je vais, messieurs, développer ma pensée :

Si la loi contre la traite des noirs s'était exprimée d'une manière générale; si, au lieu de dire, comme elle le dit : toute part quelconque qui sera prise au *trafic connu sous le nom de la traite des noirs sera punie*, etc., elle avait dit seulement au *trafic des esclaves*, je n'aurais eu, messieurs, aucun amendement à proposer. Le projet de loi actuel parlant en général des contraventions, délits et crimes qui ont lieu dans les échelles du Levant, et le crime du trafic des esclaves s'y commettant tous les jours; il serait clair que le crime que je désigne serait enveloppé dans le présent projet de loi. Mais la loi de 1818 ne parle pas d'une manière générale du crime contre la liberté des hommes; elle borne sa prohibition à la seule traite des noirs. Or, voici, messieurs, l'étrange résultat que cette prohibition spéciale peut produire dans les échelles du Levant et de Barbarie.

Je suppose qu'un bâtiment chargé d'esclaves noirs, partant d'Alger, de Tunis, de Tripoli, apporte son odieuse cargaison à Alexandrie : ce délit est prévu par vos lois. Les consuls d'Alger, de Tunis, de Tripoli, informent en vertu de la loi que vous allez rendre, et le capitaine coupable est puni en vertu de la loi de 1818 contre la traite.

Eh bien! messieurs, au moment même où le vaisseau négrier arrive à Alexandrie, entre dans le port un autre vaisseau chargé de malheureux esclaves grecs, enlevés aux champs dévastés d'Argos et d'Athènes : aucune information ne peut être commencée contre les fauteurs d'un pareil crime. Vos lois puniront dans le même lieu, dans le même port, à la même heure, le capitaine qui aura vendu un homme noir, et elles laisseront échapper celui qui aura trafiqué d'un homme blanc.

Je vous le demande, messieurs, cette anomalie monstrueuse peut-elle subsister? Le seul énoncé de cette anomalie ne révolte-t-il pas le cœur et l'esprit, la justice et la raison, la religion et l'humanité?

C'est cette disparate effrayante que je vous propose de détruire par le moyen le plus simple, sans blesser le caractère du projet de loi qui fait l'objet de la présente discussion.

Ne craignez pas, messieurs, que je vienne vous faire ici un tableau pathétique des malheurs de la Grèce, que je vous entraîne dans ce champ de la politique étrangère où il ne vous conviendrait peut-être pas d'entrer. Plus mes sentiments sont connus sur ce point, plus je mettrai de réserve dans mes paroles. Je me contente de demander la répression d'un crime énorme, abstraction faite des causes qui ont produit ce crime et de la politique que l'Europe chrétienne a cru devoir suivre. Si cette politique est erronée, elle sera punie, car les gouvernements n'échappent pas plus aux conséquences de leurs fautes que les individus.

Il est de notoriété publique que des femmes, des enfants, des vieillards, ont été transportés dans des vaisseaux appartenant à des nations civilisées, pour être vendus comme esclaves dans les différents bazars de l'Europe, de l'Asie et de l'Afrique. Ces enfants, ces femmes, ces vieillards sont de la race blanche dont nous sommes; ils sont chrétiens comme nous; et je dirais qu'ils sont nés dans cette Grèce, mère de la civilisation, si je ne m'étais interdit tous les souvenirs qui pourraient ôter le calme à vos esprits.

A Dieu ne plaise que je veuille diminuer l'horreur qu'inspire la traite des noirs, mais enfin je parle devant des chrétiens, je parle devant de vénérables prélats d'une Église naguère persécutée. Quand on arrache un nègre à ses forêts, on le transporte dans un pays civilisé; il y trouve des fers, il est vrai; mais la religion, qui ne peut rien pour sa liberté dans ce monde, quoiqu'elle ait prononcé l'abolition de l'esclavage; la religion, qui ne peut le défendre contre les passions des hommes, console du moins le pauvre nègre, et lui assure dans une autre vie cette délivrance que l'on trouve près du réparateur de toutes les injustices, près du père de toutes les miséricordes.

Mais l'habitant du Péloponèse et de l'Archipel, arraché aux flammes et aux ruines de sa patrie, la femme enlevée à son mari égorgé; l'enfant ravi à la mère dans les bras de laquelle il a été baptisé, toute cette race est civilisée et chrétienne. A qui est-elle vendue? à la barbarie et au mahométisme! Ici le crime religieux vient se joindre au crime civil et politique, et l'individu qui le commet est coupable au tribunal du Dieu des chrétiens comme au tribunal des nations policées; il est coupable des apostasies qui suivront des ventes réprouvées du ciel, comme il est responsable des autres misères qui en seront dans ce monde la conséquence inévitable.

Dira-t-on qu'on ne peut assimiler ce que j'appelle la *traite des blancs* à la traite des noirs, puisque les marchands chrétiens n'achètent pas des blancs pour les revendre ensuite dans les différents marchés du Levant?

Ce serait là, messieurs, une dénégation sans preuve à laquelle vous pourriez attribuer plus ou moins de valeur. Je pourrais toujours dire que, puisque des esclaves blancs sont vendus dans les marchés du Caire, dans les ports de la Barbarie, rien ne démontre que les mêmes chrétiens infidèles à leur foi, rebelles aux lois de leur pays, qui se livrent encore à la traite des noirs, se fissent plus de scrupule d'acheter et de vendre un blanc qu'un noir. Vous niez le crime? Eh bien! s'il ne se commet pas, la loi ne serait pas appliquée; mais elle existera comme une menace de votre justice, comme un témoignage de votre gloire, de votre religion, de votre humanité, et, j'ose dire, comme un monument de la reconnaissance du monde envers la patrie des lumières.

Mais à présent, messieurs, que j'ai bien voulu, pour la force de l'argumentation, combattre *à priori* la dénégation pure et simple, si elle m'était opposée, les raisonnements du second degré de logique ne laisseraient plus vestige de la dénégation.

Un crime est-il toujours un et entier? N'y a-t-il assassinat, par exemple, que lorsque l'homme est mort du coup qu'on lui a porté? La loi n'a-t-elle pas assimilé au crime tout ce qui sert à le faire commettre? N'enveloppe-t-elle pas dans ses arrêts les complices du criminel comme le criminel lui-même?

« Les complices d'un crime ou d'un délit, dit le Code pénal, art. 59 et 60,
« livre II, seront punis de la même peine que les auteurs mêmes de ce crime
« ou de ce délit, sauf les cas où la loi en aurait disposé autrement. Seront
« punis de la même peine ceux qui auront, avec connaissance, aidé ou assisté
« l'auteur ou les auteurs de l'action dans les faits qui l'auront préparée ou
« facilitée, ou dans ceux qui l'auront consommée. »

On dira que les chrétiens dans le Levant n'achètent pas et ne vendent pas des esclaves blancs : mais n'ont-ils jamais nolisé de bâtiments pour les transporter du lieu où ils avaient subi la servitude au marché où ils devaient être vendus? Ne sont-ils pas ainsi devenus les courtiers d'un commerce infâme? N'ont-ils pas ainsi reçu le prix du sang? Eh quoi! ces hommes qui ont entendu les cris des enfants et des mères, qui ont entassé dans la cale de leurs vaisseaux des Grecs demi-brûlés, couverts du sang de leur famille égorgée; ces hommes qui ont embarqué ces chrétiens esclaves avec le marchand turc qui allait, pour quelques piastres, les livrer à l'apostasie et à la prostitution; ces hommes ne seraient pas coupables!

Ici il est évident que le complice est, pour ainsi dire, plus criminel même; car, s'il n'avait pas, pour un vil gain, fourni des moyens de transport, les malheureuses victimes seraient du moins restées dans les ruines de leur patrie; et qui sait si la victoire ou la politique, ramenant enfin la Croix triomphante, ne les eût pas rendues un jour à la religion et à la liberté?

Observez d'ailleurs, messieurs, une chose qui tranche la question. Mon amendement, qui n'est autre chose, comme vous le verrez bientôt, que l'article 1er de la loi du 15 avril 1818, s'exprime d'une manière étendue comme cet article; il ne renferme pas le crime dans le fait unique de l'achat et de la vente de l'esclave : le bon sens et l'efficacité de la loi voulaient qu'il fût ainsi rédigé.

Un vaisseau arrive sur la côte de l'Afrique pour faire la traite, le capitaine trouve une moisson abondante, et si abondante, que son navire ne suffit pas pour la porter; un autre vaisseau survient, le capitaine le nolise, y verse une partie de sa cargaison; le vaisseau nolisé part pour les Antilles; il est rencontré et arrêté, bien que le capitaine de ce vaisseau n'ait acheté ni ne doive vendre pour son compte les esclaves dont il ne fait que le commerce interlope. Ce capitaine comparaît devant les tribunaux et il est condamné; et pourquoi? parce que la loi du 15 avril 1818 dit très-justement : « Toute part quelconque qui serait
« prise au trafic connu sous le nom de la *traite des noirs.* »

Voilà précisément le cas de ces affreux nolis qui ont lieu dans la Méditerranée, et voilà le crime que mon amendement est destiné à prévenir.

Je veux croire, messieurs, qu'aucun navire français n'a taché son pavillon blanc dans ce damnable trafic, qu'aucun sujet des descendants du saint roi qui mourut à Tunis pour la délivrance des chrétiens n'a eu la main dans ces abominations; mais, quel que soit le criminel, que je ne recherche point, le crime certainement a été commis : or, il me semble qu'il est de notre devoir rigoureux de le tenir au moins sous le coup d'une menace.

Il y a, messieurs, des articles que l'on peut oublier d'insérer dans une loi, mais qu'on ne peut refuser d'y admettre lorsqu'une fois ils ont été proposés. J'ose donc espérer que messieurs les ministres du roi eux-mêmes seront favorables à l'amendement dont je vais donner la lecture à la Chambre. Lorsque j'avais l'honneur de siéger avec eux dans le conseil de Sa Majesté, je sais avec quel empressement ils adoptèrent une réponse à la dépêche d'un cabinet étranger pour essayer de mettre un terme au déchirement de la Grèce. Je me plais à révéler ces sentiments qui font leur honneur, et j'espère que si la politique nous divise, l'humanité au moins nous réunira.

Je me résume, messieurs.

Si la loi sur la traite des noirs avait été moins particulière dans l'énoncé des délits et crimes qu'elle condamne, le projet de loi que nous examinons embrassant les crimes et délits qui se commettent dans les échelles du Levant, je n'aurais eu aucun amendement à proposer.

Mais comme la loi contre la traite borne son action à ce qui regarde les esclaves de la race noire, elle laisse tout pouvoir d'agir aux hommes qui voudraient faire le commerce des esclaves de race blanche dans les échelles du Levant, et met les coupables visiblement hors de l'atteinte de la loi contre la traite des noirs.

Je propose de remédier à ce mal par un amendement qui n'est autre, comme je l'ai dit, que le premier article de la loi sur la traite des noirs, mais généralisé et étendu sur toutes les races d'esclaves. Je n'ajoute rien dans le projet de loi actuel à l'énoncé des peines, et je ne change rien à la juridiction des tribunaux. Ce projet de loi déclarant que les contraventions, les délits et les crimes commis dans les échelles du Levant et de Barbarie sont punis par les *lois françaises*, il est évident que la loi contre la traite des noirs est comprise dans les lois françaises, et que les peines que cette loi statue seront applicables aux crimes et délits mentionnés dans mon amendement. J'évite ainsi tout naturellement d'entrer dans le système d'une loi pénale; mon amendement reste ce qu'il doit être, un degré de plus de procédure dans le cours d'une loi de procédure.

Il n'innove rien dans la matière pénale, il ne fait qu'étendre une disposition d'une loi déjà existante ; il applique seulement à l'esclavage en général ce qui, dans une de vos lois, se bornait à un esclavage particulier. Je ne crois donc pas, messieurs, qu'il soit possible de faire une objection un peu solide contre un amendement que réclament également votre religion, votre justice, votre humanité, et qui se place si naturellement dans le projet de loi sur lequel vous allez voter, qu'on dirait qu'il en est partie inhérente et indispensable.

Considéré dans ses rapports avec les affaires du monde, l'amendement est aussi sans le moindre inconvénient. Le terme générique que j'emploie n'indique aucun peuple particulier. J'ai couvert le Grec du manteau de l'esclave afin qu'on ne le reconnût pas et que les signes de sa misère rendissent au moins sa personne inviolable à la charité du chrétien.

AMENDEMENT

À L'ARTICLE 1ᵉʳ DU PROJET DE LOI SUR LA RÉPRESSION DES CRIMES COMMIS PAR DES FRANÇAIS DANS LES ÉCHELLES DU LEVANT, ET DEVANT FORMER LE SECOND PARAGRAPHE DE CET ARTICLE.

« Est réputée contravention, délit et crime, selon la gravité des cas, con-
« formément à la loi du 15 avril 1818, toute part quelconque qui serait prise
« par des sujets et des navires français, en quelque lieu, sous quelque condition
« et prétexte que ce soit, et par des individus étrangers dans les pays soumis à
« la domination française, au trafic des esclaves dans les échelles du Levant et
« de Barbarie. »

DISCOURS

en réponse

À M. LE GARDE DES SCEAUX.

Messieurs,

M. le garde des sceaux prétend que mon amendement serait mieux placé au vingt-sixième article du projet de loi qu'au premier article : qu'à cela ne tienne ; si M. le garde des sceaux veut s'engager à soutenir mon amendement placé au vingt-sixième article, je suis prêt à lui donner satisfaction et à m'entendre avec lui.

La mémoire de M. le garde des sceaux l'aura, je pense, trompé : il croit que j'ai accusé des Français. J'ai précisément mis les Français hors de cause, et j'ai déclaré que j'espérais qu'aucun d'eux n'avait souillé le pavillon blanc dans un damnable trafic.

M. le garde des sceaux ne me semble avoir détruit ni ce que j'ai avancé touchant le crime, ni ce que j'ai soutenu sur la complicité du crime. Il se contente de tout nier. Mais nier n'est pas prouver ; et moi, pour soutenir que les transports d'esclaves existent, je m'appuie sur les écrits de tous les voyageurs, sur les récits de toutes les gazettes imprimées dans l'Orient, même de celles qui ne sont pas favorables à la cause des Grecs ; sur les journaux officiels de Napoli de Romanie, enfin sur les plaintes même du gouvernement grec. Quand on a demandé à celui-ci de faire justice des pirates qui usurpent son pavillon, il a répondu qu'il ne demandait pas mieux, mais qu'il fallait aussi que les puissances chrétiennes défendissent à leurs sujets de fournir des transports aux soldats turcs, et de noliser des vaisseaux pour y faire recevoir les malheureux habitants de la Grèce que l'on emmenait en esclavage. Voilà, messieurs, des faits connus de tout l'univers.

Et enfin, comme je l'ai déjà dit, si le crime n'existe pas, il suffirait qu'il fût possible, et qu'on en eût été menacé, pour ôter d'avance tout moyen de le commettre impunément. Si mon amendement introduit dans le projet de loi est inutile, tant mieux; mais c'est le cas de dire, plus que jamais, que ce qui abonde ne vicie pas. Cet amendement vous fera un immortel honneur sans pouvoir causer aucun dommage. Toute la question vient se réduire à ce point : Il y aura jugement devant les tribunaux. Si les prévenus ne sont pas coupables du crime qu'on leur impute, s'ils n'ont pas pris une part quelconque à un trafic réprouvé par les lois divines et humaines, ils seront acquittés.

Tous les jours des vaisseaux sont arrêtés comme prévenus d'avoir fait la traite des noirs ; les maîtres de ces vaisseaux se justifient, et ils sont libérés. Encore une fois, si le délit ou le crime que l'amendement est destiné à prévenir n'existe pas, la loi ne sera jamais appliquée : s'il existe, et qu'il y ait des prévenus, ils seront jugés, et renvoyés absous s'ils ne sont pas coupables : s'ils sont coupables, voudriez-vous qu'un crime aussi énorme devant Dieu et devant les hommes restât impuni ?

Une autre objection de M. le ministre de la justice consiste à dire que mon amendement introduit une loi pénale dans une loi de procédure.

Je croyais, messieurs, m'être mis à l'abri de cette fin de non-recevoir dans le développement de mon amendement. En effet, je crois avoir prouvé d'une manière sensible que l'amendement ne fait aucune confusion de matières, et ne sort pas du caractère de la loi. Mais apparemment que je ne me serai pas suffisamment expliqué; essayons de mieux me faire entendre.

Mon amendement confond si peu une loi pénale avec une loi de procédure, qu'il ne renferme le prononcé d'aucune peine. Il exprime seulement un délit, lequel délit sera puni sans doute par les lois françaises, comme tous les délits et crimes commis dans les échelles du Levant ; et ainsi le veut le projet de loi même, par son article 26.

Le savant magistrat à qui j'ai l'honneur de répondre semble avoir confondu lui-même des choses extrêmement diverses : parce que je m'occupais de délits, il lui a paru que j'établissais des peines, dont je ne dis pas un mot.

Considéré sous tous les rapports, mon amendement, messieurs, ne dénature point le principe de la loi dans laquelle je sollicite son introduction. Ce n'est qu'un article oublié dans cette loi, dont je demande pour ainsi dire le rétablissement. La matière est parfaitement homogène. L'amendement ne fait que généraliser la nature d'un crime déjà mentionné dans vos lois; il n'introduit aucune peine nouvelle pour la répression de ce crime. Le projet de loi s'occupe des délits commis dans les échelles du Levant, sous les yeux des consuls français ; et ce sont aussi des délits commis dans les échelles du Levant, sous les yeux des consuls du roi, que l'amendement spécifie. Ici les crimes ont le même théâtre, sont perpétrés par les mêmes hommes, attestés par les mêmes témoins, jugés par les mêmes tribunaux : que faut-il donc de plus pour donner à un amendement le caractère de la loi même dans laquelle il peut être placé?

Je voulais négliger de répondre à une objection qui n'est pas nouvelle, et que, depuis dix ans, j'ai vu reproduire à propos de presque toutes les lois.

Il est rare, quand un amendement a quelque importance, qu'on ne dise pas que cet amendement n'est autre chose qu'une loi particulière, qu'un envahissement de l'initiative royale, et qui peut tout au plus devenir l'objet d'une proposition spéciale. Votre sagesse, messieurs, ne s'est pas souvent rendue à cette objection, et vous avez nombre de fois, au contraire, adopté des amendements qui, vous assurait-on, dénaturaient la loi dans son principe, introduisaient une loi dans une loi. Votre mémoire vous en fournira de grands exemples. Vous aurez bientôt, dans le projet de loi sur le droit d'aînesse, l'occasion d'user largement du droit d'amender. Je ne pense pas que vous demandiez au noble rapporteur de votre commission de changer en proposition les amendements qu'elle a jugé convenable de vous présenter à votre dernière séance.

Et en vérité, messieurs, mon amendement fût-il plus étranger à la loi, pourriez-vous, pour une petite convenance de matières, refuser de prévenir un si grand crime? Et qu'on ne dise pas que dans tous les cas on a le temps d'attendre : l'amendement est urgent, car les malheurs se précipitent; il ne s'agit pas de prévenir un désordre à venir, mais un désordre du jour.

Au moment où je vous parle, messieurs, une nouvelle moisson de victimes humaines tombe peut-être sous le fer des Turcs. Une poignée de chrétiens héroïques se défend encore au milieu des ruines de Missolonghi, à la vue de l'Europe chrétienne insensible à tant de courage et à tant de malheurs. Et qui peut pénétrer les desseins de la Providence? J'ai lu hier, messieurs, une lettre d'un enfant de quinze ans, datée des remparts de Missolonghi. « Mon cher compère,
« écrit-il dans sa naïveté à un de ses camarades à Zante, j'ai été blessé trois
« fois; mais je suis moi et mes compagnons assez guéri pour avoir repris nos
« fusils. Si nous avions des vivres, nous braverions des ennemis trois fois plus
« nombreux. Ibrahim est sous nos murs; il nous a fait faire des propositions et
« des menaces; nous avons tout repoussé. Ibrahim a des officiers français avec
« lui : qu'avons-nous fait aux Français pour nous traiter ainsi? »

Messieurs, ce jeune homme sera-t-il pris, transporté par des chrétiens aux marchés d'Alexandrie? S'il doit encore nous demander ce qu'il a fait aux Français, que notre amendement soit là pour satisfaire à l'interrogation de son désespoir, au cri de sa misère, pour que nous puissions lui répondre : « Non, ce
« n'est pas le pavillon de saint Louis qui protège votre esclavage, il voudrait
« plutôt couvrir vos nobles blessures! »

Pairs de France, ministres du roi très-chrétien, si nous ne pouvons pas par nos armes secourir la malheureuse Grèce, séparons-nous du moins par nos lois des crimes qui s'y commettent : donnons un noble exemple qui préparera peut-être en Europe les voies à une politique plus élevée, plus humaine, plus conforme à la religion, et plus digne d'un siècle éclairé; et c'est à vous, messieurs, c'est à la France qu'on devra cette noble initiative!

PRÉFACE

DE LA PREMIÈRE ÉDITION DE L'ITINÉRAIRE.

Si je disais que cet *Itinéraire* n'était point destiné à voir le jour, que je le donne au public à regret et comme malgré moi, je dirais la vérité, et vraisemblablement on ne me croirait pas.

Je n'ai point fait mon voyage pour l'écrire; j'avais un autre dessein : ce dessein je l'ai rempli dans les *Martyrs*. J'allais chercher des images; voilà tout.

Je n'ai pu voir Sparte, Athènes, Jérusalem, sans faire quelques réflexions. Ces réflexions ne pouvaient entrer dans le sujet d'une épopée; elles sont restées sur mon journal de route : je les publie aujourd'hui, dans ce que j'appelle *Itinéraire de Paris à Jérusalem*, faute d'avoir trouvé un titre plus convenable à mon sujet.

Je prie donc le lecteur de regarder cet *Itinéraire* moins comme un voyage que comme des Mémoires d'une année de ma vie. Je ne marche point sur les traces des Chardin, des Tavernier, des Chandler, des Mungo Parck, des Humboldt : je n'ai point la prétention d'avoir connu des peuples chez lesquels je n'ai fait que passer. Un moment suffit au peintre de paysage pour crayonner un arbre, prendre une vue, dessiner une ruine; mais des années entières sont trop courtes pour étudier les mœurs des hommes, et pour approfondir les sciences et les arts.

Toutefois je sais respecter le public, et l'on aurait tort de penser que je livre au jour un ouvrage qui ne m'a coûté ni soins, ni recherches, ni travail : on verra que j'ai scrupuleusement rempli mes devoirs d'écrivain. Quand je n'aurais fait que donner une description détaillée des ruines de Lacédémone, découvrir un nouveau tombeau à Mycènes, indiquer les portes de Carthage, je mériterais encore la bienveillance des voyageurs.

J'avais commencé à mettre en latin les deux Mémoires de l'Introduction, destinés à une académie étrangère; il est juste que ma patrie ait la préférence.

Cependant, je dois prévenir le lecteur que cette Introduction est d'une extrême aridité. Elle n'offre qu'une suite de dates et de faits dépouillés de tout ornement; on peut la passer sans inconvénient, pour éviter l'ennui attaché à ces espèces de tables chronologiques.

Dans un ouvrage du genre de cet *Itinéraire*, j'ai dû souvent passer des réflexions les plus graves aux récits les plus familiers : tantôt m'abandonnant à mes rêveries sur les ruines de la Grèce, tantôt revenant aux soins du voyageur, mon style a suivi nécessairement le mouvement de ma pensée et de ma fortune. Tous les lecteurs ne s'attacheront donc pas aux mêmes endroits : les uns ne chercheront que mes sentiments; les autres n'aimeront que mes aventures; ceux-ci me sauront gré des détails positifs que j'ai donnés sur beaucoup d'objets; ceux-là s'ennuieront de la critique des arts, de l'étude des monuments, des digressions historiques. Au reste, c'est l'homme, beaucoup plus que l'auteur, que l'on verra partout ; je parle éternellement de moi, et j'en parlais en sûreté, puisque je ne comptais point publier ces Mémoires. Mais, comme je n'ai rien dans le cœur que je craigne de montrer au dehors, je n'ai rien retranché de mes notes originales. Enfin, j'aurai atteint le but que je me propose, si l'on sent d'un bout à l'autre de cet ouvrage une parfaite sincérité. Un voyageur est une espèce d'historien : son devoir est de raconter fidèlement ce qu'il a vu ou ce qu'il a entendu dire ; il ne doit rien inventer ; mais aussi il ne doit rien omettre ; et, quelles que soient ses opinions particulières, elles ne doivent jamais l'aveugler au point de taire ou de dénaturer la vérité.

Je n'ai point chargé cet *Itinéraire* de notes ; j'ai seulement réuni, à la fin du troisième volume, trois opuscules qui éclaircissent mes propres travaux (1) :

1° L'*Itinéraire latin de Bordeaux à Jérusalem* : il trace le chemin que suivirent, depuis, les croisés, et c'est pour ainsi dire le premier pèlerinage à Jérusalem. Cet *Itinéraire* ne se trouvait jusqu'ici que dans les livres connus des seuls savants ;

2° La dissertation de d'Anville sur l'ancienne Jérusalem: dissertation très-rare, et que le savant M. de Sainte-Croix regardait, avec raison, comme le chef-d'œuvre de l'auteur ;

3° Un Mémoire inédit sur Tunis.

J'ai reçu beaucoup de marques d'intérêt durant le cours de mon voyage. M. le général Sébastiani, MM. Vial, Fauvel, Drovetti, Saint-Marcel, Caffe, Devoise, etc., trouveront leurs noms cités avec honneur dans cet *Itinéraire*: rien n'est doux comme de publier les services qu'on a reçus.

La même raison m'engage à parler de quelques autres personnes à qui je dois aussi beaucoup de reconnaissance.

M. Boissonade s'est condamné, pour m'obliger, à la chose la plus ennuyeuse et la plus pénible qu'il y ait au monde: il a revu les épreuves des *Martyrs* et de l'*Itinéraire*. J'ai cédé à toutes ses observations, dictées par le goût le plus délicat, par la critique la plus éclairée et la plus saine. Si j'ai admiré sa rare complaisance, il a pu connaître ma docilité.

M. Guizot, qui possède aussi ces connaissances que l'on avait toujours autrefois avant d'oser prendre la plume, s'est empressé de me donner les renseignements qui pouvaient m'être utiles. J'ai trouvé en lui cette politesse et cette noblesse de caractère qui font aimer et respecter le talent.

Enfin, des savants distingués ont bien voulu éclaircir mes doutes et me faire part de leurs lumières : j'ai consulté MM. Malte-Brun et Langlès. Je ne pouvais mieux m'adresser pour tout ce qui concerne la géographie et les langues anciennes et modernes de l'Orient.

Comme mille raisons peuvent m'arrêter dans la carrière littéraire au point où je suis parvenu, je veux payer ici toutes mes dettes. Des gens de lettres ont mis en vers plusieurs morceaux de mes ouvrages ; j'avoue que je n'ai connu qu'assez tard le grand nombre d'obligations que j'avais aux muses sous ce rap-

---

(1) Dans la troisième édition, on a rejeté en notes, à la fin de chaque volume, les longues citations qui se trouvaient insérées dans le texte.

port. Je ne sais comment, par exemple, une pièce charmante, intitulée *le Voyag du Poëte*, a pu si longtemps m'échapper. L'auteur de ce petit poëme, M. de Saint-Victor, a bien voulu embellir mes descriptions sauvages, et répéter sur sa lyre une partie de ma chanson du désert. J'aurais dû l'en remercier plus tôt. Si donc quelques écrivains ont été justement choqués de mon silence, quand ils me faisaient l'honneur de perfectionner mes ébauches, ils verront ici la réparation de mes torts. Je n'ai jamais l'intention de blesser personne, encore moins les hommes de talent, qui me font jouir d'une partie de leur gloire en empruntant quelque chose à mes écrits. Je ne veux point me brouiller avec les neuf Sœurs, même au moment où je les abandonne. Eh ! comment n'aimerais-je pas ces nobles et généreuses immortelles ! Elles seules ne sont pas devenues mes ennemies lorsque j'ai obtenu quelques succès; elles seules encore, sans s'étonner d'une vaine rumeur, ont opposé leur opinion au déchaînement de la malveillance. Si je ne puis faire vivre Cymodocée, elle aura du moins la gloire d'avoir été chantée par un des plus grands poëtes de nos jours, et par l'homme qui, de l'aveu de tous, juge et apprécie le mieux les ouvrages des autres (1).

Quant aux censeurs qui, jusqu'à présent, ont parlé de mes ouvrages, plusieurs m'ont traité avec une indulgence dont je conserve la reconnaissance la plus vive : je tâcherai, d'ailleurs, dans tous les cas et dans tous les temps, de mériter les éloges, de profiter des critiques, et de pardonner aux injures.

PRÉFACE.

DE LA TROISIÈME ÉDITION.

J'ai revu le style de cet *Itinéraire* avec une attention scrupuleuse, et j'ai, selon ma coutume, écouté les conseils de la critique. On a paru désapprouver généralement les citations intercalées dans le texte ; je les ai rejetées à la fin de chaque volume: débarrassé de ces richesses étrangères, le récit marchera peut-être avec plus de rapidité.

Dans les deux premières éditions de l'*Itinéraire*, j'avais rappelé, à propos de Carthage, un livre italien que je ne connaissais pas. Le vrai titre de ce livre est : *Ragguaglio dell Viaggio compendioso di un dilettante antiquario, sorpreso da corsari; condotto in Barberia, e felicemente ripatriato*. Milano, 1805. On m'a prêté cet ouvrage : je n'ai pu découvrir distinctement si son auteur, le père Caroni, est de mon opinion touchant la position des ports de Carthage; cependant, ils sont placés sur la carte du *Ragguaglio* là où je voudrais les placer. Il paraît donc que le père Caroni a suivi, comme moi, le sentiment de M. Humbert, officier du génie hollandais, qui commande à la Goulette. Tout ce que dit d'ailleurs l'antiquaire italien sur les ruines de la patrie d'Annibal est extrêmement in-

---

(1) M. de Fontanes.

téressant : les lecteurs, en achetant le *Ragguaglio*, auront le double plaisir de lire un bon ouvrage et de faire une bonne action, car le père Caroni, qui a été esclave à Tunis, veut consacrer le prix de la vente de son livre à la délivrance de ses compagnons d'infortune ; c'est mettre noblement à profit la science et le malheur : le *non ignara mali, miseris succurrere disco*, est particulièrement inspiré par le sol de Carthage.

L'*Itinéraire* semble avoir été reçu du public avec indulgence : on m'a fait cependant quelques objections auxquelles je me crois obligé de répondre.

On m'a reproché d'avoir pris mal à propos le *Sousoughirli* pour le Granique, et cela uniquement pour avoir le plaisir de faire le portrait d'Alexandre. En vérité, j'aurais pu dire du conquérant macédonien ce qu'en dit Montesquieu : ***Parlons-en tout à notre aise.*** Les occasions ne me manquaient pas ; et, par exemple, il eût été assez naturel de parler d'Alexandre à propos d'Alexandrie.

Mais comment un critique, qui s'est d'ailleurs exprimé avec décence sur mon ouvrage, a-t-il pu s'imaginer qu'aux risques de faire rire à mes dépens l'Europe savante, j'avais été de mon propre chef trouver le Granique dans le *Sousoughirli?* N'était-il pas naturel de penser que je m'appuyais sur de grandes autorités ? Ces autorités étaient d'autant plus faciles à découvrir, qu'elles sont indiquées dans le texte. Spon et Tournefort jouissent, comme voyageurs, de l'estime universelle ; or, ce sont eux qui sont les coupables, s'il y a des coupables ici. Voici d'abord le passage de Spon.

« Nous continuâmes notre marche le lendemain jusqu'à midi dans cette belle
« plaine de la Mysie ; puis nous vînmes à de petites collines. Le soir nous pas-
« sâmes le Granique sur un pont de bois à piles de pierres, quoiqu'on l'eût pu
« aisément guéer, n'y ayant pas de l'eau jusqu'aux sangles des chevaux. C'est
« cette rivière que le passage d'Alexandre le Grand a rendue si fameuse, et qui
« fut le premier théâtre de sa gloire lorsqu'il marchait contre Darius. Elle est
« presque à sec en été ; mais quelquefois elle se déborde étrangement par les
« pluies. Son fond n'est que sablon et gravier ; et les Turcs, qui ne sont pas
« soigneux de tenir les embouchures de rivières nettes, ont laissé presque com-
« bler celle du Granique, ce qui empêche qu'elle ne soit navigable. Au village
« de *Sousoughirli*, qui n'en est qu'à une mousquetade, il y a un grand kan
« ou kiervansera, c'est-à-dire une hôtellerie à la mode du pays ; de quoi M. Ta-
« vernier nous donne une longue et exacte description dans ses Voyages
« d'Asie. . . . .

« Ayant quitté le village des Buffles d'eau, car c'est ce que signifie en turc
« *Sousoughirli*, nous allâmes encore le long du Granique pendant plus d'une
« heure ; et, à six milles de là, M. le docteur Pierelin nous fit remarquer de
« l'autre côté de l'eau, assez loin de notre chemin, les masures d'un château
« qu'on croit avoir été bâti par Alexandre, après qu'il eut passé la rivière (1). »

Il est, je pense, assez clair que Spon prend comme moi la rivière du village de *Sousoughirli*, ou des Buffles d'eau pour le Granique.

(1) *Voyage d'Italie, de Dalmatie, de Grèce et du Levant*, par S. Spon et G. Wheler, tom. 1, pag. 285, 86, 87, édition de Lyon, 1678.

Tournefort est encore plus précis :

« Ce Granique, dont on n'oubliera jamais le nom tant qu'on parlera d'A-
« lexandre, coule du sud-est au nord, et ensuite vers le nord-ouest, avant que
« de tomber dans la mer ; ses bords sont fort élevés du côté qui regarde le
« couchant. Ainsi les troupes de Darius avaient un grand avantage, si elles en
« avaient su profiter. Cette rivière, si fameuse par la première bataille que le
« plus grand capitaine de l'antiquité gagna sur ses bords, s'appelle à présent
« *Sousoughirli*, qui est le nom d'un village où elle passe ; et *Sousoughirli*
« veut dire *le village des Buffles d'eau*. »

Je pourrais joindre à ces autorités celle de Paul Lucas (*Voyage de Turquie en Asie*, liv. II, pag. 131); je pourrais renvoyer le critique au grand *Dictionnaire de La Martinière*, au mot *Granique*, tom. III, pag. 260 ; à l'*Encyclopédie*, au même mot *Granique*, tom. VII, pag. 858 ; enfin à l'auteur de l'*Examen critique des historiens d'Alexandre*, pag. 239 de la deuxième édition : il verrait dans tous ces ouvrages que le Granique est aujourd'hui le *Sousou*, ou le *Samsou*, ou le *Sousoughirli*, c'est-à-dire que La Martinière, les encyclopédistes et le savant M. de Sainte-Croix s'en sont rapportés à l'autorité de Spon, de Wheler, de Paul Lucas et de Tournefort. La même autorité est reconnue, dans l'*Abrégé de l'Histoire générale des Voyages*, par La Harpe, tom. XXIX, p. 86. Quand un chétif voyageur comme moi a derrière lui des voyageurs tels que Spon, Wheler, Paul Lucas et Tournefort, il est hors d'atteinte, surtout lorsque leur opinion a été adoptée par des savants aussi distingués que ceux que je viens de nommer.

Mais Spon, Wheler, Tournefort, Paul Lucas, sont tombés dans une méprise, et cette méprise a entraîné celle de La Martinière, des encyclopédistes, de M. de Sainte-Croix et de M. de La Harpe. C'est une autre question : ce n'est pas à moi à m'ériger en maître, et à relever les erreurs de ces hommes célèbres ; il me suffit d'être à l'abri sous leur autorité : je consens à avoir tort avec eux.

Je ne sais si je dois parler d'une autre petite chicane qu'on m'a faite au sujet de *Kirkagach* : j'avais avancé que le nom de cette ville n'existe sur aucune carte ; on a répondu que ce nom se trouve sur une carte de l'Anglais Arowsmith, carte presque inconnue en France : cette querelle ne peut pas être bien sérieuse.

Enfin, on a cru que je me vantais d'avoir découvert le premier les ruines de Sparte. Ceci m'humilie un peu ; car il est clair qu'on a pris à la lettre le conseil que je donne dans la Préface de ma première édition, de ne point lire l'*Introduction à l'Itinéraire* ; mais pourtant il restait assez de choses sur ce sujet dans le corps même de l'ouvrage, pour prouver aux critiques que je ne me vantais de rien. Je cite dans l'Introduction et dans l'*Itinéraire* tous les voyageurs qui ont vu Sparte avant moi, ou qui ont parlé de ses ruines. Giambetti, en 1465, Giraud et Vernon, en 1676; Fourmont, en 1726; Leroi, en 1758; Riedsel, en 1773; Villoison et Fauvel, vers l'an 1780; Scrofani, en 1794, et Pouqueville, en 1798. Qu'on lise dans l'*Itinéraire* les pages où je traite des diverses opinions touchant les ruines de Sparte, et l'on verra s'il est possible de parler de soi-même avec moins de prétention. Comme il m'a paru néanmoins que quelques phrases, relatives à mes très-faibles travaux, n'étaient pas assez modestes, je me suis empressé de les supprimer ou de les adoucir dans cette troisième édition (1).

Cette bonne foi, à laquelle j'attache un grand prix, se fait sentir, du moins je l'espère, d'un bout à l'autre de mon voyage. Je pourrais citer en faveur de la sincérité de mes récits plusieurs témoignages d'un grand poids ; mais je me contenterai de mettre sous les yeux du lecteur une preuve tout à fait inattendue de la conscience avec laquelle l'*Itinéraire* est écrit : j'avoue que cette preuve m'est extrêmement agréable.

S'il y a quelque chose qui puisse paraître singulier dans ma relation, c'est sans doute la rencontre que je fis du père Clément à Bethléem. Lorsqu'au retour de mon voyage on imprima dans le *Mercure* un ou deux fragments de l'*Itinéraire*, les critiques, en louant beaucoup trop mon style, eurent l'air de penser que mon imagination avait fait tous les frais de l'histoire du père Clément. La lettre suivante fera voir si ce soupçon était bien fondé. La personne qui me fait l'honneur de m'écrire m'est tout à fait inconnue :

A Monsieur

Monsieur DE CHATEAUBRIAND,

AUTEUR DES MARTYRS

ET DE L'ITINÉRAIRE DE PARIS A JÉRUSALEM ET DE JÉRUSALEM A PARIS,

A PARIS.

« En lisant votre *Voyage de Paris à Jérusalem*, monsieur, j'ai vu, avec une
« augmentation d'intérêt, la rencontre que vous avez faite du père Clément à
« Bethléem. Je le connais beaucoup : il a été mon aumônier avant la révolution.
« J'ai été en correspondance avec lui pendant son séjour en Portugal, et il m'an-
« nonça son voyage à la Terre-Sainte. J'ai été extrêmement touchée de l'idée
« qu'il a été oublié dans sa patrie ; mon mari et moi avons conservé pour lui

(1) Au reste, je ne sais pourquoi je m'attache si sérieusement à me justifier sur quelques points d'érudition : il est très-bon sans doute que je ne me sois pas trompé ; mais quand cela me serait arrivé, on n'aurait encore rien à me dire : j'ai déclaré que je n'avais aucune prétention, ni comme savant, ni même comme voyageur. Mon *Itinéraire* est la course rapide d'un homme qui va voir le ciel, la terre et l'eau, et qui revient à ses foyers avec quelques images nouvelles dans la tête, et quelques sentiments de plus dans le cœur : qu'on lise attentivement ma première préface, et qu'on ne me demande pas ce que je n'ai pu ni voulu donner. Après tout, cependant, je réponds de l'exactitude des faits. J'ai peut-être commis quelques erreurs de mémoire, mais je crois pouvoir dire que je ne suis tombé dans aucune faute essentielle. Voici, par exemple, une inadvertance assez singulière qu'on veut bien me faire connaître à l'instant : en parlant de l'épisode d'Herminie et du vieillard dans la *Jérusalem délivrée*, je prouve que la scène doit être placée au bord du Jourdain, mais j'ajoute que le poëte ne le dit pas ; et cependant le poëte dit formellement :

Giunse (*Erminia*) del bel Giordano a' le chiare acque.

N'ayant pas été instruit assez tôt de cette erreur, elle est restée dans cette présente édition ; mais il suffit au lecteur qu'elle soit indiquée ici.

« toute la considération que méritent ses vertus et sa piété. Nous serions en-
« chantés qu'il voulût revenir demeurer avec nous ; nous lui offrons le même
« sort qu'il avait autrefois, et de plus la certitude de ne jamais nous quitter. Je
« croirais amener la bénédiction sur ma maison si je le décidais à y rentrer.
« Il aurait la plus parfaite liberté pour tous ses exercices de piété ; il nous con-
« naît, nous n'avons point changé. J'aurais le bonheur d'avoir tous les jours la
« messe d'un saint homme. Je voudrais, monsieur, lui faire toutes mes propo-
« sitions, mais j'ignore comment les lui faire passer. Oserai-je vous demander
« si vous n'auriez pas conservé quelque relation dans ce pays, ou si vous connaî-
« triez quelque moyen de lui faire passer ma lettre? Connaissant vos principes
« religieux, monsieur, j'espère que vous me pardonnerez, si je suis indiscrète,
« en faveur du motif qui me conduit.

« J'ai l'honneur d'être, monsieur, votre très-humble et obéissante servante,

« BELIN DE NAN. »

« A madame de Nan, en son château du Pérai, près Vans, par Château du
« Loir, département de la Sarthe. »

J'ai répondu à madame Belin de Nan, et, par une seconde lettre, elle m'a permis d'imprimer celle que je donne ici. J'ai écrit aussi au père Clément à Bethléem, pour lui faire part des propositions de madame Belin.

Enfin, j'ai eu le bonheur de recevoir sous mon toit quelques-unes des personnes qui m'ont donné si généreusement l'hospitalité pendant mon voyage, en particulier M. Devoise, consul de France à Tunis: ce fut lui qui me recueillit à mon arrivée d'Égypte. Mais j'ai de la peine à me consoler de n'avoir pas rencontré un des pères de Terre-Sainte, qui a passé à Paris, et qui m'a demandé plusieurs fois. J'ai lieu de croire que c'était le père Munos : j'aurais tâché de le recevoir avec un cœur *limpido e bianco*, comme il me reçut à Jaffa, et je lui aurais demandé à mon tour :

Sed tibi qui cursum venti, quæ fata dedere?

J'oubliais de dire que j'ai reçu, trop tard pour en faire usage, des renseignements sur quelques nouveaux voyageurs en Grèce, dont les journaux ont annoncé le retour ; j'ai lu aussi, à la suite d'un ouvrage traduit de l'allemand sur l'Espagne moderne, un excellent morceau intitulé : *les Espagnols du quatorzième siècle*. J'ai trouvé dans ce précis des choses extrêmement curieuses sur l'expédition des Catalans en Grèce, et sur le duché d'Athènes, où régnait alors un prince français de la maison de Brienne. Montaner, compagnon d'armes des héros catalans, écrivit lui-même l'histoire de leur conquête. Je ne connais point son ouvrage, cité souvent par l'auteur allemand : il m'aurait été très-utile pour corriger quelques erreurs, ou pour ajouter quelques faits à l'Introduction de *l'Itinéraire*.

INTRODUCTION.

PREMIER MÉMOIRE.

Je diviserai cette Introduction en deux mémoires : dans le premier, je prendrai l'histoire de Sparte et d'Athènes à peu près au siècle d'Auguste, et je la conduirai jusqu'à nos jours. Dans le second, j'examinerai l'authenticité des traditions religieuses à Jérusalem.

Spon, Wheler, Fanelli, Chandler et Leroi ont, il est vrai, parlé du sort de la Grèce dans le moyen âge; mais le tableau tracé par ces savants hommes est bien loin d'être complet. Ils se sont contentés des faits généraux, sans se fatiguer à débrouiller la *Byzantine;* ils ont ignoré l'existence de quelques Voyages au Levant : en profitant de leurs travaux, je tâcherai de suppléer à ce qu'ils ont omis.

Quant à l'histoire de Jérusalem, elle ne présente aucune obscurité dans les siècles barbares; jamais on ne perd de vue la ville sainte. Mais lorsque les pèlerins vous disent : « Nous nous rendîmes au tombeau de Jésus-Christ, nous « entrâmes dans la grotte où le Sauveur du monde répandit une sueur de « sang, etc., etc., » un lecteur peu crédule pourrait s'imaginer que les pèlerins sont trompés par des traditions incertaines : or, c'est un point de critique que je me propose de discuter dans le second mémoire de cette Introduction.

Je viens à l'histoire de Sparte et d'Athènes :

Lorsque les Romains commencèrent à se montrer dans l'Orient, Athènes se déclara leur ennemie, et Sparte embrassa leur fortune. Sylla brûla le Pirée et Munychie (a); il saccagea la ville de Cécrops, et fit un si grand massacre de citoyens, que le sang, dit Plutarque (b), remplit toute Céramique, et regorgea par les ports.

Dans les guerres civiles de Rome, les Athéniens suivirent le parti de Pompée, qui leur semblait être celui de la liberté : les Lacédémoniens s'attachèrent à la destinée de César; celui-ci refusa de se venger d'Athènes. Sparte, fidèle à la mémoire de César, combattit contre Brutus à la bataille de Philippes (c); Brutus avait promis le pillage de Lacédémone à ses soldats, en cas qu'il obtînt la victoire. Les Athéniens élevèrent des statues à Brutus, s'unirent à Antoine, et furent punis par Auguste. Quatre ans avant la mort de ce prince (d), ils se révoltèrent contre lui (e).

Athènes demeura libre pendant le règne de Tibère (f). Sparte vint plaider et perdre à Rome une petite cause contre les Messéniens, autrefois ses esclaves. Il s'agissait de la possession du temple de Diane-Limnatide : précisément cette Diane dont la fête donna naissance aux guerres messéniaques.

(a) Ans av. J.-C. 87. — (b) Plut. in Syll ; Appian. — (c) Cæs. de Bell. civil.; Dion.; App.; Plut. in Vit. Brut, 44. — (d) 41. Plut. in Ant.; 24. Vell.-Pat. — (e) 10. Suet., in Aug. — (f) 25. Tacit. Ann. lib. 4.

Si l'on fait vivre Strabon (a) sous Tibère, la description de Sparte et d'Athènes, par ce géographe se rapportera au temps dont nous parlons.

Lorsque Germanicus passa chez les Athéniens, par respect pour leur ancienne gloire, il se dépouilla des marques de la puissance, et marcha précédé d'un seul licteur (b).

Pomponius Méla écrivait vers le temps de l'empereur Claude. Il se contente de nommer Athènes en décrivant la côte de l'Attique (c).

Néron visita la Grèce; mais il n'entra ni dans Athènes, ni dans Lacédémone (d).

Vespasien réduisit l'Achaïe en province romaine, et lui donna pour gouverneur un proconsul (e). Pline l'Ancien, aimé de Vespasien et de Titus, parla sous ces princes de divers monuments de la Grèce.

Apollonius de Tyane, pendant le règne de Domitien, trouva les lois de Lycurgue en vigueur à Lacédémone (f).

Nerva favorisa les Athéniens. Les monuments d'Hérode Atticus et le voyage de Pausanias sont à peu près de cette époque (g).

Pline le Jeune, sous Trajan, exhorte Maxime, proconsul d'Achaïe, à gouverner Athènes et la Grèce avec équité (h).

Adrien rétablit les monuments d'Athènes, acheva le temple de Jupiter Olympien, bâtit une nouvelle ville auprès de l'ancienne, et fit refleurir dans la Grèce les sciences, les lettres et les arts (i).

Antonin et Marc-Aurèle comblèrent Athènes de bienfaits (j). Le dernier s'attacha surtout à rendre à l'Académie son ancienne splendeur : il multiplia les professeurs de philosophie, d'éloquence et de droit civil, et en porta le nombre jusqu'à treize : deux platoniciens, deux péripatéticiens, deux stoïciens, deux épicuriens, deux rhéteurs, deux professeurs de droit civil et un préfet de la jeunesse. Lucien, qui vivait alors, dit qu'Athènes était remplie de longues barbes, de manteaux, de bâtons, de besaces.

Le *Polyhistor* de Solin parut vers la fin de ce siècle. Solin décrit plusieurs monuments de la Grèce. Il n'a pas copié Pline le Naturaliste aussi servilement qu'on s'est plu à le répéter.

Sévère priva Athènes d'une partie de ses priviléges, pour la punir de s'être déclarée en faveur de Pescennius Niger (k).

Sparte, tombée dans l'obscurité, tandis qu'Athènes attirait encore les regards du monde, mérita la honteuse estime de Caracalla; ce prince avait dans son armée un bataillon de Lacédémoniens, et une garde de Spartiates auprès de sa personne (l).

Les Scythes ayant envahi la Macédoine, au temps de l'empereur Gallien, mirent le siége devant Thessalonique. Les Athéniens, effrayés, se hâtèrent de relever les murs que Sylla avait abattus (m).

Quelques années après, les Hérules pillèrent Sparte, Corinthe et Argos.

(a) 25. De Sit. orb. lib. 9. — (b) 18. Tacit. Ann. lib. 2. — (c) 56. De Sit. orb. lib. 2. — (d) 67. Xiph. in Ner. — (e) 79. Dio. — (f) 91. Phil. in Vit. Apol. Ty. — (g) 97. Eutr.; Vict.; Dio. — (h) 115. Plin. jun. l 8, c. 24. — (i) 134. Dio.; Spart.; Euseb — (j) 176. Capit. Dio. — (k) 191. Herodian.; Spart.; Dio. — (l) 214. Herodian. — (m) 260. Trebell.; Zon.

Athènes fut sauvée par la bravoure d'un de ses citoyens nommé *Dexippe*, également connu dans les lettres et dans les armes (*a*).

L'archontat fut aboli à cette époque, le stratége, inspecteur de l'*agora* ou du marché, devint le premier magistrat d'Athènes (*b*).

Les Goths prirent cette ville sous le règne de Claude II. Ils voulurent brûler les bibliothèques; mais un des Barbares s'y opposa : « Conservons, dit-il, ces « livres qui rendent les Grecs si faciles à vaincre, et qui leur ôtent l'amour de « la gloire. » Cléodème, Athénien échappé au malheur de sa patrie, rassembla ses soldats, fondit sur les Goths, en tua un grand nombre, et dispersa le reste; il prouva aux Goths que la science n'exclut pas le courage (*c*).

Athènes se remit promptement de ce désastre; car on la voit peu de temps après offrir des honneurs à Constantin et en recevoir des grâces. Ce prince donna au gouverneur de l'Attique le titre de grand duc, titre qui, se fixant à une famille, devint héréditaire, et finit par transformer la république de Solon en une principauté gothique. Pite, évêque d'Athènes, parut au concile de Nicée (*d*).

Constance, successeur de Constantin, après la mort de ses frères, Constantin et Constant, fit présent de plusieurs îles à la ville d'Athènes (*e*).

Julien, élevé parmi les philosophes du Portique, ne s'éloigna d'Athènes qu'en versant des larmes. Les Grégoire, les Cyrille, les Basile, les Chrysostôme, puisèrent leur sainte éloquence dans la patrie de Démosthènes (*f*).

Sous le règne du grand Théodose, les Goths ravagèrent l'Épire et la Thessalie. Ils se préparaient à passer dans la Grèce; mais ils en furent écartés par Théodore, général des Achéens. Athènes reconnaissante éleva une statue à son libérateur (*g*).

Honorius et Arcadius tenaient les rênes de l'empire lorsque Alaric pénétra dans la Grèce. Zosime raconte que le conquérant aperçut, en approchant d'Athènes, Minerve qui le menaçait du haut de la citadelle, et Achille qui se tenait debout devant les remparts. Si l'on en croit le même historien, Alaric ne saccagea point une ville que protégeaient les héros et les dieux (*h*). Mais ce récit a bien l'air d'une fable. Synésius, plus près de l'événement que Zosime, compare Athènes incendiée par les Goths à une victime que la flamme a dévorée, et dont il ne reste plus que les ossements (*i*). On croit que le Jupiter de Phidias périt dans cette invasion des Barbares (*j*).

Corinthe, Argos, les villes de l'Arcadie, de l'Élide et de la Laconie éprouvèrent le sort d'Athènes : « Sparte, si fameuse, dit encore Zosime, ne put « être sauvée; ses concitoyens l'abandonnèrent, et ses chefs la trahirent : « ses chefs, vils ministres des tyrans injustes et débauchés qui gouvernaient « l'État (*k*). »

Stilicon, en venant chasser Alaric du Péloponèse, acheva de désoler cet infortuné pays.

(*a*) 261. Trebell. — (*b*) Chandl. Trav. — (*c*) 269. Zon. — (*d*) 323. Liban., Or.; Zon. — (*e*) 337. Eunap.; Zon. in Const. — (*f*) 354. Zos. l. 3; Jul. Ep. ad Ath.; Greg., Cyr.; Bas.; Chrys. Op. ap. Bibl. Pat. — (*g*) 377. Zos. lib. 4; Chandl. inscrip. ant. — (*h*) 395. Zos. lib. 5. — (*i*) Syn. ep. Op. omn. a Pet. edit. — (*j*) Chandl. Trav. — (*k*) Zos. lib. 5.

Athénaïs, fille de Léonce le Philosophe, connue sous le nom d'*Eudoxie* (a), était née à Athènes, et elle épousa Théodose le Jeune (1).

Pendant que Léonce tenait les rênes de l'empire d'Orient, Genséric se jeta de nouveau sur l'Achaïe (b); Procope ne nous dit point quel fut le sort de Sparte et d'Athènes dans cette nouvelle invasion.

Le même historien fait ainsi la peinture des ravages des Barbares, dans son *Histoire secrète* : « Depuis que Justinien gouverne l'empire, la Thrace, la Cher-
« sonèse, la *Grèce*, et tout le pays qui s'étend entre Constantinople et le golfe
« d'Ionie, ont été ravagés chaque année par les Antes, les Slavons et les Huns.
« Plus de deux cent mille Romains ont été tués ou faits prisonniers à chaque
« invasion des Barbares, et les pays que j'ai nommés sont devenus semblables
« aux déserts de la Scythie (c). »

Justinien fit réparer les murailles d'Athènes et élever des tours sur l'isthme de Corinthe. Dans la liste des villes que ce prince embellit et fortifia, Procope ne cite point Lacédémone. On remarque auprès des empereurs d'Orient une garde laconienne ou tzaconienne, selon la prononciation alors introduite. Cette garde, armée de piques, portait une espèce de cuirasse ornée de figures de lion; le soldat était vêtu d'une casaque de drap, et couvrait sa tête d'un capuchon; le chef de cette milice s'appelait *Stratopedarcha* (d).

L'empire d'Orient avait été divisé en gouvernements appelés *Thémata*. Lacédémone devint l'apanage des frères ou des fils aînés de l'empereur. Les princes de Sparte prenaient le titre de *Despotes*, leurs femmes s'appelaient *Despœnes*, et le gouvernement *Despotat*. Le despote résidait à Sparte ou à Corinthe (2).

Ici commence le long silence de l'histoire sur le pays le plus fameux de l'univers. Spon et Chandler perdent Athènes de vue pendant sept cents ans : « Soit, dit Spon, à cause du défaut de l'histoire, qui est courte et obscure dans « ces siècles-là, ou que la fortune lui eût accordé ce long repos (e). » Cependant on découvre dans le cours de ces siècles quelques traces de Sparte et d'Athènes.

Nous retrouvons d'abord le nom d'Athènes dans Théophylacte Simocate, historien de l'empereur Maurice. Il parle des muses *qui brillent à Athènes dans leurs plus superbes habits* (f), ce qui prouve que, vers l'an 590, Athènes était encore le séjour des muses.

(1) On n'a pas fait attention à l'ordre chronologique, et l'on place mal à propos le mariage d'Eudoxie avant la prise d'Athènes par Alaric. Zonare dit qu'Eudoxie, chassée par ses frères, Valérius et Genèse, avait été obligée de fuir à Constantinople. Valérius et Genèse vivaient paisiblement dans leur patrie, et Eudoxie les fit élever aux dignités de l'empire. Toute cette histoire du mariage et de la famille d'Eudoxie ne prouverait-elle pas qu'Athènes ne souffrit pas autant du passage d'Alaric que le dit Synésius, et que Zosime pourrait bien avoir raison, du moins pour le fait.

(2) Ce titre de despote n'était pas cependant particulier à la principauté de Sparte; et l'on trouve des despotes d'Orient, de Thessalie, qui jettent une grande confusion dans l'histoire.

(a) 433. Zon. in Th. II. — (b) 430. Procop. de Bell. Vand. lib. I, c. 5. — (c) 527. Proc. c. 18. — (d) 527. Procop. de Ædif. lib. 4, cap. 2; Cod. Curop ap. Byz. Script. — (e) Spon. Voy. tom. 2. — (f) 590. Théoph. liv. 8, cap. 12, ap. Byz. Script.

L'Anonyme de Ravenne, écrivain goth qui vivait vraisemblablement au septième siècle, nomme trois fois Athènes dans sa Géographie (a), encore n'avons-nous de cette géographie qu'un extrait mal fait par Galatéus.

Sous Michel III, les Esclavons se répandirent dans la Grèce (b). Théoctiste les battit et les poussa jusqu'au fond du Péloponèse. Deux hordes de ces peuples, les Ézérites et les Milinges, se cantonnèrent à l'orient et à l'occident du Taygète, qui se nommait dès lors *Pentadactyle*. Quoi qu'en dise Constantin Porphyrogénète, ces Esclavons sont les ancêtres des Maniottes, et ceux-ci ne sont point les descendants des anciens Spartiates, comme on le soutient aujourd'hui, sans savoir que ce n'est qu'une opinion ridicule de Constantin Porphyrogénète (1). Ce sont sans doute ces Esclavons qui changèrent le nom d'Amyclée en celui de Sclabochorion.

Nous lisons dans Léon le Grammairien (c) que les habitants de la Grèce, ne pouvant plus supporter les injustices de Chasès, fils de Job et préfet d'Achaïe, le lapidèrent dans une église d'Athènes, pendant le règne de Constantin VII.

Sous Alexis Comnène, quelque temps avant les croisades, nous voyons les Turcs ravager les îles de l'Archipel et toutes *les côtes de l'Occident* (d).

Dans un combat entre les Pisans et les Grecs, un comte, natif du *Péloponèse*, signala son courage vers l'an 1085 (e) : ainsi le Péloponèse ne portait point encore le nom de *Morée*.

Les guerres d'Alexis Comnène, de Robert et de Boémond eurent pour théâtre l'Épire et la Thessalie, et ne nous apprennent rien de la Grèce proprement dite. Les premiers croisés passèrent aussi à Constantinople, sans pénétrer dans l'Achaïe (f). Mais, sous le règne de Manuel Comnène, successeur d'Alexis, les rois de Sicile, les Vénitiens, les Pisans et les autres peuples occidentaux se précipitèrent sur le Péloponèse et sur l'Attique. Roger Ier, roi de Sicile, transporta à Palerme les artisans d'Athènes, habiles dans la culture de la soie (g). C'est à peu près à cette époque que le Péloponèse changea son nom en celui de Morée ; du moins je trouve ce nom employé par l'historien Nicétas (h). Il est probable que les vers à soie venant à se multiplier dans l'Orient, on fut obligé de multiplier les mûriers : le Péloponèse prit son nouveau nom de l'arbre qui faisait sa nouvelle richesse.

Roger s'empara de Corfou, de Thèbes et de Corinthe, et eut la hardiesse, dit Nicétas, d'attaquer les villes les plus avancées dans le pays (i). Mais, selon les historiens de Venise, les Vénitiens secoururent l'empereur d'Orient, battirent Roger, et l'empêchèrent de prendre Corinthe (j). Ce fut en raison de ce service qu'ils prétendirent, deux siècles après, avoir des droits sur Corinthe et sur le Péloponèse.

(1) L'opinion de Paw, qui fait descendre les Maniottes, non des Spartiates, mais des Laconiens affranchis par les Romains, n'est fondée sur aucune vraisemblance historique.

(a) 650. Rav. Anonv. lib. 4 et 6. — (b) 846. Const. Porph. de Admin. Imp. — (c) 915. Leo. Vit. Const. c. 2. — (d) 1081. Leo. Ann. Comn. l. 7. — (e) 1085. Ann. Comn. lib. 11, cap. 9. — (f) 1085 et seq. Ann. Comn. lib. 4, 5, etc., Glycas. — (g) 1130. — (h) — Nicet. Hist. Bald. c. 1. — (i) 1140. Nicet.; Ann. Comn. l. 2. cap. 1. — (j) Cor. pag. 17.

Il faut rapporter à l'an 1170 le voyage de Benjamin de Tudèle en Grèce : il traversa Patras, Corinthe et Thèbes. Il trouva dans cette dernière ville deux mille Juifs qui travaillaient aux étoffes de soie, et s'occupaient de la teinture en pourpre (a).

Eustathe était alors évêque de Thessalonique. Les lettres étaient donc encore cultivées avec succès dans leur patrie, puisque cet Eustathe est le célèbre commentateur d'Homère.

Les Français, ayant à leur tête Boniface, marquis de Mont-Ferrat, et Baudouin, comte de Flandre; les Vénitiens, sous la conduite de Dandolo, chassèrent Alexis de Constantinople, et rétablirent Isaac l'Ange sur le trône. Ils s'emparèrent bientôt de la couronne pour leur propre compte. Baudouin, comte de Flandre, eut l'empire, et le marquis de Mont-Ferrat fut déclaré roi de Thessalonique (b).

Dans ce temps-là, un petit tyran de la Morée, appelé *Sgure*, et natif de Napoli de Romanie, vint mettre le siége devant Athènes : il en fut repoussé par l'archevêque Michel Acominat Choniate, frère de l'historien Nicétas (c). Cet archevêque avait composé un poëme dans lequel il comparait l'Athènes de Périclès à l'Athènes du douzième siècle. Il reste encore quelques vers de ce poëme manuscrit, in-4°, n° 963, p. 116, à la Bibliothèque royale.

Quelque temps après, Athènes ouvrit ses portes au marquis de Mont-Ferrat; Boniface donna l'investiture de la seigneurie de Thèbes et d'Athènes à Othon de La Roche; les successeurs d'Othon prirent le titre de ducs d'Athènes et de grands sires de Thèbes. Au rapport de Nicétas, le marquis de Mont-Ferrat porta ses armes jusqu'au fond de la Morée; il se saisit d'Argos et de Corinthe, mais il ne put s'emparer du château de cette dernière ville, où Léon Sgure se renferma (d).

Tandis que Boniface poursuivait ses succès, un coup de vent amenait d'autres Français à Modon. Geoffroi de Ville-Hardouin, qui les commandait, et qui revenait de la Terre-Sainte, se rendit auprès du marquis de Mont-Ferrat, alors occupé au siége de Napoli. Geoffroi, bien reçu de Boniface, entreprit avec Guillaume de Champlite la conquête de la Morée (e). Le succès répondit aux espérances; toutes les villes se rendirent aux deux chevaliers, à l'exception de Lacédémone, où régnait un tyran nommé *Léon Chamarète* (f). Peu de temps après, la Morée fut remise aux Vénitiens; elle leur appartenait, d'après le traité général conclu à Constantinople entre les croisés. Le corsaire génois Léon de Scutrano se rendit maître un moment de Coron et de Modon; mais il en fut bientôt chassé par les Vénitiens (g).

Guillaume de Champlite prit le titre de prince d'Achaïe. A la mort de Guillaume, Geoffroi de Ville-Hardouin hérita des biens de son ami, et devint prince d'Achaïe et de Morée (h).

La naissance de l'empire ottoman se rapporte à peu près au temps dont nous parlons. Soliman Shah sortit des solitudes des Tartares-Oguziens, vers

---

(a) 1170. Itiner. Benj. Tudel. — (b) 1204. Nic. in Bald. Ville-Hard. c. 136 et s. — (c) 1204. Nic. in Bald. cap. 3. (d) Nic. in Bald. cap. 4. — (e) Ville-Hard. c. 173 et s.; Ducang.; Hist. Const. 1. lib. — (f) Nic. in Bald. cap. 9. — (g) Cor.; Giac. Died. Stor. del. rep. Ven. — (h) 1210. Ducange. Hist. Const. lib. 2.

l'an 1214, et s'avança vers l'Asie-Mineure (*a*). Démétrius Cantémir, qui nous a donné l'histoire des Turcs d'après les auteurs originaux, mérite plus de confiance que Paul Jove et les auteurs grecs, qui confondent souvent les Sarrasins avec les Turcs.

Le marquis de Mont-Ferrat ayant été tué, sa veuve fut déclarée régente du royaume de Thessalonique. Athènes, lasse apparemment d'obéir à Othon de La Roche ou à ses descendants, voulut se donner aux Vénitiens; mais elle fut traversée dans ce dessein par Magaduce, tyran de Morée : ainsi la Morée avait vraisemblablement secoué le joug de Ville-Hardouin ou des Vénitiens. Ce nouveau tyran, Magaduce, avait sous lui d'autres tyrans; car, outre Léon Sgure, déjà nommé, on trouve un Étienne, pêcheur, *signore di molti stati nella Morea*, dit Giacomo Diedo (*b*).

Théodore Lascaris reconquit sur les Francs une partie de la Morée (*c*). La lutte entre les empereurs latins d'Orient et les empereurs grecs retirés en Asie dura cinquante-sept années : Guillaume de Ville-Hardouin, successeur de Geoffroi, était devenu prince d'Achaïe (*d*); il tomba entre les mains de ce Michel Paléologue, empereur grec, qui rentra dans Constantinople au mois d'août de l'année 1261. Pour obtenir sa liberté, Guillaume céda à Michel les places qu'il possédait en Morée; il les avait conquises sur les Vénitiens et sur les petits princes qui s'élevaient et disparaissaient tour à tour : ces places étaient Monembasie, Maïna, Hiérace et Misitra. C'est la première fois qu'on lit ce nom de Misitra : Pachymère l'écrit sans réflexion, sans étonnement, et presque sans y penser : comme si cette Misitra, petite seigneurie d'un gentilhomme français, n'était pas l'héritière de Lacédémone.

Nous avons vu un peu plus haut Lacédémone paraître sous son ancien nom, lorsqu'elle était gouvernée par Léon Chamarète; Misitra fut donc, pendant quelque temps, contemporaine de Lacédémone.

Guillaume céda encore à l'empereur Michel Anaplion et Argos; la contrée de Ciusterne demeura en contestation. Guillaume est ce même prince de Morée dont parle le sire de Joinville :

> Lors vint. . . . .
> Avec mainte armeure dorée,
> Celui qui prince est de Morée (*e*).

Diedo le nomme Guillaume *Ville*, en retranchant ainsi la moitié du nom (*f*).

Pachymère nomme, vers ce temps-là, un certain Théodose, moine de Morée, qui, dit l'historien, était issu *de la race des princes de ce pays* : nous voyons aussi une des sœurs de Jean, héritier du trône de Constantinople, épouser Matthieu de Valincourt, *Français venu de Morée*.

Michel fit équiper une flotte, et reprit les îles de Naxos, de Paros, de Céos, de Caryste et d'Orée; il s'empara en même temps de Lacédémone, différente ainsi de Misitra, cédée à l'empereur pour la rançon du prince d'Achaïe : on

---

(*a*) 1214. Cantem. Hist. de l'emp. ott. liv. 1. — (*b*) Died. Stor. del. rep. lib. 5. — (*c*) 1214. — (*d*) 1256. Pachym. l. 1, 3 et 5. Ducange; Hist. Const. lib. 5. — (*e*) Joinv. Hist. de saint Louis; Ducang. Annot. — (*f*) Died. Stor. della rep. de Ven. l. 6; Pachym. lib. 2.

voit des Lacédémoniens servir sur la flotte de Michel; ils avaient, disent les historiens, été transférés de leur pays à Constantinople, en considération de leur valeur (*a*).

L'empereur fit ensuite la guerre à Jean Ducas Sebastocrator, qui s'était soulevé contre l'empire; ce Jean Ducas était fils naturel de Michel, despote d'Occident. Michel l'assiégea dans la ville de Duras. Jean trouva le moyen de s'enfuir à Thèbes, où régnait un prince, sire Jean, que Pachymère appelle *grand seigneur de Thèbes* (*b*), et qui était peut-être un descendant d'Othon de La Roche. Ce sire Jean fit épouser à son frère Guillaume la fille de Jean, bâtard du despote d'Occident.

Six ans après, un prince issu de *l'illustre famille des princes de Morée* disputa à Veccus le patriarcat de Constantinople.

Jean, prince de Thèbes, mourut; son frère Guillaume fut son héritier : Guillaume devint aussi, par sa femme, petite-fille du despote d'Occident, prince d'une partie de la Morée, car le despote d'Occident, en dépit des Vénitiens et du prince d'Achaïe, s'était emparé de cette belle province (*c*).

Andronic, après la mort de Michel son père, monta sur le trône d'Orient (*d*). Nicéphore, despote d'Occident, et fils de ce Michel, despote qui avait conquis la Morée, suivit Michel empereur dans la tombe, il laissa pour héritier un fils nommé *Thomas*, et une fille appelée *Itamur*. Celle-ci épousa Philippe, petit-fils de Charles, roi de Naples : elle lui apporta en mariage plusieurs villes, et une grande étendue de pays. Il est donc probable que les Siciliens eurent alors quelques possessions en Morée.

Vers ce temps-là, je trouve une princesse d'Achaïe, veuve et fort avancée en âge, qu'Andronic voulait marier à son fils Jean, despote (*e*) : cette princesse était peut-être la fille ou même la femme de Guillaume, prince d'Achaïe, que nous avons vu faire la guerre à Michel, père d'Andronic.

Quelques années après, un tremblement de terre ébranla Modon et plusieurs autres villes de la Morée (*f*).

Athènes vit alors arriver de l'Occident de nouveaux maîtres. Des Catalans, cherchant aventure sous la conduite de Ximenès, de Roger et de Bérenger vinrent offrir leurs services à l'empereur d'Orient. Mécontents d'Andronic, ils tournèrent leurs armes contre l'empire. Ils ravagèrent l'Achaïe, et mirent Athènes au nombre de leurs conquêtes (*g*). C'est alors et non pas plus tôt qu'on y voit régner Delves, prince de la maison d'Aragon. L'histoire ne dit point s'il trouva les héritiers d'Othon de La Roche en possession de l'Attique et de la Béotie.

L'invasion de la Morée par Amurat, fils d'Orcan, doit être placée sous la même date (*h*) : on ignore quel en fut le succès (1).

Les empereurs Jean Paléologue et Jean Cantacuzène voulurent porter la

---

(1) On voit quelques traces de cette invasion dans CANTACUZÈNE, l. I, ch. XXXIX.

(*a*) 1263. Pachym. lib. 3. — (*b*) 1269. Pachym. lib. 4. — (*c*) 1275. Pach. l. 5. — (*d*) 1293. Pach. l. 9. — (*e*) 1300. Pach. l. 11. — (*f*) 1305. Tach. l. 11. — (*g*) 1312. Pach. l. 11. Pac. Notiz. del. duc. d'Ath.; Fan. Athen. antic.; Spon. t. 1. Chandl. tom. 2. — (*h*) 1313. Cant. Hist. de l'emp. ott. l. 2.

guerre dans l'Achaïe (*a*). Ils étaient invités par l'évêque de Coronée et Jean Sidère, gouverneur de plusieurs villes. Le grand duc Apocauque, qui s'était révolté contre l'empereur, pilla la Morée, et y mit tout à feu et à sang (*b*).

Reinier Acciajuoli, Florentin, chassa les Catalans d'Athènes. Il gouverna cette ville pendant quelque temps ; et, n'ayant point d'héritiers légitimes, il la laissa par testament à la république de Venise (*c*) ; mais Antoine, son fils naturel, qu'il avait établi à Thèbes, enleva Athènes aux Vénitiens.

Antoine, prince de l'Attique et de la Béotie, eut pour successeur un de ses parents nommé *Nérius*. Celui-ci fut chassé de ses États par son frère Antoine II, et il ne rentra dans sa principauté qu'après la mort de l'usurpateur (*d*).

Bajazet faisait alors trembler l'Europe et l'Asie ; il menaçait de se jeter sur la Grèce. Mais je ne vois nulle part qu'il se soit emparé d'Athènes, comme le disent Spon et Chandler, qui ont d'ailleurs confondu l'ordre des temps, en faisant arriver les Catalans dans l'Attique après le prétendu passage de Bajazet.

Quoi qu'il en soit, la frayeur que ce prince répandit en Europe produisit un des événements les plus singuliers de l'histoire. Théodore Porphyrogène, despote de Sparte, était frère d'Andronic et d'Emmanuel, tour à tour empereurs de Constantinople. Bajazet menaçait la Morée d'une invasion : Théodore, ne croyant pas pouvoir défendre sa principauté, voulut la vendre aux chevaliers de Rhodes (*e*). Philibert de Naillac, prince d'Aquitaine et grand-maître de Rhodes, acheta au nom de son ordre le despotat de Sparte. Il y envoya deux chevaliers français, Raymond de Leytoure, prieur de Toulouse, et Élie du Fossé, commandeur de Sainte-Maixance, prendre possession de la patrie de Lycurgue. Le traité fut rompu, parce que Bajazet, obligé de repasser en Asie, tomba entre les mains de Tamerlan. Les deux chevaliers, qui s'étaient déjà établis à Corinthe, rendirent cette ville, et Théodore remit de son côté l'argent qu'il avait reçu pour le prix de Lacédémone.

Le successeur de Théodore fut un autre Théodore, neveu du premier, et fils de l'empereur Emmanuel. Théodore II épousa une Italienne de la maison de Malatesta. Les chefs de cette illustre maison prirent dans la suite, à cause de cette alliance, le titre de ducs de Sparte (*f*).

Théodore laissa à son frère Constantin, surnommé *Dragazès*, la principauté de la Laconie. Ce Constantin, qui monta sur le trône de Constantinople, fut le dernier empereur d'Orient.

Tandis qu'il n'était encore que prince de Lacédémone, Amurat II envahit la Morée, et se rendit maître d'Athènes (*g*). Mais cette ville retourna promptement sous la domination de la famille Reinier Acciajuoli.

L'empire d'Orient n'existait plus, et les derniers restes de la grandeur romaine venaient de s'évanouir (*h*) ; Mahomet II était entré à Constantinople. Toutefois la Grèce, menacée d'un prochain esclavage, ne portait point encore les chaînes qu'elle se hâta de demander aux musulmans. Francus, fils du second Antoine,

---

(*a*) 1336. Cantac. l. 3. cap. 11. — (*b*) 1342. Cantac. l. 3. cap. 71. — (*c*) 1370. Pac. Notir. del. duc. d'Athen.; Fanell. Ath. antic.; Mart. Crus. l. 2, etc. — (*d*) 1390, jusqu'à 1400. Auct. supr. cit. — (*e*) 1400. Hist. des Ch. de Malte. La Guillett. Lacéd. anc. et mod. — (*f*) 1410. Mart. Crus. Turco-Græc. l. 2 ; Guill. Lacéd. anc. et mod. — (*g*) 1420. Cantem. Hist. ottom. lib. 2. (*h*) 1444. Cantem. Hist. ottom.; Mart. Crus. Turco-Græc. lib. 1.

appela Mahomet II à Athènes, pour dépouiller la veuve de Nérius (1). Le sultan, qui faisait servir ces querelles intestines à l'accroissement de sa puissance, favorisa le parti de Francus, et relégua la veuve de Nérius à Mégare. Francus .a fit emprisonner (*a*). Cette malheureuse princesse avait un jeune fils, qui porta à son tour ses plaintes à Mahomet. Celui-ci, vengeur intéressé du crime, ôta 'Attique à Francus, et ne lui laissa que la Béotie. Ce fut en 1455 qu'Athènes passa sous le joug des Barbares. On dit que Mahomet parut enchanté de la ville, qu'il ne ravagea point, et qu'il visita avec soin la citadelle. Il exempta de toute imposition le couvent de Cyriani, situé sur le mont Hymette, parce que les clefs d'Athènes lui furent présentées par l'abbé de ce couvent. Francus Acciajuoli fut mis à mort quelque temps après, pour avoir conspiré contre le sultan (*b*).

Il ne nous reste plus à connaître que le sort de Sparte ou plutôt de Misitra. J'ai dit qu'elle était gouvernée par Constantin, surnommé *Dragazès* (*c*). Ce prince, étant allé prendre à Constantinople la couronne qu'il perdit avec la vie, partagea la Morée entre ses deux frères, Démétrius et Thomas. Démétrius s'établit à Misitra, et Thomas à Corinthe (*d*). Les deux frères se firent la guerre, et eurent recours à Mahomet, meurtrier de leur famille et destructeur de leur empire. Les Turcs chassèrent d'abord Thomas de Corinthe. Il s'enfuit à Rome, en emportant le chef de saint André, qu'il enleva à la ville de Patras. Mahomet vint alors à Misitra ; il engagea le gouverneur à lui remettre la citadelle. Ce malheureux se laissa séduire ; il se livra aux mains du sultan, qui le fit scier par le milieu du corps. Démétrius fut exilé à Andrinople, et sa fille devint la femme de Mahomet. Ce conquérant estima et craignit assez cette jeune princesse pour ne pas l'admettre à sa couche.

Trois ans après cet événement, Sigismond Malatesta, prince de Rimini, vint mettre le siége devant Misitra ; il emporta la ville, mais il ne put prendre le château, et il se retira en Italie (*e*).

Les Vénitiens descendirent au Pirée en 1464, surprirent Athènes, la pillèrent, et se réfugièrent en Eubée avec leur butin (*f*).

Sous le règne de Soliman Ier, ils ravagèrent la Morée et s'emparèrent de Coron ; ils en furent peu après chassés par les Turcs (*g*).

Ils conquirent de nouveau Athènes et toute la Morée, en 1688 ; ils reperdirent la première presque aussitôt, mais ils gardèrent la seconde jusqu'à l'an 1715, qu'elle retourna au pouvoir des musulmans. Catherine II, en soulevant le Péloponèse, fit faire à ce malheureux pays un dernier et inutile effort en faveur de la liberté (*h*).

Je n'ai point voulu mêler aux dates historiques les dates des voyages en Grèce. Je n'ai cité que celui de Benjamin de Tudèle ; il remonte à une si haute antiquité, et il nous apprend si peu de choses, qu'il pouvait être compris sans

(1) On ignore le temps de la mort de Nérius.

(*a*) 1444. Fanell. Ath. ant.; Pacific. Not. del duc. d'At.; Spon.; Chandl. — (*b*) 1458. — (*c*) Chalcond. Hist. Turc. lib. 10. — (*d*) Ducas. Hist. c. 45. Sansow. Ann. Turc.; Mart. Crus. Turco-Græc. lib. 1. — (*e*) 1463. Guill. Lacéd. anc. et mod. — (*f*) 1464. Chandl. Trav. — (*g*) 1555. Cantem. Hist. ottom. l. 3 ; Cor. Desc. de la Morée. — (*h*) 1688. Auct. supr. cit.; 1770. Choiseul. Voyag. de la Grèce.

inconvénient dans la suite des faits et annales. Nous venons donc maintenant à la chronologie des voyages et des ouvrages géographiques.

Aussitôt qu'Athènes, esclave des musulmans, disparaît dans l'histoire moderne, nous voyons commencer pour cette ville un autre ordre d'illustration plus digne de son ancienne renommée : en cessant d'être le patrimoine de quelques princes obscurs, elle reprit, pour ainsi dire, son antique empire, et appela tous les arts à ses vénérables ruines. Dès l'an 1465, Francesco Giambetti dessina quelques monuments d'Athènes (*a*). Le manuscrit de cet architecte était en vélin, et se voyait à la bibliothèque Barberini, à Rome. Il contenait, entre autres choses curieuses, le dessin de la tour des Vents, à Athènes, et celui des masures de Lacédémone, à quatre ou cinq milles de Misitra. Spon observe à ce sujet que Misitra n'est point sur l'emplacement de Sparte, comme l'avait avancé Guillet, d'après Sophianus, Niger et Ortelius. Spon ajoute : J'estime le ma-
« nuscrit de Giambetti d'autant plus curieux, que les dessins en ont été tirés
« avant que les Turcs se fussent rendus maîtres de la Grèce, et eussent ruiné plu-
« sieurs beaux monuments qui étaient alors en leur entier. » L'observation est juste quant aux monuments, mais elle est fausse quant aux dates : les Turcs étaient maîtres de la Grèce en 1465.

Nicolas Gerbel publia à Bâle, en 1550, son ouvrage intitulé : ***Pro declaratione picturæ, sive descriptionis Græciæ Sophiani libri septem*** (*b*). Cette description, excellente pour le temps, est claire, est courte, et pourtant substantielle. Gerbel ne parle guère que de l'ancienne Grèce ; quant à Athènes moderne, il dit : *Æneas Sillius Athenas hodie parvi oppiduli speciem gerere dicit, cujus munitissimam adhuc arcem Florentinus quidam Mahometi tradiderit, ut nimis vere Ovidius dixerit :*

Quid Panodinæ restant, nisi nomen, Athenæ?

O rerum humanarum miserabiles vices! O tragicam humanæ potentiæ permutationem! Civitas olim muris, navalibus, ædificiis, armis, opibus, viris, prudentia atque omni sapientia florentissima, in oppidulum, seu potius vicum, reducta est. Olim libera, et suis legibus vivens; nunc immanissimis belluis, servitutis jugo obstricta. Proficiscere Athenas, et pro magnificentissimis operibus, videto rudera et lamentabiles ruinas. Noli, noli nimium fidere viribus tuis; sed in eum confidito qui dicit : Ego Dominus Deus vester.

Cette apostrophe d'un vieux et respectable savant, aux ruines d'Athènes, est très-touchante : nous ne saurions avoir trop de reconnaissance pour les hommes qui nous ont ouvert les routes de la belle antiquité.

Dupinet (*c*) soutenait qu'Athènes n'était plus qu'une petite bourgade, exposée aux ravages des renards et des loups.

Laurenberg (*d*), dans sa *Description d'Athènes*, s'écrie : *Fuit quondam Græcia, fuerunt Athenæ : nunc neque in Græcia Athenæ, neque in ipsa Græcia Græcia est.*

(*a*) 1465. Francesco Giambetti. — (*b*) 1550. Gerbel. — (*c*) 1554. Dupinet. — (*d*) 1554. Laurenberg.

Ortelius (a), surnommé *le Ptolémée* de son temps, donna quelques nouveaux renseignements sur la Grèce dans son *Theatrum orbis terrarum*, et dans sa *Synonima Geographia*, réimprimée sous le titre de *Thesaurus Geographicus*, mais il confond mal à propos Sparte et Misitra : il croyait aussi qu'il n'y avait plus à Athènes qu'un château et quelques chaumières : *Nunc casulæ tantum supersunt quædam.*

Martin Crusius (b), professeur de grec et de latin à l'université de Tubinge, vers la fin du seizième siècle, s'informa diligemment du sort du Péloponèse et de l'Attique. Ses huit livres, intitulés *Turco-Græcia*, rendent compte de l'état de la Grèce depuis l'année 1444, jusqu'aux temps où Crusius écrivait. Le premier livre contient l'histoire politique, et le second, l'histoire ecclésiastique de cet intéressant pays : les six autres livres sont composés de lettres adressées à différentes personnes par des Grecs modernes. Deux de ces lettres contiennent quelques détails sur Athènes, qui méritent d'être connus.

ΤΩ ΣΟΦΩ, ΚΑΙ ΑΡΙΣΤΩ, κτλ. (c).

Au docte Martin Crusius, professeur des lettres grecques et latines à l'université de Tubinge, et très-cher en J.-C.

. . . .

« Moi, qui suis né à Nauplia, ville du Péloponèse peu éloignée d'Athènes, j'ai
« souvent vu cette dernière ville. J'ai recherché avec soin les choses qu'elle
« renferme, l'Aréopage, l'antique Académie, le Lycée d'Aristote, enfin le Pan-
« théon. Cet édifice est le plus élevé, et surpasse tous les autres en beauté. On
« y voit en dehors, sculptée tout autour, l'histoire des Grecs et des dieux. On
« remarque surtout, au-dessus de la porte principale, des chevaux qui parais-
« sent vivants et qu'on croirait entendre hennir (1). On dit qu'ils sont l'ouvrage
« de Praxitèle ; l'âme et le génie de l'homme ont passé dans la pierre. Il y a

---

(1) Φρυασσομένους ἀνδρομέαν σάρκα : je n'entends pas cela. La version latine donne : *Tanquam frementes in carnem humanam.* Spon, qui traduit une partie de ce passage, s'en est tenu à la version latine, tout aussi obscure pour moi que l'original. Spon dit : Qui semblent vouloir *se repaitre de chair humaine.* Je n'ai osé admettre ce sens, qui me paraît bizarre ; à moins qu'on ne dise que Zygomalas fait ici allusion aux jugements de Diomède.

Telle était cette note dans la première édition. Je m'empresse d'y ajouter l'observation que je dois aux recherches de M. Boissonade :

« Les mots φρυασσομένους ἀνδρομέαν σάρκα, cités dans la note, sont pris de l'épigramme xviiie d'Appolonidas. (*Anal.*, tom. II, pag. 336.) »

Ξεῖνον ὁπηνίκα θαῦμα κατείδομεν Ἀσὶς ἄπασα
Πῶλον ἐπ' ἀνδρομέαν σάρκα φρυασσόμενον,
Φρηϊκίς φάτνης πολιός λόγος εἰς ἐμὸν ὄμμα
Ἤλυθε· δίζημαι δεύτερον Ἡρακλέα.

« Il ne peut plus y avoir de doute sur l'intention de Zygomalas, et il a évidemment fait allusion aux chevaux de Diomède. »

(a) 1578. Ortelius. — (b) 1584. Crusius, ou Kraus. — (c) Zygomalas.

« dans ce lieu plusieurs autres choses dignes d'être vues. Je ne parle point de la
« colline opposée, sur laquelle florissent des simples de toute espèce, utiles
« à la médecine (1), colline que j'appelle le jardin d'Adonis. Je ne parle pas
« non plus de la douceur de l'air, de la bonté des eaux et des autres agréments
« d'Athènes : d'où il arrive que ses habitants, tombés maintenant dans la bar-
« barie, conservent toutefois quelques souvenirs de ce qu'ils ont été. On les re-
« connaît à la pureté de leur langage : comme des sirènes, ils charment ceux
« qui les écoutent par la variété de leurs accents... Mais pourquoi parlerais-je
« davantage d'Athènes, la peau de l'animal reste ; l'animal lui-même a péri.
« Constantinople, 1575.

« A jamais votre ami, Théodore Zygomalas.

« Protonotaire de la grande église de Constantinople. »

Cette lettre fourmille d'erreurs ; mais elle est précieuse à cause de l'ancienneté de sa date. Zygomalas fit connaître l'existence du temple de Minerve, que l'on croyait détruit, et qu'il appelle mal à propos le *Panthéon*.

La seconde lettre, écrite à Crusius par un certain Cabasilas de la ville d'Acarnanie, ajoute quelque chose aux renseignements du protonotaire (a).

« Athènes était composée autrefois de trois parties également peuplées. Au-
« jourd'hui la première partie, située dans un lieu élevé, comprend la cita-
« delle et un temple dédié au Dieu Inconnu : cette première partie est habitée
« par les Turcs. Entre celle-ci et la troisième se trouve la seconde partie où sont
« réunis les chrétiens. Après cette seconde partie vient la troisième, sur la porte
« de laquelle on lit cette inscription :

C'EST ICI ATHÈNES, L'ANCIENNE VILLE DE THÉSÉE.

« On voit dans cette dernière partie un palais revêtu de grands marbres et
« soutenu par des colonnes. On y voit encore des maisons habitées. La ville
« entière peut avoir six ou sept milles de tour ; elle compte environ douze mille
« citoyens.

« Siméon Cabasilas,

« de la ville d'Acarnanie. »

On peut remarquer quatre choses importantes dans cette description : 1° Le Parthénon avait été dédié par les chrétiens au Dieu Inconnu de saint Paul. Spon chicane mal à propos Guillet sur cette dédicace ; Deshayes l'a citée dans son *Voyage*. 2° Le temple de Jupiter Olympien (le palais revêtu de marbre) existait en grande partie du temps de Cabasilas : tous les autres voyageurs n'en ont vu que les ruines. 3° Athènes était divisée comme elle l'est encore aujourd'hui ; mais elle contenait douze mille habitants, et elle n'en a plus que huit mille. On voyait plusieurs maisons vers le temple de Jupiter Olympien : cette partie de la ville est maintenant déserte. 4° Enfin la porte avec l'inscription :

(1) Apparemment le mont Hymette.

(a) 1584, Cabasilas.

C'EST ICI ATHÈNES, L'ANCIENNE VILLE DE THÉSÉE,

a subsisté jusqu'à nos jours. On lit sur l'autre face de cette porte, du côté de l'Hadrianopolis, ou de l'*Athenæ novæ* :

C'EST ICI LA VILLE D'ADRIEN, ET NON PAS LA VILLE DE THÉSÉE.

Avant l'apparition de l'ouvrage de Martin Crusius, Belon avait publié (1555) ses *Observations de plusieurs singularités et choses mémorables trouvées en Grèce* (a). Je n'ai point cité son ouvrage, parce que le savant botaniste n'a parcouru que les îles de l'Arhipel, le mont Athos, et une petite partie de la Thrace et de la Macédoine.

D'Anville, en les commentant, a rendu célèbres les travaux de Deshayes à Jérusalem; mais on ignore généralement que Deshayes est (b) le premier voyageur moderne qui nous ait parlé de la Grèce proprement dite : son ambassade en Palestine a fait oublier sa course à Athènes. Il visita cette ville entre l'année 1621 et l'année 1630. Les amateurs de l'antiquité seront bien aises de trouver ici le passage original du premier Voyage à Athènes; car les lettres de Zygomalas et de Cabasilas ne peuvent pas être appelées des Voyages.

« De Mégare jusques à Athènes, il n'y a qu'une petite journée, qui nous dura
« moins que si nous n'eussions marché que deux lieues : il n'y a jardin en bois
« de haute futaie qui contente davantage la vue que fait ce chemin. L'on va
« par une grande plaine toute remplie d'oliviers et d'orangers, ayant la mer
« à main droite, et les collines à main gauche, d'où partent tant de beaux ruis-
« seaux, qu'il semble que la nature se soit efforcée à rendre ce pays aussi délicieux.
« La ville d'Athènes est située sur la pente et aux environs d'un rocher, qui
« est assis dans une plaine, laquelle est bornée par la mer qu'elle a au midi,
« et par les montagnes agréables qui l'enferment du côté du septentrion. Elle
« n'est pas la moitié si grande qu'elle était autrefois, ainsi que l'on peut voir
« par les ruines, à qui le temps a fait moins de mal que la barbarie des na-
« tions qui ont tant de fois pillé et saccagé cette ville. Les bâtiments anciens qui
« y restent témoignent la magnificence de ceux qui les ont faits; car le marbre
« n'y est point épargné, non plus que les colonnes et les pilastres. Sur le haut
« du rocher est le château, dont les Turcs se servent encore aujourd'hui.
« Entre plusieurs anciens bâtiments, il y a un temple qui est aussi entier et
« aussi peu offensé de l'injure du temps comme s'il ne venait que d'être fait;
« l'ordre et la structure en sont admirables. Sa forme est ovale, et par dehors,
« aussi bien que par dedans, il est soutenu par trois rangs de colonnes de marbre,
« garnies de leurs bases et chapiteaux : derrière chaque colonne, il y a un pi-
« lastre qui en suit l'ordonnance et la proportion. Les chrétiens du pays disent
« que ce temple est celui-là même qui était dédié au Dieu Inconnu, dans le-
« quel saint Paul prêcha : à présent il sert de mosquée, et les Turcs y vont faire
« leurs oraisons. Cette ville jouit d'un air fort doux, et les astres les plus mal-
« faisants se dépouillent de leurs mauvaises influences quand ils regardent cette

(a) Belon. — (b) 1625. Deshayes.

« contrée : ce que l'on peut connaître aisément, tant par la fertilité du pays que
« par les marbres et les pierres qui, depuis un si long temps qu'elles sont ex-
« posées à l'air, ne sont aucunement rongées ni endommagées. L'on dort à la
« campagne, la tête découverte, sans en recevoir nulle incommodité : enfin,
« l'air qu'on y respire est si agréable et si tempéré, que l'on y reconnaît beau-
« coup de changements lorsque l'on s'en éloigne. Quant aux habitants du pays,
« ce sont tous Grecs, qui sont cruellement et barbarement traités par les Turcs
« qui y demeurent, encore qu'ils soient en petit nombre. Il y a un cadi qui
« rend la justice, un prévôt appelé *soubachy*, et quelques janissaires que l'on
« y envoie de la Porte, de trois mois en trois mois. Tous ces officiers firent
« beaucoup d'honneur au sieur Deshayes lorsque nous y passâmes, et le dé-
« frayèrent aux dépens du Grand Seigneur.

« En sortant d'Athènes on traverse cette grande plaine qui est toute rem-
« plie d'oliviers, et arrosée de plusieurs ruisseaux qui en augmentent la fer-
« tilité. Après avoir marché une bonne heure, on arrive sur la marine, où il
« y a un grand port fort excellent, qui était autrefois fermé par une chaîne :
« ceux du pays l'appellent le port *Lion*, à cause d'un grand lion de pierre que
« l'on y voit encore aujourd'hui ; mais les anciens le nommaient le port du
« *Pirée*. C'était en ce lieu que les Athéniens assemblaient leurs flottes, et qu'ils
« s'embarquaient ordinairement. »

L'ignorance du secrétaire de Deshayes (car ce n'est pas Deshayes lui-même qui écrit) est singulière ; mais on voit de quelle admiration profonde on était saisi à l'aspect des monuments d'Athènes, lorsque le plus beau de ces monuments existait encore dans toute sa gloire.

L'établissement de nos consuls dans l'Attique précède le passage de Deshayes de quelques années.

J'ai cru d'abord que Stochove avait vu Athènes en 1630 ; mais en conférant son texte avec celui de Deshayes, je me suis convaincu que le gentilhomme flamand n'avait fait que copier l'ambassadeur français.

Le père Antoine Pacifique donna, en 1636, à Venise, sa *Description de la Morée*, ouvrage sans méthode, où Sparte est prise pour Misitra.

Quelques années après, nous voyons arriver en Grèce ces missionnaires qui portaient dans tous les pays le nom, la gloire et l'amour de la France. Les jésuites de Paris s'établirent à Athènes vers l'an 1645 ; les capucins s'y fixèrent en 1658, et en 1669 le père Simon acheta la *Lanterne de Démosthènes*, qui devint l'hospice des étrangers.

De Monceaux parcourut la Grèce en 1668 : nous avons l'extrait de son Voyage, imprimé à la suite du Voyage de Bruyn. Il a décrit des antiquités, surtout dans la Morée, dont il ne reste aucune trace. De Monceaux voyageait avec Laisné par ordre de Louis XIV.

Au milieu des œuvres de la charité, nos missionnaires ne négligeaient point les travaux qui pouvaient être honorables à leur patrie : le père Babin, jésuite, donna, en 1672, une *Relation de l'état présent de la ville d'Athènes* : Spon en fut l'éditeur ; on n'avait rien vu jusqu'alors d'aussi complet et d'aussi détaillé sur les antiquités d'Athènes.

L'ambassadeur de France à la Porte, M. de Nointel, passa à Athènes dans l'année 1674 : il était accompagné du savant orientaliste Galland. Il fit dessiner les bas-reliefs du Parthénon. Ces bas-reliefs ont péri, et l'on est trop heureux d'avoir aujourd'hui les cartons du marquis de Nointel ; ils sont pourtant demeurés inédits, à l'exception de celui qui représente les frontons du temple de Minerve (1).

Guillet publia en 1675, sous le nom de son prétendu frère La Guilletière, l'*Athènes ancienne et moderne*. Cet ouvrage, qui n'est qu'un roman, fit naître une grande querelle parmi les antiquaires. Spon découvrit les mensonges de Guillet : celui-ci se fâcha, et écrivit une lettre en forme de dialogue contre les Voyages du médecin lyonnais. Spon ne garda plus de ménagements ; il prouva que Guillet ou La Guilletière n'avait jamais mis le pied à Athènes ; qu'il avait composé sa rapsodie sur des mémoires demandés à nos missionnaires, et produisit une liste de questions envoyées par Guillet à un capucin de Patras : enfin, il donna un catalogue de cent douze erreurs plus ou moins grossières, échappées à l'auteur d'*Athènes ancienne et moderne*, dans le cours de son roman.

Guillet ou La Guilletière ne mérite donc aucune confiance comme voyageur ; mais son ouvrage, à l'époque où il le publia, ne manquait pas d'un certain mérite. Guillet fit usage des renseignements qu'il obtint des pères Simon et Barnabé, l'un et l'autre missionnaires à Athènes ; et il cite un monument, le *Phanari tou Diogenis*, qui n'existait déjà plus du temps de Spon.

Le Voyage de Spon et de Weler, exécuté dans les années 1675 et 1676, parut en 1678.

Tout le monde connaît le mérite de cet ouvrage, où l'art et l'antiquité sont traités avec une critique jusqu'alors ignorée. Le style de Spon est lourd et incorrect ; mais il a cette candeur et cette démarche aisée qui caractérisent les écrits de ce siècle.

Le comte de Vinchelsey, ambassadeur de la cour de Londres, visita Athènes dans cette même année 1676, et fit transporter en Angleterre quelques fragments de sculpture.

Tandis que toutes les recherches se dirigeaient vers l'Attique, la Laconie était oubliée. Guillet, encouragé par le débit de ses premiers mensonges, donna, en 1676, *Lacédémone ancienne et moderne*. Meursius avait publié ses différents traités, *de Populis Atticæ, de Festis Græcorum*, etc., etc. ; et il fournissait ainsi une érudition toute préparée à quiconque voulait parler de la Grèce. Le second ouvrage de Guillet est rempli de bévues énormes sur les localités de Sparte. L'auteur veut absolument que Misitra soit Lacédémone, et c'est lui qui a accrédité cette grande erreur. « Cependant, dit Spon, Misitra n'est point « sur le plan de Sparte, comme je le sais de M. Giraud, de Vernon, et d'au« tres, etc. »

Giraud était consul de France à Athènes depuis dix-huit ans, lorsque Spon voyageait en Grèce. Il savait le turc, le grec vulgaire et le grec littéral. Il avait commencé une description de la Morée ; mais comme il passa au service de la

(1) On peut le voir dans l'Atlas des nouvelles éditions du *Voyage d'Anacharsis*.

Grande-Bretagne, il est probable que ses manuscrits seront tombés dans les mains de ses derniers maîtres.

Il ne reste de Vernon (1), voyageur anglais, qu'une lettre imprimée dans les *Philosophical Transactions*, 24 avril 1676. Vernon trace rapidement le tableau de ses courses en Grèce :

« Sparte, dit-il, est un lieu désert : Misitra, qui en est éloignée de quatre
« milles, est habitée. On voit à Sparte presque toutes les murailles des tours et
« des fondements de temples, avec plusieurs colonnes démolies aussi bien que
« leurs chapiteaux. Il y reste encore un théâtre tout entier. Elle a eu autre-
« fois cinq milles de tour, et elle est située à un demi-quart de lieue de la ri-
« vière Eurotas (2). »

On doit observer que Guillet indique dans la préface de son dernier ouvrage plusieurs mémoires manuscrits sur Lacédémone : « Les moins défectueux, dit-il,
« sont entre les mains de M. Saint-Challier, secrétaire de l'ambassade de France
« en Piémont. »

Nous voici arrivés à une autre époque de l'histoire de la ville d'Athènes. Les voyageurs que nous avons cités jusqu'à présent avaient vu dans toute leur intégrité quelques-uns des plus beaux monuments de Périclès : Pococke, Chandler, Leroi, n'en ont plus admiré que les ruines. En 1687, tandis que Louis XIV faisait élever la colonnade du Louvre, les Vénitiens renversaient le temple de Minerve. Je parlerai dans l'*Itinéraire* de ce déplorable événement, fruit des victoires de Koningsmarck et de Morosini.

Cette même année 1687 vit paraître à Venise la *Notizia del Ducato d'Atene* de Pierre Pacifique : mince ouvrage, sans critique et sans recherches.

Le père Coronelli (a), dans sa *Description géographique de la Morée reconquise par les Vénitiens*, a montré du savoir ; mais il n'apprend rien de nouveau, et il ne faudrait pas suivre aveuglément ses citations et ses cartes. Les petits faits d'armes vantés par Coronelli font un contraste assez piquant avec les lieux célèbres qui en sont le théâtre. Cependant on remarque parmi les héros de cette conquête un prince de Turenne, qui combattit près de Pylos, dit Coronelli, avec cette bravoure naturelle à tous ceux de sa maison. Coronelli confond Sparte avec Misitra.

L'*Atene Antica* de Fanelli prend l'histoire d'Athènes à son origine, et la mène jusqu'à l'époque où l'auteur écrivait son ouvrage. Cet ouvrage est peu de chose, considéré sous le rapport des antiquités : mais on y trouve des détails curieux sur le siége d'Athènes par les Vénitiens, en 1687, et un plan de cette ville dont Chandler paraît avoir fait usage.

Paul Lucas (b), jouit d'une assez grande renommée parmi les voyageurs, et je m'en étonne. Ce n'est pas qu'il n'amuse par ses fables : les combats qu'il rend lui tout seul contre cinquante voleurs, les grands ossements qu'il rencontre à

---

(1) Spon écrit presque toujours *Vernhum*. Cette orthographe n'est point anglaise : c'est une faute de Spon.

(2) Je me sers de la traduction de Spon, n'ayant point l'original.

(a) 1688. — (b) 1704.

chaque pas, les villes de géants qu'il découvre, les trois ou quatre mille pyramides qu'il trouve sur un grand chemin, et que personne n'avait jamais vues, sont des contes divertissants; mais du reste il estropie toutes les inscriptions qu'il rapporte; ses plagiats sont continuels, et sa description de Jérusalem est copiée mot à mot de celle de Deshayes; enfin il parle d'Athènes comme s'il ne l'avait jamais vue : ce qu'il en dit est un des contes les plus insignes que jamais voyageur se soit permis de débiter.

« Ses ruines, comme on le peut juger, sont la partie la plus remarquable.
« En effet, quoique les maisons y soient en grand nombre, et que l'air y soit
« admirable, il n'y a presque point d'habitants. Il y a une commodité qu'on
« ne trouve point ailleurs: y demeure qui veut, et les maisons s'y donnent sans
« que l'on en paye aucun loyer. Au reste, si cette ville célèbre est de toutes les
« anciennes celle qui a consacré le plus de monuments à la postérité, on peut dire
« que la bonté de son climat en a aussi conservé plus qu'en aucun autre en-
« droit du monde, au moins de ceux que j'ai vus. Il semble qu'ailleurs on se
« soit fait un plaisir de tout renverser, et la guerre a causé presque partout
« des ravages qui, en ruinant les peuples, ont défiguré tout ce qu'ils avaient
« de beau. Athènes seule, soit par le hasard, soit par le respect que l'on devait
« naturellement avoir pour une ville qui avait été le siége des sciences, et à la-
« quelle tout le monde avait obligation; Athènes, dis-je, a été seule épargnée
« dans la destruction universelle : on y rencontre partout des marbres d'une
« beauté et d'une grandeur surprenantes; ils y ont été prodigués, et l'on y
« trouve à chaque pas des colonnes de granit et de jaspe. »

Athènes est fort peuplée; les maisons ne s'y donnent point; on n'y rencontre point à chaque pas des colonnes de granit et de jaspe; enfin, dix-sept ans avant l'année 1704, les monuments de cette ville célèbre avaient été renversés par les Vénitiens. Ce qu'il y a de plus étrange, c'est qu'on possédait déjà les dessins de M. de Nointel et le Voyage de Spon, lorsque Paul Lucas imprima cette relation, digne des *Mille et une Nuits*.

La *Relation du Voyage du sieur* Pellegrin *dans le royaume de Morée* est de 1718. L'auteur paraît avoir été un homme d'une petite éducation, et d'une science encore moins grande; son misérable pamphlet de cent quatre-vingt-deux pages est un recueil d'anecdotes galantes, de chansons et de mauvais vers. Les Vénitiens étaient restés maîtres de la Morée depuis l'an 1685; ils la perdirent en 1715. Pellegrin a tracé l'histoire de cette dernière conquête des Turcs; c'est la seule chose intéressante de sa relation.

L'abbé Fourmont alla (a), par ordre de Louis XV, chercher au Levant des inscriptions et des manuscrits. Je citerai dans l'*Itinéraire* quelques-unes des découvertes faites à Sparte par ce savant antiquaire. Son voyage est resté manuscrit, et l'on n'en connaît que des fragments; il serait bien à désirer qu'on le publiât, car nous n'avons rien de complet sur les monuments du Péloponèse.

Pococke visita (b) Athènes, en revenant de l'Égypte; il a décrit les monuments de l'Attique avec cette exactitude qui fait connaître les arts sans les faire aimer.

(a) 1728. — (b) 1739.

Wood, Hawkins et Bouveric faisaient alors leur beau voyage en l'honneur d'Homère (a).

Le premier voyage pittoresque de la Grèce est celui de Leroi (b). Chandler accuse l'artiste français de manquer de vérité dans quelques dessins; moi-même je trouve dans ses dessins des ornements superflus : les coupes et les plans de Leroi n'ont pas la scrupuleuse fidélité de ceux de Stuart; mais, à tout prendre, son ouvrage est un monument honorable pour la France. Leroi avait vu Lacédémone, qu'il distingue fort bien de Misitra, et dont il reconnut le théâtre et le *dromos*.

Je ne sais si les *Ruins of Athens*, de Robert Sayer (c), ne sont point une traduction anglaise et une nouvelle gravure des planches de Leroi; j'avoue également mon ignorance sur le travail de Pars, dont Chandler fait souvent l'éloge.

L'an 1761, Stuart enrichit sa patrie de l'ouvrage si connu sous le titre de *Antiquities of Athens :* c'est un grand travail, utile surtout aux artistes, et exécuté avec cette rigueur de mesures dont on se pique aujourd'hui; mais l'effet général des tableaux n'est pas bon; la vérité qui se trouve dans les détails manque dans l'ensemble : le crayon et le burin britanniques n'ont point assez de netteté pour rendre les lignes si pures des monuments de Périclès; il y a toujours quelque chose de vague et de mou dans les compositions anglaises. Quand la scène est placée sous le ciel de Londres, ce style vaporeux a son agrément; mais il gâte les paysages éclatants de la Grèce.

Le *Voyage* de Chandler (d), qui suivit de près les *Antiquités* de Stuart, pourrait dispenser de tous les autres. Le docteur anglais a déployé dans son travail une rare fidélité, une érudition facile et pourtant profonde, une critique saine, un jugement exquis. Je ne lui ferai qu'un reproche, c'est de parler souvent de Wheler, et de n'écrire le nom de Spon qu'avec une répugnance marquée. Spon vaut bien la peine qu'on parle de lui, quand on cite le compagnon de ses travaux. Chandler, comme savant et voyageur, aurait dû oublier qu'il était Anglais. Il a donné en 1805 un dernier voyage sur Athènes, que je n'ai pu me procurer.

Riedesel parcourut le Péloponèse et l'Attique dans l'année 1773; il a rempli son petit ouvrage de beaucoup de grandes réflexions sur les mœurs, les lois, la religion des Grecs et des Turcs : le baron allemand voyageait dans la Morée trois ans après l'expédition des Russes. Une foule de monuments avaient péri à Sparte, à Argos, à Mégalopolis, par une suite de cette invasion; comme les antiquités d'Athènes ont dû leur dernière destruction à l'expédition des Vénitiens.

Le premier volume du magnifique ouvrage de M. de Choiseul parut au commencement de l'année 1778. Je citerai souvent cet ouvrage, avec les éloges qu'il mérite, dans le cours de mon *Itinéraire*. J'observe ici seulement que M. de Choiseul n'a point encore donné les monuments de l'Attique et du Péloponèse. L'auteur était à Athènes en 1784; ce fut, je crois, la même année que M. de Chabert détermina la latitude et la longitude du temple de Minerve.

Les recherches de MM. Foucherot et Fauvel commencent vers l'année 1780, et se prolongent dans les années suivantes. Les Mémoires du dernier voya-

(a) 1749. — (b) 1758. — (c) 1759. — (d) 1764.

geur font connaître des lieux et des antiquités jusqu'alors ignorés. M. Fauvel a été mon hôte à Athènes, et je parlerai ailleurs de ses travaux.

Notre grand helléniste, d'Ansse de Villoisson, parcourut la Grèce à peu près à cette époque; nous n'avons point joui du fruit de ses études.

M. Lechevalier passa quelques moments à Athènes dans l'année 1785.

Le voyage de M. Scrofani (*a*) porte le cachet du siècle, c'est-à-dire qu'il est philosophique, politique, économique, etc. Il est nul pour l'étude de l'antiquité; mais les observations de l'auteur sur le sol de la Morée, sur sa population, sur son commerce, sont excellentes et nouvelles.

Au temps du voyage de M. Scrofani, deux Anglais montèrent à la cime la plus élevée du Taygète.

En 1797, MM. Dixo et Nicolo Stephanopoli furent envoyés à la république de Maïna par le gouvernement français. Ces voyageurs font un grand éloge de cette république sur laquelle on a tant discouru. J'ai le malheur de regarder les Maniottes comme un assemblage de brigands, Sclavons d'origine, qui ne sont pas plus les descendants des anciens Spartiates que les Druses ne sont les descendants du comte de Dreux; je ne puis donc partager l'enthousiasme de ceux qui voient dans ces pirates du Taygète les vertueux héritiers de la liberté lacédémonienne.

Le meilleur guide pour la Morée serait certainement M. Pouqueville (*b*), s'il avait pu voir tous les lieux qu'il a décrits. Malheureusement il était prisonnier à Tripolizza.

Alors l'ambassadeur d'Angleterre à Constantinople, lord Elgin, faisait faire en Grèce les travaux et les ravages que j'aurai occasion de louer et de déplorer. Peu de temps après lui, ses compatriotes, Swinton et Hawkins, visitèrent Athènes, Sparte et Olympie.

Les *Fragments pour servir à la connaissance de la Grèce actuelle* (*c*) terminaient la liste de tous ces Voyages, avant la publication des *Lettres sur la Morée*, par M. Castellan (*d*)

Résumons maintenant, en peu de mots, l'histoire des monuments d'Athènes. Le Parthénon, le temple de la Victoire, une grande partie du temple de Jupiter Olympien, un autre monument, appelé par Guillet la *Lanterne de Diogène*, furent vus dans toute leur beauté par Zygomalas, Cabasilas et Deshayes.

De Monceaux, le marquis de Nointel, Galland, le père Babin, Spon et Wheler, admirèrent encore le Parthénon dans son entier; mais la lanterne de Diogène avait disparu, et le temple de la Victoire avait sauté en l'air par l'explosion d'un magasin à poudre (1); il n'en restait plus que le fronton.

Pococke, Leroi, Stuart, Chandler, trouvèrent le Parthénon à moitié détruit par les bombes des Vénitiens, et le fronton du temple de la Victoire abattu. Depuis ce temps les ruines ont toujours été croissant. Je dirai comment lord Elgin les a augmentées.

L'Europe savante se console avec les dessins du marquis de Nointel, les

---

(1) Cet accident arriva en 1656.

a) 1794. — (*b*) 1798. — (*c*) 1803. Bartholdi. — (*d*) 1808.

Voyages pittoresques de Leroi et de Stuart. M. Fauvel a moulé deux cariatides du Pandroséum, et quelques bas-reliefs du temple de Minerve; une métope du même temple est entre les mains de M. de Choiseul; lord Elgin en a enlevé plusieurs autres qui ont péri dans un naufrage à Cérigo; MM. Swinton et Hawkins possèdent un trophée de bronze trouvé à Olympie; la statue mutilée de Cérès-Éleusine est aussi en Angleterre; enfin, nous avons, en *terre cuite*, le monument choragique de Lysicrates. C'est une chose triste à remarquer, que les peuples civilisés de l'Europe ont fait plus de mal aux monuments d'Athènes, dans l'espace de cent cinquante ans, que tous les Barbares ensemble dans une longue suite de siècles; il est dur de penser qu'Alaric et Mahomet II avaient respecté le Parthénon, et qu'il a été renversé par Morosini et lord Elgin.

SECOND MÉMOIRE.

J'ai dit que je me proposais d'examiner, dans ce second Mémoire, l'authenticité des traditions chrétiennes à Jérusalem. Quant à l'histoire de cette ville, comme elle ne présente aucune obscurité, elle n'a pas besoin d'explications préliminaires.

Les traditions de la Terre-Sainte tirent leur certitude de trois sources : de l'histoire, de la religion, des lieux ou des localités. Considérons-les d'abord sous le rapport de l'histoire.

Jésus-Christ, accompagné de ses apôtres, accomplit à Jérusalem les mystères de la Passion. Les quatre évangiles sont les premiers documents qui nous retracent les actions du Fils de l'Homme. Les actes de Pilate, conservés à Rome du temps de Tertullien (1), attestaient le principal fait de cette histoire, savoir: le crucifiement de Jésus de Nazareth.

Le Rédempteur expire : Joseph d'Arimathie obtient le corps sacré, et le fait ensevelir dans un tombeau au pied du Calvaire. Le Messie ressuscite le troisième jour, se montre à ses apôtres et à ses disciples, leur donne ses instructions, puis retourne à la droite de son Père. Dès lors l'Église commence à Jérusalem.

On croira aisément que les premiers apôtres et les parents du Sauveur, selon la chair, qui composaient cette première Église du monde, n'ignoraient rien de la vie et de la mort de Jésus-Christ. Il est essentiel de remarquer que le Golgotha était hors de la ville, ainsi que la montagne des Oliviers; d'où il résultait que les apôtres pouvaient plus facilement prier aux lieux sanctifiés par le divin Maître.

La connaissance de ces lieux ne fut pas longtemps renfermée dans un petit cercle de disciples : saint Pierre, en deux prédications, convertit huit mille personnes à Jérusalem (2); Jacques, frère du Sauveur, fut élu premier évêque de cette Église, l'an 35 de notre ère (3); il eut pour successeur Siméon, cousin de

---

(1) *Apolog. advers. Gent.* — (2) *Act. Apost.*, cap. II et IV. — (3) Eus., *Hist. eccl.* lib. II, cap. II.

Jésus-Christ (1). On trouve ensuite une série de treize évêques de race juive, occupant un espace de cent vingt-trois ans, depuis Tibère jusqu'au règne d'Adrien. Voici le nom de ces évêques : Juste, Zachée, Tobie, Benjamin, Jean, Mathias, Philippe, Sénèque, Juste II, Lévi, Ephre, Joseph et Jude (2).

Si les premiers chrétiens de la Judée consacrèrent des monuments à leur culte, n'est-il pas probable qu'ils les élevèrent de préférence aux endroits qu'avaient illustrés quelques miracles? Et comment douter qu'il y eût dès lors des sanctuaires en Palestine lorsque les fidèles en possédaient à Rome même et dans toutes les provinces de l'empire? Quand saint Paul et les autres apôtres donnent des conseils et des lois aux Églises d'Europe et d'Asie, à qui s'adressent-ils, si ce n'est à des congrégations de fidèles, remplissant une commune enceinte sous la direction d'un pasteur? N'est-ce pas même ce qu'implique le mot *ecclesia*, qui, dans le grec signifie également *assemblée* et *lieu d'assemblée?* Saint Cyrille le prend dans ce dernier sens (3).

L'élection des sept diacres (4), l'an 33 de notre ère, le premier concile tenu l'an 50 (5), annoncent que les apôtres avaient dans la Ville sainte des lieux particuliers de réunion. On peut même croire que le Saint-Sépulcre fut honoré dès la naissance du christianisme, sous le nom de *Martyrion* ou du *Témoignage*, μαρτύριον. Du moins saint Cyrille, évêque de Jérusalem, prêchant en 347 dans l'église du Calvaire, dit : « Ce temple ne porte pas le nom d'*église*, comme les « autres, mais il est appelé Μαρτύριον, *Témoignage*, comme le prophète l'avait « prédit (6). »

Au commencement des troubles de la Judée, sous l'empereur Vespasien (*a*), les chrétiens de Jérusalem se retirèrent à Pella (7), et aussitôt que la ville eut été renversée, ils revinrent habiter parmi ses ruines. Dans un espace de quelques mois (8) ils n'avaient pu oublier la position de leurs sanctuaires, qui, se trouvant d'ailleurs hors de l'enceinte des murs, ne durent pas souffrir beaucoup du siége. Siméon, successeur de Jacques, gouvernait l'Église de Judée lorsque Jérusalem fut prise, puisque nous voyons ce même Siméon, à l'âge de cent vingt années (*b*), recevoir la couronne du martyre pendant le règne de Trajan (9). Les autres évêques que j'ai nommés, et qui nous conduisent au temps d'Adrien, s'établirent sur les débris de la Cité sainte, et ils en conservèrent les traditions chrétiennes.

Que les lieux sacrés fussent généralement connus au siècle d'Adrien, c'est ce que l'on prouve par un fait sans réplique. Cet empereur, en rétablissant Jérusalem (*c*), éleva une statue à Vénus sur le mont du Calvaire, et une statue à Jupiter sur le Saint-Sépulcre. La grotte de Bethléem fut livrée au culte d'Adonis (10).

(1) *Eus.*, *Hist. eccl.*, lib. III, cap. XI-XXXIII. — (2) *Id. ibid.* lib. III, cap. XXXV; et lib. IV, cap. V. — (3) *Catéch.* XVIII. — (4) *Act. Apost.*, cap. VI. — (5) *Ibid.*, cap. XV. — (6) S. CYR., *Cat.* XVI, *Illum.* — (7) EUS., *Hist. eccl.*, lib. III, cap. V. — (8) Titus parut devant Jérusalem vers le temps de la fête de Pâques de l'année 70, et la ville fut prise au mois de septembre de la même année. — (9) EUS., *Hist. ecclés.* lib. III, cap. XXX. — (10) HIERON., *Epist. ad Paul.*; RUFF.; SOZOM., *Hist. eccl.*, lib. II, cap.I; SOCRAT., *Hist. eccl.*, lib. I, cap. XVII; SEV., lib. II; NICEPH., lib. XVIII.

(*a*) 70. — (*b*) 117. — (*c*) 137

La folie de l'idolâtrie publia ainsi, par ses profanations imprudentes, cette folie de la Croix qu'elle avait tant d'intérêt à cacher. La foi faisait des progrès si rapides en Palestine, avant la dernière sédition des Juifs, que Barcochebas, chef de cette sédition, avait persécuté les chrétiens pour les obliger à renoncer à leur culte (1).

A peine l'Église juive de Jérusalem fut-elle dispersée par Adrien, l'an 137 de Jésus-Christ, que nous voyons commencer l'Église des Gentils dans la Ville sainte. Marc en fut le premier évêque, et Eusèbe nous donne la liste de ses successeurs, jusqu'au temps de Dioclétien. Ce furent : Cassien, Publius, Maxime, Julien, Caïus, Symmaque, Caïus II, Julien II, Capiton, Valens, Dolichien, Narcisse, le trentième après les apôtres (2), Dius, Germanion, Gordius (3), Alexandre (4), Mazabane (5), Hymenée (6), Zabdas, Hermon (7), dernier évêque avant la persécution de Dioclétien (*a*).

Cependant Adrien, si zélé pour ses dieux, ne persécuta point les chrétiens, excepté ceux de Jérusalem, qu'il regarda sans doute comme des Juifs, et qui étaient en effet de nation israélite. On croit qu'il fut touché des apologies de Quadrat et d'Aristide (8). Il écrivit même à Municius Fundanus (*b*), gouverneur d'Asie, une lettre dans laquelle il défend de punir les fidèles sans sujet. (9).

Il est probable que les Gentils convertis à la foi vécurent en paix dans Ælia, ou la nouvelle Jérusalem, jusqu'au règne de Dioclétien : cela devient évident par le catalogue des évêques de cette Église que j'ai donné plus haut. Lorsque Narcisse occupait la chaire épiscopale, les diacres manquèrent d'huile à la fête de Pâques (*c*) : Narcisse fit à cette occasion un miracle (10). Les chrétiens, à cette époque, célébraient donc publiquement leurs mystères à Jérusalem ; il y avait donc des autels consacrés à leur culte.

Alexandre, autre évêque d'Ælia, sous le règne de l'empereur Sévère, fonda une bibliothèque dans son diocèse (11) : or, cela suppose paix, loisirs et prospérité ; des proscrits n'ouvrent point une école publique de philosophie.

Si les fidèles n'avaient plus alors, pour célébrer leurs fêtes, la jouissance du Calvaire, du Saint-Sépulcre et de Bethléem, ils ne pouvaient toutefois perdre la mémoire de ces sanctuaires : les idoles leur en marquaient la place. Bien plus, les païens même espéraient que le temple de Vénus, élevé au sommet du Calvaire, n'empêcherait pas les chrétiens de visiter cette colline sacrée ; car ils se réjouissaient dans la pensée que les Nazaréens, en venant prier au Golgotha, auraient l'air d'adorer la fille de Jupiter (12). C'est une démonstration frappante de la connaissance entière que l'Église de Jérusalem avait des saints lieux.

Il y a des auteurs qui vont plus loin, et qui prétendent qu'avant la persécution de Dioclétien, les chrétiens de la Judée étaient rentrés en possession du

---

(1) Euseb., lib. IV, cap. VIII. — (2) *Idem*, lib. V, cap. XII. — (3) *Idem*, lib. VI, cap. X. — (4) *Idem*, lib. VI, cap. X, XI. — (5) *Idem*, lib. VII, cap. V. — (6) *Idem*, lib. VII, cap. XXVIII. — (7) *Idem*, lib. VII, cap. XXI. — (8) Tillem., *Persec. sous Adr.*; Eus., lib. IV, cap. III. — (9) Eus, lib. IV, cap. VIII. — (10) Eus., lib. VI, cap. IX. — (11) *Id.*, lib. VI, cap. XX. — (12) Sozom., lib. I, cap. I.

(*a*) 162. Sous Comm. 211. Sous Sévère. 217. Sous Cara, 251. Sous Gallus, sous Macrin, 284. — (*b*) 126. (*c*) 162. Sous Comm.

Saint-Sépulcre (1). Il est certain que saint Cyrille (*a*), en parlant de l'église du Saint-Sépulcre, dit positivement : « Il n'y a pas longtemps que Bethléem était « un lieu champêtre, et que la montagne du Calvaire était un jardin dont on voit « encore les traces (2). » Qu'étaient donc devenus les édifices profanes? Tout porte à croire que les païens, en trop petit nombre à Jérusalem pour se soutenir contre la foule croissante des fidèles, abandonnèrent peu à peu les temples d'Adrien. Si l'Église encore persécutée n'osa relever ses autels au Grand-Tombeau, elle eut du moins la consolation de l'adorer sans obstacle et d'y voir tomber en ruines les monuments de l'idolâtrie.

Nous voici parvenus à l'époque où les saints lieux commencent à briller d'un éclat qui ne s'effacera plus. Constantin (*b*), ayant fait monter la religion sur le trône, écrivit à Macaire, évêque de Jérusalem. Il lui ordonna de décorer le tombeau du Sauveur d'une superbe basilique (3). Hélène, mère de l'empereur, se transporta en Palestine, et fit elle-même chercher le Saint-Sépulcre. Il avait été caché sous la fondation des édifices d'Adrien. Un Juif, apparemment chrétien, qui, selon Sozomène, *avait gardé des Mémoires de ses pères*, indiqua la place où devait se trouver le tombeau. Hélène eut la gloire de rendre à la religion le monument sacré. Elle découvrit encore trois croix, dont l'une se fit reconnaître à des miracles pour la croix du Rédempteur (4). Non-seulement on bâtit une magnifique église auprès du Saint-Sépulcre, mais Hélène en fit encore élever deux autres : l'une sur la crèche du Messie à Bethléem, l'autre sur la montagne des Oliviers, en mémoire de l'Ascension du Seigneur (5). Des chapelles, des oratoires, des autels marquèrent peu à peu tous les endroits consacrés par les actions du Fils de l'Homme : les traditions orales furent écrites et mises à l'abri de l'infidélité de la mémoire.

En effet Eusèbe, dans son *Histoire de l'Église*, dans sa *Vie de Constantin*, et dans son *Onomasticum urbium et locorum Sacræ Scripturæ*, nous décrit à peu près les saints lieux tels que nous les voyons aujourd'hui. Il parle du Saint-Sépulcre, du Calvaire, de Bethléem, de la montagne des Oliviers, de la grotte où Jésus-Christ révéla les mystères aux apôtres (6). Après lui vient saint Cyrille, que j'ai déjà cité plusieurs fois : il nous montre les stations sacrées telles qu'elles étaient avant et après les travaux de Constantin et de sainte Hélène; Socrate, Sozomène, Théodoret, Évagre, donnent ensuite la succession de plusieurs évêques depuis Constantin jusqu'à Justinien : Macaire (7) Maxime (8), Cyrille (9), Herennius, Héraclius, Hilaire (10), Jean (11), Salluste, Martyrius, Élie, Pierre, Macaire II (12), et Jean (13), quatrième du nom (*c*).

---

(1) *Epitom. Bell. Sacr.*, tom. vi. — (2) *Cateches.* xii et xiv. — (3) Eus , *in Const.*, lib. iii, cap. xxv-xliii ; Socr. lib. i, cap. ix. — (4) Socr., cap. xvii ; Sozom., lib. ii, cap. i. — (5) Eus., *in Const.*, lib. iii, cap. xliii. — (6) Eus. *in Const.*, lib. iii, cap. xliii. — (7) Socr., lib. i, cap. xvii. — (8) *Id.*, lib. ii, cap. xxiv ; Soz., lib. ii, cap. xx. — (9) *Id.*, lib. iii, cap. xx. — (10) Sozom., lib. iv, cap. xxx. — (11) *Id.*, lib. vii, cap. xiv. — (12) Évagr., lib. iv, cap. xxxviii. — (13) *Id.*, lib. v, cap. xiv.

— (*a*) 326. Sous Constantin. — (*b*) 327. (*c*) Sous Constantin, 361. Sous Julien, 384. Sous Valentinien, Théodose et Arcadius, 476 Sou Justin, 579. Sous Tibère II, 585.

Saint Jérôme, retiré à Bethléem vers l'an 385, nous a laissé en divers endroits de ses ouvrages le tableau le plus complet des lieux saints (1). « Il serait
« trop long, dit-il dans une de ses lettres (2), de parcourir tous les âges depuis
« l'Ascension du Seigneur jusqu'au temps où nous vivons, pour raconter com-
« bien d'évêques, combien de martyrs, combien de docteurs sont venus à Jéru-
« salem ; car ils auraient cru avoir moins de piété et de science, s'ils n'eussent
« adoré Jésus-Christ dans les lieux mêmes où l'Évangile commença à briller
« du haut de la Croix. »

Saint Jérôme assure dans la même lettre qu'il venait a Jérusalem des pèlerins de l'Inde, de l'Éthiopie, de la Bretagne et de l'Hibernie (3) ; qu'on les entendait chanter dans des langues diverses les louanges de Jésus-Christ autour de son tombeau. Il dit qu'on envoyait de toutes parts des aumônes au Calvaire ; il nomme les principaux lieux de dévotion de la Palestine, et il ajoute que, dans la seule ville de Jérusalem, il y avait tant de sanctuaires qu'on ne pouvait les parcourir dans un seul jour. Cette lettre est adressée à Marcelle, et censée écrite par sainte Paule et sainte Eustochie, quoique des manuscrits l'attribuent à saint Jérôme. Je demande si les fidèles qui, depuis les temps apostoliques jusqu'à la fin du quatrième siècle, avaient visité le tombeau du Sauveur, je demande s'ils ignoraient la place de ce tombeau?

Le même Père de l'Église, dans sa lettre à Eustochie sur la mort de Paule (a), décrit ainsi les stations où la sainte dame romaine s'arrêta :

« Elle se prosterna, dit-il, devant la Croix au sommet du Calvaire ; elle em-
« brassa au Saint-Sépulcre la pierre que l'ange avait dérangée lorsqu'il ouvrit
« le tombeau, et baisa surtout avec respect l'endroit touché par le corps de Jé-
« sus-Christ. Elle vit sur la montagne de Sion la colonne où le Sauveur avait
« été attaché et battu de verges : cette colonne soutenait alors le portique d'une
« église. Elle se fit conduire au lieu où les disciples étaient rassemblés lorsque
« le Saint-Esprit descendit sur eux. Elle se rendit ensuite à Bethléem, et s'ar-
« rêta en passant au sépulcre de Rachel. Elle adora la crèche du Messie, et il
« lui semblait y voir encore les mages et les pasteurs. A Bethphagé elle trouva
« le monument de Lazare et la maison de Marthe et de Marie. A Sychar elle
« admira une église bâtie sur le puits de Jacob, où Jésus-Christ parla à la Sa-
« maritaine : enfin elle trouva à Samarie le tombeau de saint Jean-Baptiste (4). »

Cette lettre est de l'an 404 ; il y a par conséquent 1406 ans qu'elle est écrite. On peut lire toutes les relations de la Terre-Sainte, depuis le *Voyage d'Arculfe* jusqu'à mon *Itinéraire*, et l'on verra que les pèlerins ont constamment retrouvé et décrit les lieux marqués par saint Jérôme. Certes, voilà du moins une belle et imposante antiquité.

Une preuve que les pèlerinages à Jérusalem avaient précédé le temps même de saint Jérôme, comme le dit très-bien le savant docteur, se tire de l'*Itiné-*

---

(1) *Epist.* XXII, etc. *De situ et nom. loc. hebraic.*, etc. — (2) *Epist. ad Marcel.* — (3) *Epist.* XXII. — (4) *Epist. ad Eust.* och.

(a) 404.

raire *de Bordeaux à Jérusalem.* Cet *Itinéraire*, selon les meilleurs critiques, fut composé en 333, pour l'usage des pèlerins des Gaules (1). Mannert (2) pense que c'était un tableau de route pour quelque personne chargée d'une mission du prince : il est bien plus naturel de supposer que cet *Itinéraire* avait un but général; cela est d'autant plus probable que les lieux saints y sont décrits.

Il est certain que saint Grégoire de Nysse blâme déjà l'abus des pèlerinages à Jérusalem (3). Lui-même avait visité les saints lieux en 379; il nomme en particulier le Calvaire, le Saint-Sépulcre, la montagne des Oliviers et Bethléem. Nous avons ce Voyage parmi les œuvres du saint évêque, sous le titre de *Iter Hierosolymæ.* Saint Jérôme cherche aussi à détourner saint Paulin du pèlerinage de Terre-Sainte (4).

Ce n'étaient pas seulement les prêtres, les solitaires, les évêques, les docteurs, qui se rendaient de toutes parts en Palestine à l'époque dont nous parlons; c'étaient des dames illustres, et jusqu'à des princesses et des impératrices; j'ai déjà nommé sainte Paule et sainte Eustochie ; il faut compter encore les deux Mélanie (5). Le monastère de Bethléem se remplit des plus grandes familles de Rome, qui fuyaient devant Alaric. Cinquante ans auparavant, Eutropie, veuve de Maximien Hercule, avait fait le voyage des saints lieux et détruit les restes de l'idolâtrie qui se montraient encore à la foire du Térébinthe, près d'Hébron.

Le siècle qui suivit celui de saint Jérôme ne nous laisse point perdre de vue le Calvaire; c'était alors que Théodoret écrivait son *Histoire ecclésiastique*, où nous retrouvons souvent la chrétienne Sion. Nous l'apercevons mieux encore dans la *Vie des Solitaires*, par le même auteur. Saint Pierre, anachorète, accomplit le voyage sacré (6) Théodoret (*a*) passa lui-même en Palestine, où il contempla avec étonnement les ruines du Temple (7). Les deux pèlerinages de l'impératrice Eudoxie, femme de Théodose le Jeune, sont de ce siècle. Elle fit bâtir des monastères à Jérusalem, et y finit ses jours (*b*) dans la retraite (8).

Le commencement du sixième siècle nous fournit l'*Itinéraire* d'Antonin de Plaisance; il décrit toutes les stations, comme saint Jérôme. Je remarque dans ce voyage un *cimetière des Pèlerins*, à la porte de Jérusalem, ce qui indique assez l'affluence de ces pieux voyageurs. L'auteur trouva la Palestine couverte d'églises et de monastères. Il dit que le Saint-Sépulcre était orné de pierreries, de joyaux, de couronnes d'or, de bracelets et de colliers (9).

Le premier historien de notre monarchie, Grégoire de Tours (*c*), nous parle aussi dans ce siècle des pèlerinages à Jérusalem. Un de ses diacres était allé en

---

(1) Voyez WESS., *Præf. in Itin.*, pag. 5, 37, 47; BERGIER, *Chem. de l'Emp.* On trouvera l'*Itinéraire* à la fin de cet ouvrage. — (2) *Geog.* I. — (3) *Epist. ad Ambros.* — (4) *Epist. ad Paulin.* — (5) *Epist.* XXII. — (6) *Hist. relig.*, cap. VI. — (7) *Serm.* II. *De Fine et Judicio.* — (8) EVRAG., cap. XX; ZONARD., *in Theod.*, II, *sub fin.* C'est cette illustre Athénienne dont nous avons parlé dans le premier Mémoire de l'Introduction. — (9) *Itin. de Loc. Terr. Sanc. quos peramb. Ant. Plac.*

(*a*) 430. — (*b*) 450. — (*c*) 573.

Terre-Sainte, et, avec quatre autres voyageurs, ce diacre avait vu une étoile miraculeuse à Bethléem (1). Il y avait alors à Jérusalem, selon le même historien, un grand monastère où l'on recevait les voyageurs (2) : c'est sans doute ce même hospice que Brocard retrouva deux cents ans après.

Ce fut encore dans ce même siècle que Justinien (a) éleva l'évêque de Jérusalem à la dignité patriarcale. L'empereur renvoya au Saint-Sépulcre les vases sacrés que Titus avait enlevés du Temple. Ces vases, tombés en 455 dans les mains de Genseric, furent retrouvés (b) à Carthage par Bélisaire (3).

Cosroës prit Jérusalem en 613 ; Héraclius rapporta (c) au tombeau de Jésus-Christ la vraie Croix que le roi des Perses avait enlevée. Vingt et un ans après (d), Omar s'empara de la cité sainte, qui demeura sous le joug des Sarrasins, jusqu'au temps de Godefroy de Bouillon. On verra dans l'*Itinéraire* l'histoire de l'église du Saint-Sépulcre pendant ces siècles de calamité. Elle fut sauvée par la constance invincible des fidèles de la Judée : jamais ils ne l'abandonnèrent ; et les pèlerins, rivalisant de zèle avec eux, ne cessèrent point d'accourir au saint rivage.

Quelques années après la conquête d'Omar, Arculfe visita la Palestine. Adamannus, abbé de Jona en Angleterre, écrivit, d'après le récit de l'évêque français, une relation de la Terre-Sainte. Cette relation curieuse nous a été conservée. Séranius la publia à Ingolstadt, en 1619, sous ce titre : *De Locis Terræ Sanctæ lib. III.* On en trouve un extrait dans les œuvres du vénérable Bède : *De Situ Hierusalem et Locorum Sanctorum liber.* Mabillon a transporté l'ouvrage d'Adamannus dans sa grande collection. *Acta SS. Ordin. Benedicti II; 514.*

Arculfe décrit les lieux saints tels qu'ils étaient du temps de saint Jérôme, et tels que nous les voyons aujourd'hui. Il parle de la basilique du Saint-Sépulcre comme d'un monument de forme ronde : il trouva des églises et des oratoires à Béthanie, sur la montagne des Oliviers, dans le jardin du même nom, et dans celui de Gethsémani, etc. Il admira la superbe église de Bethléem, etc. C'est exactement tout ce que l'on montre de nos jours ; et pourtant ce voyage est à peu près de l'an 690 : si l'on fait mourir Adamannus au mois d'octobre de l'année 704 (4). Au reste, du temps de saint Arculfe, Jérusalem s'appelait encore *Ælia*.

Nous avons, au huitième siècle, deux relations du voyage à Jérusalem (e), de saint Guillebaud (5) ; toujours description des mêmes lieux ; toujours même fidélité de traditions. Ces relations sont courtes, mais les stations essentielles sont marquées. Le savant Guillaume Cave (6) indique un manuscrit du vénérable Bède, *in Bibliotheca Guattari Copi, cod. 169*, sous le titre de *Libellus*

---

(1) Greg. Tur., *de Martyr.*, lib. I, cap. x. — (2) *Id., ibid.*, cap. xi. — (3) Procop., *Bell. Vandal.*, lib. xi. — (4) Guill. Cav., *Script. Eccles. Hist. litter.*, pag. 328. — (5) *Canisii Thesaur. Monument. Eccles. et Hist. seu Lect. Antiq.*; A. S. Barn.; tom. ii, pag. 1 ; Mabil. II, 372. — (6) Guill. Cav., *Script. Eccles. Hist. litter.*, pag. 336.

(a) 593. — (b) 600. — (c) 615. — (d) 636. — (e) 700, 765.

de Sanctis Locis. Bède naquit en 672, et mourut en 732. Quel que soit ce petit livre sur les lieux saints, il faut le rapporter au huitième siècle.

Sous le règne de Charlemagne (*a*), au commencement du neuvième siècle, le calife Haroun-al-Raschild céda à l'empereur français la propriété du Saint-Sépulcre; Charles envoyait des aumônes en Palestine, puisqu'un de ses capitulaires reste avec cet énoncé : *De Eleemosyna mittenda ad Jerusalem.* Le patriarche de Jérusalem avait réclamé la protection du monarque d'Occident. Éginard ajoute que Charlemagne protégeait les chrétiens d'outre-mer (1). A cette époque les pèlerins latins possédaient un hospice au nord du temple de Salomon, près du couvent de Sainte-Marie, et Charlemagne avait fait don à cet hospice d'une bibliothèque. Nous apprenons ces particularités de Bernard le Moine, qui se trouvait en Palestine vers l'an 870. Sa relation, fort détaillée, donne toutes les positions des lieux saints (2).

Élie, troisième du nom, patriarche de Jérusalem, écrivit à Charles le Gros au commencement du dixième siècle (*b*). Il lui demandait des secours pour le rétablissement des églises de Judée : « Nous n'entrerons point, dit-il, dans le récit « de nos maux; ils vous sont assez connus par les pèlerins qui viennent tous les « jours visiter les saints lieux, et qui retournent dans leur patrie (3). »

Le onzième siècle, qui finit par les croisades, nous donne plusieurs voyageurs en Terre-Sainte. Oldéric, évêque d'Orléans, fut témoin de la cérémonie du feu sacré au Saint-Sépulcre (4). Il est vrai que la *Chronique* de Glaber doit être lue avec précaution; mais ici il s'agit d'un fait et non d'un point de critique. Allatius, *in Symmictis sive Opusculis*, etc., nous a conservé l'*Itinéraire de Jérusalem* du Grec Eugisippe. La plupart des lieux saints y sont décrits, et ce récit est conforme à tout ce que nous connaissons. Guillaume le Conquérant envoya dans le cours de ce siècle des aumônes considérables en Palestine. Enfin, le voyage de Pierre l'Ermite (*c*), qui eut un si grand résultat, et les croisades elles-mêmes prouvent à quel point le monde était occupé de cette région lointaine où s'opéra le mystère du salut.

Jérusalem demeura entre les mains des princes français l'espace de quatre-vingt-huit ans, et durant cette période, les historiens de la collection *Gesta Dei per Francos* ne nous laissent rien ignorer de la Terre-Sainte. Benjamin de Tudèle passa en Judée vers l'an 1173 (*d*).

Lorsque Saladin eut repris Jérusalem sur les croisés, les Syriens rachetèrent par une somme considérable l'église du Saint-Sépulcre (5); et malgré les dangers de l'entreprise, les pèlerins continuèrent à visiter la Palestine.

Phocas, en 1208 (6); Willebrand d'Oldenbourg, en 1211; Jacob Vetraco ou de Vetri, en 1231 (7); Brocard, religieux dominicain, en 1283 (8); reconnu-

(1) *In Vit. Car. Mag.* — (2) Mabil., *Act. SS. Ord. S. Ben.*, sect. III, part. 2. — (3) *Archerii Spicileg.*, tom. II, edit. a Barr. — (4) *Glab. Chron.* lib. IV, *apud Duch. Hist. Franc.* — (5) *San. Lib. Secret. Fid. Cruc. sup. Terr. Sanct.* II. — (6) *Itin. Hieros. ap. Allat. Symmict.* — (7) *Lib. de Terr. Sanct.* — (8) *Descript. Urb. Jerus. et Loc. Terr. Sanct. exact.*

(*a*) 800. — (*b*) 905. — (*c*) 1099. — (*d*) 1187.

rent et consignèrent dans leurs voyages tout ce qu'on avait dit avant eux sur les lieux saints.

Pour le quatorzième siècle, nous avons Ludolphe (1), Maudeville (2), et Sanuto (3).

Pour le quinzième, Breidenbach (4), Tuchor (5), Langi (6)..

Pour le seizième, Heyter (7), Salignac (8), Pascha (9), etc.

Pour le dix-septième, Cotovic, Nau, et cent autres.

Pour le dix-huitième, Maundrelle, Pococke, Shaw et Hasselquist (10).

Ces voyages, qui se multiplient à l'infini, se répètent tous les uns les autres, et confirment les traditions de Jérusalem de la manière la plus invariable et la plus frappante.

Quel étonnant corps de preuves en effet! les apôtres ont vu Jésus-Christ ; ils connaissent les lieux honorés par les pas du Fils de l'Homme ; ils transmettent la tradition à la première Église chrétienne de Judée ; la succession des évêques s'établit, et garde soigneusement cette tradition sacrée. Eusèbe paraît, et l'histoire des saints lieux commence ; Socrate, Sozomène, Théodoret, Égavre, saint Jérôme la continuent. Les pèlerins accourent de toutes parts. Depuis ce moment jusqu'à nos jours une suite de voyages non interrompue nous donne, pendant quatorze siècles, et les mêmes faits et les mêmes descriptions. Quelle tradition fut jamais appuyée d'un aussi grand nombre de témoignages? Si l'on doute ici, il faut renoncer à croire quelque chose : encore ai-je négligé tout ce que j'aurais pu tirer des croisades. J'ajouterai à tant de preuves historiques quelques considérations sur la nature des traditions religieuses, et sur le local de Jérusalem.

Il est certain que les souvenirs religieux ne se perdent pas aussi facilement que les souvenirs purement historiques : ceux-ci ne sont confiés en général qu'à la mémoire d'un petit nombre d'hommes instruits qui peuvent oublier la vérité ou la déguiser selon leurs passions ; ceux-là sont livrés à tout un peuple qui les transmet machinalement à ses fils. Si le principe de la religion est sévère, comme dans le christianisme ; si la moindre déviation d'un fait ou d'une idée devient une hérésie, il est probable que tout ce qui touche cette religion se conservera d'âge en âge avec une rigoureuse exactitude.

Je sais qu'à la longue une piété exagérée, un zèle mal entendu une ignorance attachée aux temps et aux classes inférieures de la société, peuvent surcharger un culte de traditions qui ne tiennent pas contre la critique ; mais le fond des choses reste toujours. Dix-huit siècles, qui tous indiquent aux mêmes lieux les mêmes faits et les mêmes monuments, ne peuvent tromper. Si quelques objets de dévotion se sont trop multipliés à Jérusalem, ce n'est pas une raison de rejeter le tout comme une imposture. N'oublions pas d'ailleurs que le christianisme fut persécuté dans son berceau, et qu'il a presque toujours continué de souffrir à Jé-

---

(1) *De Terr. Sanct. et Itin. Hierosol.* — (2) *Descript. Jerusalem. Loc. Sacr.* — (3) *Lib. Secret.*, etc. Vid. supra. — (4) *Opus transmar. Peregrinat. ad Sepulchr. Dom. in Hieros.* — (5) Raise-Besch. Zum. Heil. Grab. — (6) *Hierosolym. Urb. Templique.* (7) *Lib. Hist. Partium Orient.*, etc. — (8) *Itin. Hieros. et Terr. Sanct.* — (9) *Peregrinatio cum exact. Descript. Jerus.*, etc. — (10) Je ne cite plus, et j'ai peut-être déjà trop cité ; on verra dans l'*Itinéraire* une foule d'autres voyageurs que j'omets ici.

rusalem : or, l'on sait quelle fidélité règne parmi des hommes qui gémissent ensemble : tout devient sacré alors, et la dépouille d'un martyr est conservée avec plus de respect que la couronne d'un monarque. L'enfant qui peut à peine parler connaît déjà cette dépouille ; porté la nuit, dans les bras de sa mère, à de périlleux autels, il entend des chants, il voit des pleurs qui gravent à jamais dans sa tendre mémoire des objets qu'il n'oubliera plus, et, quand il ne devrait encore montrer que la joie, l'ouverture de cœur et la légèreté de son âge, il apprend à devenir grave, discret et prudent : le malheur est une vieillesse prématurée.

Je trouve dans Eusèbe une preuve remarquable de cette vénération pour une relique sainte. Il rapporte que, de son temps, les chrétiens de la Judée conservaient encore la chaise de saint Jacques, frère du Sauveur, et premier évêque de Jérusalem. Gibbon lui-même n'a pu s'empêcher de reconnaître l'authenticité des traditions religieuses en Palestine : « *They fixed (christians)*, dit-il, *by unquestionable tradition, the scene of each memorable event.* » — « Ils « fixèrent (les chrétiens), par une tradition non douteuse, la scène de chaque évé- « nement mémorable (1); » aveu d'un poids considérable dans la bouche d'un écrivain aussi instruit que l'historien anglais, et d'un homme en même temps si peu favorable à la religion.

Enfin les traditions de lieux ne s'altèrent pas comme celles des faits, parce que la face de la terre ne change pas aussi facilement que celle de la société. C'est ce que remarque très-bien d'Anville, dans son excellente *Dissertation sur l'ancienne Jérusalem :* « Les circonstances locales, dit-il, et dont la nature « même décide, ne prennent aucune part aux changements que le temps et la fu- « reur des hommes ont pu apporter à la ville de Jérusalem (2). » Aussi d'Anville retrouve-t-il avec une sagacité merveilleuse tout le plan de l'ancienne Jérusalem dans la nouvelle.

Le théâtre de la Passion, à l'étendre depuis la montagne des Oliviers jusqu'au Calvaire, n'occupe pas plus d'une lieue de terrain ; et voyez combien de choses faciles à signaler dans ce petit espace ! C'est d'abord une montagne appelée *la montagne des Oliviers*, qui domine la ville et le Temple à l'Orient ; cette montagne est là, et n'a pas changé : c'est un torrent de Cédron ; et ce torrent est encore le seul qui passe à Jérusalem : c'est un lieu élevé à la porte de l'ancienne cité, où l'on mettait à mort les criminels ; or, ce lieu élevé est aisé à retrouver entre le mont Sion et la porte Judicielle, dont il existe encore quelques vestiges. On ne peut méconnaître Sion, puisqu'elle était encore la plus haute colline de la ville. « Nous sommes, dit notre grand géographe, assurés « des limites de cette ville dans la partie que Sion occupait. C'est le côté qui « s'avance le plus vers le midi ; et non-seulement on est fixé de manière à ne « pouvoir s'étendre plus loin de ce côté-là, mais encore l'espace de l'emplace- « ment que Jérusalem peut y prendre en largeur se trouve déterminé, d'une « part par la pente ou l'escarpement de Sion qui regarde le couchant, et de « l'autre par son extrémité opposée vers Cédron (3). »

(1) Gibb. tom. iv, pag. 101. — (2) D'Anv. *Dissert. sur l'anc. Jérus.* pag. 4. On peut voir cette Dissertation à la fin de cet *Itinéraire*. — (3) D'Anv. *Dissert. sur l'anc. Jérus.*, pag. 4.

Tout ce raisonnement est excellent, et on dirait que d'Anville l'a fait d'après l'inspection des lieux.

Le Golgotha était donc une petite croupe de la montagne de Sion, à l'orient de cette montagne et à l'occident de la porte de la ville : cette éminence, qui porte maintenant l'église de la Résurrection, se distingue parfaitement encore. On sait que Jésus-Christ fut enseveli dans un jardin au bas du Calvaire : or, ce jardin et la maison qui en dépendait ne pouvaient disparaître au pied du Golgotha, monticule dont la base n'est pas assez large pour qu'on y perde un monument.

La montagne des Oliviers et le torrent de Cédron donnent ensuite la vallée de Josaphat : celle-ci détermine la position du Temple sur le mont Moria. Le Temple fournit la porte Triomphale et la maison d'Hérode, que Josèphe place à l'orient, au bas de la ville et près du Temple. Le prétoire de Pilate touchait presque à la tour Antonia, et on connaît les fondements de cette tour. Ainsi le tribunal de Pilate et le Calvaire étant trouvés, on place aisément la dernière scène de la Passion sur le chemin qui conduit de l'un à l'autre ; surtout ayant encore pour témoin un fragment de la porte Judicielle. Ce chemin est cette *Via dolorosa* si célèbre dans toutes les relations des pèlerins.

Les actions de Jésus-Christ hors de la cité sainte ne sont pas indiquées par les lieux avec moins de certitude. Le jardin des Oliviers, de l'autre côté de la vallée de Josaphat et du torrent de Cédron, est visiblement aujourd'hui dans la position que lui donne l'Évangile.

Je pourrais ajouter beaucoup de faits, de conjectures et de réflexions à tout ce que je viens de dire ; mais il est temps de mettre un terme à cette Introduction, déjà trop longue. Quiconque examinera avec candeur les raisons déduites dans ce Mémoire conviendra que, s'il y a quelque chose de prouvé sur la terre, c'est l'authenticité des traditions chrétiennes à Jérusalem.

FIN DE L'INTRODUCTION.

ITINÉRAIRE.

PREMIÈRE PARTIE.

VOYAGE DE LA GRÈCE.

J'avais arrêté le plan des *Martyrs* : la plupart des livres de cet ouvrage étaient ébauchés ; je ne crus pas devoir y mettre la dernière main avant d'avoir vu le pays où ma scène était placée : d'autres ont leurs ressources en eux-mêmes ; moi j'ai besoin de suppléer à ce qui me manque par toutes sortes de travaux.

Ainsi, quand on ne trouvera pas dans cet *Itinéraire* la description de tels ou tels lieux célèbres, il faudra la chercher dans les *Martyrs*.

Au principal motif qui me faisait, après tant de courses, quitter de nouveau la France, se joignaient d'autres considérations : un voyage en Orient complétait le cercle des études que je m'étais toujours promis d'achever. J'avais contemplé dans les déserts de l'Amérique les monuments de la nature : parmi les monuments des hommes, je ne connaissais encore que deux sortes d'antiquités, l'antiquité celtique et l'antiquité romaine ; il me restait à parcourir les ruines d'Athènes, de Memphis et de Carthage. Je voulais aussi accomplir le pèlerinage de Jérusalem :

. . . . Qui devoto
Il gran Sepolcro adora, e scioglie il voto.

Il peut paraître étrange aujourd'hui de parler de vœux et de pèlerinages; mais sur ce point je suis sans pudeur, et je me suis rangé depuis longtemps dans la classe des superstitieux et des faibles. Je serai peut-être le dernier Français sorti de mon pays pour voyager en Terre-Sainte, avec les idées, le but et les sentiments d'un ancien pèlerin. Mais si je n'ai point les vertus qui brillèrent jadis dans les sires de Coucy, de Nesles, de Chastillon, de Monfort du moins la foi me reste : à cette marque je pourrais encore me faire reconnaître des antiques croisés.

« Et quanq je voulus partir et me mettre à la voye, dit le sire de Joinville,
« je envoyé quérir l'abbé de Cheminon, pour me reconcilier à lui. Et me
« bailla et ceignit mon escherpe, et me mit mon bourdon en la main. Et
« tantost je m'en pars de Jonville, sans ce que rentrasse onques puis au chas-
« tel, jusques au retour du veage d'outre-mer. Et m'en allay premier à de
« saints veages, qui estoient illeques près... tout à pié deschaux, et en lange.
« Et ainsi que je allois de Bleicourt à Saint-Urban, qu'il me falloit passer au-
« près du chastel de Jonville, je n'osé onques tourner la face devers Jonville,
« de paour d'avoir trop grant regret, et que le cueur me attendrist. »

En quittant de nouveau ma patrie, le 13 juillet 1806, je ne craignis point de tourner la tête comme le sénéchal de Champagne : presque étranger dans mon pays, je n'abandonnais après moi ni château ni chaumière.

De Paris à Milan, je connaissais la route. A Milan, je pris le chemin de Venise : je vis partout, à peu près comme dans le Milanais, un marais fertile et monotone. Je m'arrêtai quelques instants aux monuments de Vérone, de Vicence et de Padoue. J'arrivai à Venise le 23 ; j'examinai pendant cinq jours les restes de sa grandeur passée : on me montra quelques bons tableaux du Tintoret, de Paul Véronèse et de son frère, du Bassan et du Titien. Je cherchai dans une église déserte le tombeau de ce dernier peintre, et j'eus quelque peine à le trouver : la même chose m'était arrivée à Rome pour le tombeau du Tasse. Après tout, les cendres d'un poëte religieux et infortuné ne sont pas trop mal placées dans un ermitage : le chantre de la *Jérusalem* semble s'être réfugié dans cette sépulture ignorée, comme pour échapper aux persécutions des hommes; il remplit le monde de sa renommée, et repose lui-même inconnu sous l'oranger de saint Onuphre.

Je quittai Venise le 28, et je m'embarquai à dix heures du soir pour me rendre en terre ferme. Le vent du sud-est soufflait assez pour enfler la voile, pas assez pour troubler la mer. A mesure que la barque s'éloignait, je voyais s'enfoncer sous l'horizon les lumières de Venise, et je distinguais, comme des taches sur les flots, les différentes ombres des îles dont la plage est semée. Ces îles, au lieu d'être couvertes de forts et de bastions, sont occupées par des églises et des monastères. Les cloches des hospices et des lazarets se faisaient entendre, et ne rappelaient que des idées de calme et de secours au milieu de l'empire des tempêtes et des dangers. Nous nous approchâmes assez d'une de ces retraites, pour entrevoir des moines qui regardaient passer notre gondole; ils avaient l'air de vieux nautoniers rentrés au port après de longues traverses: peut-être bénissaient-ils le voyageur, car ils se souvenaient d'avoir été comme lui étrangers dans la terre d'Égypte : « *Fuistis enim et vos advenæ in terra Ægypti.* »

J'arrivai avant le lever du jour en terre ferme, et je pris un chariot de poste pour me conduire à Trieste. Je ne me détournai point de mon chemin pour voir Aquilée; je ne fus point tenté de visiter la brèche par où des Goths et des Huns pénétrèrent dans la patrie d'Horace et de Virgile, ni de chercher les traces de ces armées qui exécutaient la vengeance de Dieu. J'entrai à Trieste le 29 à midi. Cette ville, régulièrement bâtie, est située sous un assez beau ciel, au pied d'une chaîne de montagnes stériles : elle ne possède aucun monument. Le dernier souffle de l'Italie vient expirer sur ce rivage où la barbarie commence.

M. Séguier, consul de France à Trieste, eut la bonté de me faire chercher un bâtiment; on en trouva un prêt à mettre à la voile pour Smyrne : le capitaine me prit à son bord avec mon domestique. Il fut convenu qu'il me jetterait en passant sur les côtes de la Morée, que je traverserais par terre le Péloponèse; que le vaisseau m'attendrait quelques jours à la pointe de l'Attique, au bout desquels jours, si je ne paraissais point, il poursuivrait son voyage.

Nous appareillâmes le 1ᵉʳ août à une heure du matin. Nous eûmes les vents contraires en sortant du port. L'Istrie présentait le long de la mer une terre basse, appuyée dans l'intérieur sur une chaîne de montagnes. La Méditerranée placée au centre des pays civilisés, semée d'îles riantes, baignant des côtes plantées de myrtes, de palmiers et d'oliviers, donne sur-le-champ l'idée de cette mer où naquirent Apollon, les Néréides et Vénus; tandis que l'Océan, livré aux tempêtes, environné de terres inconnues, devait être le berceau des fantômes de la Scandinavie, ou le domaine de ces peuples chrétiens qui se font une idée si imposante de la grandeur et de la toute-puissance de Dieu.

Le 2 à midi le vent devint favorable, mais les nuages qui s'assemblaient au couchant nous annoncèrent un orage. Nous entendîmes les premiers coups de foudre sur les côtes de la Croatie. A trois heures on plia les voiles, et l'on suspendit une petite lumière dans la chambre du capitaine, devant une image de la sainte Vierge. J'ai fait remarquer ailleurs combien il est touchant ce culte qui soumet l'empire des mers à une faible femme. Des marins à terre peuvent devenir des esprits forts comme tout le monde; mais ce qui déconcerte la sagesse humaine, ce sont les périls : l'homme dans ce moment devient religieux, et le flambeau de la philosophie le rassure moins au milieu de la tempête, que la lampe allumée devant la Madone.

A sept heures du soir l'orage était dans toute sa force. Notre capitaine autrichien commença une prière au milieu des torrents de pluie et des coups de tonnerre. Nous priâmes pour l'empereur François II, pour nous et pour les mariniers « *sepolti in questo sacro mare.* » Les matelots, les uns debout et découverts, les autres prosternés sur des canons, répondaient au capitaine.

L'orage continua une partie de la nuit. Toutes les voiles étant pliées, et l'équipage retiré, je restai presque seul auprès du matelot qui tenait la barre du gouvernail. J'avais ainsi passé autrefois des nuits entières sur des mers plus orageuses; mais j'étais jeune alors, et le bruit des vagues, la solitude de l'Océan, les vents, les écueils, les périls, étaient pour moi autant de jouissances. Je me suis aperçu, dans ce dernier voyage, que la face des objets a changé pour moi. Je sais ce que valent à présent toutes ces rêveries de la première jeunesse ; et pourtant telle est l'inconséquence humaine, que je traversais encore les flots, que je me livrais encore à l'espérance, que j'allais encore recueillir des images, chercher des couleurs pour orner des tableaux qui devaient m'attirer peut-être des chagrins et des persécutions (1). Je me promenais sur le gaillard d'arrière, et de temps en temps je venais crayonner une note à la lueur de la lampe qui éclairait le compas du pilote. Ce matelot me regardait avec étonnement; il me prenait, je crois, pour quelque officier de la marine française, occupé comme lui de la course du vaisseau : il ne savait pas que ma boussole n'était pas aussi bonne que la sienne, et qu'il trouverait le port plus sûrement que moi.

Le lendemain, 3 août, le vent s'étant fixé au nord-ouest, nous passâmes rapidement l'île de Pommo et celle de Pelagosa. Nous laissâmes à gauche les dernières îles de la Dalmatie, et nous découvrîmes à droite le mont Saint-Angelo, autrefois le mont Gargane, qui couvre Manfredonia, près des ruines de Sipontum, sur les côtes de l'Italie.

Le 4 nous tombâmes en calme : le mistral se leva au coucher du soleil, et nous continuâmes notre route. A deux heures, la nuit étant superbe, j'entendis un mousse chanter le commencement du septième chant de la *Jérusalem :*

Intanto Erminia infra l'ombrose piante, etc.

L'air était une espèce de récitatif très-élevé dans l'intonation, et descendant aux notes les plus graves à la chute du vers. Ce tableau du bonheur champêtre, retracé par un matelot au milieu de la mer, me parut encore plus enchanteur. Les anciens, nos maîtres en tout, ont connu ces oppositions de mœurs; Théocrite a quelquefois placé ses bergers au bord des flots, et Virgile se plaît à rapprocher les délassements du laboureur des travaux du marinier :

---

(1) Cette phrase se trouve dans mes notes originales exactement comme elle est ici : je n'ai pas cru devoir la retrancher, quoiqu'elle ait l'air d'avoir été écrite après l'événement; on sait ce qui m'est arrivé pour les *Martyrs.*

> Invitat genialis hyems, curasque resolvit :
> Ceu pressæ cum jam portum tetigere carinæ,
> Puppibus et læti nautæ imposuere coronas.

Le 5, le vent souffla avec violence; il nous apporta un oiseau grisâtre, assez semblable à une alouette. On lui donna l'hospitalité. En général, ce qui forme contraste avec leur vie agitée plaît aux marins; ils aiment tout ce qui se lie dans leur esprit au souvenir de la vie des champs, tels que les aboiements du chien, le chant du coq, le passage des oiseaux de terre. A onze heures du matin de la même journée, nous nous trouvâmes aux portes de l'Adriatique, c'est-à-dire entre le cap d'Otrante en Italie, et le cap de la Linguetta en Albanie.

J'étais là sur les frontières de l'antiquité grecque, et aux confins de l'antiquité latine. Pythagore, Alcibiade, Scipion, César, Pompée, Cicéron, Auguste, Horace, Virgile, avaient traversé cette mer. Quelles fortunes diverses tous ces personnages célèbres ne livrèrent-ils point à l'inconstance de ces mêmes flots! Et moi, voyageur obscur passant sur la trace effacée des vaisseaux qui portèrent les grands hommes de la Grèce et de l'Italie, j'allais chercher les muses dans leur patrie; mais je ne suis pas Virgile, et les dieux n'habitent plus l'Olympe.

Nous avancions vers l'île de Fano. Elle porte, avec l'écueil de Merlère, le nom d'*Othonos* ou de *Calypso* dans quelques cartes anciennes. D'Anville semble l'indiquer sous ce nom, et M. Lechevalier s'appuie sur l'autorité de ce géographe pour retrouver dans Fano le séjour où Ulysse pleura si longtemps sa patrie. Procope observe quelque part, dans son *Histoire mêlée*, que si l'on prend pour l'île de Calypso une des petites îles qui environnent Corfou, cela rendra probable le récit d'Homère. En effet, un bateau suffirait alors pour passer de cette île à celle de Schérie (Corcyre ou Corfou); mais cela souffre de grandes difficultés. Ulysse part avec un vent favorable, et, après dix-huit jours de navigation, il aperçoit les terres de Schérie, qui s'élève comme un bouclier au-dessus des flots :

> Εἴσατο δ', ὡς ὅτε ῥινὸν ἐν ἠεροειδέϊ πόντῳ.

Or, si Fano est l'île de Calypso, cette île touche à Schérie. Loin de mettre dix-huit jours entiers de navigation pour découvrir les côtes de Corfou, Ulysse devait les voir de la forêt même où il bâtissait son vaisseau. Pline, Ptolémée, Pomponius Méla, l'Anonyme de Ravenne, ne donnent sur ce point aucune lumière; mais on peut consulter Wood et les modernes, touchant la géographie d'Homère, qui placent tous, avec Strabon, l'île de Calypso sur la côte d'Afrique, dans la mer de Malte.

Au reste, je veux de tout mon cœur que Fano soit l'île enchantée de Calypso, quoique je n'y aie découvert qu'une petite masse de roches blanchâtres : j'y planterai, si l'on veut, avec Homère « une forêt desséchée par les feux du « soleil, des pins et des aunes chargés du nid des corneilles marines; » ou bien, avec Fénelon, j'y trouverai des bois d'orangers et des « montagnes « dont la figure bizarre forme un horizon à souhait pour le plaisir des yeux. » Malheur à qui ne verrait pas la nature avec les yeux de Fénelon et d'Homère!

Le vent étant tombé vers les huit heures du soir, et la mer s'étant aplanie, le vaisseau demeura immobile. Ce fut là que je jouis du premier coucher du soleil et de la première nuit dans le ciel de la Grèce. Nous avions à gauche l'île de Fano, et celle de Corcyre qui s'allongeait à l'orient : on découvrait par-dessus ces îles les hautes terres du continent de l'Épire; les monts Acrocérauniens que nous avions passés formaient au nord, derrière nous, un cercle qui se terminait à l'entrée de l'Adriatique; à notre droite, c'est-à-dire à l'occident, le soleil se couchait par delà les côtes d'Otrante; devant nous était la pleine mer, qui s'étendait jusqu'aux rivages de l'Afrique.

Les couleurs au couchant n'étaient point vives : le soleil descendait entre les nuages qu'il peignait de rose; il s'enfonça sous l'horizon, et le crépuscule le remplaça pendant une demi-heure. Durant le passage de ce court crépuscule, le ciel était blanc au couchant, bleu pâle au zénith, et gris de perle au levant. Les étoiles percèrent l'une après l'autre cette admirable tenture : elles semblaient petites, peu rayonnantes; mais leur lumière était dorée, et d'un éclat si doux, que je ne puis en donner une idée. Les horizons de la mer, légèrement vaporeux, se confondaient avec ceux du ciel. Au pied de l'île de Fano ou de Calypso on apercevait une flamme allumée par des pêcheurs : avec un peu d'imagination j'aurais pu voir les nymphes embrasant le vaisseau de Télémaque. Il n'aurait aussi tenu qu'à moi d'entendre Nausicaa folâtrer avec ses compagnes, ou Andromaque pleurer au bord du faux Simoïs, puisque j'entrevoyais au loin, dans la transparence des ombres, les montagnes de Schérie et de Buthrotum (1).

Prodigiosa veterum mendacia vatum.

Les climats influent plus ou moins sur le goût des peuples. En Grèce, par exemple, tout est suave, tout est adouci, tout est plein de calme dans la nature comme dans les écrits des anciens. On conçoit presque comment l'architecture du Parthénon a des proportions si heureuses, comment la sculpture antique est si peu tourmentée, si paisible, si simple, lorsqu'on a vu le ciel pur et les paysages gracieux d'Athènes, de Corinthe et de l'Ionie. Dans cette patrie des Muses la nature ne conseille point les écarts; elle tend au contraire à ramener l'esprit à l'amour des choses uniformes et harmonieuses.

Le calme continua le 6, et j'eus tout le loisir de considérer Corfou, appelée tour à tour dans l'antiquité *Drepanum*, *Macria*, *Schérie*, *Corcyre*, *Éphise*, *Cassiopée*, *Céraunia*, et même *Argos*. C'est dans cette île qu'Ulysse fut jeté nu après son naufrage : plût à Dieu que la demeure d'Alcinoüs n'eût jamais été fameuse que par les fictions du malheur ! Je me rappelais malgré moi les troubles de Corcyre, que Thucydide a si éloquemment racontés. Il semble au reste qu'Homère, en chantant les jardins d'Alcinoüs, eût attaché quelque chose de poétique et de merveilleux aux destinées de Schérie : Aristote y vint expier dans l'exil les erreurs d'une passion que la philosophie ne surmonte pas toujours; Alexandre, encore jeune, éloigné de la cour de Philippe, descendit

(1) Voyez, pour les nuits de la Grèce, les *Martyrs*, livres I et XI.

dans cette île célèbre : les Corcyréens virent le premier pas de ce voyageur armé qui devait visiter tous les peuples de la terre. Plusieurs citoyens de Corcyre remportèrent des couronnes aux jeux Olympiques : leurs noms furent immortalisés par les vers de Simonide et par les statues de Polyclète. Fidèle à sa double destinée, l'île des Phéaciens continua d'être sous les Romains le théâtre de la gloire et du malheur ; Caton, après la bataille de Pharsale, rencontra Cicéron à Corcyre : ce serait un bien beau tableau à faire que celui de l'entrevue de ces deux Romains ! Quels hommes ! quelle douleur ! quels coups de fortune ! On verrait Caton voulant céder à Cicéron le commandement des dernières légions républicaines, parce que Cicéron avait été consul : ils se séparent ensuite ; l'un va se déchirer les entrailles à Utique, et l'autre porter sa tête aux triumvirs. Peu de temps après, Antoine et Octavie célébrèrent à Corcyre ces noces fatales qui coûtèrent tant de larmes au monde ; et à peine un demi-siècle s'était écoulé, qu'Agrippine vint étaler au même lieu les funérailles de Germanicus : comme si cette île devait fournir à deux historiens rivaux de génie, dans deux langues rivales (1), le sujet du plus admirable de leurs tableaux.

Un autre ordre de choses et d'événements, d'hommes et de mœurs, ramène souvent le nom de *Corcyre* (alors Corfou) dans la *Byzantine*, dans les Histoires de Naples et de Venise et dans la collection *Gesta Dei per Francos*. Ce fut de Corfou que partit cette armée de croisés qui mit un gentilhomme français sur le trône de Constantinople. Mais si je parlais d'Apollidore, évêque de Corfou, qui se distingua par sa doctrine au concile de Nicée, de Georges et de saint Arsène, autres évêques de cette île devenue chrétienne : si je disais que l'Église de Corfou fut la seule qui échappa à la persécution de Dioclétien ; qu'Hélène, mère de Constantin, commença à Corfou son pèlerinage en Orient, j'aurais bien peur de faire sourire de pitié les esprits forts. Quel moyen de nommer saint Jason et saint Sosistrate, apôtres des Corcyréens, sous le règne de Claude, après avoir parlé d'Homère, d'Aristote, d'Alexandre, de Cicéron, de Caton, de Germanicus ? et pourtant un martyr de l'indépendance est-il plus grand qu'un martyr de la vérité ? Caton se dévouant à la liberté de Rome est-il plus héroïque que Sosistrate se laissant brûler dans un taureau d'airain, pour annoncer aux hommes qu'ils sont frères, qu'ils doivent s'aimer, se secourir et s'élever jusqu'à Dieu par la pratique des vertus ?

J'avais le temps de repasser dans mon esprit tous ces souvenirs à la vue des rivages de Corfou, devant lesquels nous étions arrêtés par un calme profond. Le lecteur désire peut-être qu'un bon vent me porte en Grèce et le débarrasse de mes digressions : c'est ce qui arriva le 7 au matin. La brise du nord-ouest se leva, et nous mîmes le cap sur Céphalonie. Le 8, nous avions à notre gauche Leucate, aujourd'hui Sainte-Maure, qui se confondait avec un haut promontoire de l'île d'Ithaque et les terres basses de Céphalonie. On ne voit plus dans la patrie d'Ulysse ni la forêt du mont Nérée, ni les treize poiriers de Laërte : ceux-ci ont disparu, ainsi que ces deux poiriers, plus vénérables encore,

(1) Thucydide et Tacite.

que Henri IV donna pour ralliement à son armée, lorsqu'il combattit à Ivry. Je saluai de loin la chaumière d'Eumée et le tombeau du chien fidèle. On ne cite qu'un seul chien célèbre par son ingratitude : il s'appelait *Math*, et son maître était, je crois, un roi d'Angleterre de la maison de Lancastre. L'histoire s'est plu à retenir le nom de ce chien ingrat comme elle conserve le nom d'un homme resté fidèle au malheur.

Le 9, nous longeâmes Céphalonie, et nous avancions rapidement vers Zante, *nemorosa Zacynthos*. Les habitants de cette île passaient dans l'antiquité pour avoir une origine troyenne ; ils prétendaient descendre de Zacynthus, fils de Dardanus, qui conduisit à Zacynthe une colonie. Ils fondèrent Sagonte, en Espagne ; ils aimaient les arts et se plaisaient à entendre chanter les vers d'Homère ; ils donnèrent souvent asile aux Romains proscrits ; on veut même avoir retrouvé chez eux les cendres de Cicéron. Si Zante a réellement été le refuge des bannis, je lui voue volontiers un culte, et je souscris à ses noms d'*Isola d'oro*, de *Fior di Livante*. Ce nom de fleur me rappelle que l'hyacinthe était originaire de l'île de Zante, et que cette île reçut son nom de la plante qu'elle avait portée : c'est ainsi que, pour louer une mère, dans l'antiquité, on joignait quelquefois à son nom le nom de sa fille. Dans le moyen âge on trouve sur l'île de Zante une autre tradition assez peu connue. Robert Guiscard, duc de la Pouille, mourut à Zante en allant en Palestine. On lui avait prédit qu'il *trépasserait* à Jérusalem ; d'où l'on a conclu que Zante portait le nom de *Jérusalem* au quatorzième siècle, ou qu'il y avait dans cette île quelque lieu appelé *Jérusalem*. Au reste, Zante est célèbre aujourd'hui par ses sources d'huile de pétrole, comme elle l'était du temps d'Hérodote ; et ses raisins rivalisent avec ceux de Corinthe.

Du pèlerin normand Robert Guiscard jusqu'à moi pèlerin breton, il y a bien quelques années ; mais dans l'intervalle de nos deux voyages, le seigneur de Villamont, mon compatriote, passa à Zante. Il partit *de la duché de Bretagne*, en 1588, pour Jérusalem. « Bening lecteur, dit-il à la tête de son *Voyage*, tu
« recevras ce mien petit labeur, et suppleeras (s'il te plaist) aux fautes qui s'y
« pourroient rencontrer ; et le recevant d'aussi bon cueur que je te le présente,
« tu me donneras courage à l'advenir de n'estre chiche de ce que j'aurai plus
« exquis rapporté du temps et de l'occasion, servant à la France selon mon desir.
« Adieu. »

Le seigneur de Villamont ne s'arrêta point à Zante. Il vint comme moi à la vue de cette île, et, comme moi, le vent du *ponent magistral* le poussa vers la Morée. J'attendais avec impatience le moment où je découvrirais les côtes de la Grèce ; je les cherchais des yeux à l'horizon, et je les voyais dans tous les nuages. Le 10 au matin j'étais sur le pont avant le lever du soleil. Comme il sortait de la mer, j'aperçus dans le lointain des montagnes confuses et élevées : c'étaient celles de l'Élide. Il faut que la gloire soit quelque chose de réel, puisqu'elle fait ainsi battre le cœur de celui qui n'en est que le juge. A dix heures, nous passâmes devant Navarin, l'ancienne Pylos, couverte par l'île de Sphactérie : noms également célèbres, l'un dans la Fable, l'autre dans l'histoire. A midi nous jetâmes l'ancre devant Modon, autrefois Méthone en Messénie. A une heure j'étais descendu à terre, je foulais le sol de la Grèce, j'étais à dix lieues d'Olympie, à trente de Sparte, sur le chemin que suivit Télémaque pour aller demander des nouvelles d'Ulysse à Ménélas : il n'y avait pas un mois que j'avais quitté Paris.

Notre vaisseau avait mouillé à une demi-lieue de Modon, entre le canal formé par le continent et les îles Sapienza et Cabrera, autrefois Œnussæ. Vues de ce point, les côtes du Péloponèse vers Navarin paraissent sombres et arides. Derrière ces côtes s'élèvent, à quelque distance dans les terres, des montagnes qui semblent être d'un sable blanc recouvert d'une herbe flétrie : c'étaient là cependant les monts Égalées, au pied desquels Pylos était bâtie. Modon ne présente aux regards qu'une ville du moyen âge, entourée de fortifications gothiques à moitié tombantes. Pas un bateau dans le port; pas un homme sur la rive : partout le silence, l'abandon et l'oubli.

Je m'embarquai dans la chaloupe du bâtiment avec le capitaine pour aller prendre langue à terre. Nous approchions de la côte, j'étais prêt à m'élancer sur un rivage désert, et à saluer la patrie des arts et du génie, lorsqu'on nous héla d'une des portes de la ville. Nous fûmes obligés de tourner la proue vers le château de Modon. Nous distinguâmes de loin, sur la pointe d'un rocher, des janissaires armés de toutes pièces, et des Turcs attirés par la curiosité. Aussitôt qu'ils furent à la portée de la voix, ils nous crièrent en italien : *Ben venuti!* Comme un véritable Grec, je fis attention à ce premier mot de bon augure entendu sur le rivage de la Messénie. Les Turcs se jetèrent dans l'eau pour tirer notre chaloupe à terre, et ils nous aidèrent à sauter sur le rocher. Ils parlaient tous à la fois et faisaient mille questions au capitaine en grec et en italien. Nous entrâmes par la porte à demi ruinée de la ville. Nous pénétrâmes dans une rue, ou plutôt dans un véritable camp, qui me rappela sur-le-champ la belle expression de M. de Bonald : « Les Turcs sont campés en Europe. » Il est incroyable à quel point cette expression est juste dans toute son étendue et sous tous ses rapports. Ces Tartares de Modon étaient assis devant leurs portes, les jambes croisées, sur des espèces d'échoppes ou de tables de bois, à l'ombre de méchantes toiles tendues d'une maison à l'autre. Ils fumaient leurs pipes, buvaient le café; et, contre l'idée que je m'étais formée de la taciturnité des Turcs, ils riaient, causaient ensemble et faisaient grand bruit.

Nous nous rendîmes chez l'aga, pauvre hère, juché sur une sorte de lit de camp, dans un hangar; il me reçut avec assez de cordialité. On lui expliqua l'objet de mon voyage. Il répondit qu'il me ferait donner des chevaux et un janissaire pour me rendre à Coron, auprès du consul français M. Vial; que je pourrais aisément traverser la Morée parce que les chemins étaient libres, vu qu'on avait coupé la tête à trois ou quatre cents brigands, et que rien n'empêchait plus de voyager.

Voici l'histoire de ces trois ou quatre cents brigands. Il y avait vers le mont Ithome une troupe d'une cinquantaine de voleurs qui infestaient les chemins. Le pacha de la Morée, Osman-Pacha, se transporta sur les lieux; il fit cerner les villages où les voleurs avaient coutume de se cantonner. Il eût été trop long et trop ennuyeux pour un Turc de distinguer l'innocent du coupable : on assomma comme des bêtes fauves tout ce qui se trouva dans la battue du pacha. Les brigands périrent, il est vrai, mais avec trois cents paysans grecs qui n'étaient pour rien dans cette affaire.

De la maison de l'aga nous allâmes à l'habitation du vice-consul d'Allemagne. La France n'avait point alors d'agent à Modon. Il demeurait dans la bourgade des Grecs, hors de la ville. Dans tous les lieux où le poste est militaire, les Grecs sont séparés des Turcs. Le vice-consul me confirma ce que m'avait dit l'aga sur l'état de la Morée; il m'offrit l'hospitalité pour la nuit : je l'acceptai, et je retournai un moment au vaisseau, sur un caïque qui devait ensuite me ramener au rivage.

Je laissai à bord Julien, mon domestique français, que j'envoyai m'attendre avec le vaisseau à la pointe de l'Attique, ou à Smyrne si je manquais le passage du vaisseau. J'attachai autour de moi une ceinture qui renfermait ce que je possédais en or, je m'armai de pied en cap, et je pris à mon service un Milanais, nommé *Joseph*, marchand d'étain à Smyrne : cet homme parlait un peu le grec moderne, et il consentit, pour une somme convenue, à me servir d'interprète. Je dis adieu au capitaine; et je descendis avec Joseph dans le caïque. Le vent était violent et contraire. Nous mîmes cinq heures pour gagner le port dont nous n'étions éloignés que d'une demi-lieue, et nous fûmes deux fois près de chavirer. Un vieux Turc, à barbe grise, les yeux vifs et enfoncés sous d'épais sourcils, montrant de longues dents extrêmement blanches, tantôt silencieux, tantôt poussant des cris sauvages, tenait le gouvernail : il représentait assez bien le Temps passant dans sa barque un voyageur aux rivages déserts de la Grèce. Le vice-consul m'attendait sur la grève. Nous allâmes loger au bourg des Grecs. Chemin faisant j'admirai des tombeaux turcs qu'ombrageaient de grands cyprès au pied desquels la mer venait se briser. J'aperçus parmi ces tombeaux des femmes enveloppées de voiles blancs, et semblables à des ombres : ce fut la seule chose qui me rappela un peu la patrie des Muses. Le cimetière des chrétiens touche à celui des musulmans : il est délabré, sans pierres sépulcrales et sans arbres; des melons d'eau qui végètent çà et là sur ces tombes abandonnées ressemblent, par leur forme et leur pâleur, à des crânes humains qu'on ne s'est pas donné la peine d'ensevelir. Rien n'est triste comme ces deux cimetières, où l'on remarque, jusque dans l'égalité et l'indépendance de la mort, la distinction du tyran et de l'esclave.

L'abbé Barthélemy a trouvé Méthone si peu intéressante dans l'antiquité, qu'il s'est contenté de faire mention de son puits d'eau bitumineuse. Sans gloire au milieu de toutes ces cités bâties par les dieux ou célébrées par les poëtes, Méthone ne se retrouve point dans les chants de Pindare, qui forment, avec les ouvrages d'Homère, les brillantes archives de la Grèce. Démosthènes, haranguant pour les Mégalopolitains, et rappelant l'histoire de la Messénie, ne parle point de Méthone. Polybe, qui était de Mégalopolis, et qui donne de très-bons conseils aux Messéniens, garde le même silence. Plutarque et Diogène Laërce ne citent aucun héros, aucun philosophe de cette ville. Athénée, Aulu-Gelle et Macrobe ne rapportent rien de Méthone. Enfin Pline, Ptolémée, Pomponius Méla et l'Anonyme de Ravenne, ne font que la nommer dans le dénombrement des villes de la Messénie; mais Strabon et Pausanias veulent retrouver Méthone dans la Pédase d'Homère. Selon Pausanias, le nom de Méthone ou de Motone lui vient d'une fille d'Œnus, compagnon de Diomède, ou d'un rocher qui ferme l'entrée du port. Méthone reparaît assez souvent dans l'histoire ancienne, mais jamais pour aucun fait important. Thucydide cite quelque corps d'hoplites de Méthone, dans la guerre du Péloponèse. On voit, par un fragment de Diodore de Sicile, que Brasidas défendit cette ville contre les Athéniens. Le même Diodore l'appelle une ville de la Laconie, parce que la Messénie était une conquête de Lacédémone ; celle-ci envoya à Méthone une colonie de Naupliens, qui ne furent point chassés de leur nouvelle patrie lorsque Épaminondas rappela les Messéniens. Méthone suivit le sort de la Grèce quand celle-ci passa sous le joug des Romains. Trajan accorda des priviléges à Méthone. Le Péloponèse étant devenu l'apanage de l'empire d'Orient, Méthone subit les révolutions de la Morée : dévastée par Alaric, peut-être plus maltraitée par Stilicon, elle fut démembrée de l'empire grec en 1124 par les Vénitiens. Rendue à ses anciens maîtres l'année d'après, elle retomba au pouvoir des Vénitiens en 1204. Un corsaire génois l'enleva aux Vénitiens en 1208. Le doge Dandolo la reprit sur les Génois. Mahomet II l'enleva aux Vénitiens, ainsi que toute la Grèce, en 1498. Morosini la reconquit sur les Turcs en 1686, et les Turcs y entrèrent de nouveau en 1715. Trois ans après, Pellegrin passa dans cette ville, dont il nous a fait la description, en y mêlant la chronique scandaleuse de tous les consuls français : ceci forme, depuis Homère jusqu'à nous, la suite de l'obscure histoire de Méthone. Pour ce qui regarde le sort de Modon pendant l'expédition des Russes en Morée, on peut consulter le premier volume du *Voyage* de M. de Choiseul, et l'*Histoire de Pologne*, par Rulhière.

Le vice-consul allemand, logé dans une méchante cahutte de plâtre, m'offrit de très bon cœur un souper composé de pastèques, de raisins et de pain noir : il ne faut pas être difficile sur des repas lorsqu'on est si près de Sparte. Je me retirai ensuite dans la chambre que l'on m'avait préparée, mais sans pouvoir fermer les yeux. J'entendais les aboiements du chien de la Laconie et le bruit du vent de l'Élide ; comment aurais-je pu dormir ? Le 11, à trois heures du matin, la voix du janissaire de l'aga m'avertit qu'il fallait partir pour Coron.

Nous montâmes à cheval à l'instant. Je vais décrire l'ordre de la marche, parce qu'il a été le même dans tout le voyage.

A notre tête paraissait le guide ou le postillon grec à cheval, tenant un autre cheval en laisse : ce second cheval devait servir de remonte en cas qu'il arrivât quelque accident aux chevaux des voyageurs. Venait ensuite le janissaire, le turban en tête, deux pistolets et un poignard à la ceinture, un sabre au côté, et un fouet à la main pour faire avancer les chevaux du guide. Je suivais, à peu près armé comme le janissaire, portant de plus un fusil de chasse ; Joseph fermait la marche. Ce Milanais était un petit homme blond à gros ventre, le teint fleuri, l'air affable ; il était tout habillé de velours bleu ; deux longs pistolets d'arçon, passés dans une étroite ceinture, relevaient sa veste d'une manière si grotesque, que le janissaire ne pouvait jamais le regarder sans rire. Mon équipage consistait en un tapis pour m'asseoir, une pipe, un poêlon à café, et quelques schalls pour m'envelopper la tête pendant la nuit. Nous partions au signal donné par le guide ; nous grimpions au grand trot les montagnes, et nous les descendions au galop à travers les précipices : il faut prendre son parti; les Turcs militaires ne connaissent pas d'autre manière d'aller, et le moindre signe de frayeur, ou même de prudence, vous exposerait à leur mépris. Vous êtes assis d'ailleurs sur des selles de mameloucks dont les étriers larges et courts vous plient les jambes, vous rompent les pieds, et déchirent les flancs de votre cheval. Au moindre faux mouvement, le pommeau élevé de la selle vous crève la poitrine, et si vous vous renversez en arrière, le haut rebord de la selle vous brise les reins. On finit pourtant par trouver ces selles utiles, à cause de la solidité qu'elles donnent à cheval, surtout dans des courses aussi hasardeuses.

Les courses sont de huit à dix lieues avec les mêmes chevaux : on leur laisse prendre haleine sans manger à peu près à moitié chemin; on remonte ensuite et l'on continue sa route. Le soir on arrive quelquefois à un kan, masure abandonnée où l'on dort parmi toutes sortes d'insectes et de reptiles sur un plancher vermoulu. On ne vous doit rien dans ce kan lorsque vous n'avez pas de firman de poste : c'est à vous de vous procurer des vivres comme vous pouvez. Mon janissaire allait à la chasse dans les villages; il rapportait quelquefois des poulets que je m'obstinais à payer; nous les faisions rôtir sur des branches vertes d'oliviers, ou bouillir avec du riz pour en faire un pilau. Assis à terre autour de ce festin, nous le déchirions avec nos doigts; le repas fini, nous allions nous laver la barbe et les mains au premier ruisseau. Voilà comme on voyage aujourd'hui dans le pays d'Alcibiade et d'Aspasie.

Il faisait encore nuit quand nous quittâmes Modon; je croyais errer dans les déserts de l'Amérique : même solitude, même silence. Nous traversâmes des bois d'oliviers en nous dirigeant au midi. Au lever de l'aurore nous nous trouvâmes sur les sommets aplatis des montagnes les plus arides que j'aie jamais vues. Nous y marchâmes pendant deux heures. Ces sommets labourés par les torrents avaient l'air de guérets abandonnés; le jonc marin et une espèce de bruyère épineuse et flétrie y croissaient par touffes. De gros caïeux de lis de montagnes, déchaussés par les pluies, paraissaient à la surface de la terre. Nous découvrîmes la mer vers l'est, à travers un bois d'oliviers clair-semés; nous descendîmes ensuite dans une gorge de vallon où l'on voyait quelques champs d'orge et de coton. Nous passâmes un torrent desséché : son lit était rempli de lauriers-roses et de gatilliers (l'*Agnus castus*), arbuste à feuille longue, pâle et menue, dont la fleur lilas, un peu cotonneuse, s'allonge en forme de quenouille. Je cite ces deux arbustes parce qu'on les retrouve dans toute la Grèce, et qu'ils décorent presque seuls ces solitudes jadis si riantes et si parées, aujourd'hui si nues et si tristes. A propos de torrent desséché, je dois dire aussi que je n'ai vu dans la patrie de l'Ilissus, de l'Alphée et de l'Érymante, que trois fleuves dont l'urne ne fût pas tarie : le Pamisus, le Céphise et l'Eurotas. Il faut qu'on me pardonne encore l'espèce d'indifférence et presque d'impiété avec laquelle j'écrirai quelquefois les noms les plus célèbres ou les plus harmonieux. On se familiarise malgré soi en Grèce avec Thémistocle, Épaminondas, Sophocle, Platon, Thucydide; et il faut une grande religion pour ne pas franchir le Cythéron, le Ménale ou le Lycée comme on passe des monts vulgaires.

Au sortir du vallon dont je viens de parler, nous commençâmes à gravir de nouvelles montagnes : mon guide me répéta plusieurs fois des noms inconnus ; mais, à en juger par leur position, ces montagnes devaient faire une partie de la chaîne du mont Témathia. Nous ne tardâmes pas à entrer dans un bois d'oliviers, de lauriers-roses, d'esquines, d'agnus-castus et de cornouilliers. Ce bois était dominé par des sommets rocailleux. Parvenus à cette dernière cime, nous découvrîmes le golfe de Messénie, bordé de toutes parts par des montagnes entre lesquelles l'Ithome se distinguait par son isolement, et le Taygète par ses deux flèches aiguës : je saluai ces monts fameux par tout ce que je savais de beaux vers à leur louange.

Un peu au-dessous du sommet du Témathia, en descendant vers Coron, nous aperçûmes une misérable ferme grecque dont les habitants s'enfuirent à notre approche. A mesure que nous descendions, nous découvrions au-dessous de nous la rade et le port de Coron, où l'on voyait quelques bâtiments à l'ancre ; la flotte du capitan-pacha était mouillée de l'autre côté du golfe, vers Calamate. En arrivant à la plaine qui est au pied des montagnes, et qui s'étend jusqu'à la mer, nous laissâmes sur notre droite un village au centre duquel s'élevait une espèce de château-fort : le tout, c'est-à-dire le village et le château, était comme environné d'un immense cimetière turc couvert de cyprès de tous les âges. Mon guide, en me montrant ces arbres, me les nommait *parissos*. Un ancien habitant de la Messénie m'aurait autrefois conté l'histoire entière du jeune homme d'Amyclée, dont le Messénien d'aujourd'hui n'a retenu que la moitié du nom ; mais ce nom, tout défiguré qu'il est, prononcé sur les lieux, à la vue d'un cyprès et des sommets du Taygète, me fit un plaisir que les poëtes comprendront. J'avais une consolation en regardant les tombes des Turcs : elles me rappelaient que les barbares conquérants de la Grèce avaient aussi trouvé leur dernier jour dans cette terre ravagée par eux. Au reste, ces tombes étaient fort agréables : le laurier-rose y croissait au pied des cyprès, qui ressemblaient à de grands obélisques noirs ; des tourterelles blanches et des pigeons bleus voltigeaient et roucoulaient dans ces arbres ; l'herbe flottait autour de petites colonnes funèbres que surmontait un turban ; une fontaine bâtie par un chérif répandait son eau dans le chemin pour le voyageur : on se serait volontiers arrêté dans ce cimetière, où le laurier de la Grèce, dominé par les cyprès de l'Orient, semblait rappeler la mémoire des deux peuples dont la poussière reposait dans ce lieu.

De ce cimetière à Coron il y a près de deux heures de marche : nous cheminâmes à travers un bois continuel d'oliviers, planté de froment à demi moissonné. Le terrain, qui de loin paraît une plaine unie, est coupé par des ravines inégales et profondes. M. Vial, alors consul de France à Coron, me reçut avec cette hospitalité si remarquable dans les consuls du Levant. Je lui remis une des lettres de recommandation que M. de Talleyrand, sur la prière de M. d'Hauterive, m'avait poliment accordées pour les consuls français dans les Échelles.

M. Vial voulut bien me loger chez lui. Il renvoya mon janissaire de Modon, et me donna un de ses propres janissaires pour traverser avec moi la Morée, et me conduire à Athènes. Le capitan-pacha étant en guerre avec les Maniottes, je ne pouvais me rendre à Sparte par Calamate, que l'on prendra, si l'on veut, pour Calathion, Cardamyle ou Thalame, sur la côte de la Laconie, presque en face de Coron. Il fut donc résolu que je ferais un long détour; que j'irais chercher le défilé des portes de Léondari, l'un des Hermæum de la Messénie ; que je me rendrais à Tripolizza afin d'obtenir du pacha de la Morée le firman nécessaire pour passer l'isthme ; que je reviendrais de Tripolizza à Sparte, et que de Sparte je prendrais par la montagne le chemin d'Argos, de Mycènes et de Corinthe.

Coroné, ainsi que Messène et Mégalopolis, ne remonte pas à une grande antiquité, puisqu'elle fut fondée par Épaminondas sur les ruines de l'ancienne Épéa. Jusqu'ici on a pris Coron pour Coroné, d'après l'opinion de d'Anville. J'ai quelques doutes sur ce point : selon Pausanias, Coroné était située au bas du mont Témathia, vers l'embouchure du Pamisus : or, Coron est assez éloignée de ce fleuve; elle est bâtie sur une hauteur à peu près dans la position où le même Pausanias place le temple d'Apollon Corinthus, ou plutôt dans la position de Colonides (1). On trouve vers le fond du golfe de Messénie des ruines au bord de la mer, qui pourraient bien être celles de la véritable Coroné, à moins qu'elles n'appartiennent au village d'Ino. Coronelli s'est trompé en prenant Coroné pour Pédase, qu'il faut, selon Strabon et Pausanias, retrouver dans Méthone.

L'histoire moderne de Coron ressemble à peu près à celle de Modon : Coron fut tour à tour, et aux mêmes époques que cette dernière ville, possédée par les Vénitiens, les Génois et les Turcs. Les Espagnols l'assiégèrent et l'enlevèrent aux infidèles en 1633. Les chevaliers de Malte se distinguèrent à ce siège assez mémorable. Vertot fait à ce sujet une singulière faute en prenant Coron pour Chéronée, patrie de Plutarque, qui n'est pas elle-même la Chéronée où Philippe donna des chaînes à la Grèce. Retombée au pouvoir des Turcs, Coron fut assiégée et prise de nouveau par Morosini en 1685 : on remarque à ce siège deux de mes compatriotes. Coronelli ne cite que le commandeur de La Tour, qui y périt glorieusement; mais Giacomo Diedo parle encore du marquis de Courbon. J'aimais à retrouver les traces de l'honneur français dès mes premiers pas dans la véritable patrie de la gloire, et dans le pays d'un peuple qui fut si bon juge de la valeur. Mais où ne retrouve-t-on pas ces traces? A Constantinople, à Rhodes, en Syrie, en Égypte, à Carthage, partout où j'ai abordé, on m'a montré le camp des Français, la tour des Français, le château des Français : l'Arabe m'a fait voir les tombes de nos soldats sous les sycomores du Caire, et le Siminole sous les peupliers de la Floride.

C'est encore dans cette même ville de Coron que M. de Choiseul a commencé ses tableaux. Ainsi le sort me conduisait au même lieu où mes compatriotes avaient cueilli cette double palme des talents et des armes, dont la Grèce aimait à couronner ses enfants. Si j'ai moi-même parcouru sans gloire, mais non sans honneur, les deux carrières où les citoyens d'Athènes et de Sparte acquirent tant de renommée, je m'en console en songeant que d'autres Français ont été plus heureux que moi.

M. Vial se donna la peine de me montrer Coron, qui n'est qu'un amas de ruines modernes; il me fit voir aussi l'endroit d'où les Russes canonnèrent la

(1) Cette opinion est aussi celle de M. de Choiseul.

ville en 1770, époque fatale à la Morée, dont les Albanais ont depuis massacré la population. La relation des voyages de Pellegrin date de 1713 et de 1719 : le ressort de Coron s'étendait alors, selon ce voyageur, à quatre-vingts villages ; je ne sais si l'on en trouverait aujourd'hui cinq ou six dans le même arrondissement. Le reste de ces champs dévastés appartient à des Turcs qui possèdent trois ou quatre mille pieds d'oliviers, et qui dévorent dans un harem à Constantinople l'héritage d'Aristomène. Les larmes me venaient aux yeux en voyant les mains du Grec esclave inutilement trempées de ces flots d'huile qui rendaient la vigueur aux bras de ses pères pour triompher des tyrans.

La maison du consul dominait le golfe de Coron : je voyais de ma fenêtre la mer de Messénie peinte du plus bel azur ; devant moi, de l'autre côté de cette mer, s'élevait la haute chaîne du Taygète couvert de neige, et justement comparé aux Alpes par Polybe, mais aux Alpes sous un plus beau ciel. A ma droite s'étendait la pleine mer, et à ma gauche, au fond du golfe, je découvrais le mont Ithome, isolé comme le Vésuve, et tronqué comme lui à son sommet. Je ne pouvais m'arracher à ce spectacle : quelles pensées n'inspire point la vue de ces côtes désertes de la Grèce, où l'on n'entend que l'éternel sifflement du mistral et le gémissement des flots ! Quelques coups de canon, que le capitan-pacha faisait tirer de loin à loin contre les rochers des Maniotes, interrompaient seuls ces tristes bruits par un bruit plus triste encore. On n'apercevait sur toute l'étendue de la mer que la flotte de ce chef des Barbares : elle me rappelait le souvenir de ces pirates américains qui plantaient leur drapeau sanglant sur une terre inconnue, en prenant possession d'un pays enchanté au nom de la servitude et de la mort ; ou plutôt je croyais voir les vaisseaux d'Alaric s'éloigner de la Grèce en cendres, en emportant la dépouille des temples, les trophées d'Olympie, et les statues brisées de la Liberté et des Arts (1).

Je quittai Coron le 12 à deux heures du matin, comblé des politesses et des attentions de M. Vial, qui me donna une lettre pour le pacha de Morée, et une autre lettre pour un Turc de Misitra. Je m'embarquai avec Joseph et mon nouveau janissaire dans un caïque qui devait me conduire à l'embouchure du Pamisus, au fond du golfe de Messénie. Quelques heures d'une belle traversée me portèrent dans le lit du plus grand fleuve du Péloponèse, où notre petite barque échoua faute d'eau. Le janissaire alla chercher des chevaux à Nissi, gros village éloigné de trois ou quatre milles de la mer, en remontant le Pamisus. Cette rivière était couverte d'une multitude d'oiseaux sauvages dont je m'amusai à observer les jeux jusqu'au retour du janissaire. Rien ne serait agréable comme l'histoire naturelle, si on la rattachait toujours à l'histoire des hommes : on aimerait à voir les oiseaux voyageurs quitter les peuplades ignorées de l'Atlantique pour visiter les peuples fameux de l'Eurotas et du Céphise. La Providence, afin de confondre notre vanité, a permis que les animaux connussent avant l'homme la véritable étendue du séjour de l'homme ; et tel oiseau américain attirait peut-être l'attention d'Aristote dans les fleuves de la Grèce, lorsque le philosophe ne soupçonnait même pas l'existence d'un monde nouveau. L'an-

(1) Voyez la description de la Messénie dans les *Martyrs*, liv. I.

tiquité nous offrirait dans ses annales une foule de rapprochements curieux ; et souvent la marche des peuples et des armées se lierait aux pèlerinages de quelques oiseaux solitaires, ou aux migrations pacifiques des gazelles et des chameaux.

Le janissaire revint au rivage avec un guide et cinq chevaux, deux pour le guide et les trois autres pour moi, le janissaire et Joseph. Nous passâmes à Nissi, qui me semble inconnue dans l'antiquité. Je vis un moment le vayvode ; c'était un jeune Grec fort affable, qui m'offrit des confitures et du vin : je n'acceptai point son hospitalité, et je continuai ma route pour Tripolizza.

Nous nous dirigeâmes sur le mont Ithome, en laissant à gauche les ruines de Messène. L'abbé Fourmont, qui visita ces ruines il y a soixante-dix ans, y compta trente-huit tours encore debout. Je ne sais si M. Vial ne m'a point assuré qu'il en existe aujourd'hui neuf entières et un fragment considérable de mur d'enceinte. M. Pouqueville, qui traversa la Messénie dix ans avant moi, ne passa point à Messène. Nous arrivâmes vers les trois heures de l'après-midi au pied de l'Ithome, aujourd'hui le mont Vulcano, selon d'Anville. Je me convainquis, en examinant cette montagne, de la difficulté de bien entendre les auteurs anciens sans avoir vu les lieux dont ils parlent. Il est évident, par exemple, que Messène et l'ancienne Ithome ne pouvaient embrasser le mont dans leur enceinte, et qu'il faut expliquer la particule grecque περὶ, comme l'explique M. Lechevalier à propos de la course d'Hector et d'Achille, c'est-à-dire qu'il faut traduire *devant* Troie, et non pas *autour* de Troie.

Nous traversâmes plusieurs villages, Chafasa, Scala, Cyparissa, et quelques autres récemment détruits par le pacha lors de sa dernière expédition contre les brigands. Je ne vis dans tous ces villages qu'une seule femme : elle ne démentait point le sang des Héraclides, par ses yeux bleus, sa haute taille et sa beauté. La Messénie fut presque toujours malheureuse : un pays fertile est souvent un avantage funeste pour un peuple. A la désolation qui régnait autour de moi on eût dit que les féroces Lacédémoniens venaient encore de ravager la patrie d'Aristodème. Un grand homme se chargea de venger un grand homme : Épaminondas éleva les murs de Messène. Malheureusement on peut reprocher à cette ville la mort de Philopœmen. Les Arcadiens tirèrent vengeance de cette mort, et transportèrent les cendres de leur compatriote à Mégalopolis. Je passais avec ma petite caravane précisément par les chemins où le convoi funèbre du dernier des Grecs avait passé, il y a environ deux mille ans.

Après avoir longé le mont Ithome nous traversâmes un ruisseau qui coule au nord, et qui pourrait bien être une des sources du Balyra. Je n'ai jamais défié les Muses, elles ne m'ont point rendu aveugle comme Thamyris ; et si j'ai une lyre, je ne l'ai point jetée dans le Balyra, au risque d'être changé après ma mort en rossignol. Je veux encore suivre le culte des neuf Sœurs pendant quelques années, après quoi j'abandonnerai leurs autels. La couronne de roses d'Anacréon ne me tente point : la plus belle couronne d'un vieillard, ce sont ses cheveux blancs et les souvenirs d'une vie honorable (1).

---

(1) L'auteur travaillait alors aux *Martyrs*, pour lesquels il avait entrepris ce voyage. Son

Andanies devait être plus bas, sur le cours du Balyra. J'aurais aimé à découvrir au moins l'emplacement des palais de Mérope.

> J'entends des cris plaintifs. Hélas! dans ces palais
> Un dieu persécuteur habite pour jamais.

Mais Andanies était trop loin de notre route pour essayer d'en trouver les ruines. Une plaine inégale, couverte de grandes herbes et de troupeaux de chevaux comme les savanes de la Floride, me conduisit vers le fond du bassin où se réunissent les hautes montagnes de l'Arcadie et de la Laconie. Le Lycée était devant nous, cependant un peu sur notre gauche, et nous foulions probablement le sol de Stényclare. Je n'y entendais point Tyrtée chanter à la tête des bataillons de Sparte; mais, à son défaut, je fis à cet endroit la rencontre d'un Turc monté sur un bon cheval et accompagné de deux Grecs à pied. Aussitôt qu'il m'eut reconnu à mon habit franc, il piqua vers moi, et me cria en français : « C'est un beau pays pour voyager que la Morée! « En France, de Paris « à Marseille, je trouvais des lits et des auberges partout. Je suis très-fatigué; « je viens de Coron par terre, et je vais à Léondari. Où allez-vous? » Je répondis que j'allais à Tripolizza. — « Eh bien! dit le Turc, nous irons ensemble « jusqu'au kan des Portes; mais je suis très-fatigué, mon cher seigneur. » Ce Turc courtois était un marchand de Coron qui avait été à Marseille, de Marseille à Paris, et de Paris à Marseille (1).

Il était nuit lorsque nous arrivâmes à l'entrée du défilé, sur les confins de la Messénie, de l'Arcadie et de la Laconie. Deux rangs de montagnes parallèles forment cet Hermæum qui s'ouvre du nord au midi. Le chemin s'élève par degrés du côté de la Messénie, et redescend par une pente assez douce vers la Laconie. C'est peut-être l'Hermæum où, selon Pausanias, Oreste, troublé par la première apparition des Euménides, se coupa un doigt avec les dents.

Notre caravane s'engagea bientôt dans cet étroit passage. Nous marchions tous en silence et à la file (2). Cette route, malgré la justice expéditive du pacha, n'était pas sûre, et nous nous tenions prêts à tout événement. A minuit nous arrivâmes au kan placé au milieu du défilé : un bruit d'eaux et un gros arbre nous annoncèrent cette pieuse fondation d'un serviteur de Mahomet. En Turquie toutes les institutions publiques sont dues à des particuliers; l'État ne fait rien pour l'État. Ces institutions sont le fruit de l'esprit religieux et non de l'amour de la patrie; car il n'y a point de patrie. Or, il est remarquable que toutes ces fontaines, tous ces kans, tous ces ponts tombent en ruine et sont des premiers temps de l'empire : je ne crois pas avoir rencontré sur les chemins une seule fabrique moderne : d'où l'on doit conclure que chez les musulmans la

---

dessein était de renoncer aux sujets d'imagination après la publication des *Martyrs*. On peut voir ses adieux à la muse dans le dernier livre de cet ouvrage.

(1) Il est remarquable que M. Pouqueville rencontra à peu près au même endroit un Turc qui parlait français. C'était peut-être le même.

(2) Je ne sais si c'est le même Hermæum que M. Pouqueville et ses compagnons d'infortune passèrent en venant de Navarin. Voyez, pour la description de cette partie de la Messénie, les *Martyrs*, liv. XIV.

religion s'affaiblit, et qu'avec la religion l'état social des Turcs est sur le point de s'écrouler.

Nous entrâmes dans le kan par une écurie ; une échelle en forme de pyramide renversée nous conduisit dans un grenier poudreux. Le marchand turc se jeta sur une natte en s'écriant : « C'est le plus beau kan de la Morée ! De Paris « à Marseille je trouvais des lits et des auberges partout. » Je cherchai à le consoler en lui offrant la moitié du souper que j'avais apporté de Coron. « Eh ! « mon cher seigneur, s'écria-t-il, je suis si fatigué que je vais mourir ! » Et il gémissait, et il se prenait la barbe, et il s'essuyait le front avec un schall, et il s'écriait : « Allah ! » Toutefois il mangeait d'un grand appétit la part du souper qu'il avait refusée d'abord.

Je quittai ce bon homme (1) le 13 au lever du jour, et je continuai ma route. Notre course était fort ralentie : au lieu du janissaire de Modon, qui ne demandait qu'à tuer son cheval, j'avais un janissaire d'une tout autre espèce. Mon nouveau guide était un petit homme maigre, fort marqué de petite vérole, parlant bas et avec mesure, et si plein de la dignité de son turban, qu'on l'eût pris pour un parvenu. Un aussi grave personnage ne se mettait au galop que lorsque l'importance de l'occasion l'exigeait : par exemple lorsqu'il apercevait quelque voyageur. L'irrévérence avec laquelle j'interrompais l'ordre de la marche, courant en avant, à droite et à gauche, partout où je croyais découvrir quelques vestiges d'antiquité, lui déplaisait fort, mais il n'osait se plaindre. Du reste je le trouvai fidèle et assez désintéressé pour un Turc.

Une autre cause retardait encore notre marche ; le velours dont Joseph était vêtu dans la canicule, en Morée, le rendait fort malheureux ; au moindre mouvement du cheval il s'accrochait à la selle ; son chapeau tombait d'un côté, ses pistolets de l'autre ; il fallait ramasser tout cela et remettre le pauvre Joseph à cheval. Son excellent caractère brillait d'un nouveau lustre au milieu de toutes ces peines, et sa bonne humeur était inaltérable. Nous mîmes donc trois mortelles heures pour sortir de l'Hermæum, assez semblable dans cette partie au passage de l'Apennin entre Pérouse et Tarni. Nous entrâmes dans une plaine cultivée qui s'étend jusqu'à Léondari. Nous étions là en Arcadie, sur la frontière de la Laconie.

On convient généralement, malgré l'opinion de d'Anville, que Léondari n'est point Mégalopolis. On veut retrouver dans la première l'ancienne Leuctres de la Laconie, et c'est le sentiment de M. Barbié du Bocage. Où donc est Mégalopolis? Peut-être au village de Sinano. Il eût fallu sortir de mon chemin et faire des recherches qui n'entraient point dans l'objet de mon voyage. Mégalopolis, qui n'est d'ailleurs célèbre par aucune action mémorable ni par aucun chef-d'œuvre des arts, n'eût tenté ma curiosité que comme monument du génie d'Épaminondas et patrie de Philopœmen et de Polybe.

Laissant à droite Léondari, ville tout à fait moderne, nous traversâmes

(1) Ce Turc, moitié Grec, comme M. Fauvel me l'a dit depuis, est toujours par voie et par chemin : il ne jouit pas d'une réputation très-sûre, pour s'être mêlé fort à son avantage des approvisionnements d'une armée.

un bois de vieux chênes-verts; c'était le reste vénérable d'une forêt sacrée : un énorme vautour perché sur la cime d'un arbre mort y semblait encore attendre le passage d'un augure. Nous vîmes le soleil se lever sur le mont Borée ; nous mîmes pied à terre au bas de ce mont pour gravir un chemin taillé dans le roc : ces chemins étaient appelés *Chemins de l'Échelle* en Arcadie.

Je n'ai pu reconnaître en Morée ni les chemins grecs ni les voies romaines. Des chaussées turques de deux pieds et demi de large servent à traverser les terrains bas et marécageux; comme il n'y a pas une seule voiture à roues dans cette partie du Péloponèse, ces chaussées suffisent aux ânes des paysans et aux chevaux des soldats. Cependant Pausanias et la carte de Peutinger marquent plusieurs routes dans les lieux où j'ai passé, surtout aux environs de Mantinée. Bergier les a très-bien suivies dans ses *Chemins de l'Empire* (1).

Nous nous trouvions dans le voisinage d'une des sources de l'Alphée; je mesurais avidement des yeux les ravines que je rencontrais : tout était muet et desséché. Le chemin qui conduit de Borée à Tripolizza traverse d'abord des plaines désertes et se plonge ensuite dans une longue vallée de pierres. Le soleil nous dévorait; à quelques buissons rares et brûlés étaient suspendues des cigales qui se taisaient à notre approche; elles recommençaient leurs cris dès que nous étions passés : on n'entendait que ce bruit monotone, les pas de nos chevaux et la complainte de notre guide. Lorsqu'un postillon grec monte à cheval, il commence une chanson qu'il continue pendant toute la route. C'est presque toujours une longue histoire rimée qui charme les ennuis des descendants de Linus : les couplets en sont nombreux, l'air triste, et assez ressemblant aux airs de nos vieilles romances françaises. Une, entre autres, qui doit être fort connue, car je l'ai entendue depuis Coron jusqu'à Athènes, rappelle d'une manière frappante l'air :

Mon cœur charmé de sa chaîne, etc.

Il faut seulement s'arrêter aux quatre premiers vers sans passer au refrain.

Toujours ! toujours !

Ces airs auraient-ils été apportés en Morée par les Vénitiens? serait-ce que les Français, excellant dans la romance, se sont rencontrés avec le génie des Grecs? Ces airs sont-ils antiques? et, s'ils sont antiques, appartiennent-ils à la seconde école de la musique chez les Grecs, ou remontent-ils jusqu'au temps d'Olympe? Je laisse ces questions à décider aux habiles. Mais il me semble encore ouïr le chant de mes malheureux guides, la nuit, le jour, au lever, au coucher du soleil, dans les solitudes de l'Arcadie, sur les bords de l'Eurotas, dans les déserts d'Argos, de Corinthe, de Mégare : lieux où la voix des Ménades ne retentit plus, où les concerts des Muses ont cessé, où le Grec infortuné semble seulement déplorer dans de tristes complaintes les malheurs de sa patrie.

(1) La carte de Peutinger ne peut pas tromper, du moins quant à l'existence des routes, puisqu'elles sont tracées sur ce monument curieux, qui n'est qu'un livre des postes des anciens. La difficulté n'existe que dans le calcul des distances, et surtout pour ce qui regarde les Gaules, où l'abréviation *leg.* peut se prendre quelquefois pour *lega* ou *legio*.

. . . . . Soli periti cantare
Arcades (1)?

A trois lieues de Tripolizza, nous rencontrâmes deux officiers de la garde du pacha qui couraient, comme moi en poste. Ils assommaient les chevaux et le postillon à coups de fouet de peau de rhinocéros. Ils s'arrêtèrent en me voyant, et me demandèrent mes armes : je refusai de les donner. Le janissaire me fit dire par Joseph que ce n'était qu'un pur objet de curiosité, et que je pouvais aussi demander les armes de ces voyageurs. A cette condition je voulus bien satisfaire les spahis : nous changeâmes d'armes. Ils examinèrent longtemps mes pistolets, et finirent par me les tirer au-dessus de la tête.

J'avais été prévenu de ne me laisser jamais plaisanter par un Turc, si je ne voulais m'exposer à mille avanies. J'ai reconnu plusieurs fois, dans la suite, combien ce conseil était utile : un Turc devient aussi souple, s'il voit que vous ne le craignez pas, qu'il est insultant s'il s'aperçoit qu'il vous fait peur. Je n'aurais pas eu besoin, d'ailleurs, d'être averti dans cette occasion, et la plaisanterie m'avait paru trop mauvaise pour ne pas la rendre coup sur coup. Enfonçant donc les éperons dans les flancs de mon cheval, je courus sur les Turcs et leur lâchai les coups de leurs propres pistolets en travers, si près du visage, que l'amorce brûla les moustaches du plus jeune spahi. Une explication s'ensuivit entre ces officiers et le janissaire, qui leur dit que j'étais Français : à ce nom de Français il n'y eut point de politesses turques qu'ils ne me firent. Ils m'offrirent la pipe, chargèrent mes armes et me les rendirent. Je crus devoir garder l'avantage qu'ils me donnaient, et je fis simplement charger leurs pistolets par Joseph. Ces deux étourdis voulurent m'engager à courir avec eux : je les refusai, et ils partirent. On va voir que je n'étais pas le premier Français dont ils eussent entendu parler, et que leur pacha connaissait bien mes compatriotes.

On peut lire dans M. Pouqueville une description exacte de Tripolizza, capitale de la Morée. Je n'avais pas encore vu de ville entièrement turque : les toits rouges de celle-ci, ses minarets et ses dômes me frappèrent agréablement au premier coup d'œil. Tripolizza est pourtant située dans une partie assez aride du vallon de Tégée, et sous une des croupes du Ménale, qui m'a paru dépouillée d'arbres et de verdure. Mon janissaire me conduisit chez un Grec de la connaissance de M. Vial. Le consul, comme je l'ai dit, m'avait donné une lettre pour le pacha. Le lendemain de mon arrivée, 15 août, je me rendis chez le drogman de Son Excellence : je le priai de me faire délivrer le plus tôt possible mon firman de poste et l'ordre nécessaire pour passer l'isthme de Corinthe. Ce drogman, jeune homme d'une figure fine et spirituelle, me répondit en italien que d'abord il était malade : qu'ensuite le pacha venait d'entrer chez ses femmes ; qu'on ne parlait pas comme cela à un pacha ; qu'il fallait attendre ; que les Français étaient toujours pressés.

Je répliquai que je n'avais demandé les firmans que pour la forme ; que

(1) Spon avait remarqué en Grèce un air parfaitement semblable à celui de *Réveillez-vous, belle endormie*; et il s'amusa même à composer des paroles en grec moderne sur cet air.

mon passe-port français me suffisait pour voyager en Turquie, maintenant en paix avec mon pays; que, puisqu'on n'avait pas le temps de m'obliger, je partirais sans les firmans et sans remettre la lettre du consul au pacha.

Je sortis. Deux heures après le drogman me fit rappeler; je le trouvai plus traitable, soit qu'à mon ton il m'eût pris pour un personnage d'importance, soit qu'il craignît que je ne trouvasse quelque moyen de porter mes plaintes à son maître; il me dit qu'il allait se rendre chez Sa Grandeur, et lui parler de mon affaire.

En effet, deux heures après un Tartare me vint chercher et me conduisit chez le pacha. Son palais est une grande maison de bois carrée, ayant au centre une vaste cour, et des galeries régnant sur les quatre faces de cette cour. On me fit attendre dans une salle où je trouvai des papas et le patriarche de la Morée. Ces prêtres et leur patriarche parlaient beaucoup, et avaient parfaitement les manières déliées et aviles des courtisans grecs sous le Bas-Empire. J'eus lieu de croire, aux mouvements que je remarquai, qu'on me préparait une réception brillante; cette cérémonie m'embarrassait. Mes vêtements étaient délabrés, mes bottes poudreuses, mes cheveux en désordre, et ma barbe, comme celle d'Hector : *barba squalida*. Je m'étais enveloppé dans mon manteau, et j'avais plutôt l'air d'un soldat qui sort du bivouac que d'un étranger qui se rend à l'audience d'un grand seigneur.

Joseph, qui disait se connaître aux pompes de l'Orient, m'avait forcé de prendre ce manteau : mon habit court lui déplaisait; lui-même voulut m'accompagner avec le janissaire pour me faire honneur. Il marchait derrière moi sans bottes, les jambes et les pieds nuds, et un mouchoir rouge jeté par-dessus son chapeau. Malheureusement il fut arrêté à la porte du palais dans ce bel équipage : les gardes ne voulurent point le laisser passer : il me donnait une telle envie de rire, que je ne pus jamais le réclamer sérieusement. La prétention au turban le perdit, et il ne vit que de loin les grandeurs où il avait aspiré.

Après deux heures de délai, d'ennui et d'impatience on m'introduisit dans la salle du pacha : je vis un homme d'environ quarante ans, d'une belle figure, assis ou plutôt couché sur un divan, vêtu d'un cafetan de soie, un poignard orné de diamants à la ceinture, un turban blanc à la tête. Un vieillard à longue barbe occupait respectueusement une place à sa droite (c'était peut-être le bourreau); le drogman grec était assis à ses pieds, trois pages debout tenaient des pastilles d'ambre, des pincettes d'argent et du feu pour la pipe. Mon janissaire resta à la porte de la salle.

Je m'avançai, saluai Son Excellence en mettant la main sur mon cœur; je lui présentai la lettre du consul; et usant du privilége des Français, je m'assis sans avoir attendu l'ordre.

Osman me fit demander d'où je venais, où j'allais, ce que je voulais.

Je répondis que j'allais en pèlerinage à Jérusalem; qu'en me rendant à la Ville sainte des chrétiens j'avais passé par la Morée pour voir les antiquités romaines (1);

---

(1) Tout ce qui a rapport aux Grecs, et les Grecs eux-mêmes, sont nommés *Romains* par les Turcs.

que je désirais un firman de poste pour avoir des chevaux, et un ordre pour passer l'isthme.

Le pacha répliqua que j'étais le bienvenu, que je pouvais voir tout ce qui me ferait plaisir, et qu'il m'accorderait les firmans. Il me demanda ensuite si j'étais militaire, et si j'avais fait la guerre d'Égypte.

Cette question m'embarrassa, ne sachant trop dans quelle intention elle était faite. Je répondis que j'avais autrefois servi mon pays, mais que je n'avais jamais été en Égypte.

Osman me tira tout de suite d'embarras : il me dit loyalement qu'il avait été fait prisonnier par les Français à la bataille d'Aboukir; qu'il avait été très-bien traité de mes compatriotes, et qu'il s'en souviendrait toujours.

Je ne m'attendais point aux honneurs du café, et cependant je les obtins : je me plaignis alors de l'insulte faite à un de mes gens, et Osman me proposa de faire donner devant moi vingt coups de bâton au délis qui avait arrêté Joseph. Je refusai ce dédommagement, et je me contentai de la bonne volonté du pacha. Je sortis de mon audience fort satisfait : il est vrai qu'il me fallut payer largement à la porte des distinctions aussi flatteuses. Heureux si les Turcs en place employaient au bien des peuples qu'ils gouvernent cette simplicité de mœurs et de justice ! Mais ce sont des tyrans que la soif de l'or dévore, et qui versent sans remords le sang innocent pour la satisfaire.

Je retournai à la maison de mon hôte, précédé de mon janissaire et suivi de Joseph, qui avait oublié sa disgrâce. Je passai auprès de quelques ruines dont la construction me parut antique : je me réveillai alors de l'espèce de distraction où m'avaient jeté les dernières scènes avec les deux officiers turcs, le drogman et le pacha ; je me retrouvai tout à coup dans les campagnes des Tégéates : et j'étais un Franc en habit court et en grand chapeau ; et je venais de recevoir l'audience d'un Tartare en robe longue et en turban au milieu de la Grèce !

Eheu, fugaces labuntur anni !

M. Barbié du Bocage se récrie, avec raison, contre l'inexactitude de nos cartes de Morée, où la capitale de cette province n'est souvent pas même indiquée. La cause de cette négligence vient de ce que le gouvernement turc a changé dans cette partie de la Grèce. Il y avait autrefois un sangiac qui résidait à Coron. La Morée étant devenue un pachali, le pacha a fixé sa résidence à Tripolizza, comme dans un point plus central. Quant à l'agrément de la position, j'ai remarqué que les Turcs étaient assez indifférents sur la beauté des lieux. Ils n'ont point à cet égard la délicatesse des Arabes, que le charme du ciel et de la terre séduit toujours, et qui pleurent encore aujourd'hui Grenade perdue.

Cependant, quoique très-obscure, Tripolizza n'a pas été tout à fait inconnue jusqu'à M. Pouqueville, qui écrit *Tripolitza :* Pellegrin en parle, et la nomme *Trepolezza*; d'Anville, *Trapolizza :* M. de Choiseul, *Tripolizza*, et les autres voyageurs ont suivi cette orthographe. D'Anville observe que Tripolizza n'est point Mantinée : c'est une ville moderne qui paraît s'être élevée entre Mantinée, Tégée et Orchomène.

Un Tartare m'apporta le soir mon firman de poste et l'ordre pour passer l'isthme. En s'établissant sur les débris de Constantinople, les Turcs ont manifestement retenu plusieurs usages des peuples conquis. L'établissement des postes en Turquie est, à peu de chose près, celui qu'avaient fixé les empereurs romains ; on ne paie point les chevaux; le poids de votre bagage est réglé ; on est obligé de vous fournir partout la nourriture, etc. Je ne voulus point user de ces magnifiques, mais odieux priviléges, dont le fardeau pèse sur un peuple malheureux : je payai partout mes chevaux et ma nourriture comme un voyageur sans protection et sans firman.

Tripolizza étant une ville absolument moderne, j'en partis le 15 pour Sparte, où il me tardait d'arriver. Il me fallait, pour ainsi dire, revenir sur mes pas, ce qui n'aurait pas eu lieu si j'avais d'abord visité la Laconie en passant par Calamate. A une lieue vers le couchant, au sortir de Tripolizza, nous nous arrêtâmes pour voir des ruines : ce sont celles d'un couvent grec dévasté par les Albanais au temps de la guerre des Russes ; mais dans les murs de ce couvent on aperçoit des fragments d'une belle architecture, et des pierres chargées d'inscriptions engagées dans la maçonnerie. J'essayai longtemps d'en lire une à gauche de la porte principale de l'église. Les lettres étaient du bon temps, et l'inscription parut être en boustrophédon : ce qui n'annonce pas toujours une très-haute antiquité. Les caractères étaient renversés par la position de la pierre : la pierre elle-même était éclatée, placée fort haut, et enduite en partie de ciment. Je ne pus rien déchiffrer, hors le mot ΤΕΓΕΑΤΕΣ, qui me causa presque autant de joie que si j'eusse été membre de l'Académie des Inscriptions. Tégée a dû exister aux environs de ce couvent. On trouve dans les champs voisins beaucoup de médailles. J'en achetai trois d'un paysan, qui ne me donnèrent aucune lumière ; il me les vendit très-cher. Les Grecs, à force de voir des voyageurs, commencent à connaître le prix de leurs antiquités.

Je ne dois pas oublier qu'en errant parmi ces décombres je découvris une inscription beaucoup plus moderne : c'était le nom de M. Fauvel écrit au crayon sur un mur. Il faut être voyageur pour savoir quel plaisir on éprouve à rencontrer tout à coup, dans des lieux lointains et inconnus, un nom qui vous rappelle la patrie.

Nous continuâmes notre route entre le nord et le couchant. Après avoir marché pendant trois heures par des terrains à demi cultivés, nous entrâmes dans un désert qui ne finit qu'à la vallée de la Laconie. Le lit desséché d'un torrent nous servait de chemin ; nous circulions avec lui dans un labyrinthe de montagnes peu élevées, toutes semblables entre elles, ne présentant partout que des sommets pelés et des flancs couverts d'une espèce de chêne-vert nain à feuilles de houx. Au bord de ce torrent desséché, et au centre à peu près de ces monticules, nous rencontrâmes un kan ombragé de deux platanes et rafraîchi par une petite fontaine. Nous laissâmes reposer nos montures : il y avait dix heures que nous étions à cheval. Nous ne trouvâmes pour toute nourriture que du lait de chèvre et quelques amandes. Nous repartîmes avant le coucher du soleil, et nous nous arrêtâmes à onze heures du soir dans une gorge de vallée, au bord d'un autre torrent qui conservait un peu d'eau.

Le chemin que nous suivions ne traversait aucun lieu célèbre : il avait servi tout au plus à la marche des troupes de Sparte, lorsqu'elles allaient combattre celles de Tégée dans les premières guerres de Lacédémone. On ne trouvait sur cette route qu'un temple de Jupiter-Scotitas vers le passage des Hermès : toutes ces montagnes ensemble devaient former différentes branches du Parnon, du Cronius et de l'Olympe.

Le 16, à la pointe du jour, nous bridâmes nos chevaux : le janissaire fit sa prière, se lava les coudes, la barbe et les mains, se tourna vers l'orient comme pour appeler la lumière, et nous partîmes. En avançant vers la Laconie, les montagnes commençaient à s'élever et à se couvrir de quelques bouquets de bois ; les vallées étaient étroites et brisées : quelques-unes me rappelèrent, mais sur une moindre échelle, le site de la grande Chartreuse et son magnifique revêtement de forêts. A midi nous découvrîmes un kan aussi pauvre que celui de la veille, quoiqu'il fût décoré du pavillon ottoman. Dans un espace de vingt-deux lieues c'étaient les deux seules habitations que nous eussions rencontrées : la fatigue et la faim nous obligèrent à rester dans ce sale gîte plus longtemps que je ne l'aurais voulu. Le maître du lieu, vieux Turc à la mine rébarbative, était assis dans un grenier qui régnait au-dessus des étables du kan ; les chèvres montaient jusqu'à lui et l'environnaient de leurs ordures. Il nous reçut dans ce lieu de plaisance, et ne daigna pas se lever de son fumier pour faire donner quelque chose à des chiens de chrétiens ; il cria d'une voix terrible, et un pauvre enfant grec tout nu, le corps enflé par la fièvre et par les coups de fouet, nous vint apporter du lait de brebis dans un vase dégoûtant par sa malpropreté ; encore fus-je obligé de sortir pour le boire à mon aise, car les chèvres et leurs chevreaux m'assiégeaient pour m'arracher un morceau de biscuit que je tenais à la main. J'avais mangé l'ours et le chien sacré avec les Sauvages ; je partageai depuis le repas des Bédouins ; mais je n'ai jamais rien rencontré de comparable à ce premier kan de la Laconie. C'était pourtant à peu près dans les mêmes lieux que paissaient les troupeaux de Ménélas, et qu'il offrit un festin à Télémaque : « On s'empressait dans le palais du roi, les serviteurs amenaient « les victimes ; ils apportaient aussi un vin généreux, tandis que leurs femmes, « le front orné de bandelettes pures, préparaient le repas (1). »

Nous quittâmes le kan vers trois heures après midi : à cinq heures nous parvînmes à une croupe de montagnes d'où nous découvrîmes en face de nous le Taygète, que j'avais déjà vu du côté opposé, Misitra, bâtie à ses pieds, et la vallée de la Laconie.

Nous y descendîmes par une espèce d'escalier taillé dans le roc comme celui du mont Borée. Nous aperçûmes un pont léger et d'une seule arche, élégamment jeté sur un petit fleuve, et réunissant deux hautes collines. Arrivés au bord du fleuve, nous passâmes à gué ses eaux limpides, au travers de grands roseaux, de beaux lauriers-roses en pleine fleur. Ce fleuve, que je passais ainsi sans le connaître, était l'Eurotas. Une vallée tortueuse s'ouvrit devant nous ; elle circulait autour de plusieurs monticules de figure à peu près semblable, et qui avaient l'air de monts artificiels ou de tumulus. Nous nous engageâmes dans ces détours, et nous arrivâmes à Misitra comme le jour tombait.

(1) *Odyss.*, liv. IV.

M. Vial m'avait donné une lettre pour un des principaux Turcs de Misitra, appelé *Ibraïm-bey*. Nous mîmes pied à terre dans sa cour, et ses esclaves m'introduisirent dans la salle des étrangers; elle était remplie de musulmans qui tous étaient comme moi des voyageurs et des hôtes d'Ibraïm. Je pris ma place sur le divan au milieu d'eux; je suspendis comme eux mes armes au mur au-dessus de ma tête. Joseph et mon janissaire en firent autant. Personne ne me demanda qui j'étais, d'où je venais : chacun continua de fumer, de dormir ou de causer avec son voisin sans jeter les yeux sur moi.

Notre hôte arriva : on lui avait porté la lettre de M. Vial. Ibraïm, âgé d'environ soixante ans, avait la physionomie douce et ouverte. Il vint à moi, me prit affectueusement la main, me bénit, essaya de prononcer le mot *bon*, moitié en français, moitié en italien, et s'assit à mes côtés. Il parla en grec à Joseph; il me fit prier de l'excuser s'il ne me recevait pas aussi bien qu'il aurait voulu : il avait un petit enfant malade : *un figliuolo*, répétait-il en italien; et cela lui faisait tourner la tête, *mi fa tornar la testa*; et il serrait son turban avec ses deux mains. Assurément ce n'était pas la tendresse paternelle dans toute sa naïveté que j'aurais été chercher à Sparte, et c'était un vieux Tartare qui montrait ce bon naturel sur le tombeau de ces mères qui disaient à leur fils, en leur donnant le bouclier : ἢ τάν, ἢ ἐπὶ τάν, avec ou dessus.

Ibraïm me quitta après quelques instants pour aller veiller son fils : il ordonna de m'apporter la pipe et le café; mais, comme l'heure du repas était passée, on ne me servit point de pilau : il m'aurait cependant fait grand plaisir, car j'étais presque à jeun depuis vingt-quatre heures. Joseph tira de son sac un saucisson dont il avalait des morceaux à l'insu des Turcs; il en offrait sous main au janissaire, qui détournait les yeux avec un mélange de regret et d'horreur.

Je pris mon parti : je me couchai sur le divan, dans l'angle de la salle. Une fenêtre avec une grille en roseaux s'ouvrait sur la vallée de la Laconie, où la lune répandait une clarté admirable. Appuyé sur le coude, je parcourais des yeux le ciel, la vallée, les sommets brillants et sombres du Taygète, selon qu'ils étaient dans l'ombre ou la lumière. Je pouvais à peine me persuader que je respirais dans la patrie d'Hélène et de Ménélas. Je me laissai entraîner à ces réflexions que chacun peut faire, et moi plus qu'un autre, sur les vicissitudes des destinées humaines. Que de lieux avaient déjà vu mon sommeil paisible ou troublé! Que de fois, à la clarté des mêmes étoiles, dans les forêts de l'Amérique, sur les chemins de l'Allemagne, dans les bruyères de l'Angleterre, dans les champs de l'Italie, au milieu de la mer, je m'étais livré à ces mêmes pensées touchant les agitations de la vie!

Un vieux Turc, homme, à ce qu'il paraissait, de grande considération, me tira de ces réflexions pour me prouver d'une manière encore plus sensible que j'étais loin de mon pays. Il était couché à mes pieds sur le divan : il se tournait, il s'asseyait, il soupirait, il appelait ses esclaves, il les renvoyait; il attendait le jour avec impatience. Le jour vint (17 août) : le Tartare, entouré de ses domestiques, les uns à genoux, les autres debout, ôta son turban; il se mira dans un morceau de glace brisée, peigna sa barbe, frisa ses moustaches, se frotta les joues pour les animer. Après avoir fait ainsi sa toilette, il partit en traînant majestueusement ses babouches et en me jetant un regard dédaigneux.

Mon hôte entra quelque temps après portant son fils dans ses bras. Ce pauvre enfant, jaune et miné par la fièvre, était tout nu. Il avait des amulettes et des espèces de sorts suspendus au cou. Le père le mit sur mes genoux, et il fallut entendre l'histoire de la maladie : l'enfant avait pris tout le quinquina de la Morée; on l'avait saigné (et c'était là le mal); sa mère lui avait mis des charmes, et elle avait attaché un turban à la tombe d'un santon : rien n'avait réussi. Ibraïm finit par me demander si je connaissais quelque remède. je me rappelai que dans mon enfance on m'avait guéri d'une fièvre avec de la petite centaurée; je conseillai l'usage de cette plante comme l'aurait pu faire le plus grave médecin. Mais qu'était-ce que la centaurée? Joseph pérora. Je prétendis que la centaurée avait été découverte par un certain médecin du voisinage appelé *Chiron* qui courait à cheval sur les montagnes. Un Grec déclara qu'il avait connu ce Chiron, qu'il était de Calamate, et qu'il montait ordinairement un cheval blanc. Comme nous tenions conseil, nous vîmes entrer un Turc que je reconnus pour un chef de la loi à son turban vert. Il vint à nous, prit la tête de l'enfant entre ses deux mains, et prononça dévotement une prière : tel est le caractère de la piété; elle est touchante et respectable même dans les religions les plus funestes.

J'avais envoyé le janissaire me chercher des chevaux et un guide pour visiter d'abord Amyclée et ensuite les ruines de Sparte, où je croyais être : tandis que j'attendais son retour, Ibraïm me fit servir un repas à la turque. J'étais toujours couché sur le divan : on mit devant moi une table extrêmement basse; un esclave me donna à laver; on apporta sur un plateau de bois un poulet haché dans du riz; je mangeais avec mes doigts. Après le poulet on servit une espèce de ragoût de mouton dans un bassin de cuivre; ensuite des figues, des olives, du raisin et du fromage, auquel, selon Guillet (1), Misitra doit aujourd'hui son nom. Entre chaque plat un esclave me versait de l'eau sur les mains, et un autre me présentait une serviette de grosse toile, mais fort blanche. Je refusai de boire du vin par courtoisie : après le café on m'offrit du savon pour mes moustaches.

Pendant le repas le chef de la loi m'avait fait faire plusieurs questions par Joseph; il voulait savoir pourquoi je voyageais, puisque je n'étais ni marchand, ni médecin. Je répondis que je voyageais pour voir les peuples, et surtout les Grecs qui étaient morts. Cela le fit rire : il répliqua que, puisque j'étais venu en Turquie, j'aurais dû apprendre le turc. Je trouvai pour lui une meilleure raison à mes voyages en disant que j'étais un pèlerin de Jérusalem. « Hadgi! hadgi (2)! » s'écria-t-il. Il fut pleinement satisfait. La religion est une espèce de langue universelle entendue de tous les hommes. Ce Turc ne pouvait comprendre que je quittasse ma patrie pour un simple motif de curiosité; mais

---

(1) M. Scrofani l'a suivi dans cette opinion. Si Sparte tirait son nom des genêts de son territoire, et non pas de Spartus, fils d'Amyclus, ou de Sparta, femme de Lacédémon, Misitra peut bien emprunter le sien d'un fromage.

(2) Pèlerin! pèlerin!

il trouva tout naturel que j'entreprisse un long voyage pour aller prier à un tombeau, pour demander à Dieu quelque prospérité ou la délivrance de quelque malheur. Ibraïm qui, en m'apportant son fils, m'avait demandé si j'avais des enfants, était persuadé que j'allais à Jérusalem afin d'en obtenir. J'ai vu les Sauvages du Nouveau-Monde indifférents à mes manières étrangères, mais seulement attentifs comme les Turcs à mes armes et à ma religion, c'est-à-dire aux deux choses qui protégent l'homme dans ses rapports de l'âme et du corps. Ce consentement unanime des peuples sur la religion et cette simplicité d'idées m'ont paru valoir la peine d'être remarqués.

Au reste, cette salle des étrangers où je prenais mon repas offrait une scène assez touchante et qui rappelait les anciennes mœurs de l'Orient. Tous les hôtes d'Ibraïm n'étaient pas riches, il s'en fallait beaucoup; plusieurs même étaient de véritables mendiants : pourtant ils étaient assis sur le même divan avec les Turcs qui avaient un grand train de chevaux et d'esclaves. Joseph et mon janissaire étaient traités comme moi, si ce n'est pourtant qu'on ne les avait point mis à ma table. Ibraïm saluait également ses hôtes, parlait à chacun, faisait donner à manger à tous. Il y avait des gueux en haillons, à qui des esclaves portaient respectueusement le café. On reconnaît là les préceptes charitables du Coran et la vertu de l'hospitalité que les Turcs ont empruntée des Arabes; mais cette fraternité du turban ne passe pas le seuil de la porte, et tel esclave a bu le café avec son hôte, à qui ce même hôte fait couper le cou en sortant. J'ai lu pourtant, et l'on m'a dit qu'en Asie il y a encore des familles turques qui ont les mœurs, la simplicité et la candeur des premiers âges : je le crois, car Ibraïm est certainement un des hommes les plus vénérables que j'aie jamais rencontrés.

Le janissaire revint avec un guide qui me proposait des chevaux non-seulement pour Amyclée, mais encore pour Argos. Il demanda un prix que j'acceptai. Le chef de la loi, témoin du marché, se leva tout en colère; il me fit dire que, puisque je voyageais pour connaître les peuples, j'eusse à savoir que j'avais affaire à des fripons; que ces gens-là me volaient; qu'ils me demandaient un prix extraordinaire; que je ne leur devais rien, puisque j'avais un firman; et qu'enfin j'étais complétement leur dupe. Il sortit plein d'indignation; et je vis qu'il était moins animé par un esprit de justice que révolté de ma stupidité.

A huit heures du matin je partis pour Amyclée, aujourd'hui Sclabochôrion : j'étais accompagné du nouveau guide et d'un cicérone grec, très-bon homme, mais très-ignorant. Nous prîmes le chemin de la plaine au pied du Taygète, en suivant de petits sentiers ombragés et fort agréables qui passaient entre des jardins; ces jardins, arrosés par des courants d'eau qui descendaient de la montagne, étaient plantés de mûriers, de figuiers et de sycomores. On y voyait aussi beaucoup de pastèques, de raisins, de concombres et d'herbes de différentes sortes. à la beauté du ciel et à l'espèce de culture près, on aurait pu se croire dans les environs de Chambéry. Nous traversâmes la Tiase, et nous arrivâmes à Amyclée, où je ne trouvai qu'une douzaine de chapelles grecques dévastées par les Albanais, et placées à quelque distance les unes des autres au milieu de champs cultivés. Le temple d'Apollon, celui d'Eurotas à Onga, le tombeau d'Hyacinthe, tout a disparu. Je ne pus découvrir aucune inscription : je cherchai pourtant avec soin le fameux nécrologe des prêtresses d'Amyclée, que l'abbé Fourmont copia en 1731 ou 1732, et qui donne une série de près de mille années avant Jésus-Christ. Les destructions se multiplient avec une telle rapidité dans la Grèce, que souvent un voyageur n'aperçoit pas le moindre vestige des monuments qu'un autre voyageur a admirés quelques mois avant lui. Tandis que je cherchais des fragments de ruines antiques parmi des monceaux de ruines modernes, je vis arriver des paysans conduits par un papas ; ils dérangèrent une planche appliquée contre le mur d'une des chapelles, et entrèrent dans un sanctuaire que je n'avais pas encore visité. J'eus la curiosité de les y suivre, et je trouvai que ces pauvres gens priaient avec leurs prêtres dans ces débris : ils chantaient les litanies devant une image de la Panagia (1), barbouillée en rouge sur un mur peint en bleu. Il y avait bien loin de cette fête aux fêtes d'Hyacinthe ; mais la triple pompe des ruines, des malheurs et des prières au vrai Dieu effaçait à mes yeux toutes les pompes de la terre.

Mes guides me pressaient de partir, parce que nous étions sur la frontière des Maniottes, qui, malgré les relations modernes, n'en sont pas moins de grands voleurs. Nous repassâmes la Tiase et nous retournâmes à Misitra par le chemin de la montagne. Je relèverai ici une erreur qui ne laisse pas de jeter de la confusion dans les cartes de la Laconie. Nous donnons indifféremment le nom moderne d'*Iris* ou *Vasilipotamos* à l'Eurotas. La Guillelière, ou plutôt Guillet, ne sait où Niger a pris ce nom d'*Iris*, et M. Pouqueville paraît également étonné de ce nom. Niger et Mélétius, qui écrivent *Neris* par corruption, n'ont pas cependant tout à fait tort. L'Eurotas est connu à Misitra sous le nom d'*Iri* (et non pas d'*Iris*) jusqu'à sa jonction avec la Tiase : il prend alors le nom de *Vasilipotamos*, et il le conserve le reste de son cours.

Nous arrivâmes dans la montagne au village de Parori, où nous vîmes une grande fontaine appelée *Chieramo :* elle sort avec abondance du flanc d'un rocher ; un saule pleureur l'ombrage au-dessus, et au-dessous s'élève un immense platane autour duquel on s'assied sur des nattes pour prendre le café. Je ne sais d'où ce saule pleureur a été apporté à Misitra ; c'est le seul que j'aie vu en Grèce (2). L'opinion commune fait, je crois, le *Salix Babylonica* originaire de l'Asie-Mineure, tandis qu'il nous est peut-être venu de la Chine à travers l'Orient. Il en est de même du peuplier pyramidal que la Lombardie a reçu de la Crimée et de la Géorgie, et dont la famille a été retrouvée sur les bords du Mississipi, au-dessus des Illinois.

Il y a beaucoup de marbres brisés et enterrés dans les environs de la fontaine de Parori : plusieurs portent des inscriptions dont on aperçoit des lettres et des mots ; avec du temps et de l'argent, peut-être pourrait-on faire dans cet endroit quelques découvertes : cependant il est probable que la plupart de ces inscriptions auront été copiées par l'abbé Fourmont, qui en recueillit trois cent cinquante dans la Laconie et dans la Messénie.

(1) La Toute-Sainte (la Vierge).
(2) Je ne sais pourtant si je n'en ai point vu quelques autres dans le jardin de l'aga de Naupli de Romanie, au bord du golfe d'Argos.

Suivant toujours à mi-côte le flanc du Taygète, nous rencontrâmes une seconde fontaine appelée Πανθάλαμα, *Panthalama*, qui tire son nom de la pierre d'où l'eau s'échappe. On voit sur cette pierre une sculpture antique d'une mauvaise exécution, représentant trois nymphes dansant avec des guirlandes. Enfin nous trouvâmes une dernière fontaine nommée Τριτζέλλα, *Tritzella*, au-dessous de laquelle s'ouvre une grotte qui n'a rien de remarquable (1). On reconnaîtra, si l'on veut, la Dorcia des anciens dans l'une de ces trois fontaines; mais alors elle serait placée beaucoup trop loin de Sparte.

Là, c'est-à-dire à la fontaine Tritzella, nous nous trouvions derrière Misitra, et presque au pied du château ruiné qui commande la ville. Il est placé au haut d'un rocher de forme quasi pyramidale. Nous avons employé huit heures à toutes nos courses, et il était quatre heures de l'après-midi. Nous quittâmes nos chevaux, et nous montâmes à pied au château par le faubourg des Juifs, qui tourne en limaçon autour du rocher jusqu'à la base du château. Ce faubourg a été entièrement détruit par les Albanais; les murs seuls des maisons sont restés debout, et l'on voit à travers les ouvertures des portes et des fenêtres la trace des flammes qui ont dévoré ces anciennes retraites de la misère. Des enfants, aussi méchants que les Spartiates dont ils descendent, se cachent dans ces ruines, épient le voyageur, et, au moment où il passe, font crouler sur lui des pans de murs et des fragments de rocher. Je faillis être victime d'un de ces jeux lacédémoniens.

Le château gothique qui couronne ces débris tombe lui-même en ruine : les vides des créneaux, les crevasses formées dans les voûtes, et les bouches des citernes, font qu'on ne marche pas sans danger. Il n'y a ni portes, ni gardes, ni canons; le tout est abandonné : mais on est bien dédommagé de la peine qu'on a prise de monter à ce donjon par la vue dont on jouit.

Au-dessous de vous, à votre gauche, est la partie détruite de Misitra, c'est-à-dire le faubourg des Juifs dont je viens de parler. A l'extrémité de ce faubourg vous apercevez l'archevêché et l'église de Saint-Dimitri, environnés d'un groupe de maisons grecques avec des jardins.

Perpendiculairement au-dessous de vous s'étend la partie de la ville appelée Κατωχώριον, *Katôchôrion*, c'est-à-dire le bourg au-dessous du Château.

En avant de Katôchôrion se trouve le Μεσοχώριον, *Mésochôrion*, le bourg du milieu : celui-ci a de grands jardins, et renferme des maisons turques peintes de vert et de rouge; on y remarque aussi des bazars, des kans et des mosquées.

A droite, au pied du Taygète, on voit successivement les trois villages ou faubourgs que j'avais traversés : Tritzella, Panthalama et Parori.

De la ville même sortent deux torrents : le premier est appelé Ὀβριοπόταμος, *Hobriopotamos*, rivière des Juifs; il coule entre le Katôchôrion et le Mésochôrion.

Le second se nomme *Panthalama*, du nom de la fontaine des Nymphes dont il sort : il se réunit à l'Hobriopotamos assez loin dans la plaine, vers le village désert de Μαγούλα, *Magoula*. Ces deux torrents, sur lesquels il y a un pont,

---

(1) M. Scrofani parle de ces fontaines.

ont suffi à La Guilletière pour en former l'Eurotas et le pont Babyx, sous le nom générique de Γέφυρος, qu'il aurait dû, je pense, écrire Γέφυρα.

A Magoula, ces deux ruisseaux réunis se jettent dans la rivière de Magoula, l'ancien Cnacion, et celui-ci va se perdre dans l'Eurotas.

Vue du château de Misitra, la vallée de la Laconie est admirable : elle s'étend à peu près du nord au midi ; elle est bordée à l'ouest par le Taygète, et à l'est par les monts Tornax, Barosthènes, Olympe et Ménélaïon ; de petites collines obstruent la partie septentrionale de la vallée, descendent au midi en diminuant de hauteur, et viennent former de leurs dernières croupes les collines où Sparte était assise. Depuis Sparte jusqu'à la mer se déroule une plaine unie et fertile arrosée par l'Eurotas (1).

Me voilà donc monté sur un créneau du château de Misitra, découvrant, contemplant et admirant toute la Laconie. Mais quand parlerez-vous de Sparte? me dira le lecteur. Où sont les débris de cette ville? Sont-ils renfermés dans Misitra? N'en reste-t-il aucune trace? Pourquoi courir à Amyclée avant d'avoir visité tous les coins de Lacédémone? Vous contenterez-vous de nommer l'Eurotas sans en montrer le cours, sans en décrire les bords? Quelle largeur a-t-il? de quelle couleur sont ses eaux? où sont ses cygnes, ses roseaux, ses lauriers? Les moindres particularités doivent être racontées quand il s'agit de la patrie de Lycurgue, d'Agis, de Lysandre, de Léonidas. Tout le monde a vu Athènes, mais très-peu de voyageurs ont pénétré jusqu'à Sparte : aucun n'en a complétement décrit les ruines.

Il y a déjà longtemps que j'aurais satisfait le lecteur si, dans le moment même où il m'aperçoit au haut du donjon de Misitra, je n'eusse fait pour mon propre compte toutes les questions que je l'entends me faire à présent.

Si on a lu l'Introduction à cet *Itinéraire* on a pu voir que je n'avais rien négligé pour me procurer sur Sparte tous les renseignements possibles : j'ai suivi l'histoire de cette ville depuis les Romains jusqu'à nous ; j'ai parlé des voyageurs et des livres qui nous ont appris quelque chose de la moderne Lacédémone ; malheureusement ces notions sont assez vagues, puisqu'elles ont fait naître deux opinions contradictoires. D'après le père Pacifique, Coronelli, le romancier Guillet et ceux qui les ont suivis, Misitra est bâtie sur les ruines de Sparte ; et d'après Spon, Vernon, l'abbé Fourmont, Leroi et d'Anville, les ruines de Sparte sont assez éloignées de Misitra (2). Il était bien clair, d'après cela, que les meilleures autorités étaient pour cette dernière opinion. D'Anville surtout est formel, et il paraît choqué du sentiment contraire : « Le lieu, dit-« il, qu'occupait cette ville (Sparte) est appelé *Palæochôri* ou le vieux bourg ; « la ville nouvelle sous le nom de *Misitra*, que l'on a tort de confondre avec « Sparte, en est écartée vers le couchant(3). » Spon, combattant La Guilletière, s'exprime aussi fortement d'après le témoignage de Vernon et du consul Giraud. L'abbé Fourmont, qui a retrouvé à Sparte tant d'inscriptions, n'a pu être dans

---

(1) Voyez, pour la description de la Laconie, les *Martyrs*, liv. xiv.
(2) Voyez l'Introduction.
(3) *Géogr. anc. abrég.*, tom. i, pag. 270.

l'erreur sur l'emplacement de cette ville : il est vrai que nous n'avons pas son voyage; mais Leroi, qui a reconnu le théâtre et le dromos, n'a pu ignorer la vraie position de Sparte. Les meilleures géographies, se conformant à ces grandes autorités, ont pris soin d'avertir que Misitra n'est point du tout Lacédémone. Il y en a même qui fixent assez bien la distance de l'une à l'autre de ces villes, en la faisant d'environ deux lieues.

On voit ici, par un exemple frappant, combien il est difficile de rétablir la vérité quand une erreur est enracinée. Malgré Spon, Fourmont, Leroi, d'Anville, etc., on s'est généralement obstiné à voir Sparte dans Misitra, et moi-même tout le premier. Deux voyageurs modernes avaient achevé de m'aveugler, Scrofani et M. Pouqueville. Je n'avais pas fait attention que celui-ci, en décrivant Misitra comme représentant Lacédémone, ne faisait que répéter l'opinion des gens du pays, et qu'il ne donnait pas ce sentiment pour le sien : il semble même pencher au contraire vers l'opinion qui a pour elle les meilleures autorités; d'où je devais conclure que M. Pouqueville, exact sur tout ce qu'il a vu de ses propres yeux, avait été trompé dans ce qu'on lui avait dit de Sparte (1).

Persuadé donc, par une erreur de mes premières études, que Misitra était Sparte, j'avais commencé à parcourir Amyclée : mon projet était de me débarrasser d'abord de ce qui n'était point Lacédémone, afin de donner ensuite à cette ville toute mon attention. Qu'on juge de mon embarras, lorsque du haut du château de Misitra, je m'obstinais à vouloir reconnaître la cité de Lycurgue dans une ville absolument moderne, et dont l'architecture ne m'offrait qu'un mélange confus du genre oriental et du style gothique, grec et italien : pas une pauvre petite ruine antique pour se consoler au milieu de tout cela. Encore si la vieille Sparte, comme la vieille Rome, avait levé sa tête défigurée du milieu de ces monuments nouveaux ! Mais non : Sparte était renversée dans la poudre, ensevelie dans le tombeau, foulée aux pieds des Turcs, morte, morte tout entière !

Je le croyais ainsi. Mon cicérone savait à peine quelques mots d'italien et d'anglais. Pour me faire mieux entendre de lui, j'essayais de méchantes phrases de grec moderne : je barbouillais au crayon quelques mots de grec ancien, je parlais italien et anglais, je mêlais du français à tout cela; Joseph voulait nous mettre d'accord, et il ne faisait qu'accroître la confusion ; le janissaire et le guide (espèce de juif demi-nègre) donnaient leur avis en turc et augmentaient le mal. Nous parlions tous à la fois, nous criions, nous gesticulions; avec nos habits différents, nos langages et nos visages divers, nous avions l'air d'une assemblée de démons perchés au coucher du soleil sur la pointe de ces ruines. Les bois et les cascades du Taygète étaient derrière nous, la Laconie à nos pieds, et le plus beau ciel sur notre tête.

« Voilà Misitra, disais-je au cicérone : c'est Lacédémone, n'est-ce pas? »
Il me répondait : « Signor, Lacédémone? Comment? »

---

(1) Il dit même en toutes lettres que Misitra n'est pas sur l'emplacement de Sparte; ensuite il revient aux idées des habitants du pays. On voit que l'auteur était sans cesse entre les grandes autorités qu'il connaissait et le bavardage de quelque Grec ignorant.

— « Je vous dis, Lacédémone ou Sparte?
— « Sparte? Quoi?
— « Je vous demande si Misitra est Sparte
— « Je n'entends pas.
— « Comment! vous, Grec, vous, Lacédémonien, vous ne connaissez pas
« le nom de Sparte?
— « Sparte? Oh, oui! Grande république! Fameux Lycurgue!
— « Ainsi Misitra est Lacédémone? »

Le Grec me fit un signe de tête affirmatif. Je fus ravi.

« Maintenant, repris-je, expliquez-moi ce que je vois : quelle est cette partie
« de la ville? » Et je montrais la partie devant moi, un peu à droite.

« Mésochôrion, » répondit-il.

— « J'entends bien ; mais quelle partie était-ce de Lacédémone?
— « Lacédémone? Quoi? »

J'étais hors de moi.

« Au moins, indiquez-moi le fleuve. » Et je répétais : « Pota mos, Potamos. »
Mon Grec me fit remarquer le torrent appelé la *rivière des Juifs*.

« Comment, c'est là l'Eurotas? impossible! Dites-moi où est le Vasilipotamos. »
Le cicérone fit de grands gestes, et étendit le bras à droite du côté d'Amyclée.
Me voilà replongé dans toutes mes perplexités. Je prononçai le nom d'*Iri;* et,
à ce nom, mon Spartiate me montra la gauche à l'opposé d'Amyclée.

Il fallait conclure qu'il y avait deux fleuves : l'un à droite, le Vasilipotamos;
l'autre à gauche, l'Iri; et que ni l'un ni l'autre de ces fleuves ne passait à Misitra.
On a vu plus haut, par l'explication que j'ai donnée de ces deux noms, ce qui
causait mon erreur.

Ainsi, disais-je en moi-même, je ne sais plus où est l'Eurotas; mais il est
clair qu'il ne passe point à Misitra. Donc Misitra n'est point Sparte, à moins que
le cours du fleuve n'ait changé, et ne se soit éloigné de la ville; ce qui n'est pas
du tout probable. Où est donc Sparte? Je serai venu jusqu'ici sans avoir pu la trouver! Je m'en retournerai sans l'avoir vue! J'étais dans la consternation. Comme
j'allais descendre du château, le Grec s'écria: « Votre Seigneurie demande
« peut-être Palæochôri? » A ce nom, je me rappelai le passage de d'Anville; je
m'écrie à mon tour : « Oui, Palæochôri! la vieille ville! Où est-elle, Palæochôri?

— « Là-bas, à Magoula, » dit le cicérone; et il me montrait au loin dans la
vallée une chaumière blanche environnée de quelques arbres.

Les larmes me vinrent aux yeux en fixant mes regards sur cette misérable
cabane qui s'élevait dans l'enceinte abandonnée d'une des villes les plus célèbres de l'univers, et qui servait seule à faire reconnaître l'emplacement de Sparte,
demeure unique d'un chevrier, dont toute la richesse consiste dans l'herbe qui
croit sur les tombeaux d'Agis et de Léonidas.

Je ne voulus plus rien voir ni rien entendre : je descendis précipitamment du
château, malgré les cris des guides qui voulaient me montrer des ruines modernes, et me raconter des histoires d'agas, de pachas, de cadis, de vayvodes;
mais, en passant devant l'archevêché, je trouvai des papas qui attendaient *le
Français* à la porte, et qui m'invitèrent à entrer de la part de l'archevêque.

Quoique j'eusse bien désiré refuser cette politesse, il n'y eut pas moyen de s'y soustraire. J'entrai donc : l'archevêque était assis au milieu de son clergé dans une salle très-propre, garnie de nattes et de coussins à la manière des Turcs. Tous ces papas et leur chef étaient gens d'esprit et de bonne humeur ; plusieurs savaient l'italien et s'exprimaient avec facilité dans cette langue. Je leur contai ce qui venait de m'arriver au sujet des ruines de Sparte : ils en rirent et se moquèrent du cicérone ; ils me parurent fort accoutumés aux étrangers.

La Morée est en effet remplie de Lévantins, de Francs, de Ragusains, d'Italiens, et surtout de jeunes médecins de Venise et des îles Ioniennes, qui viennent dépêcher les cadis et les agas. Les chemins sont assez sûrs : on trouve passablement de quoi se nourrir ; on jouit d'une grande liberté, pourvu qu'on ait un peu de fermeté et de prudence. C'est en général un voyage très-facile, surtout pour un homme qui a vécu chez les Sauvages de l'Amérique. Il y a toujours quelques Anglais sur les chemins du Péloponèse : les papas me dirent qu'ils avaient vu dans ces derniers temps des antiquaires et des officiers de cette nation. Il y a même à Misitra une maison grecque qu'on appelle l'*Auberge anglaise :* on y mange du roast-beef, et l'on y boit du vin de Porto. Le voyageur a sous ce rapport de grandes obligations aux Anglais : ce sont eux qui ont établi de bonnes auberges dans toute l'Europe, en Italie, en Suisse, en Allemagne, en Espagne, à Constantinople, à Athènes, et jusqu'aux portes de Sparte, en dépit de Lycurgue.

L'archevêque connaissait le vice-consul d'Athènes, et je ne sais s'il ne me dit point lui avoir donné l'hospitalité dans les deux ou trois courses que M. Fauvel a faites à Misitra. Après qu'on m'eut servi le café, on me montra l'archevêché et l'église : celle-ci, fort célèbre dans nos géographies, n'a pourtant rien de remarquable. La mosaïque du pavé est commune ; les peintures, vantées par Guillet, rappellent absolument les ébauches de l'école avant le Pérugin. Quant à l'architecture, ce sont toujours des dômes plus ou moins écrasés, plus ou moins multipliés. Cette cathédrale, dédiée à saint Dimitri, et non pas à la Vierge, comme on l'a dit, a pour sa part sept de ces dômes. Depuis que cet ornement a été employé à Constantinople dans la dégénération de l'art, il a marqué tous les monuments de la Grèce. Il n'a ni la hardiesse du gothique, ni la sage beauté de l'antique. Il est assez majestueux quand il est immense ; mais alors il écrase l'édifice qui le porte : s'il est petit, ce n'est plus qu'une calotte ignoble qui ne se lie à aucun membre de l'architecture, et qui s'élève au-dessus des entablements tout exprès pour rompre la ligne harmonieuse de la cymaise.

Je vis dans la bibliothèque de l'archevêché quelques traités des pères grecs, des livres de controverse, et deux ou trois historiens de la *Byzantine ;* entre autres Pachymère. Il eût été intéressant de collationner le texte de ce manuscrit avec les textes que nous avons ; mais il aura sans doute passé sous les yeux de nos deux grands hellénistes, l'abbé Fourmont et d'Ansse de Villoison. Il est probable que les Vénitiens, longtemps maîtres de la Morée, en auront enlevé les manuscrits les plus précieux.

Mes hôtes me montrèrent avec empressement des traductions imprimées de uelques ouvrages français : c'est, comme on sait, le *Télémaque,* Rollin, etc, et des nouveautés publiées à Bucharest. Parmi ces traductions, je n'oserais dire que je trouvai *Atala*, si M. Stamati ne m'avait aussi fait l'honneur de prêter à ma Sauvage la langue d'Homère. La traduction que je vis à Misitra n'était pas achevée; le traducteur était un Grec, natif de Zante; il s'était trouvé à Venise, lorsque *Atala* y parut en italien, et c'était sur cette traduction qu'il avait commencé la sienne en grec vulgaire. Je ne sais si je cachai mon nom par orgueil ou par modestie; mais ma petite gloriole d'auteur fut si satisfaite de se rencontrer auprès de la grande gloire de Lacédémone, que le portier de l'archevêché eut lieu de se louer de ma générosité : c'est une charité dont j'ai fait depuis pénitence.

Il était nuit quand je sortis de l'archevêché : nous traversâmes la partie la plus peuplée de Misitra; nous passâmes dans le bazar indiqué dans plusieurs descriptions comme devant être l'Agora des anciens, supposant toujours que Misitra est Lacédémone. Ce bazar est un mauvais marché pareil à ces halles que l'on voit dans nos petites villes de province. De chétives boutiques de schalls, de merceries, de comestibles, en occupent les rues. Ces boutiques étaient alors occupées par des lampes de fabrique italienne. On me fit remarquer, à la lueur de ces lampes, deux Maniottes qui vendaient des sèches et des polypes de mer, appelés à Naples *frutti di mare*. Ces pêcheurs, d'une assez grande taille, ressemblaient à des paysans francs-comtois. Je ne leur trouvai rien d'extraordinaire. J'achetai d'eux un chien de Taygète : il était de moyenne taille, le poil fauve et rude, le nez très-court, l'air sauvage :

Fulvus Lacon.
Amica vis pastoribus.

Je l'avais nommé *Argus* : « Ulysse en fit autant. » Malheureusement je le perdis quelques jours après sur la route entre Argos et Corinthe.

Nous vîmes passer plusieurs femmes enveloppées dans leurs longs habits. Nous nous détournions pour leur céder le chemin, selon une coutume de l'Orient, qui tient à la jalousie plus qu'à la politesse. Je ne pus découvrir leurs visages; je ne sais donc s'il faut dire encore *Sparte aux belles femmes*, d'après Homère, καλλιγύναικα.

Je rentrai chez Ibraïm après treize heures de courses, pendant lesquelles je ne m'étais reposé que quelques moments. Outre que je supporte la fatigue, le soleil et la faim, j'ai observé qu'une vive émotion me soutient contre la lassitude, et me donne de nouvelles forces. Je suis convaincu d'ailleurs, et plus que personne, qu'une volonté inflexible surmonte tout et l'emporte même sur le temps. Je me décidai à ne me point coucher, à profiter de la nuit pour écrire des notes, à me rendre le lendemain aux ruines de Sparte, et à continuer de là mon voyage sans revenir à Misitra.

Je dis adieu à Ibraïm; j'ordonnai à Joseph et au guide de se rendre avec leurs chevaux sur la route d'Argos, et de m'attendre à ce pont de l'Eurotas que nous avions déjà passé en venant de Tripolizza. Je ne gardai que le janissaire pour m'accompagner aux ruines de Sparte : si j'avais même pu me passer de lui, je serais allé seul à Magoula; car j'avais éprouvé combien des subalternes qui s'impatientent et s'ennuient vous gênent dans les recherches que vous voulez faire.

Tout étant réglé de la sorte, le 18, une demi-heure avant le jour, je montai à cheval avec le janissaire ; je récompensai les esclaves du bon Ibraïm, et je partis au grand galop pour Lacédémone.

Il y avait déjà une heure que nous courions par un chemin uni qui se dirigeait droit au sud-est, lorsqu'au lever de l'aurore j'aperçus quelques débris et un long mur de construction antique : le cœur commence à me battre. Le janissaire se tourne vers moi, et me montrant sur la droite, avec son fouet, une cabane blanchâtre, il me crie d'un air de satisfaction : « Palæochôri ! » Je me dirigeai vers la principale ruine que je découvrais sur une hauteur. En tournant cette hauteur par le nord-ouest afin d'y monter, je m'arrêtai tout à coup à la vue d'une vaste enceinte, ouverte en demi-cercle, et que je reconnus à l'instant pour un théâtre. Je ne puis peindre les sentiments confus qui vinrent m'assiéger. La colline au pied de laquelle je me trouvais était donc la colline de la citadelle de Sparte, puisque le théâtre était adossé à la citadelle ; la ruine que je voyais sur cette colline était donc le temple de Minerve-Chalciœcos, puisque celui-ci était dans la citadelle ; les débris et le long mur que j'avais passés plus bas faisaient donc partie de la tribu des Cynosures, puisque cette tribu était au nord de la ville : Sparte était donc sous mes yeux ; et son théâtre, que j'avais eu le bonheur de découvrir en arrivant, me donnait sur-le-champ les positions des quartiers et des monuments. Je mis pied à terre, et je montai en courant sur la colline de la citadelle.

Comme j'arrivais à son sommet, le soleil se levait derrière les monts Ménélaïons. Quel beau spectacle ! mais qu'il était triste ! L'Eurotas coulant solitaire sous les débris du pont Babyx ; des ruines de toutes parts, et pas un homme parmi ces ruines ! Je restai immobile, dans une espèce de stupeur, à contempler cette scène. Un mélange d'admiration et de douleur arrêtait mes pas et ma pensée ; le silence était profond autour de moi : je voulus du moins faire parler l'écho dans des lieux où la voix humaine ne se faisait plus entendre, et je criai de toute ma force : Léonidas ! Aucune ruine ne répéta ce grand nom, et Sparte même sembla l'avoir oublié.

Si des ruines où s'attachent des souvenirs illustres font bien voir la vanité de tout ici-bas, il faut pourtant convenir que les noms qui survivent à des empires et qui immortalisent des temps et des lieux sont quelque chose. Après tout, ne dédaignons pas trop la gloire ; rien n'est plus beau qu'elle, si ce n'est la vertu. Le comble du bonheur serait de réunir l'une à l'autre dans cette vie ; et c'était l'objet de l'unique prière que les Spartiates adressaient aux dieux : « *Ut pulchra « bonis adderent !* »

Quand l'espèce de trouble où j'étais fut dissipé, je commençai à étudier les ruines autour de moi. Le sommet de la colline offrait un plateau environné, surtout au nord-ouest, d'épaisses murailles ; j'en fis deux fois le tour, et je comptai mille cinq cent soixante, et mille cinq cent soixante-six pas communs, ou à peu près sept cent quatre-vingts pas géométriques ; mais il faut remarquer que j'embrasse dans ce circuit le sommet entier de la colline, y compris la courbe que forme l'excavation du théâtre dans cette colline : c'est ce théâtre que Leroi a examiné.

Des décombres, partie ensevelis sous terre, partie élevés au-dessus du sol, annoncent, vers le milieu de ce plateau, les fondements du temple de Minerve. Chalciœcos (1), où Pausanias se réfugia vainement et perdit la vie. Une espèce de rampe en terrasse, large de soixante-dix pieds, et d'une pente extrêmement douce, descend du midi de la colline dans la plaine. C'était peut-être le chemin par où l'on montait à la citadelle, qui ne devint très-forte que sous les tyrans de Lacédémone.

A la naissance de cette rampe, et au-dessus du théâtre, je vis un petit édifice de forme ronde aux trois quarts détruit : les niches intérieures en paraissent également propres à recevoir des statues ou des urnes. Est-ce un tombeau? Est-ce le temple de Vénus armée? Ce dernier devait être à peu près dans cette position, et dépendant de la tribu des Égides. César, qui prétendait descendre de Vénus, portait sur son anneau l'empreinte d'une Vénus armée : c'était en effet le double emblème des faiblesses et de la gloire de ce grand homme :

> Vincere si possum nuda, quid arma gerens?

Si l'on se place avec moi sur la colline de la citadelle, voici ce qu'on verra autour de soi :

Au levant, c'est-à-dire vers l'Eurotas, un monticule de forme allongée, et aplati à sa cime, comme pour servir de stade ou d'hippodrome. Des deux côtés de ce monticule, entre deux autres monticules qui font, avec le premier, deux espèces de vallées, on aperçoit les ruines du pont Babyx et le cours de l'Eurotas. De l'autre côté du fleuve, la vue est arrêtée par une chaîne de collines rougeâtres : ce sont les monts Ménélaïons. Derrière ces monts s'élève la barrière des hautes montagnes qui bordent au loin le golfe d'Argos.

Dans cette vue à l'est, entre la citadelle et l'Eurotas, en portant les yeux nord et sud par l'est, parallèlement au cours du fleuve, on placera la tribu des Limnates, le temple de Lycurgue, le palais du roi Démarate, la tribu des Égides et celle des Messoates, un des Lesché, le monument de Cadmus, les temples d'Hercule, d'Hélène, et le Plataniste. J'ai compté dans ce vaste espace sept ruines debout et hors de terre, mais tout à fait informes et dégradées. Comme je pouvais choisir, j'ai donné à l'un de ces débris le nom du temple d'Hélène ; à l'autre celui du tombeau d'Alcman : j'ai cru voir les monuments héroïques d'Égée et de Cadmus ; je me suis déterminé ainsi pour la Fable, et n'ai reconnu pour l'histoire que le temple de Lycurgue. J'avoue que je préfère au brouet noir et à la Cryptie la mémoire du seul poëte que Lacédémone ait produit, et la couronne de fleurs que les filles de Sparte cueillirent pour Hélène dans l'île du Plataniste :

> O ubi campi,
> Sperchiusque et virginibus bacchata Lacænis,
> Taygeta!

(1) Chalciœcos, maison d'airain. Il ne faut pas prendre le texte de Pausanias et de Plutarque à la lettre, et s'imaginer que ce temple fût tout d'airain ; cela veut dire seulement que ce temple était revêtu d'airain en dedans et peut-être en dehors. J'espère que personne ne confondra les deux Pausanias que je cite ici, l'un dans le texte, l'autre dans la note.

En regardant maintenant vers le nord, et toujours du sommet de la citadelle, on voit une assez haute colline qui domine même celle où la citadelle est bâtie, ce qui contredit le texte de Pausanias. C'est dans la vallée que forment ces deux collines que devaient se trouver la place publique et les monuments que cette dernière renfermait, tels que le sénat des Gérontes, le Chœur, le Portique des Perses, etc. Il n'y a aucune ruine de ce côté. Au nord ouest s'étendait la tribu des Cynosures, par où j'étais entré à Sparte, et où j'ai remarqué le long mur.

Tournons-nous à présent à l'ouest, et nous apercevrons, sur un terrain uni, derrière et au pied du théâtre, trois ruines, dont l'une est assez haute et arrondie comme une tour : dans cette direction se trouvaient la tribu des Pitanates, le Théomélide, les tombeaux de Pausanias et de Léonidas, le Lesché des Crotanes et le temple de Diane Isora.

Enfin, si l'on ramène ses regards au midi, on verra une terre inégale que soulèvent çà et là des racines de murs rasés au niveau du sol. Il faut que les pierres en aient été emportées, car on ne les aperçoit point à l'entour. La maison de Ménélas s'élevait dans cette perspective ; et plus loin, sur le chemin d'Amyclée, on rencontrait le temple des Dioscures et des Grâces. Cette description deviendra plus intelligible si le lecteur veut avoir recours à Pausanias ou simplement au *Voyage d'Anacharsis*.

Tout cet emplacement de Lacédémone est inculte : le soleil l'embrase en silence et dévore incessamment le marbre des tombeaux. Quand je vis ce désert aucune plante n'en décorait les débris, aucun oiseau, aucun insecte ne les animait, hors des millions de lézards qui montaient et descendaient sans bruit le long des murs brûlants. Une douzaine de chevaux à demi sauvages paissaient çà et là une herbe flétrie, un pâtre cultivait dans un coin du théâtre quelques pastèques ; et à Magoula, qui donne son triste nom à Lacédémone, on remarquait un petit bois de cyprès. Mais ce Magoula même, qui fut autrefois un village turc assez considérable, a péri dans ce champ de mort : ses masures sont tombées, et ce n'est plus qu'une ruine qui annonce des ruines.

Je descendis de la citadelle, et je marchai pendant un quart d'heure pour arriver à l'Eurotas. Je le vis à peu près tel que je l'avais passé deux lieues plus haut sans le connaître : il peut avoir devant Sparte la largeur de la Marne au-dessus de Charenton. Son lit, presque desséché en été, présente une grève semée de petits cailloux, plantée de roseaux et de lauriers-roses, et sur laquelle coulent quelques filets d'une eau fraîche et limpide. Cette eau me parut excellente ; j'en bus abondamment, car je mourais de soif. L'Eurotas mérite certainement l'épithète de $\varkappa\alpha\lambda\lambda\iota\delta\acute{o}\nu\alpha\xi$, *aux beaux roseaux*, que lui a donnée Euripide, mais je ne sais s'il doit garder celle d'*olorifer*, car je n'ai point aperçu de cygnes dans ses eaux. Je suivis son cours, espérant rencontrer ces oiseaux qui, selon Platon, ont avant d'expirer une vue de l'Olympe, et c'est pourquoi leur dernier chant est si mélodieux : mes recherches furent inutiles. Apparemment que je n'ai pas, comme Horace, la faveur des Tyndarides, et qu'ils n'ont pas voulu me laisser pénétrer le secret de leur berceau.

Les fleuves fameux ont la même destinée que les peuples fameux : d'abord ignorés, puis célébrés sur toute la terre, ils retombent ensuite dans leur première obscurité. L'Eurotas, appelé d'abord *Himère*, coule maintenant oublié sous le nom d'*Iri*, comme le Tibre, autrefois l'Albula, porte aujourd'hui à la mer les eaux inconnues du Tévère. J'examinai les ruines du pont Babyx, qui sont peu de chose. Je cherchai l'île du Plataniste, et je crois l'avoir trouvée au-dessous même de Magoula : c'est un terrain de forme triangulaire, dont un côté est baigné par l'Eurotas, et dont les deux autres côtés sont fermés par des fossés pleins de jonc, où coule pendant l'hiver la rivière de Magoula, l'ancien Cnacion.

Il y a dans cette île quelques mûriers et des sycomores, mais point de platanes. Je n'aperçus rien qui prouvât que les Turcs fissent encore de cette île un lieu de délices ; je vis cependant quelques fleurs, entre autres des lis bleus portés par une espèce de glaïeuls ; j'en cueillis plusieurs en mémoire d'Hélène : la fragile couronne de la beauté existe encore sur les bords de l'Eurotas, et la beauté même a disparu.

La vue dont on jouit en marchant le long de l'Eurotas est bien différente de celle que l'on découvre du sommet à la citadelle. Le fleuve suit un lit tortueux, et se cache, comme je l'ai dit, parmi des roseaux et des lauriers-roses aussi grands que des arbres ; sur la rive gauche, les monts Ménélaïons, d'un aspect aride et rougeâtre, forment contraste avec la fraîcheur et la verdure du cours de l'Eurotas. Sur la rive droite, le Taygète déploie son magnifique rideau : tout l'espace compris entre ce rideau et le fleuve est occupé par les collines et les ruines de Sparte ; ces collines et ces ruines ne paraissent point désolées comme lorsqu'on les voit de près : elles semblent au contraire teintes de pourpre, de violet, d'or pâle. Ce ne sont point les prairies et les feuilles d'un vert cru et froid qui font les admirables paysages, ce sont les effets de la lumière : voilà pourquoi les roches et les bruyères de la baie de Naples seront toujours plus belles que les vallées les plus fertiles de la France et de l'Angleterre.

Ainsi, après des siècles d'oubli, ce fleuve qui vit errer sur ses bords les Lacédémoniens illustrés par Plutarque, ce fleuve, dis-je, s'est peut-être réjoui dans son abandon d'entendre retentir autour de ses rives les pas d'un obscur étranger. C'était le 18 août 1806, à neuf heures du matin, que je fis seul, le long de l'Eurotas, cette promenade qui ne s'effacera jamais de ma mémoire. Si je hais les mœurs des Spartiates, je ne méconnais point la grandeur d'un peuple libre, et je n'ai point foulé sans émotion sa noble poussière. Un seul fait suffit à la gloire de ce peuple : quand Néron visita la Grèce il n'osa entrer dans Lacédémone. Quel magnifique éloge de cette cité !

Je retournai à la citadelle en m'arrêtant à tous les débris que je rencontrais sur mon chemin. Comme Misitra a vraisemblablement été bâtie avec les ruines de Sparte, cela sans doute aura beaucoup contribué à la dégradation des monuments de cette dernière ville. Je trouvai mon compagnon exactement dans la même place où je l'avais laissé : il s'était assis ; il avait dormi ; il venait de se réveiller ; il fumait ; il allait dormir encore. Les chevaux paissaient paisiblement dans les foyers du roi Ménélas : « Hélène n'avait point quitté sa belle « quenouille chargée d'une laine teinte en pourpre, pour leur donner un pur

« froment dans une superbe crèche (1). » Aussi, tout voyageur que je suis, je ne suis point le fils d'Ulysse, quoique je préfère, comme Télémaque, mes rochers paternels aux plus beaux pays.

Il était midi ; le soleil dardait à plomb ses rayons sur nos têtes. Nous nous mîmes à l'ombre dans un coin du théâtre, et nous mangeâmes d'un grand appétit du pain et des figues sèches que nous avions apportés de Misitra ; Joseph s'était emparé du reste des provisions. Le janissaire se réjouissait ; il croyait en être quitte, et se préparait à partir ; mais il vit bientôt, à son grand déplaisir, qu'il s'était trompé. Je me mis à écrire des notes et à prendre la vue des lieux : tout cela dura deux grandes heures, après quoi je voulus examiner les monuments à l'ouest de la citadelle. C'était de ce côté que devait être le tombeau de Léonidas. Le janissaire m'accompagna, tirant les chevaux par la bride ; nous allions errant de ruine en ruine. Nous étions les deux seuls hommes vivants au milieu de tant de morts illustres ; tous deux Barbares, étrangers l'un à l'autre, ainsi qu'à la Grèce ; sortis des forêts de la Gaule et des rochers du Caucase, nous nous étions rencontrés au fond du Péloponèse, moi pour passer, lui pour vivre sur les tombeaux qui n'étaient pas ceux de nos aïeux.

J'interrogeai vainement les moindres pierres pour leur demander les cendres de Léonidas. J'eus pourtant un moment d'espoir : près de cette espèce de tour que j'ai indiquée à l'ouest de la citadelle, je vis des débris de sculptures, qui me semblèrent être ceux d'un lion. Nous savons par Hérodote qu'il y avait un lion de pierre sur le tombeau de Léonidas ; circonstance qui n'est pas rapportée par Pausanias. Je redoublai d'ardeur ; tous mes soins furent inutiles (2). Je ne sais si c'est dans cet endroit que l'abbé Fourmont fit la découverte de trois monuments curieux. L'un était un cippe sur lequel était gravé le nom de *Jérusalem* : il s'agissait peut-être de cette alliance des Juifs et des Lacédémoniens dont il est parlé dans *les Macchabées*; les deux autres monuments étaient les inscriptions sépulcrales de Lysander et d'Agésilas : un Français devait naturellement retrouver le tombeau de deux grands capitaines. Je remarquerai que c'est à mes compatriotes que l'Europe doit les premières notions satisfaisantes qu'elle ait eues sur les ruines de Sparte et d'Athènes (3). Deshayes,

(1) *Odyss.*
(2) Ma mémoire me trompait ici : le lion dont parle Hérodote était aux Thermopyles. Cet historien ne dit pas même que les os de Léonidas furent transportés dans sa patrie. Il prétend, au contraire, que Xerxès fit mettre en croix le corps de ce prince. Ainsi, les débris du lion que j'ai vu à Sparte ne peuvent point indiquer la tombe de Léonidas. On croit bien que je n'avais pas un *Hérodote* à la main sur les ruines de Lacédémone ; je n'avais porté dans mon voyage que *Racine, le Tasse, Virgile* et *Homère ;* celui-ci avait des feuillets blancs pour écrire des notes. Il n'est donc pas bien étonnant qu'obligé de tirer mes ressources de ma mémoire, j'aie pu me méprendre sur un lieu, sans néanmoins me tromper sur un fait. On peut voir deux jolies épigrammes de l'*Anthologie* sur ce lion de pierre des Thermopyles.
(3) On a bien sur Athènes les deux lettres de la collection de Martin Crusius, en 1584 ; mais, outre qu'elles ne disent presque rien, elles sont écrites par des Grecs natifs de la Morée, et par conséquent elles ne sont point le fruit des recherches des voyageurs modernes. Spon cite encore le manuscrit de la bibliothèque Barberine, à Rome, qui remontait à deux cents ans avant son voyage, et où il trouva quelques dessins d'Athènes. Voyez l'Introduction.

envoyé par Louis XIII à Jérusalem, passa vers l'an 1629 à Athènes : nous avons son *Voyage*, que Chandler n'a pas connu. Le père Babin, Jésuite, donna en 1672 sa relation de l'*État présent de la ville d'Athènes;* cette relation fut rédigée par Spon, avant que ce sincère et habile voyageur eût commencé ses courses avec Wheler. L'abbé Fourmont et Leroi ont répandu les premiers des lumières certaines sur la Laconie, quoique à la vérité Vernon eût passé à Sparte avant eux; mais on n'a qu'une seule lettre de cet Anglais : il se contente de dire qu'il a vu Lacédémone, et il n'entre dans aucun détail (1). Pour moi, j'ignore si mes recherches passeront à l'avenir; mais du moins j'aurai mêlé mon nom au nom de Sparte, qui peut seule le sauver de l'oubli; j'aurai, pour ainsi dire, retrouvé cette cité immortelle, en donnant sur ses ruines des détails jusqu'ici inconnus : un simple pêcheur, par naufrage ou par aventure, détermine souvent la position de quelques écueils qui avaient échappé aux soins des pilotes les plus habiles.

Il y avait à Sparte une foule d'autels et de statues consacrés au Sommeil, à la Mort, à la Beauté (Vénus-Morphô), divinités de tous les hommes; à la Peur sous les armes, apparemment celle que les Lacédémoniens inspiraient aux ennemis : rien de tout cela n'est resté; mais je lus sur une espèce de socle ces quatre lettres ΛΑΣΜ. Faut-il rétablir ΓΕΛΑΣΜΑ, *Gelasma?* Serait-ce le piédestal de cette statue du Rire que Lycurgue plaça chez les graves descendants d'Hercule? L'autel du Rire subsistant seul au milieu de Sparte ensevelie offrirait un beau sujet de triomphe à la philosophie de Démocrite!

Le jour finissait lorsque je m'arrachai à ces illustres débris, à l'ombre de Lycurgue, aux souvenirs des Thermopyles et à tous les mensonges de la Fable et de l'histoire. Le soleil disparut derrière le Taygète, de sorte que je le vis commencer et finir son tour sur les ruines de Lacédémone. Il y avait trois mille cinq cent quarante-trois ans qu'il s'était levé et couché pour la première fois sur cette ville naissante. Je partis l'esprit rempli des objets que je venais de voir, et livré à des réflexions intarissables : de pareilles journées font ensuite supporter patiemment beaucoup de malheurs, et rendent surtout indifférent à bien des spectacles.

Nous remontâmes le cours de l'Eurotas pendant une heure et demie, au travers des champs, et nous tombâmes dans le chemin de Tripolizza. Joseph et le guide étaient campés de l'autre côté de la rivière, auprès du pont : ils avaient allumé du feu avec des roseaux, en dépit d'Apollon, que le gémissement de ces roseaux consolait de la perte de Daphné. Joseph s'était abondamment pourvu du nécessaire : il avait du sel, de l'huile, des pastèques, du pain et de la viande. Il prépara un gigot de mouton, comme le compagnon d'Achille, et me le servit sur le coin d'une grande pierre, avec du vin de la vigne d'Ulysse et de l'eau de l'Eurotas. J'avais justement pour trouver ce souper excellent ce qui manquait à Denys pour sentir le mérite du brouet noir.

Après le souper Joseph apporta ma selle, qui me servait ordinairement d'oreiller; je m'enveloppai dans mon manteau, et je me couchai au bord de l'Eu-

---

(1) Voyez sur tout cela l'Introduction.

rotas, sous un laurier. La nuit était si pure et si sereine, que la voie lactée formait comme une aube réfléchie par l'eau du fleuve, et à la clarté de laquelle on aurait pu lire. Je m'endormis les yeux attachés au ciel, ayant précisément au-dessus de ma tête la belle constellation du Cygne de Léda. Je me rappelle encore le plaisir que j'éprouvais autrefois à me reposer ainsi dans les bois de l'Amérique, et surtout à me réveiller au milieu de la nuit. J'écoutais le bruit du vent dans la solitude, le bramement des daims et des cerfs, le mugissement d'une cataracte éloignée, tandis que mon bûcher, à demi éteint, rougissait en dessous le feuillage des arbres. J'aimais jusqu'à la voix de l'Iroquois, lorsqu'il élevait un cri du sein des forêts, et qu'à la clarté des étoiles, dans le silence de la nature, il semblait proclamer sa liberté sans bornes. Tout cela plaît à vingt ans, parce que la vie se suffit pour ainsi dire à elle-même, et qu'il y a dans la première jeunesse quelque chose d'inquiet et de vague qui nous porte incessamment aux chimères, *ipsi sibi somnia fingunt;* mais, dans un âge plus mûr, l'esprit revient à des goûts plus solides : il veut surtout se nourrir des souvenirs et des exemples de l'histoire. Je dormirais encore volontiers au bord de l'Eurotas ou du Jourdain, si les ombres héroïques des trois cents Spartiates ou les douze fils de Jacob devaient visiter mon sommeil: mais je n'irais plus chercher une terre nouvelle qui n'a point été déchirée par le soc de la charrue ; il me faut à présent de vieux déserts qui me rendent à volonté les murs de Babylone ou les légions de Pharsale, *grandia ossa!* des champs dont les sillons m'instruisent, et où je retrouve, homme que je suis, le sang, les larmes et les sueurs de l'homme.

Joseph me réveilla le 19, à trois heures du matin, comme je le lui avais ordonné : nous sellâmes nos chevaux et nous partîmes. Je tournai la tête vers Sparte, et je jetai un dernier regard sur l'Eurotas : je ne pouvais me défendre de ce sentiment de tristesse qu'on éprouve en présence d'une grande ruine, et en quittant des lieux qu'on ne reverra jamais.

Le chemin qui conduit de la Laconie dans l'Argolide était dans l'antiquité ce qu'il est encore aujourd'hui, un des plus rudes et des plus sauvages de la Grèce. Nous suivîmes pendant quelque temps la route de Tripolizza ; puis, tournant au levant, nous nous enfonçâmes dans des gorges de montagnes. Nous marchions rapidement dans des ravines et sous des arbres qui nous obligeaient de nous coucher sur le cou de nos chevaux. Je frappai si rudement de la tête contre une branche de ces arbres, que je fus jeté à dix pas sans connaissance. Comme mon cheval continuait de galoper, mes compagnons de voyage qui me devançaient, ne s'aperçurent pas de ma chute : leurs cris, quand ils revinrent à moi, me tirèrent de mon évanouissement.

A quatre heures du matin nous parvînmes au sommet d'une montagne où nous laissâmes reposer nos chevaux Le froid devint si piquant, que nous fûmes obligés d'allumer un feu de bruyères. Je ne puis assigner de nom à ce lieu peu célèbre dans l'antiquité ; mais nous devions être vers les sources de Lœnus, dans la chaîne du mont Éva, et peu éloignés de Prasiæ, sur le golfe d'Argos.

Nous arrivâmes à midi à un gros village appelé *Saint-Paul,* assez voisin de la mer : on n'y parlait que d'un événement tragique qu'on s'empressa de nous raconter. Une fille de ce village, ayant perdu son père et sa mère, et se trouvant maîtresse d'une petite fortune, fut envoyée par ses parents à Constantinople. A dix-huit ans elle revint dans son village : elle parlait le turc, l'italien et le français, et quand il passait des étrangers à Saint-Paul, elle les recevait avec une politesse qui fit soupçonner sa vertu. Les chefs des paysans s'assemblèrent. Après avoir examiné entre eux la conduite de l'orpheline, ils résolurent de se défaire d'une fille qui déshonorait le village. Ils se procurèrent d'abord la somme fixée en Turquie pour le meurtre d'une chrétienne ; ensuite ils entrèrent pendant la nuit chez la jeune fille, l'assommèrent ; et un homme qui attendait la nouvelle de l'exécution alla porter au pacha le prix du sang. Ce qui mettait en mouvement tous ces Grecs de Saint-Paul, ce n'était pas l'atrocité de l'action ; mais l'avidité du pacha ; car celui-ci, qui trouvait aussi l'action toute simple, et qui convenait avoir reçu la somme fixée pour un assassinat ordinaire, observait pourtant que la beauté, la jeunesse, la science, les voyages de l'orpheline, lui donnaient (à lui pacha de Morée) de justes droits à une indemnité : en conséquence sa seigneurie avait envoyé le jour même deux janissaires pour demander une nouvelle contribution.

Le village de Saint-Paul est agréable ; il est arrosé de fontaines ombragées de pins de l'espèce sauvage, *pinus sylvestris*. Nous y trouvâmes un de ces médecins italiens qui courent toute la Morée : je me fis tirer du sang. Je mangeai d'excellent lait dans une maison fort propre, ressemblant assez à une cabane suisse. Un jeune Moraïte vint s'asseoir devant moi : il avait l'air de Méléagre par la taille et le vêtement. Les paysans grecs ne sont point habillés comme les Grecs levantins que nous voyons en France : ils portent une tunique qui leur descend jusqu'aux genoux, et qu'ils rattachent avec une ceinture ; leurs larges culottes sont cachées par le bas de cette tunique ; ils croisent sur leurs jambes nues les bandes qui retiennent leurs sandales : à la coiffure près, ce sont absolument d'anciens Grecs sans manteau.

Mon nouveau compagnon, assis, comme je l'ai dit, devant moi, surveillait mes mouvements avec une extrême ingénuité. Il ne disait pas un mot et me dévorait des yeux : il avançait la tête pour regarder jusque dans le vase de terre où je mangeais mon lait. Je me levai, il se leva ; je me rassis, il s'assit de nouveau. Je lui présentai un cigare ; il fut ravi et me fit signe de fumer avec lui. Quand je partis, il courut après moi pendant une demi-heure, toujours sans parler et sans qu'on pût savoir ce qu'il voulait. Je lui donnai de l'argent, il le jeta : le janissaire voulut le chasser, il voulut battre le janissaire. J'étais touché je ne sais pourquoi, peut-être en me voyant, moi Barbare civilisé, l'objet de la curiosité d'un Grec devenu Barbare (1).

Nous étions partis de Saint-Paul à deux heures de l'après-midi, après avoir changé de chevaux, et nous suivions le chemin de l'ancienne Cynurie. Vers les quatre heures le guide nous cria que nous allions être attaqués : en effet, nous aperçûmes quelques hommes armés dans la montagne ; ils nous regardèrent longtemps et nous laissèrent tranquillement passer. Nous entrâmes dans les

(1) Les Grecs de ces montagnes prétendent être les vrais descendants des Lacédémoniens ; ils disent que les Maniottes ne sont qu'un ramas de brigands étrangers, et ils ont raison.

monts Parthénius, et nous descendîmes au bord d'une rivière dont le cours nous conduisit jusqu'à la mer. On découvrait la citadelle d'Argos, Nauplie en face de nous, et les montagnes de la Corinthie vers Mycènes. Du point où nous étions parvenus, il y avait encore trois heures de marche jusqu'à Argos; il fallait tourner le fond du golfe en traversant le marais de Lerne, qui s'étendait entre la ville et le lieu où nous nous trouvions. Nous passâmes auprès du jardin d'un aga, où je remarquai des peupliers de Lombardie mêlés à des cyprès, à des citronniers, à des orangers, et à une foule d'arbres que je n'avais point vus jusqu'alors en Grèce. Peu après le guide se trompa de chemin, et nous nous trouvâmes engagés sur d'étroites chaussées qui séparaient de petits étangs et des rivières inondées. La nuit nous surprit au milieu de cet embarras : il fallait à chaque pas faire sauter de larges fossés à nos chevaux qu'effrayaient l'obscurité, le coassement d'une multitude de grenouilles, et les flammes violettes qui couraient sur le marais. Le cheval du guide s'abattit; et, comme nous marchions à la file, nous trébuchâmes les uns sur les autres dans un fossé. Nous criions tous à la fois sans nous entendre; l'eau était assez profonde pour que les chevaux pussent y nager et s'y noyer avec leurs maîtres; ma saignée s'était rouverte, et je souffrais beaucoup de la tête. Nous sortîmes enfin miraculeusement de ce bourbier, mais nous étions dans l'impossibilité de gagner Argos. Nous aperçûmes à travers les roseaux une petite lumière : nous nous dirigeâmes de ce côté, mourant de froid, couverts de boue, tirant nos chevaux par la bride, et courant le risque à chaque pas de nous replonger dans quelque fondrière.

La lumière nous guida à une ferme située au milieu du marais, dans le voisinage du village de Lerne : on venait d'y faire la moisson; les moissonneurs étaient couchés sur la terre; ils se levaient sous nos pieds, et s'enfuyaient comme des bêtes fauves. Nous parvînmes à les rassurer, et nous passâmes le reste de la nuit avec eux sur un fumier de brebis, au lieu le moins sale et le moins humide que nous pûmes trouver. Je serais en droit de faire une querelle à Hercule, qui n'a pas bien tué l'hydre de Lerne; car je gagnai dans ce lieu malsain une fièvre qui ne me quitta tout à fait qu'en Égypte.

Le 20, au lever de l'aurore, j'étais à Argos : le village qui remplace cette ville célèbre est plus propre et plus animé que la plupart des autres villages de la Morée. Sa position est fort belle au fond du golfe de Nauplie ou d'Argos, à une lieue et demie de la mer; il a d'un côté les montagnes de la Cynurie et de l'Arcadie, et de l'autre, les hauteurs de Trézène et d'Épidaure.

Mais, soit que mon imagination fût attristée par le souvenir des malheurs et des fureurs des Pélopides, soit que je fusse réellement frappé par la vérité, les terres me parurent incultes et désertes, les montagnes sombres et nues, sorte de nature féconde en grands crimes et en grandes vertus. Je visitai ce qu'on appelle les restes du palais d'Agamemnon, les débris d'un théâtre et d'un aqueduc romain; je montai à la citadelle, je voulais voir jusqu'à la moindre pierre qu'avait pu remuer la main du roi des rois. Qui se peut vanter de jouir de quelque gloire auprès de ces familles chantées par Homère, Eschyle, Sophocle, Euripide et Racine? Et quand on voit pourtant sur les lieux combien peu de chose reste de ces familles, on est merveilleusement étonné!

Il y a déjà longtemps que les ruines d'Argos ne répondent plus à la grandeur de son nom. Chandler les trouva en 1756 absolument telles que je les ai vues; l'abbé Fourmont en 1746, et Pellegrin en 1719, n'avaient pas été plus heureux. Les Vénitiens ont surtout contribué à la dégradation des monuments de cette ville, en employant ses débris à bâtir le château de Palamide. Il y avait à Argos, du temps de Pausanias, une statue de Jupiter, remarquable parce qu'elle avait trois yeux, et bien plus remarquable encore par une autre raison : Sthénélus l'avait apportée de Troie; c'était, disait-on, la statue même aux pieds de laquelle Priam fut massacré dans son palais par le fils d'Achille :

> Ingens ara fuit, juxtaque veterrima laurus,
> Incumbens aræ, atque umbra complexa Penates.

Mais Argos, qui triomphait sans doute lorsqu'elle montrait dans ses murs les Pénates qui trahirent les foyers de Priam ; Argos offrit bientôt elle-même un grand exemple des vicissitudes du sort. Dès le règne de Julien l'Apostat, elle était tellement déchue de sa gloire, qu'elle ne put, à cause de sa pauvreté, contribuer au rétablissement et aux frais des jeux Isthmiques. Julien plaida sa cause contre les Corinthiens : nous avons encore ce plaidoyer dans les ouvrages de cet empereur. (*Ep.* xxv.) C'est un des plus singuliers documents de l'histoire des choses et des hommes. Enfin Argos, la patrie du roi des rois, devenue dans le moyen âge l'héritage d'une veuve vénitienne, fut vendue par cette veuve à la république de Venise pour deux cents ducats de rente viagère et cinq cents une fois payés. Coronelli rapporte le contrat : *Omnia vanitas!*

Je fus reçu à Argos par le médecin italien Avramiotti, que M. Pouqueville vit à Nauplie, et dont il opéra la petite fille attaquée d'une hydrocéphale. M. Avramiotti me montra une carte du Péloponèse où il avait commencé d'écrire, avec M. Fauvel, les noms anciens auprès des noms modernes : ce sera un travail précieux, et qui ne pouvait être exécuté que par des hommes résidant sur les lieux depuis un grand nombre d'années. M. Avramiotti avait fait sa fortune, et il commençait à soupirer après l'Italie. Il y a deux choses qui revivent dans le cœur de l'homme à mesure qu'il avance dans la vie, la patrie et la religion. On a beau avoir oublié l'une et l'autre dans sa jeunesse, elles se présentent tôt ou tard à nous avec tous leurs charmes, et réveillent au fond de nos cœurs un amour justement dû à leur beauté. Nous parlâmes donc de la France et de l'Italie à Argos, par la même raison que le soldat argien qui suivait Énée se souvint d'Argos en mourant en Italie. Il ne fut presque point question entre nous d'Agamemnon, quoique je dusse voir le lendemain son tombeau. Nous causions sur la terrasse de la maison, qui dominait le golfe d'Argos : c'était peut-être du haut de cette terrasse qu'une pauvre femme lança la tuile qui mit fin à la gloire et aux aventures de Pyrrhus. M. Avramiotti me montrait un promontoire de l'autre côté de la mer et me disait : « C'était là que Clytemnestre avait placé « l'esclave qui devait donner le signal du retour de la flotte des Grecs : » et il ajoutait : « Vous venez de Venise à présent? Je crois que je ferais bien de re- « tourner à Venise. »

Je quittai cet exilé en Grèce le lendemain à la pointe du jour, et je pris, avec de nouveaux chevaux et un nouveau guide, le chemin de Corinthe. Je crois que M. Avramiotti ne fut pas fâché d'être débarrassé de moi : quoiqu'il m'eût reçu avec beaucoup de politesse, il était aisé de voir que ma visite n'était pas venue très à propos.

Après une demi-heure de marche, nous traversâmes l'Inachus, père d'Io, si célèbre par la jalousie de Junon : avant d'arriver au lit de ce torrent, on trouvait autrefois, en sortant d'Argos, la porte Lucine et l'autel du soleil. Une demi-lieue plus loin, de l'autre côté de l'Inachus, nous aurions dû voir le temple de Cérès Mysienne, et plus loin encore le tombeau de Thyeste, et le monument héroïque de Persée. Nous nous arrêtâmes à peu près à la hauteur où ces derniers monuments existaient à l'époque du voyage de Pausanias. Nous allions quitter la plaine d'Argos, sur laquelle on a un très-bon mémoire de M. Barbié du Bocage. Près d'entrer dans les montagnes de la Corinthie, nous voyions Nauplie derrière nous. L'endroit où nous étions parvenus se nomme *Carvati*, et c'est là qu'il faut se détourner de la route pour chercher sur la droite les ruines de Mycènes. Chandler les avait manquées en revenant d'Argos. Elles sont très-connues aujourd'hui, à cause des fouilles que lord Elgin y a fait faire à son passage en Grèce. M. Fauvel les a décrites dans ses Mémoires, et M. de Choiseul-Gouffier en possède les dessins : l'abbé Fourmont en avait déjà parlé, et Dumonceaux les avait aperçues. Nous traversâmes une bruyère ; un petit sentier nous conduisit à ces débris, qui sont à peu près tels qu'ils étaient du temps de Pausanias; car il y a plus de deux mille deux cent quatre-vingts années que Mycènes est détruite. Les Argiens la renversèrent de fond en comble, jaloux de la gloire qu'elle s'était acquise en envoyant quarante guerriers mourir avec les Spartiates aux Thermopyles. Nous commençâmes par examiner le tombeau auquel on a donné le nom de *tombeau d'Agamemnon* : c'est un monument souterrain, de forme ronde, qui reçoit la lumière par le dôme, et qui n'a rien de remarquable, hors la simplicité de l'architecture. On y entre par une tranchée qui aboutit à la porte du tombeau : cette porte était ornée de pilastres d'un marbre bleuâtre assez commun, tiré des montagnes voisines. C'est lord Elgin qui a fait ouvrir ce monument et déblayer les terres qui encombraient l'intérieur. Une petite porte surbaissée conduit de la chambre principale à une chambre de moindre étendue. Après l'avoir attentivement examinée, je crois que cette dernière chambre est tout simplement une excavation faite par les ouvriers hors du tombeau ; car je n'ai point remarqué de murailles. Resterait à expliquer l'usage de la petite porte, qui n'était peut-être qu'une autre ouverture du sépulcre. Ce sépulcre a-t-il toujours été caché sous la terre, comme la rotonde des catacombes à Alexandrie? S'élevait-il, au contraire, au-dessus du sol, comme le tombeau de Cecilia Metella à Rome ? Avait-il une architecture extérieure, et de quel ordre était-elle? Toutes questions qui restent à éclaircir. On n'a rien trouvé dans le tombeau, et l'on n'est pas même assuré que ce soit celui d'Agamemnon dont Pausanias a fait mention (1).

---

(1) Les Lacédémoniens se vantaient aussi de posséder les cendres d'Agamemnon.

En sortant de ce monument, je traversai une vallée stérile, et, sur le flanc d'une colline opposée, je vis les ruines de Mycènes : j'admirai surtout une des portes de la ville, formée de quartiers de roches gigantesques posés sur les rochers mêmes de la montagne, avec lesquels elles ont l'air de ne faire qu'un tout. Deux lions de forme colossale, sculptés des deux côtés de cette porte, en sont le seul ornement : ils sont représentés en reliefs, debout et en regard, comme les lions qui soutenaient les armoiries de nos anciens chevaliers; ils n'ont plus de têtes. Je n'ai point vu, même en Égypte, d'architecture plus imposante; et le désert où elle se trouve ajoute à sa gravité : elle est du genre de ces ouvrages que Strabon et Pausanias attribuent aux Cyclopes, et dont on retrouve des traces en Italie. M. Petit-Radel veut que cette architecture ait précédé l'invention des ordres. Au reste, c'était un enfant tout nu, un pâtre, qui me montrait dans cette solitude le tombeau d'Agamemnon et les ruines de Mycènes.

Au bas de la porte dont j'ai parlé est une fontaine qui sera, si l'on veut, celle que Persée trouva sous un champignon, et qui donna son nom à Mycènes : car *mycès* veut dire en grec un champignon, ou le pommeau d'une épée : ce conte est de Pausanias. En voulant regagner le chemin de Corinthe, j'entendis le sol retentir sous les pas de mon cheval. Je mis pied à terre, et je découvris la voûte d'un autre tombeau.

Pausanias compte à Mycènes cinq tombeaux; le tombeau d'Atrée, celui d'Agamemnon, celui d'Eurymédon, celui de Télédamus et de Pélops, et celui d'Électre. Il ajoute que Clytemnestre et Égisthe étaient enterrés hors des murs : ce serait donc le tombeau de Clytemnestre et d'Égisthe que j'aurais retrouvé! Je l'ai indiqué à M. Fauvel, qui doit le chercher à son premier voyage à Argos : singulière destinée qui me fait sortir tout exprès de Paris pour découvrir les cendres de Clytemnestre!

Nous laissâmes Némée à notre gauche, et nous poursuivîmes notre route : nous arrivâmes de bonne heure à Corinthe, par une espèce de plaine que traversent des courants d'eau, et que divisent des monticules isolés, semblables à l'Acro-Corinthe, avec lequel ils se confondent. Nous aperçûmes celui-ci longtemps avant d'y arriver, comme une masse irrégulière de granit rougeâtre, couronnée d'une ligne de murs tortueux. Tous les voyageurs ont décrit Corinthe. Spon et Wheler visitèrent la citadelle, où ils retrouvèrent la fontaine Pyrène; mais Chandler ne monta point à l'Acro-Corinthe, et M. Fauvel nous apprend que les Turcs n'y laissent plus entrer personne. En effet, je ne pus même obtenir la permission de me promener dans les environs, malgré les mouvements que se donna pour cela mon janissaire. Au reste, Pausanias dans sa *Corinthie*, et Plutarque dans la *Vie d'Aratus*, nous ont fait connaître parfaitement les monuments et les localités de l'Acro-Corinthe.

Nous étions venus descendre à un kan assez propre, placé au centre de la bourgade, et peu éloigné du bazar. Le janissaire partit pour la provision; Joseph prépara le dîner; et, pendant qu'ils étaient ainsi occupés, j'allai rôder seul dans les environs.

Corinthe est située au pied des montagnes, dans une plaine qui s'étend jusqu'à la mer de Crissa, aujourd'hui le golfe de Lépante, seul nom moderne qui, dans la Grèce, rivalise de beauté avec les noms antiques. Quand le temps est serein, on découvre par delà cette mer la cime de l'Hélicon et du Parnasse ; mais on ne voit pas de la ville même la mer Saronique ; il faut pour cela monter à l'Acro-Corinthe ; alors on aperçoit non-seulement cette mer, mais les regards s'étendent jusqu'à la citadelle d'Athènes et jusqu'au cap Colonne : « C'est, dit « Spon, une des plus belles vues de l'univers. » Je le crois aisément ; car, même au pied de l'Acro-Corinthe, la perspective est enchanteresse. Les maisons du village, assez grandes et assez bien entretenues, sont répandues par groupes sur la plaine, au milieu des mûriers, des orangers et des cyprès ; les vignes, qui font la richesse du pays, donnent un air frais et fertile à la campagne. Elles ne sont ni élevées en guirlandes sur des arbres comme en Italie, ni tenues basses comme aux environs de Paris. Chaque cep forme un faisceau de verdure isolé autour duquel les grappes pendent en automne comme des cristaux. Les cimes du Parnasse et de l'Hélicon, le golfe de Lépante, qui ressemble à un magnifique canal, le mont Oneïus, couvert de myrtes, forment au nord et au levant l'horizon du tableau, tandis que l'Acro-Corinthe, les montagnes de l'Argolide et de la Syconie s'élèvent au midi et au couchant. Quant aux monuments de Corinthe, ils n'existent plus. M. Foucherot n'a découvert parmi les ruines que deux chapiteaux corinthiens, unique souvenir de l'ordre inventé dans cette ville.

Corinthe renversée de fond en comble par Mummius, rebâtie par Jules César et par Adrien, une seconde fois détruite par Alaric, relevée encore par les Vénitiens, fut saccagée une troisième et dernière fois par Mahomet II. Strabon la vit peu de temps après son rétablissement, sous Auguste. Pausanias l'admira du temps d'Adrien ; et, d'après les monuments qu'il nous a décrits, c'était à cette époque une ville superbe. Il eût été curieux de savoir ce qu'elle pouvait être en 1173, quand Benjamin de Tudèle y passa ; mais ce juif espagnol raconte gravement qu'il arriva à Patras, « ville d'Antipater, dit-il, un des quatre rois grecs « qui partagèrent l'empire d'Alexandre. » De là il se rend à Lépante et à Corinthe : il trouve dans cette dernière ville trois cents juifs conduits par les vénérables rabbins Léon, Jacob et Ézéchias ; et c'était tout ce que Benjamin cherchait.

Des voyageurs modernes nous ont mieux fait connaître ce qui reste de Corinthe après tant de calamités : Spon et Wheler y découvrirent les débris d'un temple de la plus haute antiquité : ces débris étaient composés de onze colonnes cannelées sans base et d'ordre dorique. Spon affirme que ces colonnes n'avaient pas quatre diamètres de hauteur de plus que le diamètre du pied de la colonne, ce qui signifie apparemment qu'elles avaient cinq diamètres. Chandler dit qu'elles avaient la moitié de la hauteur qu'elles auraient dû avoir pour être dans la juste proportion de leur ordre. Il est évident que Spon se trompe, puisqu'il prend pour mesure de l'ordre le diamètre du pied de la colonne, et non le diamètre du tiers. Ce monument, dessiné par Leroi, valait la peine d'être rappelé, parce qu'il prouve ou que le premier dorique n'avait pas les proportions que Pline et Vitruve lui ont assignées depuis, ou que l'ordre toscan, dont ce temple paraît se rapprocher, n'a pas pris naissance en Italie. Spon a cru reconnaître dans ce monument le temple de Diane d'Éphèse, cité par Pausanias ; et Chandler, le Sisypheus de Strabon. Je ne puis dire si ces colonnes existent encore : je ne les ai point vues; mais je crois savoir confusément qu'elles ont été renversées, et que les Anglais en ont emporté les derniers débris (1).

Un peuple maritime, un roi qui fut un philosophe et qui devint un tyran, un Barbare de Rome, qui croyait qu'on remplace des statues de Praxitèle comme des cuirasses de soldats; tous ces souvenirs ne rendent pas Corinthe fort intéressante : mais on a pour ressource Jason, Médée, la fontaine Pyrène, Pégase, les jeux Isthmiques institués par Thésée et chantés par Pindare; c'est-à-dire, comme à l'ordinaire, la Fable et la poésie. Je ne parle point de Denys et de Timoléon : l'un qui fut assez lâche pour ne pas mourir, l'autre assez malheureux pour vivre. Si jamais je montais sur un trône, je n'en descendrais que mort; et je ne serai jamais assez vertueux pour tuer mon frère : je ne me soucie donc point de ces deux hommes. J'aime mieux cet enfant qui, pendant le siège de Corinthe, fit fondre en larmes Mummius lui-même en lui récitant ces vers d'Homère :

Τρισμάκαρες Δαναοί καί τετράκις, οἵ τότ' ὄλοντο
Τροίη ἐν εὐρείη, χάριν Ἀτρείδησι φέροντες.
Ὡς δὴ ἐγώ γ' ὄφελον θανέειν καὶ πότμον ἐπισπεῖν
Ἤματι τῷ ὅτε μοι πλεῖστοι χαλκήρεα δοῦρα
Τρῶες ἐπέρριψαν περὶ Πηλείωνι θανόντι.
Τῷ κ' ἔλαχον κτερέων, καί μευ κλέος ἦγον Ἀχαιοί·
Νῦν δέ με λευγαλέῳ θανάτῳ εἵμαρτο ἁλῶναι.

« O trois et quatre fois heureux les Grecs qui périrent devant les vastes
« murs d'Ilion en soutenant la cause des Atrides! Plût aux dieux que j'eusse
« accompli ma destinée le jour où les Troyens lancèrent sur moi leurs jave-
« lots, tandis que je défendais le corps d'Achille! Alors j'aurais obtenu les
« honneurs accoutumés du bûcher funèbre, et les Grecs auraient parlé de mon
« nom! Aujourd'hui mon sort est de finir mes jours par une mort obscure et
« déplorable. »

Voilà qui est vrai, naturel, pathétique; et l'on retrouve ici un grand coup de la fortune, la puissance du génie et les entrailles de l'homme.

On fait encore des vases à Corinthe, mais ce ne sont plus ceux que Cicéron demandait avec tant d'empressement à son cher Atticus.

Il paraît, au reste, que les Corinthiens ont perdu le goût qu'ils avaient pour les étrangers : tandis que j'examinais un marbre dans une vigne, je fus assailli d'une grêle de pierres; apparemment que les descendants de Laïs veulent maintenir l'honneur du proverbe.

Lorsque les Césars relevaient les murs de Corinthe, et que les temples des dieux sortaient de leurs ruines plus éclatants que jamais, il y avait un ouvrier obscur qui bâtissait en silence un monument resté debout au milieu des débris de la Grèce. Cet ouvrier était un étranger qui disait de lui-même : « J'ai été « battu de verges trois fois; j'ai été lapidé une fois; j'ai fait naufrage trois fois.

---

(1) Les colonnes étaient, ou sont encore, vers le port de Schœnus, et je ne suis pas descendu à la mer.

« J'ai fait quantité de voyages, et j'ai trouvé divers périls sur les fleuves :
« périls de la part des voleurs, périls de la part de ceux de ma nation, périls de
« la part des Gentils, périls au milieu des villes, périls au milieu des déserts,
« périls entre les faux frères; j'ai souffert toutes sortes de travaux et de
« fatigues, de fréquentes veilles, la faim et la soif, beaucoup de peines, le
« froid et la nudité. » Cet homme, ignoré des grands, méprisé de la foule,
rejeté comme « les balayures du monde, » ne s'associa d'abord que deux compagnons, Crispus et Caïus, avec la famille de Stéphanas : tels furent les architectes inconnus d'un temple indestructible et les premiers fidèles de Corinthe. Le voyageur parcourt des yeux l'emplacement de cette ville célèbre : il ne voit pas un débris des autels du paganisme; mais il aperçoit quelques chapelles chrétiennes qui s'élèvent du milieu des cabanes des Grecs.

L'apôtre peut encore donner, du haut du ciel, le salut de paix à ses enfants, et leur dire : « Paul à l'Église de Dieu, qui est à Corinthe. »

Il était près de huit heures du matin quand nous partîmes de Corinthe le 21, après une assez bonne nuit. Deux chemins conduisent de Corinthe à Mégare : l'un traverse le mont Géranien, aujourd'hui Palæo-Vouni (la Vieille-Montagne) : l'autre côtoie la mer Saronique, le long des roches Scyroniennes. Ce dernier est le plus curieux : c'était le seul connu des anciens voyageurs, car ils ne parlent pas du premier; mais les Turcs ne permettent plus de le suivre; ils ont établi un poste militaire au pied du mont Oneïus, à peu près au milieu de l'isthme, pour être à portée des deux mers : le ressort de la Morée finit là, et l'on ne peut passer la grand'garde sans montrer un ordre exprès du pacha.

Obligé de prendre ainsi le seul chemin laissé libre, il me fallut renoncer aux ruines du temple de Neptune-Isthmien, que Chandler ne put trouver, que Pococke, Spon et Wheler ont vues, et qui subsistent encore, selon le témoignage de M. Fauvel. Par la même raison je n'examinai point la trace des tentatives faites à différentes époques pour couper l'isthme : le canal que l'on avait commencé à creuser du côté du port Schœnus est, selon M. Foucherot, profond de trente à quarante pieds, et large de soixante. On viendrait aujourd'hui facilement à bout de ce travail par le moyen de la poudre à canon : il n'y a guère que cinq milles d'une mer à l'autre, à mesurer la partie la plus étroite de la langue de terre qui sépare les deux mers.

Un mur de six milles de longueur, souvent relevé et abattu, fermait l'isthme dans un endroit qui prit le nom d'*Hexamillia :* c'est là que nous commençâmes à gravir le mont Oneïus. J'arrêtais souvent mon cheval au milieu des pins, des lauriers et des myrtes, pour regarder en arrière. Je contemplais tristement les deux mers, surtout celle qui s'étendait au couchant, et qui semblait me tenter par les souvenirs de la France. Cette mer était si tranquille ! le chemin était si court ! Dans quelques jours j'aurais pu revoir mes amis ! Je ramenais mes regards sur le Péloponèse, sur Corinthe, sur l'isthme, sur l'endroit où se célébraient les jeux : quel désert ! quel silence ! infortuné pays ! malheureux Grecs ! La France perdra-t-elle ainsi sa gloire? sera-t-elle ainsi dévastée, foulée aux pieds dans la suite des siècles?

Cette image de ma patrie, qui vint tout à coup se mêler aux tableaux que j'avais sous les yeux, m'attendrit : je ne pensais plus qu'avec peine à l'espace qu'il fallait encore parcourir avant de revoir mes pénates. J'étais, comme l'ami de la fable, alarmé d'un songe ; et je serais volontiers retourné vers mon pays, pour lui dire :

> Vous m'êtes, en dormant, un peu triste apparu ;
> J'ai craint qu'il ne fût vrai : je suis vite accouru.
> Ce maudit songe en est la cause.

Nous nous enfonçâmes dans les défilés du mont Onéïus, perdant de vue et retrouvant tour à tour la mer Saronique et Corinthe. Du plus haut de ce mont, qui prend le nom de *Macriplaysi*, nous descendîmes au Dervène, autrement à la grand'garde. Je ne sais si c'est là qu'il faut placer Crommyon ; mais, certes, je n'y trouvai pas des hommes plus humains que Pytiocamptès (1). Je montrai mon ordre du pacha. Le commandant m'invita à fumer la pipe et à boire le café dans sa baraque. C'était un gros homme d'une figure calme et apathique, ne pouvant faire un mouvement sur sa natte sans soupirer, comme s'il éprouvait une douleur : il examina mes armes, me fit remarquer les siennes, surtout une longue carabine qui portait, disait-il, fort loin. Les gardes aperçurent un paysan qui gravissait la montagne hors du chemin ; ils lui crièrent de descendre ; celui-ci n'entendit point la voix. Alors le commandant se leva avec effort, prit sa carabine, ajusta longtemps entre les sapins le paysan, et lui lâcha son coup de fusil. Le Turc revint, après cette expédition, se rasseoir sur sa natte, aussi tranquille, aussi bonhomme qu'auparavant. Le paysan descendit à la garde, blessé en toute apparence, car il pleurait et montrait son sang. On lui donna cinquante coups de bâton pour le guérir.

Je me levai brusquement, et d'autant plus désolé, que l'envie de faire briller devant moi son adresse avait peut-être déterminé ce bourreau à tirer sur le paysan. Joseph ne voulut pas traduire ce que je disais, et peut-être la prudence était-elle nécessaire dans ce moment ; mais je n'écoutais guère la prudence.

Je me fis amener mon cheval, et je partis sans attendre le janissaire, qui criait inutilement après moi. Il me rejoignit avec Joseph lorsque j'étais déjà assez avancé sur la croupe du mont Géranien. Mon indignation se calma peu à peu par l'effet des lieux que je parcourais. Il me semblait qu'en m'approchant d'Athènes je rentrais dans les pays civilisés, et que la nature même prenait quelque chose de moins triste. La Morée est presque entièrement dépourvue d'arbres, quoiqu'elle soit certainement plus fertile que l'Attique. Je me réjouissais de cheminer dans une forêt de pins, entre les troncs desquels j'apercevais la mer. Les plans inclinés qui s'étendent depuis le rivage jusqu'au pied de la montagne étaient couverts d'oliviers et de caroubiers ; de pareils sites sont rares en Grèce.

La première chose qui me frappa en arrivant à Mégare, fut un troupe de femmes albanaises qui, à la vérité, n'étaient pas aussi belles que Nausicaa et

(1) *Coupeur de pins*, brigand tué par Thésée.

ses compagnes : elles lavaient gaiement du linge à une fontaine près de laquelle on voyait quelques restes informes d'un aqueduc. Si c'était là la fontaine des Nymphes Sithnides et l'aqueduc de Théagène, Pausanias les a trop vantés. Les aqueducs que j'ai vus en Grèce ne ressemblent point aux aqueducs romains : ils ne s'élèvent presque point de terre, et ne présentent point cette suite de grandes arches qui font un si bel effet dans la perspective.

Nous descendîmes chez un Albanais, où nous fûmes assez proprement logés. Il n'était pas six heures du soir ; j'allai, selon ma coutume, errer parmi les ruines. Mégare, qui conserve son nom, et le port de Nisée qu'on appelle *Dodeca Ecclesiais* (les Douze Églises), sans être très-célèbres dans l'histoire, avaient autrefois de beaux monuments. La Grèce, sous les empereurs romains, devait ressembler beaucoup à l'Italie dans le dernier siècle : c'était une terre classique où chaque ville était remplie de chefs-d'œuvre. On voyait à Mégare les douze grands dieux de la main de Praxitèle, un Jupiter-Olympien commencé par Théoscome et par Phidias, les tombeaux d'Alcmène, d'Iphigénie et de Térée. Ce fut sur ce dernier tombeau que la huppe parut pour la première fois : on en conclut que Térée avait été changé en cet oiseau, comme ses victimes l'avaient été en hirondelle et en rossignol. Puisque je faisais le voyage d'un poëte, je devais profiter de tout, et croire fermement, avec Pausanias, que l'aventure de la fille de Pandion commença et finit à Mégare. D'ailleurs, j'apercevais de Mégare les deux cimes du Parnasse : cela suffisait bien pour me remettre en mémoire les vers de Virgile et de La Fontaine :

> *Qualis populea mœrens Philomela*, etc.
> Autrefois Progné l'hirondelle, etc.

La Nuit ou l'Obscurité, et Jupiter-Conius (1), avaient leurs temples à Mégare : on peut bien dire que ces deux divinités y sont restées. On voit çà et là quelques murs d'enceinte : j'ignore si ce sont ceux qu'Apollon bâtit de concert avec Alcathoüs. Le dieu, en travaillant à cet ouvrage, avait posé sa lyre sur une pierre qui depuis ce temps rendait un son harmonieux quand on la touchait avec un caillou. L'abbé Fourmont recueillit trente inscriptions à Mégare. Pococke, Spon, Wheler et Chandler en trouvèrent quelques autres qui n'ont rien d'intéressant. Je ne cherchai point l'école d'Euclide ; j'aurais mieux aimé la maison de cette pieuse femme qui enterra les os de Phocion sous son foyer (2). Après une assez longue course, je retournai chez mon hôte, où l'on m'attendait pour aller voir une malade.

Les Grecs, ainsi que les Turcs, supposent que tous les Francs ont des connaissances en médecine et des secrets particuliers. La simplicité avec laquelle ils s'adressent à un étranger dans leurs maladies a quelque chose de touchant et rappelle les anciennes mœurs : c'est une noble confiance de l'homme envers l'homme. Les Sauvages en Amérique ont le même usage. Je crois que la

---

(1) Le *Poudreux*, de κονία, poussière : cela n'est pas bien sûr ; mais j'ai pour moi le traducteur français, qui, à la vérité, suit la version latine, comme l'observe fort bien le savant M. Larcher. — (2) Voyez les *Martyrs*, liv. III.

religion et l'humanité ordonnent dans ce cas au voyageur de se prêter à ce qu'on attend de lui : un air d'assurance, des paroles de consolation, peuvent quelquefois rendre la vie à un mourant, et mettre une famille dans la joie.

Un Grec vint donc me chercher pour voir sa fille. Je trouvai une pauvre créature étendue à terre sur une natte et ensevelie sous les haillons dont on l'avait couverte. Elle dégagea son bras, avec beaucoup de répugnance et de pudeur, des lambeaux de la misère, et le laissa retomber mourant sur la couverture. Elle me parut attaquée d'une fièvre putride : je fis débarrasser sa tête des petites pièces d'argent dont les paysannes albanaises ornent leurs cheveux; le poids des tresses et du métal concentrait la chaleur au cerveau. Je portais avec moi du camphre pour la peste; je le partageai avec la malade : on l'avait nourrie de raisin, j'approuvai le régime. Enfin, nous priâmes Christos et la Hanagia (la Vierge), et je promis prompte guérison. J'étais bien loin de l'espérer : j'ai tant vu mourir, que je n'ai là-dessus que trop d'expérience.

Je trouvai en sortant tout le village assemblé à la porte; les femmes fondirent sur moi en criant : *crasi! crasi!* « du vin! du vin! » Elles voulaient me témoigner leur reconnaissance en me forçant à boire : ceci rendait mon rôle de médecin assez ridicule. Mais qu'importe si j'ai ajouté à Mégare une personne de plus à celles qui peuvent me souhaiter un peu de bien dans les différentes parties du monde où j'ai erré? C'est un privilège du voyageur de laisser après lui beaucoup de souvenirs, et de vivre dans le cœur des étrangers quelquefois plus longtemps que dans la mémoire de ses amis.

Je regagnai le kan avec peine. J'eus toute la nuit sous les yeux l'image de l'Albanaise expirante : cela me fit souvenir que Virgile, visitant comme moi la Grèce, fut arrêté à Mégare par la maladie dont il mourut; moi-même j'étais tourmenté de la fièvre. Mégare avait encore vu passer, il y a quelques années, d'autres Français bien plus malheureux que moi (1). Il me tardait de sortir d'un lieu qui me semblait avoir quelque chose de fatal.

Nous ne quittâmes pourtant notre gîte que le lendemain, 22 août, à onze heures du matin. L'Albanais qui nous avait reçus voulut me régaler avant mon départ d'une de ces poules sans croupion et sans queue, que Chandler croyait particulières à Mégare, et qui ont été apportées de la Virginie ou peut-être d'un petit canton de l'Allemagne. Mon hôte attachait un grand prix à ces poules sur lesquelles il savait mille contes. Je lui fis dire que j'avais voyagé dans la patrie de ces oiseaux, pays bien éloigné, situé au delà de la mer, et qu'il y avait dans ce pays des Grecs établis au milieu des bois, parmi les Sauvages. En effet, quelques Grecs fatigués du joug ont passé dans la Floride, où les fruits de la liberté leur ont fait perdre le souvenir de la terre natale. « Ceux qui avaient goûté de ce doux fruit n'y pouvaient plus renoncer; mais « ils voulaient demeurer parmi les Lotophages, et ils oubliaient leur patrie (2). »

L'Albanais n'entendait rien à cela : pour toute réponse, il m'invitait à manger sa poule et quelques *frutti di mare*. J'aurais préféré ce poisson, appelé *glaucus*, que l'on pêchait autrefois sur la côte de Mégare. Anaxandrides, cité par

(1) La garnison de Zante. — (2) *Odyss.*

Athénée, déclare que Nérée seul a pu le premier imaginer de manger la hure de cet excellent poisson; Antiphane veut qu'il soit bouilli, et Amphis le sert tout entier à ces sept chefs qui, sur un bouclier noir,

> Épouvantaient les cieux de serments effroyables.

Le retard causé par le bon cœur de mon hôte, et plus encore par ma lassitude, nous empêcha d'arriver à Athènes dans la même journée. Sortis de Mégare à onze heures du matin, comme je l'ai déjà dit, nous traversâmes d'abord la plaine; ensuite nous gravîmes le mont Kerato-Pyrgo, le Kerata de l'antiquité : deux roches isolées s'élèvent à son sommet, et sur l'une de ces roches on aperçoit les ruines d'une tour qui donne son nom à la montagne. C'est à la descente de Kerato-Pyrgo, du côté d'Éleusis, qu'il faut placer la palestre de Cercyon et le tombeau d'Alopé. Il n'en reste aucun vestige. Nous rencontrâmes bientôt le Puits-Fleuri au fond d'un vallon cultivé. J'étais presque aussi fatigué que Cérès quand elle s'assit au bord de ce puits, après avoir cherché Proserpine par toute la terre. Nous nous arrêtâmes quelques instants dans la vallée, et puis nous continuâmes notre chemin. En avançant vers Éleusis, je ne vis point les anémones de diverses couleurs que Wheler aperçut dans les champs; mais aussi la saison en était passée.

Vers les cinq heures du soir nous arrivâmes à une plaine environnée de montagnes au nord, au couchant et au levant. Un bras de mer long et étroit baigne cette plaine au midi, et forme comme la corde de l'arc des montagnes. L'autre côté de ce bras de mer est bordé par les rivages d'une île élevée; l'extrémité orientale de cette île s'approche d'un des promontoires du continent : on remarque entre ces deux pointes un étroit passage. Je résolus de m'arrêter à un village bâti sur une colline, qui terminait au couchant, près de la mer, le cercle des montagnes dont j'ai parlé.

On distinguait dans la plaine les restes d'un aqueduc et beaucoup de débris épars au milieu du chaume d'une moisson nouvellement coupée; nous descendîmes de cheval au pied du monticule, et nous grimpâmes à la cabane la plus voisine : on nous y donna l'hospitalité.

Tandis que j'étais à la porte, recommandant je ne sais quoi à Joseph, je vis venir un Grec qui me salua en italien. Il me conta tout de suite son histoire : il était d'Athènes; il s'occupait à faire du goudron avec les pins des monts Géraniens; il était l'ami de M. Fauvel, et certainement je verrais M. Fauvel. Je répondis que je portais des lettres à M. Fauvel. Je fus charmé de rencontrer cet homme dans l'espoir de tirer de lui quelques renseignements sur les ruines dont j'étais environné, et sur les lieux où je me trouvais. Je savais bien quels étaient ces lieux; mais un Athénien qui connaissait M. Fauvel devait être un excellent cicerone. Je le priai donc de m'expliquer un peu ce que je voyais, et de m'orienter dans le pays. Il mit la main sur son cœur à la façon des Turcs, et s'inclina humblement : « J'ai entendu souvent, me répondit-il, M. Fauvel
« expliquer tout cela; mais moi, je ne suis qu'un ignorant, et je ne sais pas si
« tout cela est bien vrai. Vous voyez d'abord au levant, par dessus le pro-

« montoire, la cime d'une montagne toute jaune : c'est le Telo-Vouni, (le
« petit Hymette); l'île de l'autre côté de ce bras de mer, c'est Couluri : M.
« Fauvel l'appelle *Salamine*. M. Fauvel dit que, dans ce canal vis-à-vis de vous,
« se donna un grand combat entre la flotte des Grecs et une flotte des Perses.
« Les Grecs occupaient ce canal ; les Perses étaient de l'autre côté, vers le
« port Lion (le Pirée); le roi de ces Perses, dont (je ne sais plus le nom, était
« assis sur un trône à la pointe de ce cap. Quant au village où nous sommes,
« M. Fauvel l'appelle *Éleusis*, et nous autres *Lepsina*. M. Fauvel dit qu'il y
« avait un temple (le temple de Cérès) au-dessous de la maison où nous sommes :
« si vous voulez faire quelques pas, vous verrez l'endroit où était encore
« l'idole mutilée de ce temple (la statue de Cérès Éleusine); les Anglais l'ont
« emportée. »

Le Grec me quittant pour aller faire son goudron me laissa les yeux sur un rivage désert, et sur une mer où, pour tout vaisseau, on voyait une barque de pêcheur attachée aux anneaux d'un môle en ruine.

Tous les voyageurs modernes ont visité Éleusis ; toutes les inscriptions en ont été relevées. L'abbé Fourmont lui seul en copia une vingtaine. Nous avons une très-docte dissertation de M. de Sainte-Croix sur le temple d'Éleusis, et un plan de ce temple par M. Foucherot. Warturbon, Sainte-Croix, l'abbé Barthélemy, ont dit tout ce qu'il y avait de curieux à dire sur les mystères de Cérès ; et le dernier nous en a décrit les pompes extérieures. Quant à la statue mutilée, emportée par deux voyageurs, Chandler la prend pour la statue de Proserpine, et Spon pour la statue de Cérès. Ce buste colossal a, selon Pococke, cinq pieds et demi d'une épaule à l'autre, et la corbeille dont il est couronné s'élève à plus de deux pieds. Spon prétend que cette statue pourrait bien être de Praxitèle : je ne sais sur quoi cette opinion est fondée. Pausanias, par respect pour les mystères, ne décrit pas la statue de Cérès ; Strabon garde le même silence. A la vérité on lit dans Pline que Praxitèle était l'auteur d'une Cérès en marbre et de deux Proserpines en bronze : la première, dont parle aussi Pausanias, ayant été transportée à Rome, ne peut être celle qu'on voyait il y a quelques années à Éleusis; les deux Proserpines en bronze sont hors de la question. A en juger par le trait que nous avons de cette statue, elle pourrait bien ne représenter qu'une Canéphore (1). Je ne sais si M. Fauvel ne m'a point dit que cette statue, malgré sa réputation, était d'un assez mauvais travail.

Je n'ai donc rien à raconter d'Éleusis après tant de voyageurs, sinon que je me promenai au milieu de ses ruines, que je descendis au port, et que je m'arrêtai à contempler le détroit de Salamine. Les fêtes et la gloire étaient passées; le silence était égal sur la terre et sur la mer : plus d'acclamations, plus de chants, plus de pompes sur le rivage, plus de cris guerriers, plus de choc de galères, plus de tumulte sur les flots. Mon imagination ne pouvait suffire, tantôt à se représenter la procession religieuse d'Éleusis, tantôt à couvrir le rivage de l'armée innombrable des Perses qui regardaient le combat de Salamine. Éleusis est, selon moi, le lieu le plus respectable de la Grèce, puis-

---

(1) Guillet la prend pour une cariatide.

qu'on y enseignait l'unité de Dieu, et que ce lieu fut témoin du plus grand effort que jamais les hommes aient tenté en faveur de la liberté.

Qui le croirait! Salamine est aujourd'hui presque entièrement effacée du souvenir des Grecs. On a vu ce que m'en disait mon Athénien. « L'île de Salamine n'a point conservé son nom, dit « M. Fauvel dans ses *Mémoires;* il « est oublié avec celui de Thémistocle. » Spon raconte qu'il logea à Salamine chez le papas Iaonnis, « homme, ajoute-t-il, moins ignorant que tous ses pa« roissiens, puisqu'il savait que l'île s'était autrefois nommée *Salamine*; et il « nous dit qu'il l'avait su de son père. » Cette indifférence des Grecs touchant leur patrie est aussi déplorable qu'elle est honteuse; non-seulement ils ne savent pas leur histoire, mais ils ignorent presque tous (1) la langue qui fait leur gloire : on a vu un Anglais, poussé d'un saint zèle, vouloir s'établir à Athènes pour y donner des leçons de grec ancien.

Il fallut que la nuit me chassât du rivage. Les vagues que la brise du soir avaient soulevées battaient la grève et venaient mourir à mes pieds : je marchai quelque temps le long de la mer qui baignait le tombeau de Thémistocle; selon toutes les probabilités, j'étais dans ce moment le seul homme en Grèce qui se souvînt de ce grand homme.

Joseph avait acheté un mouton pour notre souper; il savait que nous arriverions le lendemain chez un consul de France. Sparte qu'il avait vue, et Athènes qu'il allait voir, ne lui importaient guère; mais, dans la joie où il était de toucher le terme de ses fatigues, il régalait la maison de notre hôte. La femme, les enfants, le mari, tout était en mouvement; le janissaire seul restait tranquille au milieu de l'empressement général, fumant sa pipe et applaudissant du turban à tous ces soins dont il espérait bien profiter. Depuis l'extinction des mystères par Alaric, il n'y avait pas eu une pareille fête à Éleusis. Nous nous mîmes à table, c'est-à-dire que nous nous assîmes à terre autour du régal; notre hôtesse avait fait cuire du pain qui n'était pas très-bon, mais qui était tendre et sortant du four. J'aurais volontiers renouvelé le cri de *Vive Cérès!* Χαῖρε, Δήμητερ! Ce pain, qui provenait de la nouvelle récolte, faisait voir la fausseté d'une prédiction rapportée par Chandler. Du temps de ce voyageur on disait à Eleusis que, si jamais on enlevait la statue mutilée de la déesse, la plaine cesserait d'être fertile. Cérès est allée en Angleterre, et les champs d'Éleusis n'en ont pas moins été fécondés par cette divinité réelle, qui appelle tous les hommes à la connaissance de ses mystères, qui ne craint point d'être détrônée,

> Qui donne aux fleurs leur aimable peinture,
> Qui fait naître et mûrir les fruits,
> Et leur dispense avec mesure
> Et la chaleur des jours et la fraîcheur des nuits.

Cette grande chère et la paix dont nous jouissions m'étaient d'autant plus

(1) Il y a de glorieuses exceptions, et tout le monde a entendu parler de MM. Coral, Kodrika, etc., etc.

agréables que nous les devions, pour ainsi dire, à la protection de la France. Il y a trente à quarante ans que toutes les côtes de la Grèce, et particulièrement les ports de Corinthe, de Mégare et d'Éleusis étaient infestés par des pirates. Le bon ordre établi dans nos stations du Levant avait peu à peu détruit ce brigandage; nos frégates faisaient la police, et les sujets ottomans respiraient sous le pavillon français. Les dernières révolutions de l'Europe ont amené pour quelques moments d'autres combinaisons de puissances; mais les corsaires n'ont pas reparu. Nous bûmes donc à la renommée de ces armes qui protégeaient notre fête à Éleusis, comme les Athéniens durent remercier Alcibiade quand il eut conduit en sûreté la procession d'Iacchus au temple de Cérès.

Enfin, le grand jour de notre entrée à Athènes se leva. Le 23 à trois heures du matin nous étions tous à cheval; nous commençâmes à défiler en silence par la voie Sacrée : je puis assurer que l'initié le plus dévot à Cérès n'a jamais éprouvé un transport aussi vif que le mien. Nous avions mis nos beaux habits pour la fête; le janissaire avait retourné son turban, et, par extraordinaire, on avait frotté et pansé les chevaux. Nous traversâmes le lit d'un torrent appelé *Saranta-Potamo* ou *les Quarante Fleuves*, probablement le Céphise Éleusinien : nous vîmes quelques débris d'églises chrétiennes; ils doivent occuper la place du tombeau de ce Zarex qu'Apollon lui-même avait instruit dans l'art des chants. D'autres ruines nous annoncèrent les monuments d'Eumolpe et d'Hippothoon; nous trouvâmes le rhiti ou les courants d'eau salée : c'était là que, pendant les fêtes d'Éleusis, les gens du peuple insultaient les passants, en mémoire des injures qu'une vieille femme avait dites autrefois à Cérès. De là passant au fond, ou au point extrême du canal de Salamine, nous nous engageâmes dans le défilé que forment le mont Parnès et le mont Ægalée : cette partie de la voie Sacrée s'appelait *le Mystique*. Nous aperçûmes le monastère de Daphné, bâti sur les débris du temple d'Apollon, et dont l'église est une des plus anciennes de l'Attique. Un peu plus loin, nous remarquâmes quelques restes du temple de Vénus. Enfin, le défilé commence à s'élargir; nous tournons autour du mont Pœcile placé au milieu du chemin, comme pour masquer le tableau; et tout à coup nous découvrons la plaine d'Athènes.

Les voyageurs qui visitent la ville de Cécrops arrivent ordinairement par le Pirée ou par la route de Négrepont. Ils perdent alors une partie du spectacle, car on n'aperçoit que la citadelle quand on vient de la mer; et l'Anchesme coupe la perspective quand on descend de l'Eubée. Mon étoile m'avait amené par le véritable chemin pour voir Athènes dans toute sa gloire.

La première chose qui frappa mes yeux, ce fut la citadelle éclairée du soleil levant : elle était juste en face de moi, de l'autre côté de la plaine, et semblait appuyée sur le mont Hymette, qui faisait le fond du tableau. Elle présentait, dans un assemblage confus, les chapiteaux des Propylées, les colonnes du Parthénon et du temple d'Érecthée, les embrasures d'une muraille chargée de canons, les débris gothiques des chrétiens, et les masures des musulmans.

Deux petites collines, l'Anchesme et le Musée, s'élevaient au nord et au midi de l'Acropolis. Entre ces deux collines et au pied de l'Acropolis, Athènes se montrait à moi : ses toits aplatis, entremêlés de minarets, de cyprès, de ruines, de colonnes isolées; les dômes de ses mosquées couronnés par de gros nids de cigognes, faisaient un effet agréable aux rayons du soleil. Mais, si l'on reconnaissait encore Athènes et ses débris, on voyait aussi, à l'ensemble de son architecture et au caractère général des monuments, que la ville de Minerve n'était plus habitée par son peuple.

Une enceinte de montagnes, qui se termine à la mer, forme la plaine ou le bassin d'Athènes. Du point où je voyais cette plaine au mont Pœcile, elle paraissait divisée en trois bandes ou régions, courant dans une direction parallèle du nord au midi. La première de ces régions, et la plus voisine de moi, était inculte et couverte de bruyères; la seconde offrait un terrain labouré où l'on venait de faire la moisson; la troisième présentait un long bois d'oliviers qui s'étendait un peu circulairement depuis les sources de l'Ilissus, en passant au pied de l'Anchesme, jusque vers le port de Phalère. Le Céphise coule dans cette forêt qui, par sa vieillesse, semble descendre de l'olivier que Minerve fit sortir de la terre. L'Ilissus a son lit desséché de l'autre côté d'Athènes, entre le mont Hymette et la ville. La plaine n'est pas parfaitement unie : une petite chaîne de collines détachées du mont Hymette en surmonte le niveau, et forme les différentes hauteurs sur lesquelles Athènes plaça peu à peu ses monuments.

Ce n'est pas dans le premier moment d'une émotion très-vive que l'on jouit le plus de ses sentiments. Je m'avançais vers Athènes avec une espèce de plaisir qui m'ôtait le pouvoir de la réflexion; non que j'éprouvasse quelque chose de semblable à ce que j'avais senti à la vue de Lacédémone. Sparte et Athènes ont conservé jusque dans leurs ruines leurs différents caractères : celles de la première sont tristes, graves et solitaires; celles de la seconde sont riantes, légères, habitées. A l'aspect de la patrie de Lycurgue, toutes les pensées deviennent sérieuses, mâles et profondes; l'âme fortifiée semble s'élever et s'agrandir; devant la ville de Solon, on est comme enchanté par les prestiges du génie; on a l'idée de la perfection de l'homme considéré comme un être intelligent et immortel. Les hauts sentiments de la nature humaine prenaient à Athènes quelque chose d'élégant qu'ils n'avaient point à Sparte. L'amour de la patrie et de la liberté n'était point pour les Athéniens un instinct aveugle, mais un sentiment éclairé, fondé sur ce goût du beau dans tous les genres, que le ciel leur avait si libéralement départi : enfin, en passant des ruines de Lacédémone aux ruines d'Athènes, je sentis que j'aurais voulu mourir avec Léonidas et vivre avec Périclès.

Nous marchions vers cette petite ville, dont le territoire s'étendait à quinze ou vingt lieues, dont la population n'égalait pas celle d'un faubourg de Paris, et qui balance dans l'univers la renommée de l'empire romain. Les yeux constamment attachés sur ses ruines, je lui appliquais ces vers de Lucrèce :

> Primæ frugiferos fœtus mortalibus ægris
> Dididerunt quondam præclaro nomine Athenæ,
> Et recreaverunt vitam, legesque rogarunt;
> Et primæ dederunt solatia dulcia vitæ.

Je ne connais rien qui soit plus à la gloire des Grecs que ces paroles de Ci-

céron : « Souvenez-vous, Quintius, que vous commandez à des Grecs qui ont
« civilisé tous les peuples, en leur enseignant la douceur et l'humanité, et à
« qui Rome doit les lumières qu'elle possède. » Lorsqu'on songe à ce que
Rome était au temps de Pompée et de César, à ce que Cicéron était lui-même,
on trouve dans ce peu de mots un magnifique éloge (1).

Des trois bandes ou régions qui divisaient devant nous la plaine d'Athènes,
nous traversâmes rapidement les deux premières, la région inculte et la région
cultivée. On ne voit plus sur cette partie de la route le monument du Rhodien
et le tombeau de la courtisane; mais on aperçoit des débris de quelques églises.
Nous entrâmes dans le bois d'oliviers : avant d'arriver au Céphise, on trouvait
deux tombeaux et un autel de Jupiter-l'Indulgent. Nous distinguâmes bientôt
le lit du Céphise entre les troncs des oliviers qui le bordaient comme de vieux
saules : je mis pied à terre pour saluer le fleuve et pour boire de son eau; j'en
trouvai tout juste ce qu'il m'en fallait dans un creux sous la rive; le reste avait
été détourné plus haut pour arroser les plantations d'oliviers. Je me suis toujours
fait un plaisir de boire de l'eau des rivières célèbres que j'ai passées dans
ma vie : ainsi j'ai bu des eaux du Mississipi, de la Tamise, du Rhin, du
Pô, du Tibre, de l'Eurotas, du Céphise, de l'Hermus, du Granique, du Jourdain,
du Nil, du Tage et de l'Èbre. Que d'hommes au bord de ces fleuves peuvent
dire comme les Israélites : *sedimus et flevimus!*

J'aperçus à quelque distance sur ma gauche les débris du pont que Xénoclès
de Linde avait fait bâtir sur le Céphise. Je remontai à cheval, et je ne cherchai
point à voir le figuier sacré, l'autel de Zéphyre, la colonne d'Antémocrite; car
le chemin moderne ne suit plus dans cet endroit l'ancienne voie Sacrée. En
sortant du bois d'oliviers nous trouvâmes un jardin environné de murs, et qui
occupe à peu près la place du Céramique extérieur. Nous mîmes une demi-heure
pour nous rendre à Athènes, à travers un chaume de froment. Un mur
moderne nouvellement réparé, et ressemblant à un mur de jardin, renferme
la ville. Nous en franchîmes la porte et nous pénétrâmes dans de petites rues
champêtres, fraîches et assez propres : chaque maison a son jardin planté
d'orangers et de figuiers. Le peuple me parut gai et curieux, et n'avait point
l'air abattu des Moraïtes. On nous enseigna la maison du consul.

Je ne pouvais être mieux adressé qu'à M. Fauvel pour voir Athènes : on
sait qu'il habite la ville de Minerve depuis longues années, il en connaît les
moindres détails, beaucoup mieux qu'un Parisien ne connaît Paris. On a de lui
d'excellents mémoires; on lui doit les plus intéressantes découvertes sur l'emplacement
d'Olympie, sur la plaine de Marathon, sur le tombeau de Thémistocle
au Pirée, sur le temple de la Vénus aux Jardins, etc. Chargé du consulat
d'Athènes, qui n'est pour lui qu'un titre de protection, il a travaillé et travaille
encore, comme peintre, au *Voyage pittoresque de la Grèce*. L'auteur de ce bel
ouvrage, M. de Choiseul-Gouffier, avait bien voulu me donner une lettre pour
l'homme de talent, et je portais de plus au consul une lettre du ministre (2).

(1) Pline le Jeune écrit à peu près la même chose à Maximus, proconsul d'Achaïe.
(2) M. de Talleyrand.

On ne s'attend pas sans doute que je donne ici une description complète d'Athènes; si l'on veut connaître l'histoire de cette ville, depuis les Romains jusqu'à nous, on peut recourir à l'Introduction de cet *Itinéraire*. Si ce sont les monuments d'Athènes ancienne qu'on désire connaître, la traduction de *Pausanias*, toute défectueuse qu'elle est, suffit parfaitement à la foule des lecteurs; et le *Voyage du jeune Anacharsis* ne laisse presque rien à désirer. Quant aux ruines de cette fameuse cité, les lettres de la collection de Martin Crusius, le père Babin, La Guilletière même, malgré ses mensonges, Pococke, Spon, Wheler, Chandler surtout et M. Fauvel, les font si parfaitement connaître que je ne pourrais que les répéter. Sont-ce les plans, les cartes, les vues d'Athènes et de ses monuments que l'on cherche? on les trouvera partout : il suffit de rappeler les travaux du marquis de Nointel, de Leroi, de Stuart, de Pars; M. de Choiseul, complétant l'ouvrage que tant de malheurs ont interrompu, achèvera de mettre sous nos yeux Athènes tout entière. La partie des mœurs et du gouvernement des Athéniens modernes est également bien traitée dans les auteurs que je viens de citer, et comme les usages ne changent pas en Orient ainsi qu'en France, tout ce que Chandler et Guys (1) ont dit des Grecs modernes est encore aujourd'hui de la plus exacte vérité.

Sans faire de l'érudition aux dépens de mes prédécesseurs, je rendrai compte de mes courses et de mes sentiments à Athènes, jour par jour et heure par heure, selon le plan que j'ai suivi jusqu'ici. Encore une fois, cet *Itinéraire* doit être regardé beaucoup moins comme un voyage que comme les mémoires d'une année de ma vie (2).

Je descendis dans la cour de M. Fauvel, que j'eus le bonheur de trouver chez lui : je lui remis aussitôt les lettres de M. de Choiseul et de M. de Talleyrand. M. Fauvel connaissait mon nom; je ne pouvais pas lui dire : «*Son pittor anch'io;*» mais au moins j'étais un amateur plein de zèle, sinon de talent; j'avais une si bonne volonté d'étudier l'antique et de bien faire, j'étais venu de si loin crayonner de méchants dessins, que le maître vit en moi un écolier docile.

Ce fut d'abord entre nous un fracas de questions sur Paris et sur Athènes, auxquelles nous nous empressions de répondre; mais bientôt Paris fut oublié, et Athènes prit totalement le dessus. M. Fauvel, échauffé dans son amour pour les arts par un disciple, était aussi pressé de me montrer Athènes que j'étais empressé de la voir : il me conseilla cependant de laisser passer la grande chaleur du jour.

Rien ne sentait le consul chez mon hôte; mais tout y annonçait l'artiste et l'antiquaire. Quel plaisir pour moi d'être logé à Athènes dans une chambre pleine des plâtres moulés du Parthénon! Tout autour des murs étaient suspendus des vues du temple de Thésée, des plans des Propylées, des cartes de l'Attique et de la plaine de Marathon. Il y avait des marbres sur une table, des médailles sur une autre, avec de petites têtes et des vases en terre cuite. On balaya, à mon grand regret, une vénérable poussière; on tendit un lit de sangle au milieu de

---

(1) Il faut lire celui-ci avec défiance, et se mettre en garde contre son système.
(2) Voyez l'Avertissement.

toutes ces merveilles; et, comme un conscrit arrivé à l'armée la veille d'une affaire, je campai sur le champ de bataille.

La maison de M. Fauvel a, comme la plupart des maisons d'Athènes, une cour sur le devant et un petit jardin sur le derrière. Je courais à toutes les fenêtres pour découvrir au moins quelque chose dans les rues; mais c'était inutilement. On apercevait pourtant, entre les toits des maisons voisines, un petit coin de la citadelle; je me tenais collé à la fenêtre qui donnait de ce côté, comme un écolier dont l'heure de récréation n'est pas encore arrivée. Le janissaire de M. Fauvel s'était emparé de mon janissaire et de Joseph, de sorte que je n'avais plus à m'occuper d'eux.

A deux heures on servit le dîner, qui consistait en des ragoûts de mouton et de poulets, moitié à la française, moitié à la turque. Le vin, rouge et fort comme nos vins du Rhône, était d'une bonne qualité; mais il me parut si amer qu'il me fut impossible de le boire. Dans presque tous les cantons de la Grèce on fait plus ou moins infuser des pommes de pin au fond des cuvées; cela donne au vin cette saveur amère et aromatique à laquelle on a quelque peine à s'habituer (1). Si cette coutume remonte à l'antiquité, comme je le présume, elle expliquerait pourquoi la pomme de pin était consacrée à Bacchus. On apporta du miel du mont Hymette; je lui trouvai un goût de drogue qui me déplut; le miel de Chamouny me semble de beaucoup préférable. J'ai mangé depuis à Kircagach, près de Pergame, dans l'Anatolie, un miel plus agréable encore; il est blanc comme le coton sur lequel les abeilles le recueillent, et il a la fermeté et la consistance de la pâte de guimauve. Mon hôte riait de la grimace que je faisais au vin et au miel de l'Attique; il s'y était attendu. Comme il fallait bien que je fusse dédommagé par quelque chose, il me fit remarquer l'habillement de la femme qui nous servait : c'était absolument la draperie des anciennes Grecques, surtout dans les plis horizontaux et onduleux qui se formaient au-dessus du sein, et venaient se joindre aux plis perpendiculaires qui marquaient le bord de la tunique. Le tissu grossier dont cette femme était vêtue contribuait encore à la ressemblance; car, à en juger par la statuaire, les étoffes chez les anciens étaient plus épaisses que les nôtres. Il serait impossible, avec les mousselines et les soies des femmes modernes, de former les mouvements larges des draperies antiques : la gaze de Céos, et les autres voiles que les satiriques appelaient des nuages, n'étaient jamais imités par le ciseau.

Pendant notre dîner, nous reçûmes les compliments de ce qu'on appelle dans le Levant la nation : cette nation se compose des négociants français ou dépendants de la France qui habitent les différentes échelles. Il n'y a à Athènes qu'une ou deux maisons de cette espèce : elles font le commerce des huiles. M. Roque me fit l'honneur de me rendre visite : il avait une famille, et il m'invita à l'aller voir avec M. Fauvel; puis il se mit à parler de la société d'Athènes :
« Un étranger fixé depuis quelque temps à Athènes paraissait avoir senti ou ins-
« piré une passion qui faisait parler la ville... Il y avait des commérages vers

---

(1) Les autres voyageurs attribuent ce goût à la poix qu'on mêle dans le vin : cela peut être vrai en partie; mais on y peut aussi infuser la pomme de pin.

« la maison de Socrate, et l'on tenait des propos du côté des jardins de Phocion...
« L'archevêque d'Athènes n'était pas encore revenu de Constantinople. On ne
« savait pas si on obtiendrait justice du pacha de Négrepont, qui menaçait de
« lever une contribution à Athènes. Pour se mettre à l'abri d'un coup de main,
« on avait réparé le mur de clôture; cependant on pouvait tout espérer du chef
« des eunuques noirs, propriétaire d'Athènes, qui certainement avait auprès de
« Sa Hautesse plus de crédit que le pacha. » (O Solon! O Thémistocle! Le chef des eunuques noirs, propriétaire d'Athènes, et toutes les autres villes de la Grèce enviant cet insigne bonheur aux Athéniens!) « .... Au reste, M. Fauvel
« avait bien fait de renvoyer le religieux italien qui demeurait dans la lanterne
« de Démosthènes (un des plus jolis monuments d'Athènes), et d'appeler à sa
« place un capucin français. Celui-ci avait de bonnes mœurs, était affable, in-
« telligent, et recevait très-bien les étrangers qui, selon la coutume, allaient
« descendre au couvent français... » Tels étaient les propos et l'objet des conversations à Athènes : on voit que le monde y allait son train, et qu'un voyageur qui s'est bien monté la tête doit être un peu confondu quand il trouve, en arrivant dans la rue des Trépieds, les tracasseries de son village.

Deux voyageurs anglais venaient de quitter Athènes lorsque j'y arrivai : il y restait encore un peintre russe qui vivait fort solitaire. Athènes est très-fréquentée des amateurs de l'antiquité, parce qu'elle est sur le chemin de Constantinople, et qu'on y arrive facilement par mer.

Vers les quatre heures du soir, la grande chaleur étant passée, M. Fauvel fit appeler son janissaire et le mien, et nous sortîmes précédés de nos gardes : le cœur me battait de joie, et j'étais honteux de me trouver si jeune. Mon guide me fit remarquer, presque à sa porte, les restes d'un temple antique. De là nous tournâmes à droite, et nous marchâmes par de petites rues fort peuplées. Nous passâmes au bazar, frais et bien approvisionné en viande, en gibier, en herbes et en fruits. Tout le monde saluait M. Fauvel, et chacun voulait savoir qui j'étais; mais personne ne pouvait prononcer mon nom. C'était comme dans l'ancienne Athènes : *Athenienses autem omnes*, dit saint Luc, *ad nihil aliud vacabant nisi aut audire aliquid novi;* quant aux Turcs, ils disaient : *Fransouse! Effendi!* et ils fumaient leurs pipes ; c'était ce qu'ils avaient de mieux à faire. Les Grecs, en nous voyant passer, levaient leurs bras par-dessus leurs têtes, et criaient: *Kalós ilthete Archondes! Bata kala eis palæo Athinam!*
« Bien venus, messieurs! Bon voyage aux ruines d'Athènes! » Et ils avaient l'air aussi fiers que s'ils nous avaient dit : « Vous allez chez Phidias ou chez
« Ictinus. » Je n'avais pas assez de mes yeux pour regarder : je croyais voir des antiquités partout. M. Fauvel me faisait remarquer çà et là des morceaux de sculpture qui servaient de bornes, de murs ou de pavés : il me disait combien ces fragments avaient de pieds, de pouces et de lignes; à quel genre d'édifices ils appartenaient; ce qu'il en fallait présumer d'après Pausanias; quelles opinions avaient eues à ce sujet l'abbé Barthélemy, Spon, Wheler, Chandler; en quoi ces opinions lui semblaient (à lui M. Fauvel) justes ou mal fondées. Nous nous arrêtions à chaque pas ; les janissaires et des enfants du peuple, qui marchaient devant nous s'arrêtaient partout où ils voyaient une moulure, une

corniche, un chapiteau; ils cherchaient à lire dans les yeux de M. Fauvel si cela était bon; quand le consul secouait la tête, ils secouaient la tête et allaient se placer quatre pas plus loin devant un autre débris. Nous fûmes conduits ainsi hors du centre de la ville moderne, et nous arrivâmes à la partie de l'ouest que M. Fauvel voulait d'abord me faire visiter, afin de procéder par ordre dans nos recherches.

En sortant au milieu de l'Athènes moderne, et marchant droit au couchant, les maisons commencent à s'écarter les unes des autres; ensuite viennent de grands espaces vides, les uns compris dans le mur de clôture, les autres en dehors de ce mur : c'est dans ces espaces abandonnés que l'on trouve le temple de Thésée, le Pnyx et l'Aréopage. Je ne décrirai point le premier, qui est décrit partout, et qui ressemble assez au Parthénon; je le comprendrai dans les réflexions générales que je me permettrai de faire bientôt au sujet de l'architecture des Grecs. Ce temple est au reste le monument le mieux conservé à Athènes : après avoir longtemps été une église sous l'invocation de saint Georges, il sert aujourd'hui de magasin.

L'Aréopage était placé sur une éminence à l'occident de la citadelle. On comprend à peine comment on a pu construire sur le rocher où l'on voit des ruines un monument de quelque étendue. Une petite vallée appelée, dans l'ancienne Athènes, *Cœlé* (le creux), sépare la colline de l'Aréopage de la colline du Pnyx et de la colline de la citadelle. On montrait dans le Cœlé les tombeaux des deux Cimon, de Thucydide et d'Hérodote. Le Pnyx, où les Athéniens tenaient d'abord leurs assemblées publiques, est une esplanade pratiquée sur une roche escarpée, au revers du Lycabettus. Un mur composé de pierres énormes soutient cette esplanade du côté du nord; au midi s'élève une tribune creusée dans le roc même, et l'on y monte par quatre degrés également taillés dans la pierre. Je remarque ceci, parce que les anciens voyageurs n'ont pas bien connu la forme du Pnyx. Lord Elgin a fait depuis peu d'années désencombrer cette colline, et c'est à lui qu'on doit la découverte des degrés. Comme on n'est pas là tout à fait à la cime du rocher, on n'aperçoit la mer qu'en montant au-dessus de la tribune : on ôtait ainsi au peuple la vue du Pirée, afin que les orateurs factieux ne le jetassent pas dans des entreprises téméraires, à l'aspect de sa puissance et de ses vaisseaux (1).

Les Athéniens étaient rangés sur l'esplanade entre le mur circulaire que j'ai indiqué au nord, et la tribune au midi.

C'était donc à cette tribune que Périclès, Alcibiade et Démosthènes firent entendre leur voix; que Socrate et Phocion parlèrent au peuple le plus léger et le plus spirituel de la terre? C'était donc là que se sont commises tant d'injustices; que tant de décrets iniques ou cruels ont été prononcés? Ce fut peut-être ce lieu qui vit bannir Aristide, triompher Mélitus, condamner à mort la population entière d'une ville, vouer un peuple entier à l'esclavage! Mais aussi ce fut là que de grands citoyens firent éclater leurs généreux accents contre les tyrans

---

(1) L'histoire varie sur ce fait. D'après une autre version, ce furent les tyrans qui obligèrent les orateurs à tourner le dos au Pirée.

de leur patrie; que la justice triompha; que la vérité fut écoutée. « Il y a un
« peuple, disaient les députés de Corinthe aux Spartiates, un peuple qui ne
« respire que les nouveautés; prompt à concevoir, prompt à exécuter, son
« audace passe sa force. Dans les périls où souvent il se jette sans réflexion, il
« ne perd jamais l'espérance; naturellement inquiet, il cherche à s'agrandir au
« dehors; vainqueur, il s'avance et suit sa victoire; vaincu, il n'est point dé-
« couragé. Pour les Athéniens, la vie n'est pas une propriété qui leur appar-
« tienne, tant ils la sacrifient aisément à leur pays! Ils croient qu'on les a privés
« d'un bien légitime toutes les fois qu'ils n'obtiennent pas l'objet de leurs dé-
« sirs. Ils remplacent un dessein trompé par une nouvelle espérance. Leurs
« projets à peine conçus sont déjà exécutés. Sans cesse occupés de l'avenir,
« le présent leur échappe : peuple qui ne connaît point le repos, et ne peut le
« souffrir dans les autres (1). »

Et ce peuple, qu'est-il devenu? Où le trouverai-je? Moi qui traduisais ce passage au milieu des ruines d'Athènes, je voyais les minarets des musulmans, et j'entendais parler des chrétiens. C'est à Jérusalem que j'allais chercher la réponse à cette question, et je connaissais déjà d'avance les paroles de l'oracle: *Dominus mortificat et vivificat; deducit ad inferos et reducit.*

Le jour n'était pas encore à sa fin : nous passâmes du Pnyx à la colline du Musée. On sait que cette colline est couronnée par le monument de Philopappus, monument d'un mauvais goût; mais c'est le mort et non le tombeau qui mérite ici l'attention du voyageur. Cet obscur Philoppas, dont le sépulcre se voit de si loin, vivait sous Trajan. Pausanias ne daigne pas le nommer, et l'appelle un *Syrien.* On voit dans l'inscription de sa statue qu'il était de Bêsa, bourgade de l'Attique. Et bien! ce Philopappus s'appelait *Antiochus Philopappus;* c'était le légitime héritier de la couronne de Syrie! Pompée avait transporté à Athènes les descendants du roi Antiochus, et ils y étaient devenus de simples citoyens. Je ne sais si les Athéniens, comblés des bienfaits d'Antiochus, compatirent aux maux de sa famille détrônée; mais il paraît que ce Philopappus fut au moins consul désigné. La fortune, en le faisant citoyen d'Athènes et consul de Rome à une époque où ces deux titres n'étaient plus rien, semblait vouloir se jouer encore de ce monarque déshérité, le consoler d'un songe par un songe, et montrer sur une seule tête qu'elle se rit également de la majesté des peuples et de celle des rois.

Le monument de Philopappus nous servit comme d'observatoire pour contempler d'autres vanités. M. Fauvel m'indiqua les divers endroits par où passaient les murs de l'ancienne ville; il me fit voir les ruines du théâtre de Bacchus, au pied de la citadelle; le lit desséché de l'Ilissus, la mer sans vaisseaux, et les ports déserts de Phalère, de Munychie et du Pirée.

Nous rentrâmes ensuite dans Athènes : il était nuit; le consul envoya prévenir le commandant de la citadelle que nous y monterions le lendemain avant le lever du soleil. Je souhaitai le bonsoir à mon hôte, et je me retirai dans mon appartement. Accablé de fatigue, il y avait déjà quelque temps que je dormais d'un

---

(1) THUCYD., lib. I.

profond sommeil, quand je fus réveillé tout à coup par le tambourin et la musette turque dont les sons discordants partaient des combles des Propylées. En même temps un prêtre turc se mit à chanter en arabe l'heure passée à des chrétiens de la ville de Minerve. Je ne saurais peindre ce que j'éprouvai : cet iman n'avait pas besoin de me marquer ainsi la fuite des années ; sa voix seule, dans ces lieux, annonçait assez que les siècles s'étaient écoulés.

Cette mobilité des choses humaines est d'autant plus frappante qu'elle contraste avec l'immobilité du reste de la nature. Comme pour insulter à l'instabilité des sociétés humaines, les animaux même n'éprouvent ni bouleversements dans leurs empires, ni altération dans leurs mœurs. J'avais vu, lorsque nous étions sur la colline du Musée, des cigognes se former en bataillon, et prendre leur vol vers l'Afrique (1). Depuis deux mille ans elles font ainsi le même voyage ; elles sont restées libres et heureuses dans la ville de Solon comme dans la ville du chef des eunuques noirs. Du haut de leurs nids, que les révolutions ne peuvent atteindre, elles ont vu au-dessous d'elles changer la race des mortels : tandis que des générations impies se sont élevées sur les tombeaux des générations religieuses, la jeune cigogne a toujours nourri son vieux père (2). Si je m'arrête à ces réflexions, c'est que la cigogne est aimée des voyageurs ; comme eux « elle « connaît les saisons dans le ciel (3). » Ces oiseaux furent souvent les compagnons de mes courses dans les solitudes de l'Amérique ; je les vis souvent perchés sur les wigwum du Sauvage ; en les retrouvant dans une autre espèce de désert, sur les ruines du Parthénon, je n'ai pu m'empêcher de parler un peu de mes anciens amis.

Le lendemain 24, à quatre heures et demie du matin, nous montâmes à la citadelle ; son sommet est environné de murs, moitié antiques, moitié modernes ; d'autres murs circulaient autrefois autour de sa base. Dans l'espace que renferment ces murs, se trouvent d'abord les restes des Propylées et les débris du temple de la Victoire (4). Derrière les Propylées, à gauche, vers la ville, on voit ensuite le Pandroséum et le double temple de Neptune Érechthée et de Minerve-Polias ; enfin, sur le point le plus éminent de l'Acropolis, s'élève le temple de Minerve : le reste de l'espace est obstrué par les décombres des bâtiments anciens et nouveaux, et par les tentes, les armes et les baraques des Turcs.

Le rocher de la citadelle peut avoir à son sommet huit cents pieds de long sur quatre cents de large ; sa forme est à peu près celle d'un ovale dont l'ellipse irait en se rétrécissant du côté du mont Hymette : on dirait un piédestal taillé tout exprès pour porter les magnifiques édifices qui le couronnaient.

Je n'entrerai point dans la description particulière de chaque monument : je renvoie le lecteur aux ouvrages que j'ai si souvent cités ; et, sans répéter ici ce que chacun peut trouver ailleurs, je me contenterai de quelques réflexions générales.

La première chose qui vous frappe dans les monuments d'Athènes, c'est la belle couleur de ces monuments. Dans nos climats, sous une atmosphère chargée

---

(1) Voyez, pour la description d'Athènes en général, presque tout le XVe livre des *Martyrs*, et les notes. — (2) C'est Solin qui le dit. — (3) Jérémie.
(4) Le temple de la Victoire formait l'aile droite des Propylées.

de fumée et de pluie, la pierre du blanc le plus pur devient bientôt noire ou verdâtre. Le ciel clair et le soleil brillant de la Grèce répandent seulement sur le marbre de Paros et du Pentélique une teinte dorée semblable à celle des épis mûrs, ou des feuilles en automne.

La justesse, l'harmonie et la simplicité des proportions attirent ensuite votre admiration. On ne voit point ordre sur ordre, colonne sur colonne, dôme sur dôme. Le temple de Minerve, par exemple, est, ou plutôt était un simple parallélogramme allongé, orné d'un péristyle, d'un pronaos ou portique, et élevé sur trois marches ou degrés qui régnaient tout autour. Ce pronaos occupait à peu près le tiers de la longueur totale de l'édifice; l'intérieur du temple se divisait en deux nefs séparées par un mur, et qui ne recevaient le jour que par la porte : dans l'une on voyait la statue de Minerve, ouvrage de Phidias; dans l'autre, on gardait le trésor des Athéniens. Les colonnes du péristyle et du portique reposaient immédiatement sur les degrés du temple; elles étaient sans bases, cannelées et d'ordre dorique; elles avaient quarante-deux pieds de hauteur et dix-sept et demi de tour près du sol; l'entre-colonnement était de sept pieds quatre pouces; et le monument avait deux cent dix-huit pieds de long, et quatre-vingt-dix-huit et demi de large.

Les triglyphes de l'ordre dorique marquaient la frise du péristyle : des métopes ou petits tableaux de marbre à coulisse séparaient entre eux les triglyphes. Phidias ou ses élèves avaient sculpté sur ces métopes le combat des Centaures et des Lapithes. Le haut du plein mur du temple, ou la frise de la cella, était décorée d'un autre bas-relief représentant peut-être la fête des Panathénées. Des morceaux de sculpture excellents, mais du siècle d'Adrien, époque du renouvellement de l'art, occupaient les deux frontons du temple (1). Les offrandes votives, ainsi que les boucliers enlevés à l'ennemi dans le cours de la guerre Médique, étaient suspendus en dehors de l'édifice : on voit encore la marque circulaire que les derniers ont imprimée sur l'architrave du fronton qui regarde le mont Hymette. C'est ce qui fait supposer à M. Fauvel que l'entrée du temple pouvait bien être tournée de ce côté, contre l'opinion générale qui place cette entrée à l'extrémité opposée (2). Entre ces boucliers on avait mis des inscriptions : elles étaient vraisemblablement écrites en lettres de bronze, à en juger par les marques des clous qui attachaient ces lettres. M. Fauvel pensait que ces clous avaient servi peut-être à retenir des guirlandes; mais je l'ai ramené à mon sentiment en lui faisant remarquer la disposition régulière des trous. De pareilles marques ont suffi pour rétablir et lire l'inscription de la

(1) Je ne puis me persuader que Phidias ait laissé complétement nus les deux frontons du temple, tandis qu'il avait orné avec tant de soin les deux frises. Si l'empereur Adrien et sa femme Sabine se trouvaient représentés dans l'un des frontons, ils peuvent y avoir été introduits à la place de deux autres figures, ou peut-être, ce qui arrivait souvent, n'avait-on fait que changer les têtes des personnages. Au reste, ceci n'était point une indigne flatterie de la part des Athéniens : Adrien méritait cet honneur comme bienfaiteur d'Athènes et restaurateur des arts.

(2) L'idée est ingénieuse, mais la preuve n'est pas bien solide : outre mille raisons qui pouvaient avoir déterminé les Athéniens à suspendre les boucliers du côté d'Hymette, on n'avait peut-être pas voulu gâter l'admirable façade du temple, en la chargeant d'ornements étrangers.

Maison-Carrée à Nîmes. Je suis convaincu que, si les Turcs le permettaient, on pourrait aussi parvenir à déchiffrer les inscriptions du Parthénon.

Tel était ce temple qui a passé à juste titre pour le chef-d'œuvre de l'architecture chez les anciens et chez les modernes : l'harmonie et la force de toutes ses parties se font encore remarquer dans ses ruines; car on en aurait une très-fausse idée si l'on se représentait seulement un édifice agréable, mais petit, et chargé de ciselures et de festons à notre manière. Il y a toujours quelque chose de grêle dans notre architecture, quand nous visons à l'élégance; ou de pesant, quand nous prétendons à la majesté. Voyez comme tout est calculé au Parthénon! L'ordre est dorique, et le peu de hauteur de la colonne dans cet ordre vous donne à l'instant l'idée de la durée et de la solidité; mais cette colonne qui, de plus, est sans base, deviendrait trop lourde. Ictinus a recours à son art: il fait la colonne cannelée, et l'élève sur des degrés; par ce moyen il introduit presque la légèreté du corinthien dans la gravité dorique. Pour tout ornement vous avez deux frontons et deux frises sculptées. La frise du péristyle se compose de petits tableaux de marbre régulièrement divisés par un triglyphe : à la vérité, chacun de ces tableaux est un chef-d'œuvre; la frise de la cella règne comme un bandeau au haut d'un mur plein et uni : voilà tout, absolument tout. Qu'il y a loin de cette sage économie d'ornements, de cet heureux mélange de simplicité, de force et de grâce, à notre profusion de découpures en carré, en long, en rond, en losange; à nos colonnes fluettes, guindées sur d'énormes bases, ou à nos porches ignobles et écrasés que nous appelons des *portiques*.

Il ne faut pas se dissimuler que l'architecture considérée comme art est dans son principe éminemment religieuse : elle fut inventée pour le culte de la Divinité. Les Grecs, qui avaient une multitude de dieux, ont été conduits à différents genres d'édifices, selon les idées qu'ils attachaient aux différents pouvoirs de ces dieux. Vitruve même consacre deux chapitres à ce beau sujet, et enseigne comment on doit construire les temples et les autels de Minerve, d'Hercule, de Cérès, etc. Nous, qui n'adorons qu'un seul maître de la nature, nous n'avons aussi, à proprement parler, qu'une seule architecture naturelle, l'architecture gothique. On sent tout de suite que ce genre est à nous, qu'il est original, et né, pour ainsi dire, avec nos autels. En fait d'architecture grecque, nous ne sommes que des imitateurs plus ou moins ingénieux (1); imitateurs d'un travail dont nous dénaturons le principe en transportant dans la demeure des hommes les ornements qui n'étaient bien que dans la maison des dieux.

Après leur harmonie générale, leur rapport avec les lieux et les sites, et surtout leurs convenances avec les sages auxquels ils étaient destinés, ce qu'il faut admirer dans les édifices de la Grèce, c'est le fini de toutes les parties. L'objet qui n'est pas fait pour être vu y est travaillé avec autant de soin que les compositions extérieures. La jointure des blocs qui forment les colonnes du temple de Minerve est telle qu'il faut la plus grande attention pour la découvrir, et qu'elle n'a pas l'épaisseur du fil le plus délié. Afin d'atteindre à cette rare per-

---

(1) On fit sous les Valois un mélange charmant de l'architecture grecque et gothique; mais cela n'a duré qu'un moment.

fection, on amenait d'abord le marbre à sa plus juste coupe avec le ciseau, ensuite on faisait rouler les deux pièces l'une sur l'autre, en jetant au centre du frottement du sable et de l'eau. Les assises, au moyen de ce procédé, arrivaient à un aplomb incroyable : cet aplomb, dans les tronçons des colonnes, était déterminé par un pivot carré de bois d'olivier. J'ai vu un de ces pivots entre les mains de M. Fauvel.

Les rosaces, les plinthes, les moulures, les astragales, tous les détails de l'édifice offrent la même perfection; les lignes du chapiteau et de la cannelure des colonnes du Parthénon sont si déliées, qu'on serait tenté de croire que la colonne entière a passé au tour : des découpures en ivoire ne seraient pas plus délicates que les ornements ioniques du temple d'Érechthée : les cariatides du Pandroséum sont des modèles. Enfin, si, après avoir vu les monuments de Rome, ceux de la France m'ont paru grossiers, les monuments de Rome me semblent barbares à leur tour depuis que j'ai vu ceux de la Grèce : je n'en excepte point le Panthéon avec son fronton démesuré. La comparaison peut se faire aisément à Athènes, où l'architecture grecque est souvent placée tout auprès de l'architecture romaine.

J'étais au surplus tombé dans l'erreur commune touchant les monuments des Grecs : je les croyais parfaits dans leur ensemble; mais je pensais qu'ils manquaient de grandeur. J'ai fait voir que le génie des architectes a donné en grandeur proportionnelle à ces monuments ce qui peut leur manquer en étendue; et d'ailleurs Athènes est remplie d'ouvrages prodigieux.

Les Athéniens, peuple si peu riche, si peu nombreux, ont remué des masses gigantesques : les pierres du Pnyx sont de véritables quartiers de rocher; les Propylées formaient un travail immense, et les dalles de marbre qui les couvraient étaient d'une dimension telle qu'on n'en a jamais vu de semblables; la hauteur des colonnes du temple de Jupiter-Olympien passe peut-être soixante pieds, et le temple entier avait un demi-mille de tour : les murs d'Athènes, en y comprenant ceux des trois ports et les longues murailles, s'étendaient sur un espace de près de neuf lieues (1); les murailles qui réunissaient la ville au Pirée étaient assez larges pour que deux chars y pussent courir de front, et, de cinquante en cinquante pas, elles étaient flanquées de tours carrées. Les Romains n'ont jamais élevé de fortifications plus considérables.

Par quelle fatalité ces chefs-d'œuvre de l'antiquité, que les modernes vont admirer si loin et avec tant de fatigues, doivent-ils en partie leur destruction aux modernes (2)? Le Parthénon subsista dans son entier jusqu'en 1687 : les chrétiens le convertirent d'abord en église; et les Turcs, par jalousie des chrétiens, le changèrent à leur tour en mosquée. Il faut que des Vénitiens viennent, au milieu des lumières du dix-septième siècle, canonner les monuments de Péri-

(1) Deux cents stades, selon Dion Chrysostôme.
(2) On sait comment le Colisée a été détruit à Rome, et l'on connaît le jeu de mot latin sur les Barberini et les Barbares. Quelques historiens soupçonnent les chevaliers de Rhodes d'avoir détruit le fameux tombeau de Mausole : c'était, il est vrai, pour la défense de Rhodes et pour fortifier l'île contre les Turcs; mais si c'est une sorte d'excuse pour les chevaliers, la destruction de cette merveille n'en est pas moins fâcheuse pour nous.

clès; ils tirent à boulets rouges sur les Propylées et le temple de Minerve; une bombe tombe sur ce dernier édifice, enfonce la voûte, met le feu à des barils de poudre, et fait sauter en partie un édifice qui honorait moins les faux dieux des Grecs que le génie de l'homme (1). La ville étant prise, Morosini, dans le dessein d'embellir Venise des débris d'Athènes, veut descendre les statues du fronton du Parthénon, et les brise. Un autre moderne vient d'achever, par amour des arts, la destruction que les Vénitiens avaient commencée (2).

J'ai souvent eu l'occasion de parler de lord Elgin dans cet *Itinéraire*: on lui doit, comme je l'ai dit, la connaissance plus parfaite du Pnyx et du tombeau d'Agamemnon; il entretient encore en Grèce un Italien chargé de diriger des fouilles, et qui découvrit, comme j'étais à Athènes, des antiques que je n'ai point vues (3). Mais lord Elgin a perdu le mérite de ses louables entreprises, en ravageant le Parthénon. Il a voulu faire enlever les bas-reliefs de la frise: pour y parvenir, des ouvriers turcs ont d'abord brisé l'architrave, et jeté en bas des chapiteaux; ensuite, au lieu de faire sortir les métopes par leurs coulisses, les Barbares ont trouvé plus court de rompre la corniche. Au temple d'Érechthée, on a pris la colonne angulaire; de sorte qu'il faut soutenir aujourd'hui avec une pile de pierres l'entablement entier, qui menace ruine.

Les Anglais qui ont visité Athènes depuis le passage de lord Elgin ont eux-mêmes déploré ces funestes effets d'un amour des arts peu réfléchi. On prétend que lord Elgin a dit pour excuse, qu'il n'avait fait que nous imiter. Il est vrai que les Français ont enlevé à l'Italie ses statues et ses tableaux; mais ils n'ont point mutilé les temples pour en arracher les bas-reliefs; ils ont seulement suivi l'exemple des Romains, qui dépouillèrent la Grèce des chefs-d'œuvre de la peinture et de la statuaire. Les monuments d'Athènes, arrachés aux lieux pour lesquels ils étaient faits, perdront non-seulement une partie de leur beauté relative, mais ils diminueront matériellement de beauté. Ce n'est que la lumière qui fait ressortir la délicatesse de certaines lignes et de certaines couleurs: or, cette lumière venant à manquer sous le ciel de l'Angleterre, ces lignes et ces couleurs disparaîtront ou resteront cachées. Au reste, j'avouerai que l'intérêt de la France, la gloire de notre patrie, et mille autres raisons pouvaient demander

---

(1) L'invention des armes à feu est encore une chose fatale pour les arts. Si les Barbares avaient connu la poudre, il ne serait pas resté un édifice grec ou romain sur la surface de la terre; ils auraient fait sauter jusqu'aux Pyramides, quand ce n'eût été que pour y chercher des trésors. Une année de guerre parmi nous détruit plus de monuments qu'un siècle de combats chez les anciens. Il semble ainsi que tout s'oppose chez les modernes à la perfection de l'art; leurs pays, leurs mœurs, leurs coutumes, leurs vêtements et jusqu'à leurs découvertes.

(2) Ils avaient établi leur batterie, composée de six pièces de canon et de quatre mortiers, sur le Pnyx. On ne conçoit pas qu'à une si petite portée ils n'aient pas rasé tous les monuments de la citadelle. (Voyez FANELLI, *Atene Antica*, et l'introduction à cet *Itinéraire*.)

(3) Elles furent découvertes dans un sépulcre : je crois que ce sépulcre était celui d'un enfant. Entre autres choses curieuses, on y trouva un jeu inconnu, dont la principale pièce consistait, autant qu'il m'en souvient, dans une boule ou un globe d'acier poli. Je ne sais s'il n'est point question de ce jeu dans *Athénée*. La guerre existant entre la France et l'Angleterre empêcha M. Fauvel de s'adresser pour moi à l'agent de lord Elgin; de sorte que je ne vis point ces antiques jouets qui consolaient un enfant athénien dans son tombeau.

la transplantation des monuments conquis par nos armes, mais les beaux-arts eux-mêmes, comme étant du parti des vaincus et au nombre des captifs, ont peut-être le droit de s'en affliger.

Nous employâmes la matinée entière à visiter la citadelle. Les Turcs avaient autrefois accolé le minaret d'une mosquée au portique du Parthénon. Nous montâmes par l'escalier à moitié détruit de ce minaret; nous nous assîmes sur une partie brisée de la frise du temple, et nous promenâmes nos regards autour de nous. Nous avions le mont Hymette à l'est, le Pentélique au nord, le Parnès au nord-ouest; les monts Icare, Cordyalus ou Œgalée à l'ouest, et par-dessus le premier on apercevait la cime du Cithéron; au sud-ouest et au midi, on voyait la mer, le Pirée, les côtes de Salamine, d'Égine, d'Épidaure, et la citadelle de Corinthe.

Au-dessous de nous, dans le bassin dont je viens de décrire la circonférence, on distinguait les collines et la plupart des monuments d'Athènes : au sud-ouest, la colline du Musée avec le tombeau de Philopappus; à l'ouest, les rochers de l'Aréopage, du Pnyx et du Lycabettus; au nord, le petit mont Anchesme, et à l'est les hauteurs qui dominent le Stade. Au pied même de la citadelle, on voyait les débris du théâtre de Bacchus et d'Hérode-Atticus. A la gauche de ces débris venaient les grandes colonnes isolées du temple de Jupiter-Olympien; plus loin encore, en tirant vers le nord-est, on apercevait l'enceinte du Lycée, le cours de l'Ilissus, le Stade, et un temple de Diane ou de Cérès. Dans la partie de l'ouest et du nord-ouest, vers le grand bois d'oliviers, M. Fauvel me montrait la place du Céramique extérieur, de l'Académie et de son chemin bordé de tombeaux. Enfin, dans la vallée formée par l'Anchesme et la citadelle, on découvrait la ville moderne.

Il faut maintenant se figurer tout cet espace tantôt nu et couvert d'une bruyère jaune, tantôt coupé par des bouquets d'oliviers, par des carrés d'orge, par des sillons de vignes; il faut se représenter des fûts de colonnes et des bouts de ruines anciennes et modernes, sortant du milieu de ces cultures; des murs blanchis et des clôtures de jardins traversant les champs : il faut répandre dans la campagne des Albanaises qui tirent de l'eau ou qui lavent à des puits les robes des Turcs; des paysans qui vont et viennent, conduisant des ânes, ou portant sur leur dos des provisions à la ville : il faut supposer toutes ces montagnes dont les noms sont si beaux, toutes ces ruines si célèbres, toutes ces îles, toutes ces mers non moins fameuses, éclairées d'une lumière éclatante. J'ai vu, du haut de l'Acropolis, le soleil se lever entre les deux cimes du mont Hymette : les corneilles qui nichent autour de la citadelle, mais qui ne franchissent jamais son sommet, planaient au-dessous de nous; leurs ailes noires et lustrées étaient glacées de rose par les premiers reflets du jour; des colonnes de fumée bleue et légère montaient dans l'ombre le long des flancs de l'Hymette, et annonçaient les parcs ou les châlets des abeilles; Athènes, l'Acropolis et les débris du Parthénon se coloraient de la plus belle teinte de la fleur du pêcher; les sculptures de Phidias, frappées horizontalement d'un rayon d'or, s'animaient et semblaient se mouvoir sur le marbre par la mobilité des ombres du relief; au loin, la mer et le Pirée étaient tout blancs de lumière; et la citadelle de Corinthe, renvoyant l'éclat du jour nouveau, brillait sur l'horizon du couchant, comme un rocher de pourpre et de feu.

Du lieu où nous étions placés, nous aurions pu voir, dans les beaux jours d'Athènes, les flots sortir du Pirée pour combattre l'ennemi ou pour se rendre aux fêtes de Délos; nous aurions pu entendre éclater au théâtre de Bacchus les douleurs d'Œdipe, de Philoctète et d'Hécube; nous aurions pu ouïr les applaudissements des citoyens aux discours de Démosthènes. Mais, hélas! aucun son ne frappait notre oreille. A peine quelques cris échappés à une populace esclave sortaient par intervalles de ces murs qui retentirent si longtemps de la voix d'un peuple libre. Je me disais, pour me consoler, ce qu'il faut se dire sans cesse : Tout passe, tout finit dans ce monde. Où sont allés les génies divins qui élevèrent le temple sur les débris duquel j'étais assis? Ce soleil, qui peut-être éclairait les derniers soupirs de la pauvre fille de Mégare, avait vu mourir la brillante Aspasie. Ce tableau de l'Attique, ce spectacle que je contemplais, avait été contemplé par des yeux fermés depuis deux mille ans. Je passerai à mon tour : d'autres hommes aussi fugitifs que moi viendront faire les mêmes réflexions sur les mêmes ruines. Notre vie et notre cœur sont entre les mains de Dieu : laissons-le donc disposer de l'une comme de l'autre.

Je pris en descendant de la citadelle un morceau de marbre du Parthénon; j'avais aussi recueilli un fragment de la pierre du tombeau d'Agamemnon, et depuis j'ai toujours dérobé quelque chose aux monuments sur lesquels j'ai passé. Ce ne sont pas d'aussi beaux souvenirs de mes voyages que ceux qu'ont emportés M. de Choiseul et lord Elgin; mais ils me suffisent. Je conserve aussi soigneusement de petites marques d'amitié que j'ai reçues de mes hôtes, entre autres un étui d'os que me donna le père Muñoz à Jaffa. Quand je revois ces bagatelles, je me retrace sur-le-champ mes courses et mes aventures. Je me dis : « J'étais là, telle chose m'advint. » Ulysse retourna chez lui avec de grands coffres pleins des riches dons que lui avaient faits les Phéaciens; je suis rentré dans mes foyers avec une douzaine de pierres de Sparte, d'Athènes, d'Argos, de Corinthe, trois ou quatre petites têtes en terre cuite que je tiens de M. Fauvel, des chapelets, une bouteille d'eau du Jourdain, une autre de la mer Morte, quelques roseaux du Nil, un marbre de Carthage et un plâtre moulé de l'Alhambra. J'ai dépensé cinquante mille francs sur ma route, et laissé en présent mon linge et mes armes. Pour peu que mon voyage se fût prolongé, je serais revenu à pied, avec un bâton blanc. Malheureusement, je n'aurais pas trouvé en arrivant un bon frère qui m'eût dit comme le vieillard des *Mille et une Nuits :* « Mon frère, voilà mille sequins, achetez des chameaux et ne « voyagez plus. »

Nous allâmes dîner en sortant de la citadelle, et le soir du même jour nous nous transportâmes au Stade, de l'autre côté de de l'Ilissus. Ce Stade conserve parfaitement sa forme : on n'y voit plus les gradins de marbre dont l'avait décoré Hérode-Atticus. Quant à l'Ilissus, il est sans eau. Chandler sort à cette occasion de sa modération naturelle, et se récrie contre les poëtes qui donnent à l'Ilissus une onde limpide, et bordent son cours de saules touffus. A travers son humeur, on voit qu'il a envie d'attaquer un dessin de Leroi, dessin qui représente un point de vue sur l'Ilissus. Je suis comme le docteur Chandler : je déteste les descriptions qui manquent de vérité, et quand un ruisseau est sans eau, je veux qu'on me le dise. On verra que je n'ai point embelli les rives du Jourdain, ni transformé cette rivière en un grand fleuve. J'étais là cependant bien à mon aise pour mentir. Tous les voyageurs, et l'Écriture même, auraient justifié les descriptions les plus pompeuses. Mais Chandler a poussé l'humeur trop loin. Voici un fait curieux que je tiens de M. Fauvel : pour peu que l'on creuse dans le lit de l'Ilissus, on trouve l'eau à une très-petite profondeur : cela est si bien connu des paysannes albanaises, qu'elles font un trou dans la grève du ravin quand elles veulent laver du linge, et sur-le-champ elles ont de l'eau. Il est donc très-probable que le lit de l'Ilissus s'est peu à peu encombré des pierres et des graviers descendus des montagnes voisines, et que l'eau coule à présent entre deux sables. En voilà bien assez pour justifier ces pauvres poëtes qui ont le sort de Cassandre : en vain ils chantent la vérité, personne ne les croit ; s'il se contentaient de la dire, ils seraient peut-être plus heureux. Ils sont d'ailleurs appuyés ici par le témoignage de l'histoire, qui met de l'eau dans l'Ilissus ; et pourquoi cet Ilissus aurait-il un pont, s'il n'avait jamais d'eau, même en hiver ? L'Amérique m'a un peu gâté sur le compte des fleuves ; mais je ne pouvais m'empêcher de venger l'honneur de cet Ilissus qui a donné un surnom aux Muses (1), et au bord duquel Borée enleva Orithye.

En revenant de l'Ilissus, M. Fauvel me fit passer sur des terrains vagues, où l'on doit chercher l'emplacement du Lycée. Nous vînmes ensuite aux grandes colonnes isolées, placées dans le quartier de la ville qu'on appelait la *Nouvelle Athènes*, ou *l'Athènes de l'empereur Adrien*. Spon veut que ces colonnes soient les restes du portique des Cent-Vingt-Colonnes ; et Chandler présume qu'elles appartenaient au temple de Jupiter-Olympien. M. Lechevalier et les autres voyageurs en ont parlé. Elles sont bien représentées dans les différentes vues d'Athènes, et surtout dans l'ouvrage de Stuart, qui a rétabli l'édifice entier d'après les ruines. Sur une portion d'architrave qui unit encore deux de ses colonnes, on remarque une masure, jadis la demeure d'un ermite.

Il est impossible de comprendre comment cette masure a pu être bâtie sur le chapiteau de ces prodigieuses colonnes, dont la hauteur est peut-être de plus de soixante pieds. Ainsi ce vaste temple, auquel les Athéniens travaillèrent pendant sept siècles, que tous les rois de l'Asie voulurent achever, qu'Adrien, maître du monde, eut la gloire de finir, ce temple a succombé sous l'effort du temps, et la cellule d'un solitaire est demeurée debout sur ses débris ! Une misérable loge de plâtre est portée dans les airs par deux colonnes de marbre, comme si la fortune avait voulu exposer à tous les yeux, sur ce magnifique piédestal, un monument de ses triomphes et de ses caprices.

Ces colonnes, quoique beaucoup plus hautes que celle du Parthénon, sont bien loin d'en avoir la beauté : la dégénération de l'art s'y fait sentir ; mais, comme elles sont isolées et dispersées sur un terrain nu, elles font un effet surprenant. Je me suis arrêté à leur pied pour entendre le vent siffler autour de

---

(1) Ilissiades : elles avaient un autel au bord de l'Ilissus.

leur tête : elles ressemblent à ces palmiers solitaires que l'on voit çà et là parmi les ruines d'Alexandrie. Lorsque les Turcs sont menacés de quelques calamités, ils amènent un agneau dans ce lieu, et le contraignent à bêler, en lui dressant la tête vers le ciel : ne pouvant trouver la voix de l'innocence parmi les hommes, ils ont recours au nouveau-né de la brebis pour fléchir la colère céleste.

Nous rentrâmes dans Athènes par le portique où se lit l'inscription si connue :

C'EST ICI LA VILLE D'ADRIEN,
ET NON PAS LA VILLE DE THÉSÉE.

Nous allâmes rendre à M. Roque la visite qu'il m'avait faite, et nous passâmes la soirée chez lui : j'y vis quelques femmes. Les lecteurs qui seraient curieux de connaître l'habillement, les mœurs et les usages des femmes turques, grecques et albanaises à Athènes, peuvent lire le vingt-sixième chapitre du *Voyage en Grèce* de Chandler. S'il n'était pas si long, je l'aurais transcrit ici tout entier. Je dois dire seulement que les Athéniennes m'ont paru moins grandes et moins belles que les Moraïtes. L'usage où elles sont de se peindre le tour des yeux en bleu, et le bout des doigts en rouge, est désagréable pour un étranger ; mais comme j'avais vu des femmes avec des perles au nez, que les Iroquois trouvaient cela très-galant, et que j'étais tenté moi-même d'aimer assez cette mode, il ne faut pas disputer des goûts. Les femmes d'Athènes ne furent, au reste, jamais très-renommées pour leur beauté. On leur reprochait d'aimer le vin. La preuve que leur empire n'avait pas beaucoup de puissance, c'est que presque tous les hommes célèbres d'Athènes furent attachés à des étrangères : Périclès, Sophocle, Socrate, Aristote, et même le divin Platon.

Le 25 nous montâmes à cheval de grand matin ; nous sortîmes de la ville et prîmes la route de Phalère. En approchant de la mer, le terrain s'élève et se termine par des hauteurs dont les sinuosités forment au levant et au couchant les ports de Phalère, de Munychie et du Pirée. Nous découvrîmes sur les dunes de Phalère les racines des murs qui enfermaient le port, et d'autres ruines absolument dégradées : c'étaient peut-être celles des temples de Junon et de Cérès. Aristide avait son petit champ et son tombeau près de ce lieu. Nous descendîmes au port : c'est un bassin rond où la mer repose sur un sable fin · il pourrait contenir une cinquantaine de bateaux : c'était tout juste le nombre que Ménesthée conduisit à Troie.

Τῷ δ' ἅμα πεντήκοντα μέλαιναι νῆες ἕποντο.

« Il était suivi de cinquante noirs vaisseaux. »
Thésée partit aussi de Phalère pour aller en Crète.

Pourquoi, trop jeune encor, ne pûtes-vous alors
Entrer dans le vaisseau qui le mit sur nos bords ?
Par vous aurait péri le monstre de la Crète, etc.

Ce ne sont pas toujours de grands vaisseaux et de grands ports qui donnent l'immortalité : Homère et Racine ne laisseront point mourir le nom d'une petite anse et d'une petite barque.

Du port de Phalère nous arrivâmes au port de Munychie. Celui-ci est de forme ovale et un peu plus grand que le premier. Enfin, nous tournâmes l'extrémité d'une colline rocailleuse, et, marchant de cap en cap, nous nous avançâmes vers le Pirée. M. Fauvel m'arrêta dans la courbure que fait une langue de terre, pour me montrer un sépulcre creusé dans le roc ; il n'a plus de voûte, et il est au niveau de la mer. Les flots, par leurs mouvements réguliers, le couvrent et le découvrent, et il se remplit et se vide tour à tour. A quelques pas de là, on voit sur le rivage les débris d'un monument.

M. Fauvel veut retrouver ici l'endroit où les os de Thémistocle avaient été déposés. On lui conteste cette intéressante découverte. On lui objecte que les débris dispersés dans le voisinage sont trop beaux pour être les restes du tombeau de Thémistocle. En effet, selon Diodore le géographe, cité par Plutarque, ce tombeau n'était qu'un autel.

L'objection est peu solide. Pourquoi veut-on faire entrer dans la question primitive une question étrangère à l'objet dont il s'agit ? Les ruines de marbre blanc, dont on se plaît à faire une difficulté, ne peuvent-elles pas avoir appartenu à un sépulcre tout différent de celui de Thémistocle ? Pourquoi, lorsque les haines furent apaisées, les descendants de Thémistocle n'auraient-ils pas décoré le tombeau de leur illustre aïeul, qu'ils avaient d'abord enterré modestement, ou même secrètement, comme le dit Thucydide ? Ne consacrèrent-ils pas un tableau qui représentait l'histoire de ce grand homme ? Et ce tableau, du temps de Pausanias, ne se voyait-il pas publiquement au Parthénon ? Thémistocle avait de plus une statue au Prytanée.

L'endroit où M. Fauvel a trouvé ce tombeau est précisément le cap Alcime, et j'en vais donner une preuve plus forte que celle de la tranquillité de l'eau dans cet endroit. Il y a faute dans Plutarque : il faut lire Alimus, au lieu d'Alcime, selon la remarque de Meursius, rappelée par Dacier. Alimus était un Dèmos, ou bourg de l'Attique, de la tribu de Léontide, situé à l'orient du Pirée. Or, les ruines de ce bourg sont encore visibles dans le voisinage du tombeau dont nous parlons (1). Pausanias est assez confus dans ce qu'il dit de la position de ce tombeau. Mais Diodore-Périégète est très-clair, et les vers de Platon le comique, rapportés par ce Diodore, désignent absolument le lieu et le sépulcre trouvés par M. Fauvel.

« Placé dans un lieu découvert, ton sépulcre est salué par les mariniers qui
« entrent au port ou qui en sortent ; et, s'il se donne quelque combat naval,
« tu seras témoin du choc des vaisseaux (2). »

Si Chandler fut étonné de la solitude du Pirée, je puis assurer que je n'en ai pas moins été frappé que lui. Nous avions fait le tour d'une côte déserte ; trois ports s'étaient présentés à nous, et dans ces trois ports nous n'avions pas aperçu

---

(1) Je ne veux dissimuler aucune difficulté, et je sais qu'on place aussi Alimus à l'Orient de Phalère. Thucydide était du bourg d'Alimus.

(2) Plut., *Vit. Them.*

une seule barque. Pour tout spectacle, des ruines, des rochers et la mer ; pour tout bruit, les cris des alcyons et le murmure des vagues qui, se brisant dans le tombeau de Thémistocle, faisaient sortir un éternel gémissement de la demeure de l'éternel silence. Emportées par les flots, les cendres du vainqueur de Xerxès reposaient au fond de ces mêmes flots, confondues avec les os des Perses. En vain je cherchais des yeux le temple de Vénus, la longue galerie, et la statue symbolique qui représentait le peuple d'Athènes : l'image de ce peuple inexorable était à jamais tombée près du puits où les citoyens exilés venaient inutilement réclamer leur patrie. Au lieu de ces superbes arsenaux, de ces portiques où l'on retirait les galères, de ces Agoræ retentissant de la voix des matelots ; au lieu de ces édifices qui représentaient dans leur ensemble l'aspect et la beauté de la ville de Rhodes, je n'apercevais qu'un couvent délabré et un magasin. Triste sentinelle au rivage, et modèle d'une patience stupide, c'est là qu'un douanier turc est assis toute l'année dans une méchante baraque de bois : des mois entiers s'écoulent sans qu'il voie arriver un bateau. Telle est le déplorable état où se trouvent aujourd'hui ces ports si fameux. Qui peut avoir détruit tant de monuments des dieux et des hommes ? cette force cachée qui renverse tout, et qui est elle-même soumise au Dieu inconnu dont saint Paul avait vu l'autel à Palère : Ἀγνώστῳ Θεῷ : *Deo ignito*.

Le port du Pirée décrit un arc dont les deux pointes en se rapprochant ne laissent qu'un étroit passage ; il se nomme aujourd'hui le *Port-Lion*, à cause d'un lion de marbre qu'on y voyait autrefois, et que Morosini fit transporter à Venise en 1686. Trois bassins, le Canthare, l'Aphrodise et le Zéa, divisaient le port intérieurement. On voit encore une darse à moitié comblée, qui pourrait bien avoir été l'Aphrodise. Strabon affirme que le grand port des Athéniens était capable de contenir quatre cents vaisseaux ; et Pline en porte le nombre jusqu'à mille. Une cinquantaine de nos barques le rempliraient tout entier ; et je ne sais si deux frégates y seraient à l'aise, surtout à présent que l'on mouille sur une grande longueur de câble. Mais l'eau est profonde, la tenue bonne, et le Pirée entre les mains d'une nation civilisée pourrait devenir un port considérable. Au reste, le seul magasin que l'on y voit aujourd'hui est français d'origine ; il a, je crois, été bâti par M. Gaspari, ancien consul de France à Athènes. Ainsi il n'y a pas bien longtemps que les Athéniens étaient représentés au Pirée par le peuple qui leur ressemble le plus.

Après nous être reposés un moment à la douane et au monastère Saint-Spiridion, nous retournâmes à Athènes en suivant le chemin du Pirée. Nous vîmes partout des restes de la longue muraille. Nous passâmes au tombeau de l'amazone Antiope que M. Fauvel a fouillé ; il a rendu compte de cette fouille dans ses Mémoires. Nous marchions au travers de vignes basses comme en Bourgogne, et dont le raisin commençait à rougir. Nous nous arrêtâmes aux citernes publiques, sous des oliviers : j'eus le chagrin de voir que le tombeau de Ménandre, le cénotaphe d'Euripide, et le petit temple dédié à Socrate, n'existaient plus ; du moins ils n'ont point encore été retrouvés. Nous continuâmes notre route, et, en approchant du Musée, M. Fauvel me fit remarquer un sentier qui montait en tournant sur le flanc de cette colline. Il me dit que ce sentier avait été tracé par le peintre russe qui tous les jours allait prendre au même endroit des vues d'Athènes. Si le génie n'est que la patience, comme l'a prétendu Buffon, ce peintre doit en avoir beaucoup.

Il y a à peu près quatre milles d'Athènes à Phalères, trois ou quatre milles de Phalères au Pirée, en suivant les sinuosités de la côte, et cinq milles du Pirée à Athènes : ainsi, à notre retour dans cette ville, nous avions fait environ douze milles, ou quatre lieues.

Comme les chevaux étaient loués pour toute la journée, nous nous hâtâmes de dîner, et nous recommençâmes nos courses à quatre heures du soir.

Nous sortîmes d'Athènes par le côté du mont Hymette; mon hôte me conduisit au village d'Angelo-Kipous, où il croit avoir retrouvé le temple de la Vénus aux Jardins, par les raisons qu'il en donne dans ses Mémoires. L'opinion de Chandler, qui place ce temple à Panagia-Spiliotissa, est également très-probable; et elle a pour elle l'autorité d'une inscription. Mais M. Fauvel produit en faveur de son sentiment deux vieux myrtes et de jolis débris d'ordre ionique : cela répond à bien des objections. Voilà comme nous sommes, nous autres amateurs de l'antique : nous faisons preuve de tout.

Après avoir vu les curiosités d'Angelo-Kipous, nous tournâmes droit au couchant, et, passant entre Athènes et le mont Anchesme, nous entrâmes dans le grand bois d'oliviers; il n'y a point de ruines de ce côté, et nous ne faisions plus qu'une agréable promenade avec les souvenirs d'Athènes. Nous trouvâmes le Céphise, que j'avais déjà salué plus bas en arrivant d'Éleusis : à cette hauteur il avait de l'eau; mais cette eau, je suis fâché de le dire, était un peu bourbeuse : elle sert à arroser des vergers, et suffit pour entretenir sur ses bords une fraîcheur trop rare en Grèce. Nous revînmes ensuite sur nos pas, toujours à travers la forêt d'oliviers. Nous laissâmes à droite un petit tertre couvert de rochers : c'était Colone, au bas duquel on voyait autrefois le village de la retraite de Sophocle, et le lieu où ce grand tragique fit répandre au père d'Antigone ses dernières larmes. Nous suivîmes quelque temps la voie d'Airain; on y remarque les vestiges du temple des Furies : de là, en nous rapprochant d'Athènes, nous errâmes assez longtemps dans les environs de l'Académie. Rien ne fait plus reconnaître cette retraite des sages. Ses premiers platanes sont tombés sous la hache de Sylla, et ceux qu'Adrien y fit peut-être cultiver de nouveau n'ont point échappé à d'autres Barbares. L'autel de l'Amour, celui de Prométhée et celui des Muses ont disparu : tout feu divin s'est éteint dans les bocages où Platon fut si souvent inspiré. Deux traits suffiront pour faire connaître quel charme et quelle grandeur l'antiquité trouvait aux leçons de ce philosophe : la veille du jour où Socrate reçut Platon au nombre de ses disciples, il rêva qu'un cygne venait se reposer dans son sein; la mort ayant empêché Platon de finir le *Critias*, Plutarque déplore ce malheur, et compare les écrits du chef de l'Académie aux temples d'Athènes, parmi lesquels celui de Jupiter-Olympien était le seul qui ne fût pas achevé.

Il y avait déjà une heure qu'il faisait nuit quand nous songeâmes à retourner à Athènes : le ciel était brillant d'étoiles, et l'air d'une douceur, d'une transparence et d'une pureté incomparables; nos chevaux allaient au petit pas, et nous étions tombés dans le silence. Le chemin que nous parcourions était vraisemblablement l'ancien chemin de l'Académie, que bordaient les tombeaux des citoyens morts pour la patrie, et ceux des plus grands hommes de la Grèce : là reposaient Thrasybule, Périclès, Chabrias, Timothée, Harmodius et Aristogiton. Ce fut une noble idée de rassembler dans un même champ les cendres de ces personnages fameux qui vécurent dans différents siècles, et qui, comme les membres d'une famille illustre longtemps dispersée, étaient venus se reposer au giron de leur mère commune. Quelle variété de génie, de grandeur et de courage ! Quelle diversité de mœurs et de vertus on aperçoit là d'un coup d'œil ! Et ces vertus tempérées par la mort, comme ces vins généreux que l'on mêle, dit Platon, avec une divinité sobre, n'offusquaient plus les regards des vivants. Le passant qui lisait sur une colonne funèbre ces simples mots :

PÉRICLÈS, DE LA TRIBU ACAMANTIDE, DU
BOURG DE CHOLARGUE,

n'éprouvait plus que de l'admiration sans envie. Cicéron nous représente Atticus errant au milieu de ces tombeaux, et saisi d'un saint respect à la vue de ces augustes cendres. Il ne pourrait plus aujourd'hui nous faire la même peinture : les tombeaux sont détruits. Les illustres morts que les Athéniens avaient placés hors de leur ville, comme aux avant-postes, ne se sont point levés pour la défendre ; ils ont souffert que des Tartares la foulassent aux pieds. « Le temps, « la violence et la charrue, dit Chandler, ont tout nivelé. » La charrue est de trop ici ; et cette remarque que je fais peint mieux la désolation de la Grèce, que les réflexions auxquelles je pourrais me livrer.

Il me restait encore à voir dans Athènes les théâtres et les monuments de l'intérieur de la ville : c'est à quoi je consacrai la journée du 26. J'ai déjà dit, et tout le monde sait, que le théâtre de Bacchus était au pied de la citadelle, du côté du mont Hymette. L'Odéum commencé par Périclès, achevé par Lycurgue, fils de Lycophron, brûlé par Aristion et par Sylla, rétabli par Ariobarzanes, était auprès du théâtre de Bacchus ; ils se communiquaient peut-être par un portique. Il est probable qu'il existait au même lieu un troisième théâtre bâti par Hérode-Atticus. Les gradins de ce théâtre étaient appuyés sur le talus de la montagne qui leur servait de fondement. Il y a quelques contestations au sujet de ces monuments, et Stuart trouve le théâtre de Bacchus où Chandler voit l'Odéum.

Les ruines de ce théâtre sont peu de chose : je n'en fus point frappé, parce que j'avais vu en Italie des monuments de cette espèce, beaucoup plus vastes et mieux conservés ; mais je fis une réflexion bien triste : sous les empereurs romains, dans un temps où Athènes était encore l'école du monde, les gladiateurs représentaient leurs jeux sanglants sur le théâtre de Bacchus. Les chefs-d'œuvre d'Eschyle, de Sophocle et d'Euripide ne se jouaient plus ; on avait substitué des assassinats et des meurtres à ces spectacles, qui donnent une grande idée de l'esprit humain, et qui sont le noble amusement des nations policées. Les Athéniens couraient à ces cruautés avec la même ardeur qu'ils avaient couru aux Dionysiaques. Un peuple qui s'était élevé si haut pouvait-il descendre si bas? Qu'était donc devenu cet autel de la Pitié, que l'on voyait au milieu de la place publique à Athènes, et auquel les suppliants venaient suspendre des bandelettes? Si les Athéniens étaient les seuls Grecs qui, selon Pausanias, honorassent la Pitié, et la regardassent comme la consolation de la vie, ils avaient donc bien changé! Certes, ce n'était pas pour des combats de gladiateurs qu'Athènes avait été nommée le *sacré domicile* des dieux. Peut-être les peuples, ainsi que les hommes, sont-ils cruels dans leur décrépitude comme dans leur enfance, peut-être le génie des nations s'épuise-t-il; et quand il a tout produit, tout parcouru, tout goûté, rassasié de ses propres chefs-d'œuvre, et incapable d'en produire de nouveaux, il s'abrutit, et retourne aux sensations purement physiques. Le christianisme empêchera les nations modernes de finir par une aussi déplorable vieillesse; mais si toute religion venait à s'éteindre parmi nous, je ne serais point étonné qu'on entendît les cris du gladiateur mourant sur la scène où retentissent aujourd'hui les douleurs de Phèdre et d'Andromaque.

Après avoir visité les théâtres, nous rentrâmes dans la ville, où nous jetâmes un coup d'œil sur le Portique, qui formait peut-être l'entrée de l'Agora. Nous nous arrêtâmes à la tour des Vents, dont Pausanias n'a point parlé, mais que Vitruve et Varron ont fait connaître. Spon en donne tous les détails, avec l'explication des vents; le monument entier a été décrit par Stuart dans ses *Antiquités d'Athènes;* François Giambetti l'avait déjà dessiné en 1465, époque de la renaissance des arts en Italie. On croyait du temps du père Babin, en 1672, que cette tour des Vents était le tombeau de Socrate. Je passe sous silence quelques ruines d'ordre corinthien, que l'on prend pour le Pœcile, pour les restes du temple de Jupiter-Olympien, pour le Prytanée, et qui peut-être n'appartiennent à aucun de ces édifices. Ce qu'il y a de certain, c'est qu'elles ne sont pas du temps de Périclès. On y sent la grandeur, mais aussi l'infériorité romaine : tout ce que les empereurs ont touché à Athènes se reconnaît au premier coup d'œil, et forme une disparate sensible avec les chefs-d'œuvre du siècle de Périclès. Enfin, nous allâmes au couvent français rendre à l'unique religieux qui l'occupe la visite qu'il m'avait faite. J'ai déjà dit que le couvent de nos missionnaires comprend dans ses dépendances le monument choragique de Lysicrates. Ce fut à ce dernier monument que j'achevai de payer mon tribut d'admiration aux ruines d'Athènes.

Cette élégante production du génie des Grecs fut connue des premiers voyageurs sous le nom de *Fanari tou Demosthenis.* « Dans la maison qu'ont achetée depuis peu les pères capucins, dit le Jésuite Babin, en 1672, il y a une antiquité bien remarquable, et qui, depuis le temps de Démosthènes, est demeurée en son entier : on l'appelle ordinairement *la Lanterne de Démosthènes* (1). »

On a reconnu depuis (2), et Spon le premier, que c'est un monument chora-

---

(1) Il paraît qu'il existait à Athènes, en 1669, un autre monument appelé *la Lanterne de Diogène.* Guillet invoque, au sujet de ce monument, le témoignage des pères Barnabé et Simon, et de MM. du Monceaux et Lainez Voyez l'Introduction.

(2) Riesdel, Chandler, etc.

gique élevé par Lysicrates dans la rue des Trépieds M. Legrand en exposa le modèle en terre cuite dans la cour du Louvre il y a quelques années (1); ce modèle était fort ressemblant; seulement l'architecte, pour donner sans doute plus d'élégance à son travail, avait supprimé le mur circulaire qui remplit les entre-colonnes dans le monument original.

Certainement ce n'est pas un des jeux les moins étonnants de la fortune que d'avoir logé un capucin dans le monument choragique de Lysicrates; mais ce qui, au premier coup d'œil, peut paraître bizarre, devient touchant et respectable, quand on pense aux heureux effets de nos missions, quand on songe qu'un religieux français donnait à Athènes l'hospitalité à Chandler, tandis qu'un autre religieux français secourait d'autres voyageurs à la Chine, au Canada, dans les déserts de l'Afrique et de la Tartarie.

« Les Francs à Athènes, dit Spon, n'ont que la chapelle des capucins, qui
« est au *Fanari tou Demosthenis*. Il n'y avait, lorsque nous étions à Athènes,
« que le père Séraphin, très-honnête homme, à qui un Turc de la garnison
« prit un jour sa ceinture de corde, soit par malice ou par effet de débauche,
« l'ayant rencontré sur le chemin du Port-Lion, d'où il revenait seul de voir
« quelques Français d'une tartane qui était à l'ancre.

« Les pères jésuites étaient à Athènes avant les capucins, et n'en ont jamais été chassés. Ils ne se sont retirés à Négrepont que parce qu'ils y ont
« trouvé plus d'occupation, et qu'il y a plus de Francs qu'à Athènes. Leur hos-
« pice était presque à l'extrémité de la ville du côté de la maison de l'arche-
« vêque. Pour ce qui est des capucins, ils sont établis à Athènes depuis l'an-
« née 1658, et le père Simon acheta le Fanari et la maison joignante en 1669,
« y ayant eu d'autres religieux de son ordre avant lui dans la ville. »

C'est donc à ces missions si longtemps décriées que nous devons encore nos premières notions sur la Grèce antique (2). Aucun voyageur n'avait quitté ses foyers pour visiter le Parthénon, que déjà des religieux, exilés sur ces ruines fameuses, nouveaux dieux hospitaliers, attendaient l'antiquaire et l'artiste. Des savants demandaient ce qu'était devenue la ville de Cécrops; et il y avait à Paris au noviciat de Saint-Jacques, un père Barnabé, et à Compiègne un père Simon, qui auraient pu leur en donner des nouvelles; mais ils ne faisaient point parade de leur savoir : retirés au pied du crucifix, ils cachaient dans l'humilité du cloître ce qu'ils avaient appris, et surtout ce qu'ils avaient souffert pendant vingt ans au milieu des débris d'Athènes.

« Les capucins français, dit La Guilletière, qui ont été appelés à la mission de
« la Morée par la congrégation *de Propaganda Fide*, ont leur principale rési-
« dence à Napoli, à cause que les galères des beys y vont hiverner, et qu'elles
« y sont ordinairement depuis le mois de novembre jusqu'à la fête de saint
« Georges, qui est le jour où elles se remettent en mer : elles sont remplies
« de forçats chrétiens qui ont besoin d'être instruits et encouragés; et c'est à

---

(1) Le monument a été depuis exécuté à Saint-Cloud.
(2) On peut voir, dans les *Lettres édifiantes*, les travaux des missionnaires sur les îles de l'Archipel.

« quoi s'occupe avec autant de zèle que de fruit le père Barnabé de Paris, qui
« est présentement supérieur de la mission d'Athènes et de la Morée. »

Mais si ces religieux revenus de Sparte et d'Athènes étaient si modestes dans leurs cloîtres, peut-être était-ce faute d'avoir bien senti ce que la Grèce a de merveilleux dans ses souvenirs; peut-être manquaient-ils aussi de l'instruction nécessaire. Écoutons le père Babin, Jésuite : nous lui devons la première relation que nous ayons d'Athènes.

« Vous pourriez, dit-il, trouver dans plusieurs livres la description de Rome,
« de Constantinople, de Jérusalem et des autres villes les plus considérables
« du monde, telles qu'elles sont présentement; mais je ne sais pas quel livre
« décrit Athènes telle que je l'ai vue, et l'on ne pourrait trouver cette ville si
« on la cherchait comme elle est représentée dans Pausanias et quelques autres
« anciens auteurs; mais vous la verrez ici au même état qu'elle est aujourd'hui,
« qui est tel que parmi ses ruines elle ne laisse pas pourtant d'inspirer un cer-
« tain respect pour elle, tant aux personnes pieuses qui en voient les églises,
« qu'aux savants qui la reconnaissent pour la mère des sciences, et aux per-
« sonnes guerrières et généreuses qui la considèrent comme le Champ de Mars
« et le théâtre où les plus grands conquérants de l'antiquité ont signé leur va-
« leur, et ont fait paraître avec éclat, leur force, leur courage et leur industrie;
« et ces ruines sont enfin précieuses pour marquer sa première noblesse et pour
« faire voir qu'elle a été autrefois l'objet de l'admiration de l'univers.

« Pour moi, je vous avoue que d'aussi loin que je la découvris de dessus la
« mer, avec des lunettes de longue vue, et que je vis quantité de grandes co-
« lonnes de marbre qui paraissent de loin et rendent témoignage de son an-
« cienne magnificence, je me sentis touché de quelque respect pour elle. »

Le missionnaire passe ensuite à la description des monuments : plus heureux que nous, il avait vu le Parthénon dans son entier (*a*).

Enfin cette pitié pour les Grecs, ces idées philanthropiques que nous nous vantons de porter dans nos voyages, étaient-elles donc inconnues des religieux? Écoutons donc le père Babin :

« Que si Solon disait autrefois à un de ses amis, en regardant de dessus une
« montagne cette grande ville et ce grand nombre de magnifiques palais de
« marbre qu'il considérait, que ce n'était qu'un grand mais riche hôpital rempli
« d'autant de misérables que cette ville contenait d'habitants, j'aurais bien plus
« sujet de parler de la sorte et de dire que cette ville, rebâtie des ruines de ses
« anciens palais, n'est plus qu'un grand et pauvre hôpital qui contient autant
« de misérables que l'on y voit de chrétiens. »

On me pardonnera de m'être étendu sur ce sujet. Aucun voyageur avant moi, Spon excepté, n'a rendu justice à ces missions d'Athènes si intéressantes pour un Français : moi-même je les ai oubliées dans le *Génie du Christianisme*. Chandler parle à peine du religieux qui lui donna l'hospitalité; et je ne sais même s'il daigne le nommer une seule fois. Dieu merci, je suis au-dessus de

(1) Voyez, pour cette note et les suivantes, indiquées par des lettres italiques entre parenthèses, à la fin de l'ouvrage.

ces petits scrupules. Quand on m'a obligé, je le dis : ensuite je ne rougis point pour l'art, et ne trouve point le monument de Lysicrates déshonoré parce qu'il fait partie du couvent d'un capucin. Le chrétien qui conserve ce monument en le consacrant aux œuvres de la charité, me semble tout aussi respectable que le païen qui l'éleva en mémoire d'une victoire remportée dans un chœur de musique.

C'est ainsi que j'achevai ma revue des ruines d'Athènes : je les avais examinées par ordre et avec l'intelligence et l'habitude que dix années de résidence et de travail donnaient à M. Fauvel. Il m'avait épargné tout le temps que l'on perd à tâtonner, à douter, à chercher, quand on arrive seul dans un mon de nouveau. J'avais obtenu des idées claires sur les monuments, le ciel, le soleil, les perspectives, la terre, la mer, les rivières, les bois, les montagnes de l'Attique ; je pouvais à présent corriger mes tableaux, et donner à ma peinture de ces lieux célèbres les couleurs locales (1). Il ne me restait plus qu'à poursuivre ma route : mon principal but surtout était d'arriver à Jérusalem ; et quel chemin j'avais encore devant moi ! La saison s'avançait ; je pouvais manquer, en m'arrêtant davantage, le vaisseau qui porte tous les ans, de Constantinople à Jaffa, les pèlerins de Jérusalem. J'avais toute raison de craindre que mon navire autrichien ne m'attendît plus à la pointe de l'Attique ; que, ne m'ayant pas vu revenir, il eût fait voile pour Smyrne. Mon hôte entra dans mes raisons et me traça le chemin que j'avais à suivre. Il me conseilla de me rendre à Kératia, village de l'Attique, situé au pied du Laurium à quelque distance de la mer, en face de l'île de Zéa. Quand vous serez arrivé, me dit-il, dans ce village, on allumera un feu sur une montagne : les bateaux de Zéa, accoutumés à ce signal, passeront sur-le-champ à la côte de l'Attique. Vous vous embarquerez alors pour le port de Zéa, où vous trouverez peut-être le navire de Trieste. Dans tous les cas, il vous sera facile de noliser à Zéa une felouque pour Chio ou pour Smyrne. »

Je n'en étais pas à rejeter les partis aventureux : un homme qui, par la seule envie de rendre un ouvrage un peu moins défectueux, entreprend le voyage que j'avais entrepris, n'est pas difficile sur les chances et les accidents. Il fallait partir, et je ne pouvais sortir de l'Attique que par ce moyen, puisqu'il n'y avait pas un bateau au Pirée (2). Je pris donc la résolution d'exécuter sur-le-champ le plan qu'on me proposait. M. Fauvel me voulait retenir encore quelques jours, mais la crainte de manquer la saison du passage à Jérusalem l'emporta sur toute autre considération. Les vents du nord n'avaient plus que six semaines à souffler ; et si j'arrivais trop tard à Constantinople, je courais le risque d'y être enfermé par le vent d'ouest.

Je congédiai le janissaire de M. Vial après l'avoir payé, et lui avoir donné une lettre de remercîment pour son maître. On ne se sépare pas sans peine, dans un voyage un peu hasardeux, des compagnons avec lesquels on a vécu quelque temps. Quand je vis le janissaire monter seul à cheval, me souhaiter

(1) Voyez les *Martyrs*.
(2) Les troubles de la Romélie rendaient le voyage de Constantinople par terre impraticable.

un bon voyage, prendre le chemin d'Eleusis, et s'éloigner par une route précisément opposée à celle que j'allais suivre, je me sentis involontairement ému. Je le suivais des yeux, en pensant qu'il allait revoir seul les déserts que nous avions vus ensemble. Je songeais aussi que, selon toutes les apparences, ce Turc et moi nous ne nous rencontrerions jamais; que jamais nous n'entendrions parler l'un de l'autre. Je me représentais la destinée de cet homme si différente de ma destinée, ses chagrins et ses plaisirs si différents de mes plaisirs et de mes chagrins; et tout cela pour arriver au même lieu : lui, dans les beaux et grands cimetières de la Grèce; moi, sur les chemins du monde, ou dans les faubourgs de quelque cité.

Cette séparation eut lieu le soir même du jour où je visitai le couvent français; car le janissaire avait été prévenu de se tenir prêt à retourner à Coron. Je partis dans la nuit pour Kératia, avec Joseph et un Athénien qui allait visiter ses parents à Zéa. Ce jeune Grec était notre guide. M. Fauvel me vint reconduire jusqu'à la porte de la ville : là nous nous embrassâmes et nous souhaitâmes de nous retrouver bientôt dans notre commune patrie. Je me chargeai de la lettre qu'il me remit pour M. de Choiseul : porter à M. de Choiseul des nouvelles d'Athènes, c'était lui porter des nouvelles de son pays.

J'étais bien aise de quitter Athènes de nuit : j'aurais eu trop de regret de m'éloigner de ses ruines à la lumière du soleil : au moins, comme Agar, je ne voyais point ce que je perdais pour toujours. Je mis la bride sur le cou de mon cheval, et, suivant le guide et Joseph qui marchaient en avant, je me laissai aller à mes réflexions; je fus, tout le chemin, occupé d'un rêve assez singulier. Je me figurais qu'on m'avait donné l'Attique en souveraineté. Je faisais publier dans toute l'Europe, que quiconque était fatigué des révolutions et désirait trouver la paix, vînt se consoler sur les ruines d'Athènes, où je promettais repos et sûreté; j'ouvrais des chemins, je bâtissais des auberges, je préparais toutes sortes de commodités pour les voyageurs; j'achetais un port sur le golfe de Lépante, afin de rendre la traversée d'Otrante à Athènes plus courte et plus facile. On sent bien que je ne négligeais pas les monuments : les chefs-d'œuvre de la citadelle étaient relevés sur leurs plans et d'après leurs ruines; la ville, entourée de bons murs, était à l'abri du pillage des Turcs. Je fondais une Université, où les enfants de toute l'Europe venaient apprendre le grec littéral et le grec vulgaire. J'invitais les Hydriottes à s'établir au Pirée, et j'avais une marine. Les montagnes nues se couvraient de pins pour redonner des eaux à mes fleuves; j'encourageais l'agriculture; une foule de Suisses et d'Allemands se mêlaient à mes Albanais; chaque jour on faisait de nouvelles découvertes, et Athènes sortait du tombeau. En arrivant à Kératia, je sortis de mon songe, et je me retrouvai *Gros-Jean comme devant.*

Nous avions tourné le mont Hymette, en passant au midi du Pentélique; puis nous rabattant vers la mer, nous étions entrés dans la chaîne du mont Laurium, où les Athéniens avaient autrefois leurs mines d'argent. Cette partie de l'Attique n'a jamais été bien célèbre : on trouvait entre Phalère et le cap Sunium plusieurs villes et bourgades, telles qu'Anaphlystus, Azénia, Lampra, Anagyrus, Alimus, Thoræ, Æxone, etc. Wheler et Chandler firent des excur-

sions peu fructueuses dans ces lieux abandonnés ; et M. Lechevalier traversa le même désert quand il débarqua au cap Sunium, pour se rendre à Athènes. L'intérieur de ce pays était encore moins connu et moins habité que les côtes; et je ne saurais assigner d'origine au village de Kératia (1). Il est situé dans un vallon assez fertile, entre des montagnes qui le dominent de tous côtés, et dont les flancs sont couverts de sauges, de romarins et de myrtes. Le fond du vallon est cultivé, et les propriétés y sont divisées, comme elles l'étaient autrefois dans l'Attique, par des haies plantées d'arbres (2). Les oiseaux abondent dans le pays, et surtout les hupes, les pigeons ramiers, les perdrix rouges et les corneilles mantelées. Le village consiste dans une douzaine de maisons assez propres et écartées les unes des autres. On voit sur la montagne des troupeaux de chèvres et de moutons; et dans la vallée, des cochons, des ânes, des chevaux et quelques vaches.

Nous allâmes descendre le 27 chez un Albanais de la connaissance de M. Fauvel. Je me transportai tout de suite, en arrivant, sur une hauteur à l'orient du village, pour tâcher de reconnaître le navire autrichien ; mais je n'aperçus que la mer et l'île de Zéa. Le soir, au coucher du soleil, on alluma un feu de myrtes et de bruyères au sommet d'une montagne. Un chevrier posté sur la côte devait venir nous annoncer les bateaux de Zéa aussitôt qu'il les découvrirait. Cet usage des signaux par le feu remonte à une haute antiquité, et a fourni à Homère une des plus belles comparaisons de l'*Iliade* :

Ὡς δ' ὅτε καπνὸς ἰὼν ἐξ ἄστεος αἰθέρ' ἵκηται.

« Ainsi on voit s'élever une fumée du haut des tours d'une ville que l'en-
« nemi tient assiégée, etc. »

En me rendant le matin à la montagne des signaux, j'avais pris mon fusil, et je m'étais amusé à chasser : c'était en plein midi; j'attrapai un coup de soleil sur une main et sur une partie de la tête. Le thermomètre avait été constamment à 28 degrés pendant mon séjour à Athènes (3). La plus ancienne carte de la Grèce, celle de Sophian, mettait Athènes par les 37° 10 à 12''; Vernon porta cette latitude à 38° 5': et M. de Chabert l'a enfin déterminée à 37° 58' 1'' pour le temple de Minerve (4). On sent qu'à midi, au mois d'août, par cette latitude, le soleil doit être très-ardent. Le soir, comme je venais de m'étendre sur une natte, enveloppé dans mon manteau, je m'aperçus que ma tête se perdait. Notre établissement n'était pas fort commode pour un malade : couché par terre dans l'unique chambre, ou plutôt dans le hangar de notre hôte, nous avions la tête rangée au mur; j'étais placé entre Joseph et le jeune Athénien; les ustensiles du ménage étaient suspendus au-dessus de mon chevet; de sorte que la fille de

---

(1) Meursius, dans son traité *de Populis Atticœ*, parle du bourg, ou démos, Κεριάδαι, de a tribu Hippothoöntide. Spon trouve un Κυρτιάδαι, de la tribu Acamantide; mais il ne fournit point d'inscription, et ne s'appuie que d'un passage d'Hésychius.

(2) Comme elles le sont en Bretagne et en Angleterre.

(3) M. Fauvel m'a dit que la chaleur montait assez souvent à 32 et 34 degrés.

(4) On peut voir, au sujet de cette latitude, une savante dissertation insérée dans les *Mémoires de l'Académie des Inscriptions.*

mon hôte, mon hôte lui-même et ses valets, nous foulaient aux pieds en venant prendre ou accrocher quelque chose aux parois de la muraille.

Si j'ai jamais eu un moment de désespoir dans ma vie, je crois que ce fut celui où, saisi d'une fièvre violente, je sentis que mes idées se brouillaient, et que je tombais dans le délire : mon impatience redoubla mon mal. Me voir tout à coup arrêté dans mon voyage par cet accident! la fièvre me retenir à Kératia, dans un endroit inconnu, dans la cabane d'un Albanais! Encore si j'étais resté à Athènes! si j'étais mort au lit d'honneur en voyant le Parthénon! Mais quand cette fièvre ne serait rien, pour peu qu'elle dure quelques jours, mon voyage n'est-il pas manqué? Les pèlerins de Jérusalem seront partis, la saison passée. Que deviendrai-je dans l'Orient? Aller par terre à Jérusalem? attendre une autre année? La France, mes amis, mes projets, mon ouvrage que je laisserais sans être fini, me revenaient tour à tour dans la mémoire. Toute la nuit Joseph ne cessa de me donner à boire de grandes cruches d'eau, qui ne pouvaient éteindre ma soif. La terre sur laquelle j'étais étendu était, à la lettre, trempée de mes sueurs, et ce fut cela même qui me sauva. J'avais par moments un véritable délire; je chantais la chanson de Henri IV; Joseph se désolait et disait : *O Dio, che questo? Il signor canta! Poveretto!*

La fièvre tomba le 26, vers neuf heures du matin, après m'avoir accablé pendant dix-sept heures. Si j'avais eu un second accès de cette violence, je ne crois pas que j'y eusse résisté. Le chevrier revint avec la triste nouvelle qu'aucun bateau de Zéa n'avait paru. Je fis un effort : j'écrivis un mot à M. Fauvel, et le priai d'envoyer un caïque me prendre à l'endroit de la côte le plus voisin du village où j'étais pour me passer à Zéa. Pendant que j'écrivais, mon hôte me contait une longue histoire, et me demandait ma protection auprès de M. Fauvel : je tâchai de le satisfaire; mais ma tête était si faible, que je voyais à peine à tracer les mots. Le jeune Grec partit pour Athènes avec ma lettre, se chargeant d'amener lui-même un bateau, si l'on en pouvait trouver.

Je passai la journée couché sur ma natte. Tout le monde était allé aux champs; Joseph même était sorti; il ne restait que la fille de mon hôte. C'était une fille de dix-sept à dix-huit ans, assez jolie, marchant les pieds nus et les cheveux chargés de médailles et de petites pièces d'argent. Elle ne faisait aucune attention à moi; elle travaillait comme si je n'eusse pas été là. La porte était ouverte, les rayons du soleil entraient par cette porte, et c'était le seul endroit de la chambre qui fût éclairé. De temps en temps je tombais dans le sommeil; je me réveillais, et je voyais toujours l'Albanaise occupée à quelque chose de nouveau, chantant à demi-voix, arrangeant ses cheveux ou quelque partie de sa toilette. Je lui demandais quelquefois de l'eau : *Nero!* Elle m'apportait un vase plein d'eau : croisant les bras, elle attendait patiemment que j'eusse achevé de boire, et quand j'avais bu, elle disait : *Kalo?* «est-ce bon?» et elle retournait à ses travaux. On n'entendait dans le silence du midi que des insectes qui bourdonnaient dans la cabane, et quelques coqs qui chantaient au dehors. Je sentais ma tête vide, comme cela arrive après un long accès de fièvre; mes yeux affaiblis voyaient voltiger une multitude d'étincelles et de bulles de lumière autour de moi : je n'avais que des idées confuses, mais douces.

La journée se passa ainsi : le soir j'étais beaucoup mieux; je me levai : je dormais bien la nuit suivante; et le 29 au matin le Grec revint avec une lettre de M. Fauvel, du quinquina, du vin de Malaga et de bonnes nouvelles. On avait trouvé un bateau par le plus grand hasard du monde : ce bateau était parti de Phalère avec un bon vent, et il m'attendait dans une petite anse à deux lieues de Kératia. J'ai oublié le nom du cap où nous trouvâmes en effet ce bateau. Voici la lettre de M. Fauvel :

A Monsieur

Monsieur DE CHATEAUBRIAND,

AU PIED DU LAURIUM,

A KÉRATIA.

Athènes, ce 28 août 1806.

« Mon très-cher hôte,

« J'ai reçu la lettre que vous m'avez fait l'honneur de m'écrire. J'ai vu
« avec peine que les vents alisés de nos contrées vous retiennent sur le pen-
« chant du Laurium, que les signaux n'ont pu obtenir de réponse, et que la
« fièvre, jointe aux vents, augmentait les désagréments du séjour de Kératia,
« situé sur l'emplacement de quelques bourgades que je laisse à votre sagacité
« le loisir de trouver. Pour parer à une de vos incommodités, je vous envoie
« quelques prises du meilleur quinquina que l'on connaisse; vous le mêlerez
« dans un bon verre de vin de Malaga, qui n'est pas le moins bon connu, et
« cela au moment où vous serez libre, avant de manger. Je répondrais
« presque de votre guérison, si la fièvre était une maladie; car la Faculté
« tient encore la chose non décidée. Au reste, maladie ou effervescence né-
« cessaire, je vous conseille de n'en rien porter à Céos. Je vous ai frété, non
« pas une trirème du Pirée, mais bien une *quatrirème*, moyennant quarante
« piastres, en ayant reçu en arrhes cinq et demie. Vous compterez au capi-
« taine quarante-cinq piastres vingt : le jeune compatriote de Simonide vous
« les remettra : il va partir après la musique dont vos oreilles se souviennent
« encore. Je songerai à votre protégé, qui cependant est un brutal : il ne
« faut jamais battre personne, et surtout les jeunes filles; moi-même je n'ai
« pas eu à me louer de lui à mon dernier passage. Assurez-le toutefois, mon-
« sieur, que votre protection aura tout le succès qu'il doit attendre. Je vois
« avec peine qu'un excès de fatigue, une insomnie forcée, vous a donné la
« fièvre, et n'a rien avancé. Tranquillement ici pendant que les vents alisés
« retiennent votre navire, Dieu sait où, nous eussions visité Athènes et ses en-
« virons sans voir Kératia, ses chèvres et ses mines; vous eussiez surgi du
« Pirée à Céos en dépit du vent. Donnez-moi, je vous prie, de vos nouvelles,
« et faites en sorte de reprendre le chemin de la France par Athènes. Venez

« porter quelques offrandes à Minerve pour votre heureux retour; soyez per-
« suadé que vous ne me ferez jamais plus de plaisir que de venir embellir notre
« solitude. Agréez, je vous prie, l'assurance, etc.   Fauvel. »

J'avais pris Kératia dans une telle aversion, qu'il me tardait d'en sortir. J'éprouvais des frissons, et je prévoyais le retour de la fièvre. Je ne balançai pas à avaler une triple dose de quinquina. J'ai toujours été persuadé que les médecins français administrent ce remède avec trop de précaution et de timidité. On amena des chevaux, et nous partîmes avec un guide. En moins d'une demi-heure je sentis les symptômes du nouvel accès se dissiper, et je repris toutes mes espérances. Nous faisions route à l'ouest par un étroit vallon qui passait entre des montagnes stériles. Après une heure de marche, nous descendîmes dans une belle plaine qui paraissait très-fertile. Changeant alors de direction, nous marchâmes droit au midi, à travers la plaine : nous arrivâmes à des terres hautes qui formaient, sans que je le susse, les promontoires de la côte, car, après avoir passé un défilé, nous aperçûmes tout à coup la mer et notre bateau amarré au pied d'un rocher. A la vue de ce bateau, je me crus délivré du mauvais génie qui avait voulu m'ensevelir dans les mines des Athéniens, peut-être à cause de mon mépris pour Plutus.

Nous rendîmes les chevaux au guide : nous descendîmes dans le bateau, que manœuvraient trois mariniers. Ils déployèrent notre voile ; et, favorisés d'un vent du midi, nous cinglâmes vers le cap Sunium. Je ne sais si nous partions de la baie qui, selon M. Fauvel, porte le nom d'*Anaviso;* mais je ne vis point les ruines des neuf tours Enneapyrgie, où Wheler se reposa en venant du cap Sunium. L'Azinie des anciens devait être à peu près dans cet endroit. Vers les six heures du soir nous passâmes en dedans de l'île aux Anes, autrefois l'île de Patrocle ; et au coucher du soleil nous entrâmes au port de Sunium : c'est une crique abritée par le rocher qui soutient les ruines du temple. Nous sautâmes à terre, et je montai sur le cap. Les Grecs n'excellaient pas moins dans le choix des sites de leurs édifices que dans l'architecture de ces édifices mêmes. La plupart des promontoires du Péloponèse, de l'Attique, de l'Ionie et des îles de l'Archipel étaient marqués par des temples, des trophées ou des tombeaux. Ces monuments, environnés de bois et de rochers, vus dans tous les accidents de la lumière, tantôt au milieu des nuages et de la foudre, tantôt éclairés par la lune, par le soleil couchant, par l'aurore, devaient rendre les côtes de la Grèce d'une incomparable beauté : la terre ainsi décorée se présentait aux yeux du nautonier sous les traits de la vieille Cybèle, qui, couronnée de tours et assise au bord du rivage, commandait à Neptune, son fils, de répandre ses flots à ses pieds.

Le christianisme, à qui nous devons la seule architecture conforme à nos mœurs, nous avait aussi appris à placer nos vrais monuments : nos chapelles, nos abbayes, nos monastères étaient dispersés dans les bois et sur la cime des montagnes ; non que le choix des sites fût toujours un dessein prémédité de l'architecte, mais parce qu'un art, quand il est en rapport avec les coutumes d'un peuple, fait naturellement ce qu'il y a de mieux à faire. Remarquez au contraire combien nos édifices imités de l'antique sont pour la plupart mal placés! Avons-nous jamais pensé, par exemple, à orner la seule hauteur dont Paris soit dominé? La religion seule y avait songé pour nous. Les monuments grecs modernes ressemblent à la langue corrompue qu'on parle aujourd'hui à Sparte et à Athènes : on a beau soutenir que c'est la langue d'Homère et de Platon, un mélange de mots grossiers et de constructions étrangères trahit à tout moment les Barbares.

Je faisais ces réflexions à la vue des débris du temple de Sunium : ce temple était d'ordre dorique et du bon temps de l'architecture. Je découvrais au loin la mer de l'Archipel avec toutes ses îles : le soleil couchant rougissait les côtes de Zéa et les quatorze belles colonnes de marbre blanc au pied desquelles je m'étais assis. Les sauges et les genévriers répandaient autour des ruines une odeur aromatique, et le bruit des vagues montait à peine jusqu'à moi.

Comme le vent était tombé, il nous fallait attendre pour partir une nouvelle brise. Nos matelots se jetèrent au fond de leur barque et s'endormirent. Joseph et le jeune Grec demeurèrent avec moi. Après avoir mangé et parlé pendant quelque temps, ils s'étendirent à terre et s'endormirent à leur tour. Je m'enveloppai la tête dans mon manteau pour me garantir de la rosée, et, le dos appuyé contre une colonne, je restai seul éveillé à contempler le ciel et la mer.

Au plus beau coucher du soleil avait succédé la plus belle nuit. Le firmament, répété dans les vagues, avait l'air de reposer au fond de la mer. L'étoile du soir, ma compagne assidue pendant mon voyage, était prête à disparaître sous l'horizon; on ne l'apercevait plus que par de longs rayons qu'elle laissait de temps en temps descendre sur les flots, comme une lumière qui s'éteint. Par intervalles, des brises passagères troublaient dans la mer l'image du ciel, agitaient les constellations, et venaient expirer parmi les colonnes du temple avec un faible murmure.

Toutefois ce spectacle était triste lorsque je venais à songer que je le contemplais du milieu des ruines. Autour de moi étaient des tombeaux, le silence, la destruction, la mort, ou quelques matelots grecs qui dormaient sans soucis et sans songes sur les débris de la Grèce. J'allais quitter pour jamais cette terre sacrée : l'esprit rempli de sa grandeur passée et de son abaissement actuel, je me retraçais le tableau qui venait d'affliger mes yeux.

Je ne suis point un de ces intrépides admirateurs de l'antiquité qu'un vers d'Homère console de tout. Je n'ai jamais pu comprendre le sentiment exprimé par Lucrèce :

> Suave mari magno, turbantibus æquora ventis,
> E terra magnum alterius spectare laborem.

Loin d'aimer à contempler du rivage le naufrage des autres, je souffre quand je vois souffrir des hommes : les Muses n'ont alors sur moi aucun pouvoir, si ce n'est celle qui attire la pitié sur le malheur. A Dieu ne plaise que je tombe aujourd'hui dans ces déclamations qui ont fait tant de mal à notre patrie! mais si j'avais jamais pensé, avec des hommes dont je respecte d'ailleurs le caractère et les talents, que le gouvernement absolu est le meilleur de tous les gouvernements, quelques mois de séjour en Turquie m'auraient bien guéri de cette opinion.

Les voyageurs qui se contentent de parcourir l'Europe civilisée sont bien heureux : ils ne s'enfoncent point dans ces pays jadis célèbres, où le cœur est flétri à chaque pas, où des ruines vivantes détournent à chaque instant votre attention des ruines de marbre et de pierre. En vain dans la Grèce on veut se livrer aux illusions : la triste vérité vous poursuit. Des loges de boue desséchée, plus propres à servir de retraite à des animaux qu'à des hommes ; des femmes et des enfants en haillons, fuyant à l'approche de l'étranger et du janissaire ; les chèvres même effrayées, se dispersant dans la montagne, et les chiens restant seuls pour vous recevoir avec des hurlements : voilà le spectacle qui vous arrache au charme des souvenirs.

Le Péloponèse est désert : depuis la guerre des Russes, le joug des Turcs s'est appesanti sur les Moraïtes ; les Albanais ont massacré une partie de la population. On ne voit que des villages détruits par le fer et par le feu : dans les villes, comme à Misitra, des faubourgs entiers sont abandonnés ; j'ai fait souvent quinze lieues dans les campagnes sans rencontrer une seule habitation. De criantes avanies, des outrages de toutes les espèces, achèvent de détruire de toutes parts l'agriculture et la vie ; chasser un paysan grec de sa cabane, s'emparer de sa femme et de ses enfants, le tuer sous le plus léger prétexte, est un jeu pour le moindre aga du plus petit village. Parvenu au dernier degré du malheur, le Moraïte s'arrache de son pays et va chercher en Asie un sort moins rigoureux. Vain espoir ! il ne peut fuir sa destinée : il retrouve des cadis et des pachas jusque dans les sables du Jourdain et dans les déserts de Palmyre !

L'Attique, avec un peu moins de misère, n'offre pas moins de servitude. Athènes est sous la protection immédiate du chef des eunuques noirs du sérail. Un disdar, ou commandant, représente le monstre protecteur auprès du peuple de Solon. Ce disdar habite la citadelle remplie des chefs-d'œuvre de Phidias et d'Ictinus, sans demander quel peuple a laissé ces débris, sans daigner sortir de la masure qu'il s'est bâtie sous les ruines des monuments de Périclès : quelquefois seulement le tyran automate se traîne à la porte de sa tanière ; assis les jambes croisées sur un sale tapis, tandis que la fumée de sa pipe monte à travers les colonnes du temple de Minerve, il promène stupidement ses regards sur les rives de Salamine et sur la mer d'Épidaure.

On dirait que la Grèce elle-même a voulu annoncer par son deuil le malheur de ses enfants. En général, le pays est inculte, le sol nu, monotone, sauvage, et d'une couleur jaune et flétrie. Il n'y a point de fleuves proprement dits, mais de petites rivières, et des torrents qui sont à sec pendant l'été. On n'aperçoit point ou presque point de fermes dans les champs ; on ne voit point de laboureurs ; on ne rencontre point de charrettes et d'attelages de bœufs. Rien n'est triste comme de ne pouvoir jamais découvrir la marque d'une roue moderne là où vous apercevez encore, dans le rocher, la trace des roues antiques. Quelques paysans en tuniques, la tête couverte d'une calotte rouge, comme les galériens de Marseille, vous donnent en passant un triste *kali spera* (bonsoir). Ils chassent devant eux des ânes et des petits chevaux, les crins déchevelés, qui leur suffisent pour porter leur mince équipage champêtre, ou le produit de leur vigne. Bordez cette terre dévastée d'une mer presque aussi solitaire ; placez sur la pente d'un rocher une vedette délabrée, un couvent abandonné ; qu'un minaret s'élève du sein de la solitude pour annoncer l'esclavage ; qu'un troupeau de chèvres ou de moutons paisse sur un cap parmi des colonnes en ruines ; que le turban d'un voyageur turc mette en fuite les chevriers et rende le chemin plus désert, et vous aurez une idée assez juste du tableau que présente la Grèce.

On a recherché les causes de la décadence de l'empire romain : il y aurait un bel ouvrage à faire sur les causes qui ont précipité la chute des Grecs. Athènes et Sparte ne sont point tombées par les mêmes raisons qui ont amené la ruine de Rome ; elles n'ont point été entraînées par leur propre poids et par la grandeur de leur empire. On ne peut pas dire non plus qu'elles aient péri par leurs richesses : l'or des alliés et l'abondance que le commerce répandit à Athènes furent, en dernier résultat, très-peu de chose ; jamais on ne vit parmi les citoyens ces fortunes colossales qui annoncent le changement des mœurs (1) ; et l'État fut toujours si pauvre, que les rois de l'Asie s'empressaient de le nourrir, ou de contribuer aux frais de ses monuments. Quant à Sparte, l'argent des Perses y corrompit quelques particuliers ; mais la république ne sortit point de l'indigence.

J'assignerais donc pour la première cause de la chute des Grecs la guerre que se firent entre elles les deux républiques après qu'elles eurent vaincu les Perses. Athènes, comme État, n'exista plus du moment où elle eut été prise par les Lacédémoniens. Une conquête absolue met fin aux destinées d'un peuple, quelque nom que ce peuple puisse ensuite conserver dans l'histoire. Les vices du gouvernement athénien préparèrent la victoire de Lacédémone. Un État purement démocratique est le pire des États, lorsqu'il faut combattre un ennemi puissant, et qu'une volonté unique est nécessaire au salut de la patrie. Rien n'était déplorable comme les fureurs du peuple athénien, tandis que les Spartiates étaient à ses portes : exilant et rappelant tour à tour les citoyens qui auraient pu le sauver ; obéissant à la voix des orateurs factieux, il subit le sort qu'il avait mérité par ses folies ; et si Athènes ne fut pas renversée de fond en comble, elle ne dut sa conservation qu'au respect des vainqueurs pour ses anciennes vertus.

Lacédémone triomphante trouva à son tour, comme Athènes, la première cause de sa ruine dans ses propres institutions. La pudeur, qu'une loi extraordinaire avait exprès foulée aux pieds pour conserver la pudeur, fut enfin renversée par cette loi même : les femmes de Sparte, qui se présentaient demi-nues aux yeux des hommes, devinrent les femmes les plus corrompues de la Grèce : il ne resta aux Lacédémoniens, de toutes ces lois contre nature, que la débauche et la cruauté. Cicéron, témoin des jeux des enfants de Sparte, nous représente ces enfants se déchirant entre eux avec les dents et les ongles. Et à quoi ces

(1) Les grandes fortunes à Athènes, telles que celle d'Hérode-Atticus, n'eurent lieu que sous l'empire romain.

brutales institutions avaient-elles servi? Avaient-elles maintenu l'indépendance à Sparte? Ce n'était pas la peine d'élever des hommes comme des bêtes féroces pour obéir au tyran Nabis et pour devenir des esclaves romains.

Les meilleurs principes ont leurs excès et leur côté dangereux. Lycurgue, en extirpant l'ambition dans les murs de Lacédémone, crut sauver sa république, et il la perdit. Après l'abaissement d'Athènes, si les Spartiates eussent réduit la Grèce en provinces lacédémoniennes, ils seraient peut-être devenus les maîtres de la terre : cette conjecture est d'autant plus probable que, sans prétendre à ces hautes destinées, ils ébranlèrent en Asie, tout faibles qu'ils étaient, l'empire du grand roi. Leurs victoires successives auraient empêché une monarchie puissante de s'élever dans le voisinage de la Grèce, pour envahir les républiques. Lacédémone incorporant dans son sein les peuples vaincus par ses armes eût écrasé Philippe au berceau; les grands hommes qui furent ses ennemis auraient été ses sujets; et Alexandre, au lieu de naître dans un royaume, serait, ainsi que César, sorti du sein d'une république.

Loin de montrer cet esprit de grandeur et cette ambition préservatrice, les Lacédémoniens, contents d'avoir placé trente tyrans à Athènes, rentrèrent aussitôt dans leur vallée, par ce penchant à l'obscurité que leur avaient inspiré leurs lois. Il n'en est pas d'une nation comme d'un homme : la modération dans la fortune et l'amour du repos, qui peuvent convenir à un citoyen, ne mèneront pas bien loin un État. Sans doute il ne faut jamais faire une guerre impie : il ne faut jamais acheter la gloire au prix d'une injustice; mais ne savoir pas profiter de sa position pour honorer, agrandir, fortifier sa patrie, c'est plutôt dans un peuple un défaut de génie que le sentiment d'une vertu.

Qu'arriva-t-il de cette conduite des Spartiates ! La Macédoine domina bientôt la Grèce; Philippe dicta des lois à l'assemblée des Amphictyons. D'une autre part, ce faible empire de la Laconie, qui ne tenait qu'à la renommée des armes, et que ne soutenait point une force réelle, s'évanouit. Épaminondas parut : les Lacédémoniens battus à Leuctres furent obligés de venir se justifier longuement devant leur vainqueur; ils entendirent ce mot cruel : « Nous avons mis fin à votre courte éloquence! » *Nos brevi eloquentiæ vestræ finem imposuimus.* Les Spartiates durent s'apercevoir alors combien il eût été avantageux pour eux de n'avoir fait qu'un État de toutes les villes grecques, d'avoir compté Épaminondas au nombre de leurs généraux et de leurs citoyens. Le secret de leur faiblesse une fois connu, tout fut perdu sans retour; et Philopœmen acheva ce qu'Épaminondas avait commencé.

C'est ici qu'il faut remarquer un mémorable exemple de la supériorité que les lettres donnent à un peuple sur un autre, quand ce peuple a d'ailleurs montré les vertus guerrières. On peut dire que les batailles de Leuctres et de Mantinée effacèrent le nom de Sparte de la terre; tandis qu'Athènes, prise par les Lacédémoniens et ravagée par Sylla, n'en conserva pas moins l'empire. Elle vit accourir dans son sein ces Romains qui l'avaient vaincue, et qui se firent une gloire de passer pour ses fils : l'un prenait le surnom d'Atticus; l'autre se disait le disciple de Platon et de Démosthènes. Les muses latines, Lucrèce, Horace et Virgile, chantent incessamment la reine de la Grèce. « J'accorde aux morts le

« salut des vivants, » s'écrie le plus grand des Césars, pardonnant à Athènes coupable. Adrien veut joindre à son titre d'empereur le titre d'archonte d'Athènes, et multiplie les chefs-d'œuvre dans la patrie de Périclès ; Constantin le Grand est si flatté que les Athéniens lui aient élevé une statue, qu'il comble la ville de largesses ; Julien verse des larmes en quittant l'Académie ; et, quand il triomphe, il croit devoir sa victoire à la Minerve de Phidias. Les Chrysostôme, les Basile, les Cyrille, viennent, comme les Cicéron et les Atticus, étudier l'éloquence à sa source ; jusque dans le moyen âge, Athènes est appelée l'*École des sciences et du génie*. Quand l'Europe se réveille de la barbarie, son premier cri est pour Athènes. « Qu'est-elle devenue ? » demande-t-on de toutes parts. Et quand on apprend que ses ruines existent encore, on y court comme si l'on avait retrouvé les cendres d'une mère.

Quelle différence de cette renommée à celle qui ne tient qu'aux armes! Tandis que le nom d'Athènes est dans toutes les bouches, Sparte est entièrement oubliée ; on la voit à peine, sous Tibère, plaider, et perdre une petite cause contre les Messéniens : on relit deux fois le passage de Tacite, pour bien s'assurer qu'il parle de la célèbre Lacédémone. Quelques siècles après, on trouve une garde lacédémonienne auprès de Caracalla, triste honneur, qui semble annoncer que les enfants de Lycurgue avaient conservé leur férocité. Enfin Sparte se transforme, sous le Bas-Empire, en une principauté ridicule, dont les chefs prennent le nom de *Despotes*, ce nom devenu le titre des tyrans. Quelques pirates, qui se disent les véritables descendants des Lacédémoniens, font aujourd'hui toute la gloire de Sparte.

Je n'ai point assez vu les Grecs modernes pour oser avoir une opinion sur leur caractère. Je sais qu'il est très-facile de calomnier les malheureux ; rien n'est plus aisé que de dire, à l'abri de tout danger : « Que ne brisent-ils le joug « sous lequel ils gémissent ? » Chacun peut avoir, au coin du feu, ces hauts sentiments et cette fière énergie. D'ailleurs, les opinions tranchantes abondent dans un siècle où l'on ne doute de rien, hors de l'existence de Dieu ; mais comme les jugements généraux que l'on porte sur les peuples sont assez souvent démentis par l'expérience, je n'aurai garde de prononcer. Je pense seulement qu'il y a encore beaucoup de génie dans la Grèce ; je crois même que nos maîtres en tout genre sont encore là : comme je crois aussi que la nature humaine conserve à Rome sa supériorité ; ce qui ne veut pas dire que les hommes supérieurs soient maintenant à Rome.

Toutefois je crains bien que les Grecs ne soient pas sitôt disposés à rompre leurs chaînes. Quand ils seraient débarrassés de la tyrannie qui les opprime, ils ne perdront pas dans un instant la marque de leurs fers. Non-seulement ils ont été broyés sous le poids du despotisme, mais il y a deux mille ans qu'ils existent comme un peuple vieilli et dégradé. Ils n'ont point été renouvelés, ainsi que le reste de l'Europe, par des nations barbares : la nation même qui les a conquis a contribué à leur corruption. Cette nation n'a point apporté chez eux les mœurs rudes et sauvages des hommes du Nord, mais les coutumes voluptueuses des hommes du Midi. Sans parler du crime religieux que les Grecs auraient commis en abjurant leurs autels, ils n'auraient rien gagné à se soumettre au Coran. Il n'y a dans le livre de Mahomet ni principe de civilisation, ni précepte qui puisse élever le caractère : ce livre ne prêche ni la haine de la tyrannie, ni l'amour de la liberté. En suivant le culte de leurs maîtres, les Grecs auraient renoncé aux lettres et aux arts, pour devenir les soldats de la Destinée, et pour obéir aveuglément au caprice d'un chef absolu. Ils auraient passé leurs jours à ravager le monde, ou à dormir sur un tapis au milieu des femmes et des parfums.

La même impartialité qui m'oblige à parler des Grecs avec le respect que l'on doit au malheur m'aurait empêché de traiter les Turcs aussi sévèrement que je le fais, si je n'avais vu chez eux que les abus trop communs parmi les peuples vainqueurs : malheureusement, des soldats républicains ne sont pas des maîtres plus justes que les satellites d'un despote ; et un proconsul n'était guère moins avide qu'un pacha (1). Mais les Turcs ne sont pas des oppresseurs ordinaires, quoiqu'ils aient trouvé des apologistes. Un proconsul pouvait être un monstre d'impudicité, d'avarice, de cruauté ; mais tous les proconsuls ne se plaisaient pas, par système et par esprit de religion, à renverser les monuments de la civilisation et des arts, à couper des arbres, à détruire les moissons mêmes, et les générations entières : or, c'est ce que font les Turcs tous les jours de leur vie. Pourrait-on croire qu'il y ait au monde des tyrans assez absurdes pour s'opposer à toute amélioration dans les choses de première nécessité ? Un pont s'écroule, on ne le relève pas. Un homme répare sa maison, on lui fait une avanie. J'ai vu des capitaines grecs s'exposer au naufrage avec des voiles déchirées, plutôt que de raccommoder ces voiles ; tant ils craignaient de montrer leur aisance et leur industrie ! Enfin, si j'avais reconnu dans les Turcs des citoyens libres et vertueux au sein de leur patrie, quoique peu généreux envers les nations conquises, j'aurais gardé le silence, et je me serais contenté de gémir intérieurement sur l'imperfection de la nature humaine ; mais retrouver à la fois, dans le même homme, le tyran des Grecs et l'esclave du Grand Seigneur, le bourreau d'un peuple sans défense et la servile créature qu'un pacha peut dépouiller de ses biens, enfermer dans un sac de cuir et jeter au fond de la mer ; c'est trop aussi ; et je ne connais point de bête brute que je ne préfère à un pareil homme.

On voit que je ne me livrais point, sur le cap Sunium, à des idées romanesques, idées que la beauté de la scène aurait pu cependant faire naître. Près

(1) Les Romains, comme les Turcs, réduisaient souvent les vaincus en esclavage. S'il faut dire tout ce que je pense, je crois que ce système est une des causes de la supériorité que les grands hommes d'Athènes et de Rome ont sur les grands hommes des temps modernes. Il est certain qu'on ne peut jouir de toutes les facultés de son esprit que lorsque l'on est débarrassé des soins matériels de la vie ; et l'on n'est totalement débarrassé de ces soins que dans les pays où les arts, les métiers et les occupations domestiques sont abandonnés à des esclaves. Le service de l'homme payé, qui vous quitte quand il lui plaît, et dont vous êtes obligé de supporter les négligences ou les vices, ne peut être comparé au service de l'homme dont la vie et la mort sont entre vos mains. Il est encore certain que l'habitude du commandement donne à l'esprit une élévation, et aux manières, une noblesse que l'on ne prend jamais dans l'égalité bourgeoise de nos villes. Mais ne regrettons point cette supériorité des anciens, puisqu'il fallait l'acheter aux dépens de la liberté de l'espèce humaine, et bénissons à jamais le christianisme, qui a brisé les fers de l'esclave.

de quitter la Grèce, je me retraçais naturellement l'histoire de ce pays; je cherchais à découvrir dans l'ancienne prospérité de Sparte et d'Athènes la cause de leur malheur actuel, et dans leur sort présent, les germes de leur future destinée. Le brisement de la mer, qui augmentait par degrés contre le rocher, m'avertit que le vent s'était levé, et qu'il était temps de continuer mon voyage. Je réveillai Joseph et son compagnon. Nous descendîmes au bateau. Nos matelots avaient déjà fait les préparatifs du départ. Nous poussâmes au large; et la brise, qui était de terre, nous emporta rapidement vers Zéa. A mesure que nous nous éloignions, les colonnes de Sunium paraissaient plus belles au-dessus des flots : on les apercevait parfaitement sur l'azur du ciel, à cause de leur extrême blancheur et de la sérénité de la nuit. Nous étions déjà assez loin du cap, que notre oreille était encore frappée du bouillonnement des vagues au pied du roc, du murmure des vents dans les genévriers, et du chant des grillons qui habitent seuls aujourd'hui les ruines du temple : ce furent les derniers bruits que j'entendis sur la terre de la Grèce.

DEUXIÈME PARTIE.

VOYAGE DE L'ARCHIPEL, DE L'ANATOLIE ET DE CONSTANTINOPLE.

Je changeais de théâtre : les îles que j'allais traverser étaient, dans l'antiquité, une espèce de pont jeté sur la mer pour joindre la Grèce d'Asie à la véritable Grèce. Libres ou sujettes, attachées à la fortune de Sparte ou d'Athènes, aux destinées des Perses, à celles d'Alexandre et de ses successeurs, elles tombèrent sous le joug romain. Tour à tour arrachées au Bas-Empire par les Vénitiens, les Génois, les Catalans, les Napolitains, elles eurent des princes particuliers, et même des ducs qui prirent le titre général de ducs de l'Archipel. Enfin, les soudans de l'Asie descendirent vers la Méditerranée; et, pour annoncer à celle-ci sa future destinée, ils se firent apporter de l'eau de la mer, du sable et une rame. Les îles furent néanmoins subjuguées les dernières; mais enfin elles subirent le sort commun; et la bannière latine, chassée de proche en proche par le Croissant, ne s'arrêta que sur le rivage de Corfou.

De cette lutte des Grecs, des Turcs et des Latins, il résulta que les îles de l'Archipel furent très-connues dans le moyen âge : elles étaient sur la route de toutes ces flottes qui portaient des armées ou des pèlerins à Jérusalem, à Constantinople, en Égypte, en Barbarie; elles devinrent les stations de tous ces vaisseaux génois et vénitiens qui renouvelèrent le commerce des Indes par le port d'Alexandrie : aussi retrouve-t-on les noms de Chio, de Lesbos, de Rhodes, à chaque page de *la Byzantine;* et tandis qu'Athènes et Lacédémone étaient oubliées, on savait la fortune du plus petit écueil de l'Archipel.

De plus, les Voyages à ces îles sont sans nombre, et remontent jusqu'au septième siècle : il n'y a pas un pèlerinage en Terre-Sainte qui ne commence par une description de quelques rochers de la Grèce. Dès l'an 1555, Belon donna en françaises *Observations de plusieurs singularités retrouvées en Grèce*, le *Voyage* de Tournefort est entre les mains de tout le monde; la *Description exacte des îles de l'Archipel*, par le Flamand Dapper, est un travail excellent, et il n'est personne qui ne connaisse les *Tableaux* de M. de Choiseul.

Notre traversée fut heureuse. Le 30 août, à huit heures du matin, nous entrâmes dans le port de Zéa : il est vaste, mais d'un aspect désert et sombre, à cause de la hauteur des terres dont il est environné. On n'aperçoit sous les rochers du rivage que quelques chapelles en ruine et les magasins de la douane. Le village de Zéa est bâti sur la montagne à une lieue du côté du levant, et il occupe l'emplacement de l'ancienne Carthée. Je n'aperçus en arrivant que trois ou quatre felouques grecques, et je perdis tout espoir de retrouver mon navire autrichien. Je laissai Joseph au port, et je me rendis au village avec le jeune Athénien. La montée est rude et sauvage : cette première vue d'une île de l'Archipel ne me charma pas infiniment; mais j'étais accoutumé aux mécomptes.

Zéa, bâti en amphithéâtre sur le penchant inégal d'une montagne, n'est qu'un village malpropre et désagréable, mais assez peuplé; les ânes, les cochons, les poules, vous y disputent le passage des rues; il y a une si grande multitude de coqs, et ces coqs chantent si souvent et si haut, qu'on en est véritablement étourdi. Je me rendis chez M. Pengali, vice-consul français à Zéa; je lui dis qui j'étais, d'où je venais, où je désirais aller; et je le priai de noliser une barque pour me porter à Chio ou à Smyrne.

M. Pengali me reçut avec toute la cordialité possible : son fils descendit au port; il y trouva un caïque qui retournait à Tino, et qui devait mettre à la voile le lendemain; je résolus d'en profiter : cela m'avançait toujours un peu sur ma route.

Le vice-consul voulait me donner l'hospitalité, au moins pour le reste de la journée. Il avait quatre filles, et l'aînée était au moment de se marier; on faisait déjà les préparatifs de la noce; je passai donc des ruines du temple de Sunium à un festin. C'est une singulière destinée que celle du voyageur. Le matin il quitte un hôte dans les larmes; le soir il en trouve un autre dans la joie; il devient le dépositaire de mille secrets : Ibrahim m'avait conté à Sparte tous les accidents de la maladie du petit Turc; j'appris à Zéa l'histoire du gendre de M. Pengali. Au fond, y a-t-il rien de plus aimable que cette naïve hospitalité? N'êtes-vous pas trop heureux qu'on veuille bien vous accueillir ainsi, dans des lieux où vous ne trouveriez pas le moindre secours? La confiance que vous inspirez, l'ouverture de cœur qu'on vous montre, le plaisir que vous paraissez faire et que vous faites, sont certainement des jouissances très-douces. Une autre chose me touchait encore beaucoup : c'était la simplicité avec laquelle on me chargeait de diverses commissions pour la France, pour Constantinople, pour l'Égypte. On me demandait des services comme on m'en rendait; mes hôtes étaient persuadés que je ne les oublierais point, et qu'ils étaient devenus mes amis. Je sacrifiai sur-le-champ à M. Pengali les ruines d'Ioulis, où j'étais d'abord résolu d'aller, et je me déterminai, comme Ulysse, à prendre part aux festins d'Aristonoüs.

Zéa, l'ancienne Céos, fut célèbre dans l'antiquité par une coutume qui existait aussi chez les Celtes, et que l'on a retrouvée parmi les Sauvages de l'Amérique : les vieillards de Céos se donnaient la mort. Aristée, dont Virgile a chanté les abeilles, ou un autre Aristée, roi d'Arcadie, se retira à Céos. Ce fut lui qui obtint de Jupiter les vents étésiens pour modérer l'ardeur de la canicule. Érasistrate le médecin et Ariston le philosophe étaient de la ville d'Ioulis, ainsi que Simonide et Bacchylides : nous avons encore d'assez mauvais vers du dernier dans les *Poetæ Græci minores*. Simonide fut un beau génie ; mais son esprit était plus élevé que son cœur. Il chanta Hipparque qui l'avait comblé de bienfaits, et il chanta encore les assassins de ce prince. Ce fut apparemment pour donner cet exemple de vertu que les justes dieux du paganisme avaient préservé Simonide de la chute d'une maison. Il faut s'accommoder au temps, dit le sage : aussitôt les ingrats secouent le poids de la reconnaissance, les ambitieux abandonnent le vaincu, les poltrons se rangent au parti du vainqueur. Merveilleuse sagesse humaine, dont les maximes, toujours superflues pour le courage et la vertu, ne servent que de prétexte au vice, et de refuge aux lâchetés du cœur !

Le commerce de Zéa consiste aujourd'hui dans les glands du velani (1) que l'on emploie dans les teintures. La gaze de soie en usage chez les anciens avait été inventée à Céos (2) ; les poëtes, pour peindre sa transparence et sa finesse, l'appelaient du *vent tissu*. Zéa fournit encore de la soie : « Les bourgeois de
« Zéa s'attroupent ordinairement pour filer de la soie, dit Tournefort, et ils s'as-
« seyent sur les bords de leurs terrasses, afin de laisser tomber leurs fuseaux
« jusqu'au bas de la rue, qu'ils retirent ensuite en roulant le fil. Nous trou-
« vâmes l'évêque grec en cette posture : il demanda quelles gens nous étions,
« et nous fit dire que nos occupations étaient bien frivoles, si nous ne cherchions
« que des plantes et des vieux marbres. Nous répondîmes que nous serions plus
« édifiés de lui voir à la main les œuvres de saint Chrysostôme ou de saint Ba-
« sile que le fuseau. »

J'avais continué à prendre du quinquina trois fois par jour : la fièvre n'était point revenue ; mais j'étais resté très-faible, et j'avais toujours une main et une joue noircies par le coup de soleil. J'étais donc un convive très-gai de cœur, mais fort triste de figure. Pour n'avoir pas l'air d'un parent malheureux, je m'ébaudissais à la noce. Mon hôte me donnait l'exemple du courage : il souffrait dans ce moment même des maux cruels (3) ; et, au milieu du chant de ses filles, la douleur lui arrachait quelquefois des cris. Tout cela faisait un mélange de choses extrêmement bizarres ; ce passage subit du silence des ruines au bruit d'un mariage était étrange. Tant de tumulte à la porte du repos éternel, tant de joie auprès du grand deuil de la Grèce ! Une idée me faisait rire : je me représentais mes amis occupés de moi en France ; je les voyais me suivre

(1) Espèce de chêne.
(2) Je suis l'opinion commune ; mais il est possible que Pline et Solin se soient trompés. D'après le témoignage de Tibulle, d'Horace, etc., la gaze de soie se faisait à Cos, et non pas à Céos.
(3) M. Pengali était malheureusement attaqué de la pierre.

en pensée, s'exagérer mes fatigues, s'inquiéter de mes périls : ils auraient été bien surpris s'ils m'eussent aperçu tout à coup, le visage à demi brûlé, assistant dans une des Cyclades à une noce de village, applaudissant aux chansons de mesdemoiselles Pengali, qui chantaient en grec :

Ah ! vous dirai-je, maman, etc. ;

tandis que M. Pengali poussait des cris, que les coqs s'égosillaient, et que les souvenirs d'Ioulis, d'Aristée, de Simonide, étaient complétement effacés. C'est ainsi qu'en débarquant à Tunis, après une traversée de cinquante-huit jours, qui fut une espèce de naufrage continuel, je tombai chez M. Devoise au milieu du carnaval : au lieu d'aller méditer sur les ruines de Carthage, je fus obligé de courir au bal, de m'habiller en Turc, et de me prêter à toutes les folies d'une troupe d'officiers américains, pleins de gaieté et de jeunesse.

Le changement de scène, à mon départ de Zéa, fut aussi brusque qu'il l'avait été à mon arrivée dans cette île. A onze heures du soir je quittai la joyeuse famille : je descendis au port ; je m'embarquai de nuit, par un gros temps, dans un caïque dont l'équipage consistait en deux mousses et trois matelots. Joseph, très-brave à terre, n'était pas aussi courageux sur la mer. Il me fit beaucoup de représentations inutiles ; il lui fallut me suivre et achever de courir ma fortune. Nous allions vent largue ; notre esquif, penché sous le poids de la voile, avait la quille à fleur d'eau ; les coups de la lame étaient violents ; les courants de l'Eubée rendaient encore la mer plus houleuse ; le temps était couvert ; nous marchions à la lueur des éclairs et à la lumière phosphorique des vagues. Je ne prétends point faire valoir mes travaux, qui sont très-peu de chose, mais j'espère cependant que quand on me verra m'arracher à mon pays et à mes amis, supporter la fièvre et les fatigues, traverser les mers de la Grèce dans de petits bateaux, recevoir les coups de fusil des Bédouins, et tout cela par respect pour le public, et pour donner à ce public un ouvrage moins imparfait que le *Génie du Christianisme*, j'espère, dis-je, qu'on me saura quelque gré de mes efforts.

Quoi qu'en dise la fable de l'Aigle et du Corbeau, rien ne porte bonheur comme d'imiter un grand homme ; j'avais fait le César : *Quid times ? Cæsarem vehis ;* et j'arrivai où je voulais arriver. Nous touchâmes à Tino le 31 à six heures du matin ; je trouvai à l'instant même une felouque hydriotte qui partait pour Smyrne, et qui devait seulement relâcher quelques heures à Chio. Le caïque me mit à bord de la felouque, et je ne descendis pas même à terre.

Tino, autrefois Ténos, n'est séparée d'Andros que par un étroit canal : c'est une île haute qui repose sur un rocher de marbre. Les Vénitiens la possédèrent longtemps ; elle n'est célèbre dans l'antiquité que par ses serpents : la vipère avait pris son nom de cet île (1). M. de Choiseul a fait une description charmante des femmes de Tino ; ses vues du port de San-Nicolo m'ont paru d'une rare exactitude.

---

(1) Une espèce de vipère nommée *tenia* était originaire de Ténos. L'île fut appelée dans l'origine *Ophissa* et *Hydrussa*, à cause de ses serpents.

La mer, comme disent les marins, était tombée, et le ciel s'était éclairci : je déjeunai sur le pont en attendant qu'on levât l'ancre ; je découvrais à différentes distances toutes les Cyclades : Scyros, où Achille passa son enfance ; Délos, célèbre par la naissance de Diane et d'Apollon, par son palmier, par ses fêtes ; Naxos, qui me rappelait Ariadne, Thésée, Bacchus, et quelques pages charmantes des *Études de la Nature*. Mais toutes ces îles, si riantes autrefois, ou peut-être si embellies par l'imagination des poëtes, n'offrent aujourd'hui que des côtes désolées et arides. De tristes villages s'élèvent en pain de sucre sur des rochers ; ils sont dominés par des châteaux plus tristes encore, et quelquefois environnés d'une double ou triple enceinte de murailles : on y vit dans la frayeur perpétuelle des Turcs et des pirates. Comme ces villages fortifiés tombent cependant en ruine, ils font naître à la fois, dans l'esprit du voyageur l'idée de toutes les misères. Rousseau dit quelque part qu'il eût voulu être exilé dans une des îles de l'Archipel. L'éloquent sophiste se fût bientôt repenti de son choix. Séparé de ses admirateurs, relégué au milieu de quelques Grecs grossiers et perfides, il n'aurait trouvé dans des vallons brûlés par le soleil, ni fleurs, ni ruisseaux, ni ombrages ; il n'aurait vu autour de lui que des bouquets d'oliviers, des rochers rougeâtres, tapissés de sauge et de baume sauvage : je doute qu'il eût désiré longtemps continuer ses promenades, au bruit du vent et de la mer, le long d'une côte inhabitée.

Nous appareillâmes à midi. Le vent du nord nous porta assez rapidement sur Scio ; mais nous fûmes obligés de courir des bordées, entre l'île et la côte d'Asie, pour emboucher le canal. Nous voyions des terres et des îles tout autour de nous, les unes rondes et élevées comme Samos, les autres longues et basses comme les caps du golfe d'Éphèse : ces terres et ces îles étaient différemment colorées, selon le degré d'éloignement. Notre felouque, très-légère et très-élégante, portait une grande et unique voile taillée comme l'aile d'un oiseau de mer. Ce petit bâtiment était la propriété d'une famille : cette famille était composée du père, de la mère, du frère et de six garçons. Le père était le capitaine ; le frère, le pilote ; et les fils étaient les matelots : la mère préparait le repas. Je n'ai rien vu de plus gai, de plus propre et de plus leste que cet équipage de frères. La felouque était lavée, soignée et parée comme une maison chérie ; elle avait un grand chapelet sur la poupe, avec une image de la Panagia surmontée d'une branche d'olivier. C'est une chose assez commune dans l'Orient de voir une famille mettre ainsi toute sa fortune dans un vaisseau, changer de climats sans quitter ses foyers, et se soustraire à l'esclavage en menant sur la mer la vie des Scythes.

Nous vînmes mouiller pendant la nuit au port de Chio, « fortunée patrie d'Homère, » dit Fénelon dans les *Aventures d'Aristonoüs*, chef-d'œuvre d'harmonie et de goût antique. Je m'étais profondément endormi, et Joseph ne me réveilla qu'à sept heures du matin. J'étais couché sur le pont : quand je vins à ouvrir les yeux, je me crus transporté dans le pays des fées ; je me trouvais au milieu d'un port plein de vaisseaux, ayant devant moi une ville charmante, dominée par des monts dont les arêtes étaient couvertes d'oliviers, de palmiers, de lentisques et de térébinthes. Une foule de Grecs, de Francs et de

Turcs étaient répandus sur les quais, et l'on entendait le son des cloches (1).

Je descendis à terre et je m'informai s'il n'y avait point de consul de notre nation dans cette île. On m'enseigna un chirurgien qui faisait les affaires des Français : il demeurait sur le port. J'allai lui rendre visite ; il me reçut très-poliment. Son fils me servit de cicérone pendant quelques heures, pour voir la ville, qui ressemble beaucoup à une ville vénitienne. Baudrand, Ferrari, Tournefort, Dapper, Chandler, M. de Choiseul, et mille autres géographes et voyageurs ont parlé de l'île de Chio : je renvoie donc le lecteur à leurs ouvrages.

Je retournai à dix heures à la felouque ; je déjeunai avec la famille : elle dansa et chanta sur le pont autour de moi, en buvant du vin de Chio, qui n'était pas du temps d'Anacréon. Un instrument peu harmonieux animait les pas et la voix de mes hôtes ; il n'a retenu de la lyre antique que le nom ; et il est dégénéré comme ses maîtres : lady Craven en a fait la description.

Nous sortîmes du port le 1er septembre à midi : la brise du nord commençait à s'élever, et elle devint en peu de temps très-violente. Nous essayâmes d'abord de prendre la passe de l'ouest entre Chio et les îles Spalmodores (2), qui ferment le canal quand on fait voile pour Métélin ou pour Smyrne. Mais nous ne pûmes doubler le cap Delphino : nous portâmes à l'est, et nous allongeâmes la bordée jusque dans le port de Tchesmé. De là, revenant sur Chio, puis retournant sur le mont Mimas, nous parvînmes enfin à nous élever au cap Cara-Bouroun, à l'entrée du golfe de Smyrne. Il était dix heures du soir : le vent nous manqua, et nous passâmes la nuit en calme sous la côte d'Asie.

Le 2, à la pointe du jour, nous nous éloignâmes de terre à la rame, afin de profiter de l'imbat aussitôt qu'il commencerait à souffler : il parut de meilleure heure que de coutume. Nous eûmes bientôt passé les îles de Dourlach, et nous vînmes raser le château qui commande le fond du golfe ou le port de Smyrne. J'aperçus alors la ville dans le lointain, au travers d'une forêt de mâts de vaisseaux : elle paraissait sortir de la mer, car elle est placée sur une terre basse et unie que dominent au sud-est des montagnes d'un aspect stérile. Joseph ne se possédait pas de joie : Smyrne était pour lui une seconde patrie ; le plaisir de ce pauvre garçon m'affligeait presque, en me faisant d'abord penser à mon pays ; en me montrant ensuite que l'axiome, *ubi bene, ibi patria*, n'est que trop vrai pour la plupart des hommes.

Joseph, debout auprès de moi sur le pont, me nommait tout ce que je voyais, à mesure que nous avancions. Enfin, nous amenâmes la voile, et laissant encore quelque temps filer notre felouque, nous donnâmes fond par six brasses, en dehors de la première ligne des vaisseaux. Je cherchai des yeux mon navire de Trieste, et je le reconnus à son pavillon. Il était mouillé près de l'échelle des Francs, ou du quai des Européens. Je m'embarquai avec Joseph dans un caïque qui vint le long de notre bord, et je me fis porter au bâtiment autrichien. Le capitaine et son second étaient à terre : les matelots me reconnurent

(1) Il n'y a que les paysans grecs de l'île de Chio qui aient, en Turquie, le privilége de sonner les cloches. Ils doivent ce privilége et plusieurs autres à la culture de l'arbre à mastic. Voyez le Mémoire de M. Galland, dans l'ouvrage de M. de Choiseul. — (2) *Olim OEnussæ*.

et me reçurent avec de grandes démonstrations de joie. Ils m'apprirent que le vaisseau était arrivé à Smyrne le 18 août; que le capitaine avait louvoyé deux jours pour m'attendre entre Zéa et le cap Sunium, et que le vent l'avait ensuite forcé à continuer sa route. Ils ajoutèrent que mon domestique, par ordre du consul de France, m'avait arrêté un logement à l'auberge.

Je vis avec plaisir que mes anciens compagnons avaient été aussi heureux que moi dans leur voyage. Ils voulurent me descendre à terre : je passai donc dans la chaloupe du bâtiment, et bientôt nous abordâmes le quai. Une foule de porteurs s'empressèrent de me donner la main pour monter. Smyrne, où je voyais une multitude de chapeaux (1), m'offrait l'aspect d'une ville maritime d'Italie, dont un quartier serait habité par des Orientaux. Joseph me conduisit chez M. Chauderloz, qui occupait alors le consulat français de cette importante échelle. J'aurai souvent à répéter les éloges que j'ai déjà faits de l'hospitalité de nos consuls; je prie mes lecteurs de me le pardonner : car, si ces redites les fatiguent, je ne puis toutefois cesser d'être reconnaissant. M. Chauderloz, frère de M. de La Clos, m'accueillit avec politesse; mais il ne me logea point chez lui, parce qu'il était malade, et que Smyrne offre d'ailleurs les ressources d'une grande ville européenne.

Nous arrangeâmes sur-le-champ toute la suite de mon voyage : j'avais résolu de me rendre à Constantinople par terre, afin d'y prendre des firmans, et de m'embarquer ensuite avec les pèlerins grecs pour la Syrie; mais je ne voulais pas suivre le chemin direct, et mon dessein était de visiter la plaine de Troie en traversant le mont Ida. Le neveu de M. Chauderloz, qui venait de faire une course à Éphèse, me dit que les défilés du Gargare étaient infestés de voleurs, et occupés par des agas plus dangereux encore que les brigands. Comme je tenais à mon projet, on envoya chercher un guide qui devait avoir conduit un Anglais aux Dardanelles par la route que je voulais tenir. Ce guide consentit en effet à m'accompagner, et à fournir les chevaux nécessaires, moyennant une somme assez considérable. M. Chauderloz promit de me donner un interprète et un janissaire expérimenté. Je vis alors que je serais forcé de laisser une partie de mes malles au consulat, et de me contenter du plus strict nécessaire. Le jour du départ fut fixé au 4 septembre, c'est-à-dire au surlendemain de mon arrivée à Smyrne.

Après avoir promis à M. Chauderloz de revenir dîner avec lui, je me rendis à mon auberge, où je trouvai Julien tout établi dans un appartement fort propre et meublé à l'européenne. Cette auberge, tenue par une veuve, jouissait d'une très-belle vue sur le port : je ne me souviens plus de son nom. Je n'ai rien à dire de Smyrne après Tournefort, Chandler, Peyssonel, Dallaway et tant d'autres, mais je ne puis me refuser au plaisir de citer un morceau du *Voyage* de M. de Choiseul :

« Les Grecs, sortis du quartier d'Éphèse nommé *Smyrna*, n'avaient bâti que
« des hameaux au fond du golfe, qui depuis a porté le nom de leur première pa-

---

(1) Le turban et le chapeau font la principale distinction des Francs et des Turcs; et, dans le langage du Levant, on compte par chapeaux et par turbans.

« trie; Alexandre voulut les rassembler et leur fit construire une ville près la
« rivière Mélès. Antigone commença cet ouvrage par ses ordres, et Lysimaque
« le finit.

« Une situation aussi heureuse que celle de Smyrne était digne du fondateur
« d'Alexandrie, et devait assurer la prospérité de cet établissement. Admise par
« les villes d'Ionie à partager les avantages de leur confédération, cette ville
« devint bientôt le centre du commerce de l'Asie Mineure : son luxe y attira
« tous les arts; elle fut décorée d'édifices superbes, et remplie d'une foule d'é-
« trangers qui venaient l'enrichir des productions de leur pays, admirer ses
« merveilles, chanter avec ses poëtes et s'instruire avec ses philosophes. Un
« dialecte plus doux prêtait un nouveau charme à cette éloquence qui paraissait
« un attribut des Grecs. La beauté du climat semblait influer sur celle des indi-
« vidus, qui offraient aux artistes des modèles à l'aide desquels ils faisaient
« connaître au reste du monde la nature et l'art réunis dans leur perfection.

« Elle était une des villes qui revendiquaient l'honneur d'avoir vu naître Ho-
« mère : on montrait sur le bord du Mélès le lieu où Crithéis sa mère lui avait
« donné le jour, et la caverne où il se retirait pour composer ses vers immor-
« tels. Un monument élevé à sa gloire, et qui portait son nom, présentait au
« milieu de la ville de vastes portiques sous lesquels se rassemblaient les ci-
« toyens; enfin, leurs monnaies portaient son image, comme s'ils eussent re-
« connu pour souverain le génie qui les honorait.

« Smyrne conserva les restes précieux de cette prospérité jusqu'à l'époque où
« l'empire eut à lutter contre les Barbares : elle fut prise par les Turcs, reprise
« par les Grecs, toujours pillée, toujours détruite. Au commencement du trei-
« zième siècle, il n'en existait plus que les ruines et la citadelle, qui fut répa-
« rée par l'empereur Jean Comnène, mort en 1224 : cette forteresse ne put ré-
« sister aux efforts des princes turcs, dont elle fut souvent la résidence, malgré
« les chevaliers de Rhodes, qui, saisissant une circonstance favorable, parvin-
« rent à y construire un fort et à s'y maintenir; mais Tamerlan prit en quatorze
« jours cette place que Bajazet bloquait depuis sept ans.

« Smyrne ne commença à sortir de ses ruines que lorsque les Turcs furent
« entièrement maîtres de l'empire : alors sa situation lui rendit les avantages
« que la guerre lui avait fait perdre; elle redevint l'entrepôt du commerce de
« ces contrées. Les habitants rassurés abandonnèrent le sommet de la mon-
« tagne, et bâtirent de nouvelles maisons sur le bord de la mer : ces construc-
« tions modernes ont été faites avec les marbres de tous les monuments an-
« ciens, dont il reste à peine des fragments; et l'on ne retrouve plus que la
« place du stade et du théâtre. On chercherait vainement à reconnaître les
« vestiges des fondations, ou quelques pans de murailles qui s'aperçoiven
« entre la forteresse et l'emplacement de la ville actuelle. »

Les tremblements de terre, les incendies et la peste ont maltraité la Smyrne
moderne, comme les Barbares ont détruit la Smyrne antique. Le dernier fléau
que j'ai nommé a donné lieu à un dévouement qui mérite d'être remarqué entre
les dévouements de tant d'autres missionnaires; l'histoire n'en sera pas sus-
pecte; c'est un ministre anglican qui la rapporte. Frère Louis de Pavie, de

l'ordre des récollets, supérieur et fondateur de l'hôpital Saint-Antoine, à Smyrne, fut attaqué de la peste : il fit vœu, si Dieu lui rendait la vie, de la consacrer au service des pestiférés. Arraché miraculeusement à la mort, frère Louis a rempli les conditions de son vœu. Les pestiférés qu'il a soignés sont sans nombre, et l'on a calculé qu'il a sauvé à peu près les deux tiers (1) des malheureux qu'il a secourus.

Je n'avais donc rien à voir à Smyrne, si ce n'est ce Mélès, que personne ne connaît, et dont trois ou quatre ravines se disputent le nom (2). Mais une chose qui me frappa et qui me surprit, ce fut l'extrême douceur de l'air. Le ciel, moins pur que celui de l'Attique, avait cette teinte que les peintres appellent un *ton chaud;* c'est-à-dire qu'il était rempli d'une vapeur déliée, un peu rougie par la lumière. Quand la brise de mer venait à manquer, je sentais une langueur qui approchait de la défaillance : je reconnus la molle Ionie. Mon séjour à Smyrne me força à une nouvelle métamorphose ; je fus obligé de reprendre les airs de la civilisation, de recevoir et de rendre des visites. Les négociants qui me firent l'honneur de me venir voir étaient riches; et quand j'allai les saluer à mon tour, je trouvai chez eux des femmes élégantes qui semblaient avoir reçu le matin leurs modes de chez Leroi. Placé entre les ruines d'Athènes et les débris de Jérusalem, cet autre Paris, où j'étais arrivé sur un bateau grec, et d'où j'allais sortir avec une caravane turque, coupait d'une manière piquante les scènes de mon voyage : c'était une espèce d'oasis civilisée, une Palmyre au milieu des déserts et de la barbarie. J'avoue néanmoins que, naturellement un peu sauvage, ce n'était pas ce qu'on appelle la société que j'étais venu chercher en Orient : il me tardait de voir des chameaux, et d'entendre le cri du cornac.

Le 5 au matin, tous les arrangements étant faits, le guide partit avec les chevaux : il alla m'attendre à Ménémen-Eskélessi, petit port de l'Anatolie. Ma dernière visite à Smyrne fut pour Joseph : *Quantum mutatus ab illo!* Était-ce bien là mon illustre drogman? Je le trouvai dans une chétive boutique, planant et battant sa vaisselle d'étain. Il avait cette même veste de velours bleu qu'il portait sur les ruines de Sparte et d'Athènes. Mais que lui servaient ces marques de sa gloire? que lui servait d'avoir vu les villes et les hommes, *mores hominum et urbes?* Il n'était pas même propriétaire de son échoppe! J'aperçus dans un coin un maître à mine refrognée, qui parlait rudement à mon ancien compagnon. C'était pour cela que Joseph se réjouissait tant d'arriver! Je n'ai regretté que deux choses dans mon voyage, c'est de n'avoir pas été assez riche pour établir Joseph à Smyrne, et pour racheter un captif à Tunis.

(1) Voyez DALLAWAY. Le grand moyen employé par le frère Louis était d'envelopper le malade dans une chemise trempée d'huile.

(2) Chandler en fait pourtant une description assez poétique, quoiqu'il se moque des poètes et des peintres qui se sont avisés de donner des eaux à l'Ilissus. Il fait couler le Mélès derrière le château. La carte de Smyrne de M. de Choiseul marque aussi le cours du fleuve, père d'Homère. Comment se fait-il qu'avec toute l'imagination qu'on me suppose, je n'aie pu voir en Grèce ce que tant d'illustres et graves voyageurs y ont vu? J'ai un maudit amour de la vérité et une crainte de dire ce qui n'est pas, qui l'emportent en moi sur toute autre considération.

Je fis mes derniers adieux à mon pauvre camarade : il pleurait, et je n'étais guère moins attendri. Je lui écrivis mon nom sur un petit morceau de papier, dans lequel j'enveloppai des marques sincères de ma reconnaissance ; de sorte que le maître de la boutique ne vit rien de ce qui se passait entre nous.

Le soir, après avoir remercié M. le consul de toutes ses civilités, je m'embarquai dans un bateau avec Julien, le drogman, les janissaires et le neveu de M. Chauderloz, qui voulut bien m'accompagner jusqu'à l'échelle. Nous y abordâmes en peu de temps. Le guide était sur le rivage : j'embrassai mon jeune hôte qui retournait à Smyrne, nous montâmes à cheval, et nous partîmes.

Il était minuit quand nous arrivâmes au kan de Ménémen. J'aperçus de loin une multitude de lumières éparses : c'était le repos d'une caravane. En approchant, je distinguai les chameaux, les uns couchés, les autres debout, ceux-ci chargés de leurs fardeaux, ceux-là débarrassés de leurs bagages. Des chevaux et des ânes débridés mangeaient l'orge dans des seaux de cuir ; quelques cavaliers se tenaient encore à cheval, et les femmes voilées n'étaient point descendues de leurs dromadaires. Assis les jambes croisées sur des tapis, des marchands turcs étaient groupés autour des feux qui servaient aux esclaves à préparer le pilau ; d'autres voyageurs fumaient leurs pipes à la porte du kan, mâchaient de l'opium, écoutaient des histoires. On brûlait le café dans les poêlons ; des vivandières allaient de feux en feux, proposant des gâteaux de blé grué, des fruits et de la volaille ; des chanteurs amusaient la foule ; des imans faisaient des ablutions, se prosternaient, se relevaient, invoquaient le prophète ; des chameliers dormaient étendus sur la terre. Le sol était jonché de ballots, de sacs de coton, de *couffes* de riz. Tous ces objets, tantôt distincts et vivement éclairés, tantôt confus et plongés dans une demi-ombre, selon la couleur et le mouvement des feux, offraient une véritable scène des *Mille et une Nuits*. Il n'y manquait que le calife Aroun al Raschild, le visir Giaffar, et Mesrour, chef des eunuques.

Je me souvins alors, pour la première fois, que je foulais les plaines de l'Asie, partie du monde qui n'avait point encore vu la trace de mes pas, hélas ! ni ces chagrins que je partage avec tous les hommes. Je me sentis pénétré de respect pour cette vieille terre où le genre humain prit naissance ; où les patriarches vécurent, où Tyr et Babylone s'élevèrent, où l'Éternel appela Cyrus et Alexandre, où Jésus-Christ accomplit le mystère de notre salut. Un monde étranger s'ouvrait devant moi : j'allais rencontrer des nations qui m'étaient inconnues, des mœurs diverses, des usages différents, d'autres animaux, d'autres plantes, un ciel nouveau, une nature nouvelle. Je passerais bientôt l'Hermus et le Granique ; Sardes n'était pas loin ; je m'avançais vers Pergame et vers Troie : l'histoire me déroulait une autre page des révolutions de l'espèce humaine.

Je m'éloignai à mon grand regret de la caravane. Après deux heures de marche, nous arrivâmes au bord de l'Hermus, que nous traversâmes dans un bac. C'est toujours le *turbidus Hermus* : je ne sais s'il roule encore de l'or. Je le regardai avec plaisir, car c'était le premier fleuve, proprement dit, que je rencontrais depuis que j'avais quitté l'Italie.

Nous entrâmes, à la pointe du jour, dans une plaine bordée de montagnes peu élevées. Le pays offrait un aspect tout différent de celui de la Grèce : les cotonniers verts, le chaume jaunissant des blés, l'écorce variée des pastèques, diapraient agréablement la campagne ; des chameaux paissaient çà et là avec les buffles. Nous laissions derrière nous Magnésie et le mont Sipylus : ainsi nous n'étions pas éloignés des champs de bataille où Agésilas humilia la puissance du grand roi, et où Scipion remporta sur Antiochus cette victoire qui ouvrit aux Romains le chemin de l'Asie.

Nous aperçûmes au loin sur notre gauche les ruines de Cyme, et nous avions Néon-Tichos à notre droite : j'étais tenté de descendre de cheval et de marcher à pied, par respect pour Homère, qui avait passé dans ces mêmes lieux.

« Quelque temps après, le mauvais état de ses affaires le disposa à aller à
« Cyme. S'étant mis en route, il traversa la plaine de l'Hermus et arriva à Néon-
« Tichos, colonie de Cyme : elle fut fondée huit ans après Cyme. On prétend
« qu'étant en cette ville chez un armurier, il y récita ces vers, les premiers
« qu'il ait faits : « O vous, citoyens de l'aimable fille de Cyme, qui habitez au
« pied du mont Sardène, dont le sommet est ombragé de bois qui répandent la
« fraîcheur, et qui vous abreuvez de l'eau du divin Hermus, qu'enfanta Ju-
« piter, respectez la misère d'un étranger qui n'a pas une maison où il puisse
« trouver un asile. »

« L'Hermus coule près de Néon-Tichos, et le mont Sardène domine l'un et
« l'autre. L'armurier s'appelait *Tychius* : ces vers lui firent tant de plaisir,
« qu'il se détermina à le recevoir chez lui. Plein de commisération pour un
« aveugle réduit à demander son pain, il lui promit de partager avec lui ce
« qu'il avait. Mélésigène étant entré dans son atelier, prit un siége, et en pré-
« sence de quelques citoyens de Néon-Tichos, il leur montra un échantillon de
« ses poésies : c'était l'expédition d'Amphiaraüs contre Thèbes, et des hymnes
« en l'honneur des dieux. Chacun en dit son sentiment, et Mélésigène ayant
« porté là-dessus son jugement, ses auditeurs en furent dans l'admiration.

« Tant qu'il fut à Néon-Tichos, ses poésies lui fournirent les moyens de sub-
« sister : on y montrait encore de mon temps le lieu où il avait coutume de
« s'asseoir quand il récitait ses vers. Ce lieu, qui était encore en grande véné-
« ration, était ombragé par un peuplier qui avait commencé à croître dans le
« temps de son arrivée (1). »

Puisque Homère avait eu pour hôte un armurier à Néon-Tichos, je ne rougissais plus d'avoir eu pour interprète un marchand d'étain à Smyrne. Plût au ciel que la ressemblance fût en tout aussi complète, dussé-je acheter le génie d'Homère par tous les malheurs dont ce poëte fut accablé !

Après quelques heures de marche nous franchîmes une des croupes du mont Sardène, et nous arrivâmes au bord du Pythicus. Nous fîmes halte pour laisser passer une caravane qui traversait le fleuve. Les chameaux, attachés à la queue les uns des autres, n'avançaient dans l'eau qu'en résistant ; ils allongeaient le cou, et étaient tirés par l'âne qui marche à la tête de la caravane. Les marchands et les chevaux étaient arrêtés en face de nous, de l'autre côté de la ri-

---

(1) *Vie d'Homère*, traduction de M. LARCHER.

vière, et l'on voyait une femme turque, assise à l'écart, qui se cachait dans son voile.

Nous passâmes le Pythicus à notre tour, au-dessous d'un méchant pont de pierre ; et à onze heures nous gagnâmes un kan, où nous laissâmes reposer les chevaux.

A cinq heures du soir nous nous remîmes en route. Les terres étaient hautes et assez bien cultivées

Nous voyions la mer à gauche. Je remarquai, pour la première fois, des tentes de Turcomans : elles étaient faites de peaux de brebis noires, ce qui me fit souvenir des Hébreux et des pasteurs arabes. Nous descendîmes dans la plaine de Myrine, qui s'étend jusqu'au golfe d'Élée. Un vieux château, du nom de *Guzel-Hissar*, s'élevait sur une des pointes de la montagne que nous venions de quitter. Nous campâmes, à dix heures du soir, au milieu de la plaine. On étendit à terre une couverture que j'avais achetée à Smyrne. Je me couchai dessus et je m'endormis. En me réveillant, quelques heures après, je vis les étoiles briller au-dessus de ma tête, et j'entendis le cri du chamelier qui conduisait une caravane éloignée. Le 5 nous montâmes à cheval avant le jour. Nous cheminâmes par une plaine cultivée : nous traversâmes le Caïcus à une lieue de Pergame, et à neuf heures du matin nous entrâmes dans la ville. Elle est bâtie au pied d'une montagne. Tandis que le guide conduisait les chevaux au kan, j'allai voir les ruines de la citadelle. Je trouvai les débris de trois enceintes de murailles, les restes d'un théâtre et d'un temple (peut-être celui de Minerve Porte-Victoire). Je remarquai quelques fragments agréables de sculpture, entre autres, une frise ornée de guirlandes que soutiennent des têtes de bœufs et des aigles. Pergame était au-dessous de moi dans la direction du midi : elle ressemble à un camp de baraques rouges. Au couchant se déroule une grande plaine terminée par la mer ; au levant s'étend une autre plaine bordée au loin par des montagnes ; au midi, et au pied de la ville, je voyais d'abord des cimetières plantés de cyprès ; puis une bande de terre cultivée en orge et en coton ; ensuite deux grands *tumulus* : après cela venait une lisière plantée d'arbres ; et enfin une longue et haute colline qui arrêtait l'œil. Je découvrais aussi au nord-est quelques-uns des replis du Sélinus et du Cétius, et à l'est, l'amphithéâtre dans le creux d'un vallon. La ville, quand je descendis de la citadelle, m'offrit les restes d'un aqueduc et les débris du *Lycée*. Les savants du pays prétendent que la fameuse bibliothèque était renfermée dans ce dernier monument.

Mais si jamais description fut superflue, c'est celle que je viens de faire. Il n'y a guère plus de cinq à six mois que M. de Choiseul a publié la suite de son *Voyage*. Ce second volume, où l'on reconnaît les progrès d'un talent que le travail, le temps et le malheur ont perfectionné, donne les détails les plus exacts et les plus curieux sur les monuments de Pergame et sur l'histoire de ses princes. Je ne me permettrai donc qu'une réflexion. Ce nom des Attale, cher aux arts et aux lettres, semble avoir été fatal aux rois : Attale, troisième du nom, mourut presque fou, et légua ses meubles aux Romains : *Populus romanus, bonorum meorum hæres esto*. Et ces républicains, qui regardaient apparemment les peuples comme des meubles, s'emparèrent du royaume d'Attale.

On trouve un autre Attale, jouet d'Alaric, et dont le nom est devenu proverbial pour exprimer un fantôme de roi. Quand on ne sait pas porter la pourpre, il ne faut pas l'accepter : mieux vaut alors le sayon de poil de chèvre.

Nous sortîmes de Pergame le soir à sept heures ; et, faisant route au nord, nous nous arrêtâmes à onze heures du soir pour coucher au milieu d'une plaine. Le 6, à quatre heures du matin, nous reprîmes notre chemin, et nous continuâmes de marcher dans la plaine, qui, aux arbres près, ressemble à la Lombardie. Je fus saisi d'un accès de sommeil si violent, qu'il me fut impossible de le vaincre, et je tombai par-dessus la tête de mon cheval. J'aurais dû me rompre le cou ; j'en fus quitte pour une légère contusion. Vers les sept heures, nous nous trouvâmes sur un sol inégal, formé par des monticules. Nous descendîmes ensuite dans un bassin charmant planté de mûriers, d'oliviers, de peupliers, et de pins en parasol (*pinus pinea*). En général, toute cette terre de l'Asie me parut fort supérieure à la terre de la Grèce. Nous arrivâmes d'assez bonne heure à la Somma, méchante ville turque où nous passâmes la journée.

Je ne comprenais plus rien à notre marche. Je n'étais plus sur les traces des voyageurs qui tous, allant à Burse ou revenant de cette ville, passent beaucoup plus à l'est, par le chemin de Constantinople. D'un autre côté, pour attaquer le revers du mont Ida, il me semblait que nous eussions dû nous rendre de Pergame à Adramytti, d'où, longeant la côte, ou franchissant le Gargare, nous fussions descendus dans la plaine de Troie. Au lieu de suivre cette route, nous avions marché sur une ligne qui passait précisément entre le chemin des Dardanelles et celui de Constantinople. Je commençai à soupçonner quelque supercherie de la part du guide, d'autant plus que je l'avais vu souvent causer avec le janissaire. J'envoyai Julien chercher le drogman ; je demandai à celui-ci par quel hasard nous nous trouvions à la Somma. Le drogman me parut embarrassé ; il me répondit que nous allions à Kircagach ; qu'il était impossible de traverser la montagne ; que nous y serions infailliblement égorgés ; que notre troupe n'était pas assez nombreuse pour hasarder un pareil voyage, et qu'il était bien plus expédient d'aller rejoindre le chemin de Constantinople.

Cette réponse me mit en colère ; je vis clairement que le drogman et le janissaire, soit par peur, soit par d'autres motifs, étaient entrés dans un complot pour me détourner de mon chemin. Je fis appeler le guide, et je lui reprochai son infidélité. Je lui dis que, puisqu'il trouvait la route de Troie impraticable, il aurait dû le déclarer à Smyrne ; qu'il était un poltron, tout Turc qu'il était, que je n'abandonnerais pas ainsi mes projets selon sa peur ou ses caprices ; que mon marché était fait pour être conduit aux Dardanelles, et que j'irais aux Dardanelles.

A ces paroles, que le drogman traduisit très-fidèlement, le guide entra en fureur ; il s'écria : Allah ! allah ! secoua sa barbe de rage, déclara que j'avais beau dire et beau faire, qu'il me mènerait à Kircagach ; et que nous verrions qui, d'un chrétien ou d'un Turc, aurait raison auprès de l'aga. Sans Julien, je crois que j'aurais assommé cet homme.

Kircagach étant une riche et grande ville, à trois lieues de la Somma, j'espérais y trouver un agent français qui ferait mettre ce Turc à la raison. Le 7, à quatre heures du matin, toute notre troupe était à cheval, selon l'ordre que j'en avais donné. Nous arrivâmes à Kircagach en moins de trois heures, et nous mîmes pied à terre à la porte d'un très-beau kan. Le drogman s'informa à l'heure même s'il n'y avait point un consul français dans la ville. On lui indiqua la demeure d'un chirurgien italien : je me fis conduire chez le prétendu vice-consul, et je lui expliquai mon affaire. Il alla sur-le-champ en rendre compte au commandant : celui-ci m'ordonna de comparaître devant lui avec le guide. Je me rendis au tribunal de Son Excellence ; j'étais précédé du drogman et du janissaire. L'aga était à demi couché dans l'angle d'un sopha, au fond d'une grande salle assez belle, dont le plancher était couvert de tapis. C'était un jeune homme d'une famille de visirs. Il avait des armes suspendues au-dessus de sa tête ; un de ses officiers était assis auprès de lui : il fumait d'un air dédaigneux une grande pipe persane, et poussait de temps en temps des éclats de rire immodérés en nous regardant. Cette réception me déplut. Le guide, le janissaire et le drogman ôtèrent leurs sandales à la porte, selon la coutume : ils allèrent baiser le bas de la robe de l'aga et revinrent ensuite s'asseoir à la porte.

La chose ne se passa pas si tranquillement à mon égard : j'étais complétement armé, botté, éperonné ; j'avais un fouet à la main. Les esclaves voulurent m'obliger à quitter mes bottes, mon fouet et mes armes. Je leur fis dire par le drogman qu'un Français suivait partout les usages de son pays. Je m'avançai brusquement dans la chambre. Un spahi me saisit par le bras gauche, et me tira de force en arrière. Je lui sanglai à travers le visage un coup de fouet qui l'obligea de lâcher prise. Il mit la main sur les pistolets qu'il portait à la ceinture : sans prendre garde à sa menace, j'allai m'asseoir à côté de l'aga, dont l'étonnement était risible. Je lui parlai français ; je me plaignis de l'insolence de ses gens ; je lui dis que ce n'était que par respect pour lui que je n'avais pas tué son janissaire ; qu'il devait savoir que les Français étaient les premiers et les plus fidèles alliés du Grand Seigneur ; que la gloire de leurs armes était assez répandue dans l'Orient, pour qu'on apprît à respecter leurs chapeaux, de même qu'ils honoraient les turbans sans les craindre ; que j'avais bu le café des pachas qui m'avaient traité comme leur fils ; que je n'étais pas venu à Kircagach pour qu'un esclave m'apprît à vivre, et fût assez téméraire pour toucher la basque de mon habit.

L'aga ébahi m'écoutait comme s'il m'eût entendu : le drogman lui traduisit mon discours. Il répondit qu'il n'avait jamais vu de Français ; qu'il m'avait pris pour un Franc, et que très-certainement il allait me rendre justice : il me fit apporter le café.

Rien n'était curieux à observer comme l'air stupéfait et la figure allongée des esclaves qui me voyaient assis avec mes bottes poudreuses sur le divan, auprès de leur maître. La tranquillité étant rétablie, on expliqua mon affaire. Après avoir entendu les deux parties, l'aga rendit un arrêt auquel je ne m'attendais point du tout : il condamna le guide à me rendre une partie de mon argent ; mais il déclara que, les chevaux étant fatigués, cinq hommes seuls ne pouvaient se hasarder dans le passage des montagnes ; qu'en conséquence je devais, selon lui, prendre tranquillement la route de Constantinople.

Il y avait là dedans un certain bon sens turc assez remarquable, surtout lorsqu'on considérait la jeunesse et le peu d'expérience du juge. Je fis dire à Son Excellence que son arrêt, d'ailleurs très-juste, péchait par deux raisons : premièrement, parce que cinq hommes bien armés passaient partout; secondement, parce que le guide aurait dû faire ses réflexions à Smyrne, et ne pas prendre un engagement qu'il n'avait pas le courage de remplir. L'aga convint que ma dernière remarque était raisonnable, mais que, les chevaux étant fatigués et incapables de faire une aussi longue route, la *fatalité* m'obligeait de prendre un autre chemin.

Il eût été inutile de résister à la fatalité : tout était secrètement contre moi, le juge, le drogman et mon janissaire. Le guide voulut faire des difficultés pour l'argent; mais on lui déclara que cent coups de bâton l'attendaient à la porte, s'il ne restituait pas une partie de la somme qu'il avait reçue. Il la tira avec une grande douleur du fond d'un petit sac de cuir, et s'approcha pour me la remettre : je la pris et la lui rendis en lui reprochant son manque de bonne foi et de loyauté. L'intérêt est le grand vice des musulmans, et la libéralité est la vertu qu'ils estiment davantage. Mon action leur parut sublime : on n'entendait qu'Allah ! Allah ! Je fus reconduit par tous les esclaves, et même par le spahi que j'avais frappé; ils s'attendaient à ce qu'ils appellent le *régal*. Je donnai deux pièces d'or au musulman battu; je crois qu'à ce prix il n'aurait pas fait les difficultés que Sancho faisait pour délivrer madame Dulcinée. Quant au reste de la troupe, on lui déclara de ma part qu'un Français ne faisait ni ne recevait de présents.

Voilà les soins que me coûtaient Ilion et la gloire d'Homère. Je me dis, pour me consoler, que je passerais nécessairement devant Troie en faisant voile avec les pèlerins, et que je pourrais engager le capitaine à me mettre à terre. Je ne songeai donc plus qu'à poursuivre promptement ma route.

J'allai rendre visite au chirurgien; il n'avait point reparu dans toute cette affaire du guide, soit qu'il n'eût aucun titre pour m'appuyer, soit qu'il craignît le commandant. Nous nous promenâmes ensemble dans la ville, qui est assez grande et bien peuplée. Je vis ce que je n'avais point encore rencontré ailleurs, des jeunes Grecques sans voiles, vives, jolies, accortes, et en apparence filles d'Ionie. Il est singulier que Kircagach, si connue dans tout le Levant pour la supériorité de son coton, ne se trouve dans aucun voyageur (1), et n'existe sur aucune carte. C'est une de ces villes que les Turcs appellent *sacrées* : elle est attachée à la grande mosquée de Constantinople; les pachas ne peuvent y entrer. J'ai parlé de la bonté et de la singularité de son miel à propos de celui du mont Hymette.

Nous quittâmes Kircagach à trois heures de l'après-midi, et nous prîmes la

---

(1) M. de Choiseul est le seul qui la nomme. Tournefort parle d'une montagne appelée **Kircagan**. Paul Lucas, Pococke, Chandler, Spon, Smith, Dallaway, ne disent rien de Kircagach. D'Anville la passe sous silence. Les Mémoires de Peyssonel n'en parlent pas. Si elle se trouve dans quelques-uns des innombrables voyages en Orient, c'est d'une manière très-obscure, et qui échappe entièrement à ma mémoire. (*Note des deux premières éditions.*)

Kircagach se trouve, dit-on, sur une carte d'Arrowsmith.

route de Constantinople. Nous nous dirigions au nord, à travers un pays planté de cotonniers. Nous gravîmes une petite montagne; nous descendîmes dans une autre plaine, et nous vînmes, à cinq heures et demie du soir, coucher au kan de Kelembé. C'est vraisemblablement ce même lieu que Spon nomme *Basculembéi;* Tournefort, *Baskelambai;* et Thévenot, *Dgelembé.* Cette géographie turque est fort obscure dans les voyageurs. Chacun ayant suivi l'orthographe que lui dictait son oreille, on a encore une peine infinie à faire la concordance des noms anciens et des noms modernes dans l'Anatolie. D'Anville n'est pas complet à cet égard; et malheureusement la carte de la Propontide, levée par ordre de M. de Choiseul, ne dessine que les côtes de la mer de Marmara.

J'allai me promener aux environs du village; le ciel était nébuleux, et l'air froid comme en France. C'était la première fois que je remarquais cette espèce de ciel dans l'Orient. Telle est la puissance de la patrie : j'éprouvais un plaisir secret à contempler ce ciel grisâtre et attristé, au lieu de ce ciel pur que j'avais eu si longtemps sur ma tête.

> Si, dans sa course déplorée,
> Il succombe au dernier sommeil,
> Sans revoir la douce contrée
> Où brilla son premier soleil ;
> Là, son dernier soupir s'adresse ;
> Là, son expirante tendresse
> Veut que ses os soient ramenés :
> D'une région étrangère
> La terre serait moins légère
> A ses mânes abandonnés !

Le 8, au lever du jour, nous quittâmes notre gîte, et nous commençâmes à gravir une région montueuse qui serait couverte d'une admirable forêt de chênes, de pins, de phyllyrea, d'andrachnés, de térébinthes, si les Turcs laissaient croître quelque chose; mais ils mettent le feu aux jeunes plants, et mutilent les gros arbres. Ce peuple détruit tout, c'est un véritable fléau (1). Les villages, dans ces montagnes, sont pauvres; mais les troupeaux sont assez communs et très-variés. Vous voyez dans la même cour des bœufs, des buffles, des moutons, des chèvres, des chevaux, des ânes, des mulets, mêlés à des poules, à des dindons, à des canards, à des oies. Quelques oiseaux sauvages, tels que les cigognes et les alouettes, vivent familièrement avec ces animaux domestiques; au milieu de ces hôtes paisibles règne le chameau, le plus paisible de tous.

Nous vînmes dîner à Geujouck; ensuite, continuant notre route, nous bûmes le café au haut de la montagne de Zébec; nous couchâmes à Chia-Ouse. Tournefort et Spon nomment sur cette route un lieu appelé *Courougonlgi.*

(1) Tournefort dit qu'on met le feu à ces forêts pour augmenter les pâturages, ce qui est très-absurde de la part des Turcs, car le bois manque dans toute la Turquie, et les pâturages y sont abondants.

Nous traversâmes le 9 des montagnes plus élevées que celles que nous avions passées la veille. Wheler prétend qu'elles forment la chaîne du mont Timnus. Nous dînâmes à Manda-Fora. Spon et Tournefort écrivent Mandagoia : on y voit quelques colonnes antiques. C'est ordinairement la couchée : mais nous passâmes outre, et nous nous arrêtâmes à neuf heures du soir au café d'Émir-Capi, maison isolée au milieu des bois. Nous avions fait une route de treize heures : le maître du lieu venait d'expirer. Il était étendu sur sa natte ; on l'en ôta bien vite pour me la donner : elle était encore tiède, et déjà tous les amis du mort avaient déserté la maison. Une espèce de valet qui restait seul m'assura bien que son maître n'était pas mort de maladie contagieuse ; je fis donc déployer ma couverture sur la natte, je me couchai et m'endormis. D'autres dormiront à leur tour sur mon dernier lit, et ne penseront pas plus à moi que je ne pensais au Turc qui m'avait cédé sa place : « On jette un peu de terre « sur la tête, et en voilà pour jamais (1). »

Le 10, après six heures de marche, nous arrivâmes pour déjeuner au joli village de Souséverlé. C'est peut-être le Sousurluck de Thévenot ; et très-certainement c'est le Sousighirli de Spon, et le Sousonghirli de Tournefort, c'est-à-dire le village des Buffles-d'Eau. Il est situé à la fin et sur le revers des montagnes que nous venions de passer. A cinq cents pas du village coule une rivière, et de l'autre côté de cette rivière s'étend une belle et vaste plaine. Cette rivière de Sousonghirli n'est autre chose que le Granique, et cette plaine inconnue est la plaine de la Mysie (2).

Quelle est donc la magie de la gloire. Un voyageur va traverser un fleuve qui n'a rien de remarquable : on lui dit que ce fleuve se nomme *Sousonghirli ;* il passe et continue sa route ; mais si quelqu'un lui crie : C'est le Granique ! il recule, ouvre des yeux étonnés, demeure les regards attachés sur le cours de l'eau, comme si cette eau avait un pouvoir magique, ou comme si quelque voix extraordinaire se faisait entendre sur la rive. Et c'est un seul homme qui immortalise ainsi un petit fleuve dans un désert ! Ici tombe un empire immense ; ici s'élève un empire encore plus grand ; l'Océan indien entend la chute du trône qui s'écroule près des mers de la Propontide ; le Gange voit accourir le Léopard aux quatre ailes (3), qui triomphe au bord du Granique ; Babylone, que le roi bâtit dans l'éclat de sa puissance (4), ouvre ses portes pour recevoir un nouveau maître ; Tyr, reine des vaisseaux (5), s'abaisse, et sa rivale sort des sables d'Alexandrie.

Alexandre commit des crimes : sa tête n'avait pu résister à l'enivrement de ses succès ; mais par quelle magnanimité ne racheta-t-il pas les erreurs de sa vie ! Ses crimes furent toujours expiés par ses pleurs : tout, chez Alexandre, sortait

---

(1) Pascal.

(2) Je ne sais d'après quel mémoire ou quel voyageur d'Anville donne au Granique le nom d'*Ousvola*. La manière dont mon oreille a entendu prononcer le nom de ce fleuve, *Souséverlé*, se rapproche plus du nom écrit par d'Anville que Sousonghirli ou Sousurluck.

(*Note des deux premières éditions.*)

Spon et Tournefort prennent comme moi le Sousonghirli pour le Granique.

(3) Daniel. — (4) *Id.* — (5) Isaïe.

des entrailles. Il finit et commença sa carrière par deux mots sublimes. Partant pour combattre Darius, il distribue ses États à ses capitaines : « Que vous réservez-vous donc ? » s'écrient ceux-ci étonnés. « L'espérance ! » — « A qui laissez-vous l'empire ? » lui disent les mêmes capitaines, comme il expirait. — « Au plus digne. » Plaçons entre ces deux mots la conquête du monde achevée avec trente-cinq mille hommes en moins de dix ans, et convenons que si quelque homme a ressemblé à un dieu parmi les hommes, c'était Alexandre. Sa mort prématurée ajoute même quelque chose de divin à sa mémoire ; car nous le voyons toujours jeune, beau, triomphant, sans aucune de ces infirmités de corps, sans aucun de ces revers de fortune, que l'âge et le temps amènent. Cette divinité s'évanouit, et les mortels ne peuvent soutenir le poids de son ouvrage. « Son empire, dit le prophète, est donné aux quatre vents du ciel (1) (b). »

Nous nous arrêtâmes pendant trois heures à Sousonghirli, et je les passai tout entières à contempler le Granique. Il est très-encaissé ; son bord occidental est raide et escarpé ; l'eau brillante et limpide coule sur un fond de sable. Cette eau, dans l'endroit où je l'ai vue, n'a guère plus de quarante pieds de largeur, sur trois et demi de profondeur ; mais au printemps elle s'élève et roule avec impétuosité.

Nous quittâmes Sousonghirli à deux heures de l'après-dîner ; nous traversâmes le Granique, et nous nous avançâmes dans la plaine de la Mikalicie (2), qui était comprise dans la Mysie des anciens. Nous vînmes coucher à Tehutitsi, qui est peut-être le Squeticui de Tournefort. Le kan se trouvant rempli de voyageurs, nous nous établîmes sous de grands saules plantés en quinconce.

Le 11, nous partîmes au lever du jour, et laissant à droite la route de Burse, nous continuâmes à marcher dans une plaine couverte de joncs terrestres, où je remarquai les restes d'un aqueduc.

Nous arrivâmes à neuf heures du matin à Mikalitza, grande ville turque, triste et délabrée, située sur une rivière à laquelle elle donne son nom. Je ne sais si cette rivière n'est point celle qui sort du lac Abouilla : ce qu'il y a de certain, c'est qu'on découvre au loin un lac dans la plaine. Dans ce cas, la rivière de Mikalitza serait le Rhyndaque, autrefois le Lycus, qui prenait sa source dans le Stagnum Artynia ; d'autant plus qu'elle a précisément à son embouchure la petite île (Besbicos) indiquée par les anciens. La ville de Mikalitza n'est pas très-éloignée du Lopodion de Nicétas, qui est le Loupadi de Spon, le Lopadi, Loubat et Oulouboat de Tournefort. Rien n'est plus fatigant pour un voyageur que cette confusion dans la nomenclature des lieux ; et si j'ai commis à ce propos des erreurs presque inévitables, je prie le lecteur de se souvenir que des hommes plus habiles que moi s'y sont trompés (3).

---

(1) DANIEL. — (2) Tournefort écrit *Michalicie*.

(3) Pendant que je fais tous ces calculs, il peut exister telle géographie, tel ouvrage, où les points que je traite sont éclaircis. Cela ne fait pas que j'aie négligé ce que je devais savoir. Je dois connaître les grandes autorités : mais comment exiger que j'aie lu les nouveautés qui paraissent en Europe tous les ans ? Je n'en ai malheureusement que trop lu. Parmi les ouvrages modernes sur la géographie, je dois remarquer toutefois le *Précis de la géographie universelle*, de M. Malte-Brun, ouvrage excellent, où l'on trouve une érudition très-rare, une critique sage, des aperçus nouveaux, un style clair, spirituel et toujours approprié au sujet.

Nous abandonnâmes Mikalitza à midi, et nous descendîmes, en suivant le bord oriental de la rivière, vers des terres élevées qui forment la côte de la mer de Marmara, autrefois la Propontide. J'aperçus sur ma droite de superbes plaines, un grand lac, et dans le lointain la chaîne de l'Olympe : tout ce pays est magnifique. Après avoir chevauché une heure et demie, nous traversâmes la rivière sur un pont de bois, et nous parvînmes au défilé des hauteurs que nous avions devant nous. Là nous trouvâmes l'échelle ou le port de Mikalitza ; je congédiai mon fripon de guide, et je retins mon passage sur une barque turque, prête à partir pour Constantinople.

A quatre heures de l'après-midi, nous commençâmes à descendre la rivière : il y a seize lieues de l'échelle de Mikalitza à la mer. La rivière était devenue un fleuve à peu près de la largeur de la Seine ; elle coulait entre des monticules verts qui baignent leur pied dans les flots. La forme antique de notre galère, le vêtement oriental des passagers, les cinq matelots demi-nus qui nous tiraient à la cordelle, la beauté de la rivière, la solitude des coteaux, rendaient cette navigation pittoresque et agréable.

A mesure que nous approchions de la mer, la rivière formait derrière nous un long canal au fond duquel on apercevait les hauteurs d'où nous sortions, et dont les plans inclinés étaient colorés par un soleil couchant qu'on ne voyait pas. Des cygnes voguaient devant nous, et des hérons allaient chercher à terre leur retraite accoutumée. Cela me rappelait assez bien les fleuves et les scènes de l'Amérique, lorsque le soir je quittais mon canot d'écorce, et que j'allumais du feu sur un rivage inconnu. Tout à coup les collines entre lesquelles nous circulions venant à se replier à droite et à gauche, la mer s'ouvrit devant nous. Au pied des deux promontoires s'étendait une terre basse, à demi noyée, formée par les alluvions du fleuve. Nous vînmes mouiller sous cette terre marécageuse, près d'une cabane, dernier kan de l'Anatolie.

Le 12, à quatre heures du matin, nous levâmes l'ancre ; le vent était doux et favorable ; et nous nous trouvâmes en moins d'une demi-heure à l'extrémité des eaux du fleuve. Le spectacle mérite d'être décrit. L'aurore se levait à notre droite par-dessus les terres du continent ; à notre gauche s'étendait la mer de Marmara ; la proue de notre barque regardait une île ; le ciel à l'orient était d'un rouge vif, qui pâlissait à mesure que la lumière croissait ; l'étoile du matin brillait dans cette lumière empourprée ; et au-dessous de cette belle étoile on distinguait à peine le croissant de la lune, comme le trait du pinceau le plus délié : un ancien aurait dit que Vénus, Diane et l'Aurore venaient lui annoncer le plus brillant des dieux. Ce tableau changeait à mesure que je le contemplais : bientôt des espèces de rayons roses et verts, partant d'un centre commun, montèrent du levant au zénith : ces couleurs s'effacèrent, se ranimèrent, s'effacèrent de nouveau, jusqu'à ce que le soleil paraissant sur l'horizon confondit toutes les nuances du ciel dans une universelle blancheur légèrement dorée.

Nous fîmes route au nord, laissant à notre droite les côtes de l'Anatolie : le vent tomba une heure après le lever du soleil, et nous avançâmes à la rame. Le calme dura toute la journée. Le coucher du soleil fut froid, rouge et sans accidents de lumière : l'horizon opposé était grisâtre, la mer plombée et sans oiseaux ; les côtes lointaines paraissaient azurées, mais elles n'avaient aucun éclat. Le crépuscule dura peu, et fut remplacé subitement par la nuit. A neuf heures, le vent se leva du côté de l'est et nous fîmes bonne route. Le 13, au retour de l'aube, nous nous trouvâmes sous la côte d'Europe, en travers du port Saint-Étienne : cette côte était basse et nue. Il y avait deux mois, jour pour jour et presque heure pour heure, que j'étais sorti de la capitale des peuples civilisés, et j'allais entrer dans la capitale des peuples barbares. Que de choses n'avais-je point vues dans ce court espace de temps ! Combien ces deux mois m'avaient vieilli !

A six heures et demie, nous passâmes devant la Poudrière, monument blanc et long, construit à l'italienne. Derrière ce monument s'étendait la terre d'Europe : elle paraissait plate et uniforme. Des villages annoncés par quelques arbres étaient semés çà et là ; c'était un paysage de la Beauce après la moisson. Par-dessus la pointe de cette terre, qui se courbait en croissant devant nous, on découvrait quelques minarets de Constantinople.

A huit heures, un caïque vint à notre bord : comme nous étions presque arrêtés par le calme, je quittai la felouque, et je m'embarquai avec mes gens dans le petit bateau. Nous rasâmes la pointe d'Europe, où s'élève le château des Sept-Tours, vieille fortification gothique qui tombe en ruine. Constantinople, et surtout la côte d'Asie, étaient noyées dans le brouillard : les cyprès et les minarets que j'apercevais à travers cette vapeur présentaient l'aspect d'une forêt dépouillée. Comme nous approchions de la pointe du sérail, le vent du nord se leva, et balaya en moins de quelques minutes la brume répandue sur le tableau ; je me trouvai tout à coup au milieu du palais du commandeur des croyants : ce fut le coup de baguette d'un génie. Devant moi le canal de la mer Noire serpentait entre des collines riantes, ainsi qu'un fleuve superbe : j'avais à droite la terre d'Asie et la ville de Scutari ; la terre d'Europe était à ma gauche ; elle formait, en se creusant, une large baie pleine de grands navires à l'ancre, et traversée par d'innombrables petits bateaux. Cette baie, renfermée entre deux coteaux, présentait en regard et en amphithéâtre Constantinople et Galata. L'immensité de ces trois villes étagées, Galata, Constantinople et Scutari ; les cyprès, les minarets, les mâts des vaisseaux qui s'élevaient et se confondaient de toutes parts ; la verdure des arbres, les couleurs des maisons blanches et rouges, la mer qui étendait sous ces objets sa nappe bleue, et le ciel qui déroulait au-dessus un autre champ d'azur : voilà ce que j'admirais. On n'exagère point quand on dit que Constantinople offre le plus beau point de vue de l'univers (1).

Nous abordâmes à Galata : je remarquai sur-le-champ le mouvement des quais, et la foule des porteurs, des marchands et des mariniers ; ceux-ci annonçaient par la couleur diverse de leurs visages, par la différence de leur langage, de leurs habits, de leurs robes, de leurs chapeaux, de leurs bonnets, de leurs turbans, qu'ils étaient venus de toutes les parties de l'Europe et de l'Asie habiter cette frontière des deux mondes. L'absence presque totale des

---

(1) Je préfère pourtant la baie de Naples.

femmes, le manque de voitures à roues, et les meutes de chiens sans maîtres, furent les trois caractères distinctifs qui me frappèrent d'abord dans l'intérieur de cette ville extraordinaire. Comme on ne marche guère qu'en babouches, qu'on n'entend point de bruit de carrosses et de charrettes, qu'il n'y a point de cloches, ni presque point de métiers à marteau, le silence est continuel. Vous voyez autour de vous une foule muette qui semble vouloir passer sans être aperçue, et qui a toujours l'air de se dérober aux regards du maître. Vous arrivez sans cesse d'un bazar à un cimetière, comme si les Turcs n'étaient là que pour acheter, vendre et mourir. Les cimetières sans murs, et placés au milieu des rues, sont des bois magnifiques de cyprès : les colombes font leurs nids dans ces cyprès et partagent la paix des morts. On découvre çà et là quelques monuments antiques qui n'ont de rapport ni avec les hommes modernes, ni avec les monuments nouveaux dont ils sont environnés : on dirait qu'ils ont été transportés dans cette ville orientale par l'effet d'un talisman. Aucun signe de joie, aucune apparence de bonheur ne se montre à vos yeux : ce qu'on voit n'est pas un peuple, mais un troupeau qu'un iman conduit et qu'un janissaire égorge. Il n'y a d'autre plaisir que la débauche, d'autre peine que la mort. Les tristes sons d'une mandoline sortent quelquefois du fond d'un café, et vous apercevez d'infâmes enfants qui exécutent des danses honteuses devant des espèces de singes assis en rond sur de petites tables. Au milieu des prisons et des bagnes s'élève un sérail, capitole de la servitude : c'est là qu'un gardien sacré conserve soigneusement les germes de la peste et les lois primitives de la tyrannie. De pâles adorateurs rôdent sans cesse autour du temple, et viennent apporter leurs têtes à l'idole. Rien ne peut les soustraire au sacrifice; ils sont entraînés par un pouvoir fatal : les yeux du despote attirent les esclaves, comme les regards du serpent fascinent les oiseaux dont il fait sa proie.

On a tant de relations de Constantinople, que ce serait folie à moi de prétendre encore en parler (1). Il y a plusieurs auberges à Péra qui ressemblent à celles des autres villes de l'Europe : les porteurs qui s'emparèrent de mes bagages me conduisirent à l'une de ces auberges. Je me rendis de là au palais de France. J'avais eu l'honneur de voir M. le général Sébastiani, ambassadeur de France à la Porte : non-seulement il voulut bien exiger que je mangeasse tous les jours au palais, mais ce ne fut que sur mes instantes prières qu'il me permit de rester à l'auberge. MM. Franchini frères, premiers drogmans de l'ambassade, m'obtinrent, par l'ordre du général, les firmans nécessaires pour mon voyage de Jérusalem; monsieur l'ambassadeur y joignit des lettres adressées au père gardien de Terre-Sainte et à nos consuls en Égypte et en Syrie. Craignant que je ne vinsse à manquer d'argent, il me permit de tirer sur lui des lettres de change à vue, partout où je pourrais en avoir besoin; enfin, joignant à ces services du premier ordre les attentions de la politesse, il voulut lui-même me

(1) On peut consulter Étienne de Byzance, Gylli, de *Topographia Constantinopoleos*; du Gange, *Constantinopolis Christiana*; Porter, *Observations on the religion*, etc., of the Turks; Mouradgea d'Ohson, *Tableau de l'Empire ottoman*; Dallaway, *Constantinople ancienne et moderne*; Paul Lucas, Thévenot, Tournefort; enfin le *Voyage pittoresque de Constantinople et des rives du Bosphore*, etc., etc.

faire voir Constantinople, et il se donna la peine de m'accompagner aux monuments les plus remarquables. Messieurs ses aides-de-camp et la légation entière me comblèrent de tant de civilités, que j'en étais véritablement confus : c'est un devoir pour moi de leur témoigner ici toute ma gratitude.

Je ne sais comment parler d'une autre personne que j'aurais dû nommer la première. Son extrême bonté était accompagnée d'une grâce touchante et triste qui semblait être un pressentiment de l'avenir : elle était pourtant heureuse, et une circonstance particulière augmentait encore son bonheur. Moi-même j'ai pris part à cette joie qui devait se changer en deuil. Quand je quittai Constantinople, madame Sébastiani était pleine de santé, d'espérance et de jeunesse ; et je n'avais pas encore revu notre pays, qu'elle ne pouvait déjà plus entendre l'expression de ma reconnaissance.

> . . . . Troja infelice sepultum
> Detinet extremo terra aliena solo.

Il y avait dans ce moment même à Constantinople une députation des pères de Terre-Sainte ; ils étaient venus réclamer la protection de l'ambassadeur contre la tyrannie des commandants de Jérusalem. Les pères me donnèrent des lettres de recommandation pour Jaffa. Par un autre bonheur, le bâtiment qui portait les pèlerins grecs en Syrie se trouvait prêt à partir. Il était en rade, et il devait mettre à la voile au premier bon vent ; de sorte que, si mon voyage de la Troade avait réussi, j'aurais manqué celui de la Palestine. Le marché fut bientôt conclu avec le capitaine (c). Monsieur l'ambassadeur fit porter à bord les provisions les plus recherchées. Il me donna pour interprète un Grec appelé *Jean*, domestique de MM. Franchini. Comblé d'attentions, de vœux et de souhaits, le 18 septembre à midi je fus conduit sur le vaisseau des pèlerins.

J'avoue que si j'étais fâché de quitter des hôtes d'une bienveillance et d'une politesse aussi rares, j'étais cependant bien aise de sortir de Constantinople. Les sentiments qu'on éprouve malgré soi dans cette ville gâtent sa beauté : quand on songe que ces campagnes n'ont été habitées autrefois que par des Grecs du Bas-Empire, et qu'elles sont occupées aujourd'hui par des Turcs, on est choqué du contraste entre les peuples et les lieux ; il semble que des esclaves aussi vils et des tyrans aussi cruels n'auraient jamais dû déshonorer un séjour aussi magnifique. J'étais arrivé à Constantinople le jour même d'une révolution : les rebelles de la Romélie s'étaient avancés jusqu'aux portes de la ville. Obligé de céder à l'orage, Sélim avait exilé et renvoyé des ministres désagréables aux janissaires : on attendait à chaque instant que le bruit du canon annonçât la chute des têtes proscrites. Quand je contemplais les arbres et le palais du sérail, je ne pouvais me défendre de prendre en pitié le maître de ce vaste empire (1). Oh ! que les despotes sont misérables au milieu de leur bonheur, faibles au milieu de leur puissance ! Qu'ils sont à plaindre de faire couler les pleurs de tant d'hommes, sans être sûrs eux-mêmes de n'en jamais répandre, sans pouvoir jouir du sommeil dont ils privent l'infortuné !

(1) La fin malheureuse de Sélim n'a que trop justifié cette pitié.

Le séjour de Constantinople me pesait. Je n'aime à visiter que les lieux embellis par les vertus ou par les arts, et je ne trouvais dans cette patrie des Phocas et des Bajazet ni les unes ni les autres. Mes souhaits furent bientôt remplis, car nous levâmes l'ancre le jour même de mon embarquement, à quatre heures du soir. Nous déployâmes la voile au vent du nord, et nous voguâmes vers Jérusalem sous la bannière de la croix, qui flottait aux mâts de notre vaisseau.

TROISIEME PARTIE.

VOYAGE DE RHODES, DE JAFFA, DE BETHLÉEM ET DE LA MER MORTE.

Nous étions sur le vaisseau à peu près deux cents passagers, hommes femmes, enfants et vieillards. On voyait autant de nattes rangées en ordre des deux côtés de l'entre-pont. Une bande de papier, collée contre le bord du vaisseau, indiquait le nom du propriétaire de la natte. Chaque pèlerin avait suspendu à son chevet son bourdon, son chapelet et une petite croix. La chambre du capitaine était occupée par les papas conducteurs de la troupe. A l'entrée de cette chambre, on avait ménagé deux antichambres. J'avais l'honneur de loger dans un de ces trous noirs, d'environ six pieds carrés, avec mes deux domestiques; une famille occupait vis-à-vis de moi l'autre appartement. Dans cette espèce de république, chacun faisait son ménage à volonté, les femmes soignaient leurs enfants, les hommes fumaient ou préparaient leur dîner, les papas causaient ensemble. On entendait de tous côtés le son des mandolines, des violons et des lyres. On chantait, on dansait, on riait, on priait. Tout le monde était dans la joie. On me disait : Jérusalem, en me montrant le midi; et je répondais : Jérusalem ! Enfin, sans la peur nous eussions été les plus heureuses gens du monde; mais au moindre vent les matelots pliaient les voiles, les pèlerins criaient : *Christos, kyrie eleison!* L'orage passé, nous reprenions notre audace.

Au reste, je n'ai point remarqué le désordre dont parlent quelques voyageurs. Nous étions au contraire fort décents et fort réguliers. Dès le premier soir de notre départ, deux papas firent la prière, à laquelle tout le monde assista avec beaucoup de recueillement. On bénit le vaisseau, cérémonie qui se renouvelait à chaque orage. Les chants de l'Église grecque ont assez de douceur, mais peu de gravité. J'observai une chose singulière : un enfant commençait le verset d'un psaume dans un ton aigu, et le soutenait ainsi sur une seule note, tandis qu'un papas chantait le même verset sur un air différent et en canon, c'est-à-dire, commençant la phrase lorsque l'enfant en avait déjà passé le milieu. Ils ont un admirable *Kyrie eleison :* ce n'est qu'une note tenue par différentes voix, les unes graves, les autres aiguës, exécutant, *andante* et *mezza voce*, l'octave, la quinte et la tierce. L'effet de ce *Kyrie* est surprenant pour la tristesse et la majesté : c'est sans doute un reste de l'ancien chant de la primitive Église. Je soupçonne l'autre psalmodie d'appartenir à ce chant moderne introduit dans le rit grec vers le quatrième siècle, et dont saint Augustin avait bien raison de se plaindre.

Dès le lendemain de notre départ la fièvre me reprit avec assez de violence : je fus obligé de rester couché sur ma natte. Nous traversâmes rapidement la mer de Marmara (la Propontide) Nous passâmes devant la presqu'île de Cyrique, et à l'embouchure d'Ægos-Potamos. Nous rasâmes les promontoires de Sestos et d'Abydos : Alexandre et son armée, Xerxès et sa flotte, les Athéniens et les Spartiates, Héro et Léandre, ne purent vaincre le mal de tête qui m'accablait ; mais lorsque, le 21 septembre à six heures du matin, on me vint dire que nous allions doubler le château des Dardanelles, la fièvre fut chassée par les souvenirs de Troie. Je me traînai sur le pont ; mes premiers regards tombèrent sur un haut promontoire couronné par neuf moulins : c'était le cap Sigée. Au pied du cap je distinguais deux *tumulus*, les tombeaux d'Achille et de Patrocle. L'embouchure du Simoïs était à la gauche du château neuf d'Asie ; plus loin, derrière nous, en remontant vers l'Hellespont, paraissaient le cap Rhétée et le tombeau d'Ajax. Dans l'enfoncement s'élevait la chaîne du mont Ida, dont les pentes, vues du point où j'étais, paraissaient douces et d'une couleur harmonieuse. Ténédos était devant la proue du vaisseau : *est in conspectu Tenedos*.

Je promenais mes yeux sur ce tableau, et les ramenais malgré moi à la tombe d'Achille. Je répétais ces vers du poëte :

« L'armée des Grecs belliqueux élève sur le rivage un monument vaste et
« admiré ; monument que l'on aperçoit de loin en passant sur la mer, et qui
« attirera les regards des générations présentes et des races futures. »

Ἀμφ' αὐτοῖσι δ' ἔπειτα μέγαν καὶ ἀμύμονα τύμβον
Χεύαμεν Ἀργείων ἱερὸς στρατὸς αἰχμητάων,
Ἀκτῇ ἐπὶ προυχούσῃ, ἐπὶ πλατεῖ Ἑλλησπόντῳ·
Ὥς κεν τηλεφανὴς ἐκ ποντόφιν ἀνδράσιν εἴη
Τοῖς οἳ νῦν γεγάασι καὶ οἳ μετόπισθεν ἔσονται.

(*Odyss.*, lib. XXIV.)

Les pyramides des rois égyptiens sont peu de chose, comparées à la gloire de cette tombe de gazon que chanta Homère, et autour de laquelle courut Alexandre.

J'éprouvai dans ce moment un effet remarquable de la puissance des sentiments et de l'influence de l'âme sur le corps. J'étais monté sur le pont avec la fièvre : le mal de tête cessa subitement ; je sentis renaître mes forces, et, ce qu'il y a de plus extraordinaire, toutes les forces de mon esprit : il est vrai que vingt-quatre heures après la fièvre était revenue.

Je n'ai rien à me reprocher : j'avais eu le dessein de me rendre par l'Anatolie à la plaine de Troie, et l'on a vu ce qui me força à renoncer à mon projet ; j'y voulus aborder par mer, et le capitaine du vaisseau refusa obstinément de me mettre à terre, quoiqu'il y fût obligé par notre traité (1). Dans le premier mo-

(1) Voyez ce traité sous la note c, à la fin de l'ouvrage.

ment, ces contrariétés me firent beaucoup de peine, mais aujourd'hui je m'en console. J'ai tant été trompé en Grèce, que le même sort m'attendait peut-être à Troie. Du moins j'ai conservé toutes mes illusions sur le Simoïs ; j'ai de plus le bonheur d'avoir salué une terre sacrée, d'avoir vu les flots qui la baignent, et le soleil qui l'éclaire.

Je m'étonne que les voyageurs, en parlant de la plaine de Troie, négligent presque toujours les souvenirs de l'*Énéide*. Troie a pourtant fait la gloire de Virgile comme elle a fait celle d'Homère. C'est une rare destinée pour un pays d'avoir inspiré les plus beaux chants des deux plus grands poëtes du monde. Tandis que je voyais fuir les rivages d'Ilion, je cherchais à me rappeler les vers qui peignent si bien la flotte grecque sortant de Ténédos, et s'avançant, *per silentia lunæ*, à ces bords solitaires qui passaient tour à tour sous mes yeux. Bientôt des cris affreux succédaient au silence de la nuit, et les flammes du palais de Priam éclairaient cette mer, où notre vaisseau voguait paisiblement.

La muse d'Euripide, s'emparant aussi de ces douleurs, prolongea les scènes de deuil sur ces rivages tragiques.

LE CHOEUR.

« Hécube, voyez-vous Andromaque qui s'avance sur un char étranger? Son « fils, le fils d'Hector, le jeune Astyanax, suit le sein maternel.

HÉCUBE.

« O femme infortunée, en quels lieux êtes-vous conduite, entourée des armes « d'Hector et des dépouilles de la Phrygie?...

ANDROMAQUE.

« O douleurs !

HÉCUBE.

« Mes enfants !

ANDROMAQUE.

« Infortunée !

HÉCUBE.

« Et mes enfants !..

ANDROMAQUE.

« Accours, mon époux !

HÉCUBE.

« Oui, viens, fléau des Grecs ! O le premier de mes enfants ! Rends à Priam, « dans les enfers, celle qui, sur la terre, lui fut si tendrement unie.

LE CHOEUR.

« Il ne nous reste que nos regrets et les larmes que nous versons sur ces « ruines. Les douleurs ont succédé aux douleurs,...... Troie a subi le joug de « l'esclavage.

HÉCUBE.

« Ainsi le palais où je devins mère est tombé !

LE CHOEUR.

« O mes enfants, votre patrie est changée en désert ! etc. (1). »

(1) *Les Troyennes.* Théâtre des Grecs. Traduction française.

Tandis que je m'occupais des douleurs d'Hécube, les descendants des Grecs avaient encore l'air, sur notre vaisseau, de se réjouir de la mort de Priam. Deux matelots se mirent à danser sur le pont, au son d'une lyre et d'un tambourin : ils exécutaient une espèce de pantomime. Tantôt ils levaient les bras au ciel, tantôt ils appuyaient une de leurs mains sur le côté, étendant l'autre main comme un orateur qui prononce une harangue. Ils portaient ensuite cette même main au cœur, au front et aux yeux. Tout cela était entremêlé d'attitudes plus ou moins bizarres, sans caractère décidé, et assez semblables aux contorsions des Sauvages. On peut voir, au sujet des danses des Grecs modernes, les lettres de M. Guys et de madame Chénier. A cette pantomime succéda une ronde, où la chaîne, passant et repassant par différents points, rappelait assez bien les sujets de ces bas-reliefs où l'on voit des danses antiques. Heureusement l'ombre des voiles du vaisseau me dérobait un peu la figure et le vêtement des acteurs, et je pouvais transformer mes sales matelots en bergers de Sicile et d'Arcadie.

Le vent continuant à nous être favorable, nous franchîmes rapidement le canal qui sépare l'île de Ténédos du continent, et nous longeâmes la côte de l'Anatolie jusqu'au cap Baba, autrefois *Lectum Promontorium*. Nous portâmes alors à l'ouest pour doubler, à l'entrée de la nuit, la pointe de l'île de Lesbos. Ce fut à Lesbos que naquirent Sapho et Alcée, et que la tête d'Orphée vint aborder en répétant le nom d'Eurydice.

Ah! miseram Eurydicen, anima fugiente, vocabat.

Le 22 au matin la tramontane se leva avec une violence extraordinaire. Nous devions mouiller à Chio pour prendre d'autres pèlerins; mais, par la frayeur et la mauvaise manœuvre du capitaine, nous fûmes obligés d'aller jeter l'ancre au port de Tchesmé, sur un fond de roc assez dangereux, près d'un grand vaisseau égyptien naufragé.

Ce port d'Asie a quelque chose de fatal. La flotte turque y fut brûlée, en 1770, par le comte Orlow, et les Romains y détruisirent les galères d'Antiochus, l'an 191 avant notre ère, si toutefois le Cyssus des anciens est le Tchesmé des modernes. M. de Choiseul a donné un plan et une vue de ce port. Le lecteur se souvient peut-être que j'étais presque entré à Tchesmé en faisant voile pour Smyrne, le 1ᵉʳ septembre, vingt et un jours avant mon second passage dans l'Archipel.

Nous attendîmes, le 22 et le 23, les pèlerins de l'île de Chio. Jean descendit à terre et me fit une ample provision de grenades de Tchesmé : elles ont une grande réputation dans le Levant, quoiqu'elles soient inférieures à celles de Jaffa. Mais je viens de nommer Jean, et cela me rappelle que je n'ai point encore parlé au lecteur de ce nouvel interprète, successeur du bon Joseph. C'était l'homme le plus mystérieux que j'aie jamais rencontré : deux petits yeux enfoncés dans la tête et comme cachés par un nez fort saillant, deux moustaches rouges, une habitude continuelle de sourire, quelque chose de souple dans le maintien, donneront d'abord une idée de sa personne. Quand il avait un mot à me dire, il commençait par s'avancer de côté, et, après avoir fait un long détour, il venait presque en rampant me chuchoter dans l'oreille la chose du monde la moins secrète. Aussitôt que je l'apercevais, je lui criais : Marchez droit et parlez haut; conseil qu'on pourrait adresser à bien des gens. Jean avait des intelligences avec les principaux papas : il racontait de moi des choses étranges; il me faisait des compliments de la part des pèlerins qui demeuraient à fond de cale, et que je n'avais pas remarqués. Au moment des repas, il n'avait jamais d'appétit, tant il était au-dessus des besoins vulgaires; mais aussitôt que Julien avait achevé de dîner, ce pauvre Jean descendait dans la chaloupe où l'on tenait mes provisions, et, sous prétexte de mettre de l'ordre dans les paniers, il engloutissait des morceaux de jambon, dévorait une volaille, avalait une bouteille de vin, et tout cela avec une telle rapidité qu'on ne voyait pas le mouvement de ses lèvres. Il revenait ensuite d'un air triste me demander si j'avais besoin de ses services. Je lui conseillais de ne pas se laisser aller au chagrin et de prendre un peu de nourriture, sans quoi il courait le risque de tomber malade. Le Grec me croyait sa dupe; et cela lui faisait tant de plaisir, que je le lui laissais croire. Malgré ces petits défauts, Jean était au fond un très-honnête homme, et il méritait la confiance que ses maîtres lui accordaient. Au reste, je n'ai tracé ce portrait, et quelques autres, que pour satisfaire au goût de ces lecteurs qui aiment à connaître les personnages avec lesquels on les fait vivre. Pour moi, si j'avais eu le talent de ces sortes de caricatures, j'aurais cherché soigneusement à l'étouffer : tout ce qui fait grimacer la nature de l'homme me semble peu digne d'estime : on sent bien que je n'enveloppe pas dans cet arrêt la bonne plaisanterie, la raillerie fine, la grande ironie du style oratoire, et le haut comique.

Dans la nuit du 22 au 23, le bâtiment chassa sur son ancre, et nous pensâmes nous perdre sur les débris du vaisseau d'Alexandrie naufragé auprès de nous. Les pèlerins de Chio arrivèrent le 23 à midi : ils étaient au nombre de seize. A dix heures du soir nous appareillâmes par une fort belle nuit, avec un vent d'est modéré, qui remonta au nord le 24 au lever du jour.

Nous passâmes entre Nicaria et Samos. Cette dernière île fut célèbre par sa fertilité, par ses tyrans, et surtout par la naissance de Pythagore. Le bel épisode de *Télémaque* a effacé tout ce que les poëtes nous ont dit de Samos. Nous nous engageâmes dans le canal que forment les Sporades, Pathmos, Leria, Cos, etc., et les rivages de l'Asie. Là serpentait le Méandre, là s'élevaient Éphèse, Milet, Halicarnasse, Cnide : je saluais pour la dernière fois la patrie d'Homère, d'Hérodote, d'Hippocrate, de Thalès, d'Aspasie; mais je n'apercevais ni le temple d'Éphèse, ni le tombeau de Mausole, ni la Vénus de Cnide, et, sans les travaux de Pococke, de Wood, de Spon, de Choiseul, je n'aurais pu, sous un nom moderne et sans gloire, reconnaître le promontoire de Mycale.

Le 25, à six heures du matin, nous jetâmes l'ancre au port de Rhodes, afin de prendre un pilote pour la côte de Syrie.

Je descendis à terre et je me fis conduire chez M. Magallon, consul français. Toujours même réception, même hospitalité, même politesse. M. Magallon était malade; il voulut cependant me présenter au commandant turc, très-bon homme, qui me donna un chevreau noir, et me permit de me promener où je voudrais. Je lui montrai un firman qu'il mit sur sa tête, en me déclarant qu'il portait ainsi tous les amis du Grand Seigneur.

Il me tardait de sortir de cette audience, pour jeter du moins un regard sur cette fameuse Rhodes où je ne devais passer qu'un moment.

Ici commençait pour moi une antiquité qui formait le passage entre l'antiquité grecque que je quittais, et l'antiquité hébraïque dont j'allais chercher les souvenirs. Les monuments des chevaliers de Rhodes ranimèrent ma curiosité un peu fatiguée des ruines de Sparte et d'Athènes. Des lois sages sur le commerce (1), quelques vers de Pindare sur l'épouse du Soleil et la fille de Vénus (2), des poëtes comiques, des peintres, des monuments plus grands que beaux, voilà, je crois, tout ce que rappelle au voyageur la Rhodes antique. Les Rhodiens étaient braves : il est assez singulier qu'ils se soient rendus célèbres dans les armes pour avoir soutenu un siége avec gloire, comme les chevaliers leurs successeurs. Rhodes, honorée de la présence de Cicéron et de Pompée, fut souillée par le séjour de Tibère. Les Perses s'emparèrent de Rhodes sous le règne d'Honorius. Elle fut prise ensuite par les généraux des califes, l'an 647 de notre ère, et reprise par Anastase, empereur d'Orient. Les Vénitiens s'y établirent en 1203; Jean Ducas l'enleva aux Vénitiens. Les Turcs la conquirent sur les Grecs. Les chevaliers de Saint-Jean de Jérusalem s'en saisirent en 1304, 1308 ou 1319. Ils la gardèrent à peu près deux siècles, et la rendirent à Soliman II, le 25 décembre 1522. On peut consulter, sur Rhodes, Coronelli, Dapper, Savary et M. de Choiseul.

Rhodes m'offrait à chaque pas des traces de nos mœurs et des souvenirs de ma patrie. Je retrouvais une petite France au milieu de la Grèce :

> Procedo, et parvam Trojam simulataque magnis
> Pergama. . . . .
> Agnosco.

Je parcourais une longue rue, appelée encore *la rue des Chevaliers*. Elle est bordée de maisons gothiques; les murs de ces maisons sont parsemés de devises gauloises et des armoiries de nos familles historiques. Je remarquai les lis de France couronnés, et aussi frais que s'ils sortaient de la main du sculpteur. Les Turcs, qui ont mutilé partout les monuments de la Grèce, ont épargné ceux de la chevalerie : l'honneur chrétien a étonné la bravoure infidèle, et les Saladin ont respecté les Couci.

Au bout de la rue des Chevaliers on trouve trois arceaux gothiques qui conduisent au palais du grand maître. Ce palais sert aujourd'hui de prison. Un couvent à demi ruiné, et desservi par deux moines, est tout ce qui rappelle à Rhodes cette religion qui y fit tant de miracles. Les pères me conduisirent à leur chapelle. On y voit une Vierge gothique, peinte sur bois; elle tient son en-

---

(1) On peut consulter Leunclavius, dans son *Traité du droit maritime des Grecs et des Romains*. La belle ordonnance de Louis XIV sur la marine conserve plusieurs dispositions des lois rhodiennes.

(2) La nymphe Rhodos.

fant dans ses bras : les armes du grand maître d'Aubusson sont gravées au bas du tableau. Cette antiquité curieuse fut découverte, il y a quelques années, par un esclave qui cultivait le jardin du couvent. Il y a dans la chapelle un second autel dédié à saint Louis, dont on retrouve l'image dans tout l'Orient, et dont j'ai vu le lit de mort à Carthage. Je laissai quelques aumônes à cet autel, en priant les pères de dire une messe pour mon bon voyage, comme si j'avais prévu les dangers que je courrais sur les côtes de Rhodes à mon retour d'Égypte.

Le port marchand de Rhodes serait assez sûr si l'on rétablissait les anciens ouvrages qui le défendaient. Au fond de ce port s'élève un mur flanqué de deux tours. Ces deux tours, selon la tradition du pays, ont remplacé les deux rochers qui servaient de base au colosse. On sait que les vaisseaux ne passaient point entre les jambes de ce colosse, et je n'en parle que pour ne rien oublier.

Assez près de ce premier port se trouve la darse des galères et le chantier de construction. On y bâtissait alors une frégate de trente canons avec des sapins tirés des montagnes de l'île ; ce qui m'a paru digne de remarque.

Les rivages de Rhodes, du côté de la Caramanie (la Doride et la Carie), sont à peu près au niveau de la mer ; mais l'île s'élève dans l'intérieur, et l'on remarque surtout une haute montagne, aplatie à sa cime, citée par tous les géographes de l'antiquité. Il reste encore à Linde quelques vestiges du temple de Minerve. Camire et Ialyse ont disparu. Rhodes fournissait autrefois de l'huile à toute l'Anatolie ; elle n'en a pas aujourd'hui assez pour sa propre consommation. Elle exporte encore un peu de blé. Les vignes donnent un vin très-bon, qui ressemble à ceux du Rhône : les plants en ont peut-être été apportés du Dauphiné par les chevaliers de cette langue, d'autant plus qu'on appelle ces vins comme en Chypre, *vins de Commanderie*.

Nos géographies nous disent que l'on fabrique à Rhodes des velours et des tapisseries très-estimés : quelques toiles grossières, dont on fait des meubles aussi grossiers, sont, dans ce genre, le seul produit de l'industrie des Rhodiens. Ce peuple, dont les colonies fondèrent autrefois Naples et Agrigente, occupe à peine aujourd'hui un coin de son île déserte. Un aga, avec une centaine de janissaires dégénérés, suffisent pour garder un troupeau d'esclaves soumis. On ne conçoit pas comment l'ordre de Malte n'a jamais essayé de rentrer dans ses anciens domaines ; rien n'était plus aisé que de s'emparer de l'île de Rhodes : il eût été facile aux chevaliers d'en relever les fortifications, qui sont encore assez bonnes : ils n'en auraient point été chassés de nouveau ; car les Turcs, qui les premiers en Europe ouvrirent la tranchée devant une place, sont maintenant le dernier des peuples dans l'art des siéges.

Je quittai M. Magallon le 25 à quatre heures du soir, après lui avoir laissé des lettres qu'il me promit de faire passer à Constantinople, par la Caramanie. Je rejoignis dans un caïque notre bâtiment déjà sous voile avec son pilote côtier : ce pilote était un Allemand établi à Rhodes depuis plusieurs années.

Nous fîmes route pour reconnaître le cap à la pointe de la Caramanie, autrefois le promontoire de la Chimère en Lycie. Rhodes offrait au loin, derrière nous, une chaîne de côtes bleuâtres, sous un ciel d'or. On distinguait dans cette chaîne deux montagnes carrées, qui paraissaient taillées pour porter des châteaux, et qui ressemblaient assez par leur coupe aux Acropolis de Corinthe, d'Athènes et de Pergame.

Le 26 fut un jour malheureux. Le calme nous arrêta sous le continent de l'Asie, presque en face du cap Chélidonia, qui forme la pointe du golfe de Satalie. Je voyais à notre gauche les pics élevés du Cragus, et je me rappelais les vers des poëtes sur la froide Lycie.

Je ne savais pas que je maudirais un jour les sommets de ce Taurus que je me plaisais à regarder, et que j'aimais à compter parmi les montagnes célèbres dont j'avais aperçu la cime. Les courants étaient violents et nous portaient en dehors, comme nous le reconnûmes le jour d'après. Le vaisseau, qui était sur son lest, fatiguait beaucoup aux roulis : nous cassâmes la tête du grand mât et la vergue de la seconde voile du mât de misaine. Pour des marins aussi peu expérimentés, c'était un très-grand malheur.

C'est véritablement une chose surprenante que de voir naviguer des Grecs. Le pilote est assis, les jambes croisées, la pipe à la bouche ; il tient la barre du gouvernail, laquelle, pour être de niveau avec la main qui la dirige, rase le plancher de la poupe. Devant ce pilote à demi couché, et qui n'a par conséquent aucune force, est une boussole qu'il ne connaît point, et qu'il ne regarde pas. A la moindre apparence de danger, on déploie sur le pont des cartes françaises et italiennes ; tout l'équipage se couche à plat ventre, le capitaine à la tête ; on examine la carte, on en suit les dessins avec le doigt ; on tâche de reconnaître l'endroit où l'on est ; chacun donne son avis : on finit par ne rien entendre à tout ce grimoire des Francs ; on reploie la carte ; on amène les voiles ou l'on fait vent arrière : alors on reprend la pipe et le chapelet ; on se recommande à la Providence, et l'on attend l'événement. Il y a tel bâtiment qui parcourt ainsi deux ou trois cents lieues hors de sa route, et qui aborde en Afrique au lieu d'arriver en Syrie ; mais tout cela n'empêche pas l'équipage de danser au premier rayon du soleil. Les anciens Grecs n'étaient, sous plusieurs rapports, que des enfants aimables et crédules, qui passaient de la tristesse à la joie avec une extrême mobilité ; les Grecs modernes ont conservé une partie de ce caractère : heureux du moins de trouver dans leur légèreté une ressource contre leurs misères !

Le vent du nord reprit son cours vers les huit heures du soir, et l'espoir de toucher bientôt au terme du voyage ranima la gaieté des pèlerins. Notre pilote allemand nous annonça qu'au lever du jour nous apercevrions le cap Saint-Iphane, dans l'île de Chypre. On ne songea plus qu'à jouir de la vie. Tous les soupers furent apportés sur le pont ; on était divisé par groupes ; chacun envoyait à son voisin la chose qui manquait à ce voisin. J'avais adopté la famille qui logeait devant moi, à la porte de la chambre du capitaine ; elle était composée d'une femme, de deux enfants et d'un vieillard, père de la jeune pèlerine. Ce vieillard accomplissait pour la troisième fois le voyage de Jérusalem ; il n'avait jamais vu de pèlerin latin, et ce bon homme pleurait de joie en me regardant : je soupai donc avec cette famille. Je n'ai guère vu de scènes plus agréables et plus pittoresques. Le vent était frais ; la mer, belle ; la nuit, sereine. La lune avait l'air de se balancer entre les mâts et les cordages du vaisseau ;

tantôt elle paraissait hors des voiles, et tout le navire était éclairé; tantôt elle se cachait sous les voiles, et les groupes des pèlerins rentraient dans l'ombre. Qui n'aurait béni la religion, en songeant que ces deux cents hommes, si heureux dans ce moment, étaient pourtant des esclaves courbés sous un joug odieux? Ils allaient au tombeau de Jésus-Christ oublier la gloire passée de leur patrie, et se consoler de leurs maux présents. Et que de douleurs secrètes ne déposeraient-ils pas bientôt à la crèche du Sauveur! Chaque flot qui poussait le vaisseau vers le saint rivage emportait une de nos peines.

Le 27 au matin, à la grande surprise du pilote, nous nous trouvâmes en pleine mer, et nous n'apercevions aucune terre. Le calme survint: la consternation était générale. Où étions-nous? étions-nous en dedans ou en dehors de l'île de Chypre? On passa toute la journée dans cette singulière contestation. Parler de faire le point ou de prendre hauteur eût été de l'hébreu pour nos marins. Quand la brise se leva vers le soir, ce fut un autre embarras. Quelle aire de vent devions-nous tenir? Le pilote, qui se croyait entre la côte septentrionale de l'île de Chypre et le golfe de Satalie, voulait mettre le cap au midi pour reconnaître la première; mais il fût résulté de là que, si nous avions dépassé l'île, nous serions allés, par cette pointe du compas, droit en Égypte. Le capitaine prétendait qu'il fallait porter au nord, afin de retrouver la côte de la Caramanie: c'était retourner sur nos pas: d'ailleurs le vent était contraire pour cette route. On me demanda mon avis; car, dans les cas un peu difficiles, les Grecs et les Turcs ont toujours recours aux Francs. Je conseillai de cingler à l'est, par une raison évidente: nous étions en dedans ou en dehors de l'île de Chypre; or, dans ces deux cas, en courant au levant, nous faisions bonne route. De plus, si nous étions en dedans de l'île, nous ne pouvions manquer de voir la terre à droite ou à gauche en très-peu de temps, soit au cap Anémur en Caramanie, soit au cap Cornachitti en Chypre. Nous en serions quittes pour doubler la pointe orientale de cette île, et pour descendre ensuite le long de la côte de Syrie.

Cet avis parut le meilleur, et nous mîmes la proue à l'est. Le 28, à cinq heures du matin, à notre grande joie, nous eûmes connaissance du cap de Gatte, dans l'île de Chypre; il nous restait au nord, à environ huit ou dix lieues. Ainsi nous nous trouvions en dehors de l'île, et nous étions dans la vraie direction de Jaffa. Les courants nous avaient portés au large, vers le sud-ouest.

Le vent tomba à midi. Le calme continua le reste de la journée et se prolongea jusqu'au 29. Nous reçûmes à bord trois nouveaux passagers, deux bergeronnettes et une hirondelle. Je ne sais ce qui avait pu engager les premières à quitter les troupeaux; quant à la dernière, elle allait peut-être en Syrie, et elle venait peut-être de France. J'étais bien tenté de lui demander des nouvelles de ce toit paternel que j'avais quitté depuis si longtemps (1). Je me rappelle que dans mon enfance je passais des heures entières à voir, avec je ne sais quel plaisir triste, voltiger les hirondelles en automne; un secret instinct me disait que je serais voyageur comme ces oiseaux. Ils se réunissaient à la fin du mois de septembre, dans les joncs d'un grand étang: là, poussant des cris et exécu-

(1) Voyez les *Martyrs*, liv XI.

tant mille évolutions sur les eaux, ils semblaient essayer leurs ailes et se préparer à de longs pèlerinages. Pourquoi, de tous les souvenirs de l'existence, préférons-nous ceux qui remontent vers notre berceau ? Les jouissances de l'amour-propre, les illusions de la jeunesse ne se présentent point avec charme à la mémoire; nous y trouvons au contraire de l'aridité ou de l'amertume; mais les plus petites circonstances réveillent au fond du cœur les émotions du premier âge, et toujours avec un attrait nouveau. Au bord des lacs de l'Amérique, dans un désert inconnu qui ne raconte rien au voyageur, dans une terre qui n'a pour elle que la grandeur de sa solitude, une hirondelle suffisait pour me retracer les scènes des premiers jours de ma vie, comme elle me les a rappelées sur la mer de Syrie, à la vue d'une terre antique, retentissante de la voix des siècles et des traditions de l'histoire.

Les courants nous ramenaient maintenant sur l'île de Chypre. Nous découvrîmes ses côtes sablonneuses, basses, et en apparence arides. La mythologie avait placé dans ces lieux ses fables les plus riantes (1).

> Ipsa Paphum sublimis abit, sedesque revisit
> Læta suas, ubi templum illi, centumque Sabæo
> Thure calent aræ, sertisque recentibus halant (d).

Il vaut mieux, pour l'île de Chypre, s'en tenir à la poésie qu'à l'histoire, à moins qu'on ne prenne plaisir à se rappeler une des plus criantes injustices des Romains et une expédition honteuse de Caton. Mais c'est une singulière chose à se représenter que les temples d'Amathonte et d'Idalie convertis en donjons dans le moyen âge. Un gentilhomme français était roi de Paphos, et des barons couverts de leurs hoquetons étaient cantonnés dans les sanctuaires de Cupidon et des Grâces. On peut voir dans l'*Archipel* de Dapper toute l'histoire de Chypre : l'abbé Mariti a fait connaître les révolutions modernes et l'état actuel de cette île, encore importante aujourd'hui par sa position.

Le temps était si beau et l'air si doux, que tous les passagers restaient la nuit sur le pont. J'avais disputé un petit coin du gaillard d'arrière à deux gros caloyers qui ne me l'avaient cédé qu'en grommelant. C'était là que je dormais, le 30 septembre, à six heures du matin, lorsque je fus éveillé par un bruit confus de voix : j'ouvris les yeux, et j'aperçus les pèlerins qui regardaient vers la proue du vaisseau. Je demandai ce que c'était; on me cria : *Signor, il Carmelo!* le Carmel ! le vent s'était levé la veille à huit heures du soir, et dans la nuit nous étions arrivés à la vue des côtes de Syrie. Comme j'étais couché tout habillé, je fus bientôt debout, m'enquérant de la montagne sacrée. Chacun s'empressait de me la montrer de la main; mais je n'apercevais rien, à cause du soleil qui commençait à se lever en face de nous. Ce moment avait quelque chose de religieux et d'auguste; tous les pèlerins, le chapelet à la main, étaient restés en silence dans la même attitude, attendant l'apparition de la Terre-Sainte; le chef des papas priait à haute voix : on n'entendait que cette prière et le bruit de la course du vaisseau, que le vent le plus favorable

---

(1) Voyez les *Martyrs*, liv. XVII.

poussait sur une mer brillante. De temps en temps un cri s'élevait de la proue quand on revoyait le Carmel. J'aperçus enfin moi-même cette montagne comme une tache ronde au-dessous des rayons du soleil. Je me mis alors à genoux à la manière des Latins. Je ne sentis point cette espèce de trouble que j'éprouvai en découvrant les côtes de la Grèce : mais la vue du berceau des Israélites et la patrie des chrétiens me remplit de crainte et de respect. J'allais descendre sur la terre des prodiges, aux sources de la plus étonnante poésie, aux lieux où, même humainement parlant, s'est passé le plus grand événement qui ait jamais changé la face du monde, je veux dire la venue du Messie; j'allais aborder à ces rives que visitèrent comme moi Godefroy de Bouillon, Raimond de Saint-Gilles, Tancrède le Brave, Hugues le Grand, Richard Cœur de Lion, et ce saint Louis dont les vertus furent admirées des infidèles. Obscur pèlerin, comment oserais-je fouler un sol consacré par tant de pèlerins illustres!

A mesure que nous avancions et que le soleil montait dans le ciel, les terres se découvraient devant nous. La dernière pointe que nous apercevions au loin, à notre gauche vers le nord, était la pointe de Tyr; venaient ensuite le cap Blanc, Saint-Jean d'Acre, le mont Carmel, avec Caïfe à ses pieds; Tartoura, autrefois Dora; le Château-Pèlerin, et Césarée, dont on voit les ruines. Jaffa devait être sous la proue même du vaisseau, mais on ne la distinguait pas encore; ensuite la côte s'abaissait insensiblement jusqu'à un dernier cap au midi, où elle semblait s'évanouir : là commencent les rivages de l'ancienne Palestine, qui vont rejoindre ceux de l'Égypte, et qui sont presque au niveau de la mer. La terre, dont nous pouvions être à huit ou dix lieues, paraissait généralement blanche avec des ondulations noires, produites par des ombres; rien ne formait saillie dans la ligne oblique qu'elle traçait du nord au midi : le mont Carmel même ne se détachait point sur le plan; tout était uniforme et mal teint. L'effet général était à peu près celui des montagnes du Bourbonnais, quand on les regarde des hauteurs de Tarare. Une file de nuages blancs et dentelés suivait à l'horizon la direction des terres, et semblait en répéter l'aspect dans le ciel.

Le vent nous manqua à midi; il se leva de nouveau à quatre heures; mais, par l'ignorance du pilote, nous dépassâmes le but. Nous voguions à pleines voiles sur Gaza, lorsque des pèlerins reconnurent, à l'inspection de la côte, la méprise de notre Allemand; il fallut virer de bord; tout cela fit perdre du temps, et la nuit survint. Nous approchions cependant de Jaffa : on voyait même les feux de la ville, lorsque le vent du nord-ouest venant à souffler avec une nouvelle force, la peur s'empara du capitaine; il n'osa chercher la rade de nuit : tout à coup il tourna la proue au large et regagna la haute mer.

J'étais appuyé sur la poupe, et je regardais avec un vrai chagrin s'éloigner la terre. Au bout d'une demi-heure j'aperçus comme la réverbération lointaine d'un incendie sur la cime d'une chaîne de montagnes : ces montagnes étaient celles de la Judée. La lune, qui produisait l'effet dont j'étais frappé, montra bientôt son disque large et rougissant au-dessus de Jérusalem. Une main secourable semblait élever ce phare au sommet de Sion pour nous guider à la Cité sainte. Malheureusement nous ne suivîmes pas comme les mages l'astre salutaire, et sa clarté ne nous servit qu'à fuir le port que nous avions tant désiré.

Le lendemain, mercredi 1er octobre, au point du jour, nous nous trouvâmes affalés à la côte, presque en face de Césarée : il nous fallut remonter au midi le long de la terre. Heureusement le vent était bon, quoique faible. Dans le lointain s'élevait l'amphithéâtre des montagnes de la Judée. Du pied de ces montagnes une vaste plaine descendait jusqu'à la mer. On y voyait à peine quelque trace de culture, et pour toute habitation un château gothique en ruine, surmonté d'un minaret croulant et abandonné. Au bord de la mer, la terre se terminait par des falaises jaunes ondées de noir, qui surplombaient une grève où nous voyions et où nous entendions se briser les flots. L'Arabe, errant sur cette côte, suit d'un œil avide le vaisseau qui passe à l'horizon ; il attend la dépouille du naufragé au même bord où Jésus-Christ ordonnait de nourrir ceux qui ont faim, et de vêtir ceux qui sont nus.

A deux heures de l'après-midi nous revîmes enfin Jaffa. On nous avait aperçus de la ville. Un bateau se détacha du port et s'avança au-devant de nous. Je profitai de ce bateau pour envoyer Jean à terre. Je lui remis la lettre de recommandation que les commissaires de Terre-Sainte m'avaient donnée à Constantinople, et qui était adressée aux pères de Jaffa. J'écrivis en même temps un mot à ces pères.

Une heure après le départ de Jean, nous vînmes jeter l'ancre devant Jaffa, la ville nous restant au sud-est, et le minaret de la mosquée à l'est quart sud-est. Je marque ici les rumbs du compas par une raison assez importante : les vaisseaux latins mouillent ordinairement plus au large ; ils sont alors sur un banc de rochers qui peut couper les câbles, tandis que les bâtiments grecs, en se rapprochant de la terre, se trouvent sur un fond moins dangereux, entre la darse de Jaffa et le banc de rochers.

Jaffa ne présente qu'un méchant amas de maisons rassemblées en rond, et disposées en amphithéâtre sur la pente d'une côte élevée. Les malheurs que cette ville a si souvent éprouvés y ont multiplié les ruines. Un mur qui, par ses deux points, vient aboutir à la mer, l'enveloppe du côté de la terre, et la met à l'abri d'un coup de main.

Des caïques s'avancèrent bientôt de toutes parts pour chercher des pèlerins : le vêtement, les traits, le teint, l'air de visage, la langue des patrons de ces caïques, m'annoncèrent sur-le-champ la race arabe et la frontière du désert. Le débarquement des passagers s'exécuta sans tumulte, quoique avec un empressement très-légitime. Cette foule de vieillards, d'hommes, de femmes et d'enfants ne fit point entendre, en mettant le pied sur la Terre-Sainte, ces cris, ces pleurs, ces lamentations dont on s'est plu à faire des peintures imaginaires et ridicules. On était fort calme ; et, de tous les pèlerins, j'étais certainement le plus ému.

Je vis enfin venir un bateau dans lequel je distinguai mon domestique grec, accompagné de trois religieux. Ceux-ci me reconnurent à mon habit franc et me firent des salutations de la main, de l'air le plus affectueux. Ils arrivèrent bientôt à bord. Quoique ces pères fussent Espagnols et qu'ils parlassent un italien difficile à entendre, nous nous serrâmes la main comme de véritables compatriotes. Je descendis avec eux dans la chaloupe ; nous entrâmes dans le port par une ouverture pratiquée entre les rochers, et dangereuse même pour un caïque. Les Arabes du rivage s'avancèrent dans l'eau jusqu'à la ceinture, afin de nous charger sur leurs épaules. Il se passa là une scène assez plaisante : mon domestique était vêtu d'une redingote blanchâtre; le blanc étant la couleur de l'istinction chez les Arabes, ils jugèrent que mon domestique était le scheik. Ils se saisirent de lui, et l'emportèrent en triomphe malgré ses protestations, tandis que, grâce à mon habit bleu, je me sauvais obscurément sur le dos d'un mendiant déguenillé.

Nous nous rendîmes à l'hospice des pères, simple maison de bois bâtie sur le port, et jouissant d'une belle vue de la mer. Mes hôtes me conduisirent d'abord à la chapelle, que je trouvai illuminée, et où ils remercièrent Dieu de leur avoir envoyé un frère : touchantes institutions chrétiennes, par qui le voyageur trouve des amis et des secours dans les pays les plus barbares; institutions dont j'ai parlé ailleurs, et qui ne seront jamais assez admirées

Les trois religieux qui étaient venus me chercher à bord se nommaient *Jean Truylos Penna, Alexandre Roma*, et *Martin Alexano* : ils composaient alors tout l'hospice, le curé, don Juan de la Conception, était absent.

En sortant de la chapelle, les pères m'installèrent dans ma cellule, où il y avait une table, un lit, de l'encre, du papier, de l'eau fraîche et du linge blanc. Il faut descendre d'un bâtiment grec chargé de deux cents pèlerins pour sentir le prix de tout cela. A huit heures du soir, nous passâmes au réfectoire. Nous y trouvâmes deux autres pères venus de Rama, et partant pour Constantinople. Le père Manuel Sancia, et le père François Munoz. On dit en commun le *Benedicite*, précédé du *De profundis;* souvenir de la mort que le christianisme mêle à tous les actes de la vie pour les rendre plus graves, comme les anciens le mêlaient à leurs banquets pour rendre leurs plaisirs plus piquants. On me servit, sur une petite table propre et isolée, de la volaille, du poisson, d'excellents fruits, tels que des grenades, des pastèques, des raisins, et des dattes dans leur primeur; j'avais à discrétion le vin de Chypre et le café du Levant. Tandis que j'étais comblé de biens, les pères mangeaient un peu de poisson sans sel et sans huile. Ils étaient gais avec modestie, familiers avec politesse; point de questions inutiles, point de vaine curiosité. Tous les propos roulaient sur mon voyage, sur les mesures à prendre pour me le faire achever en sûreté : « Car, « me disaient-ils, nous répondons maintenant de vous à votre patrie. » Ils avaient déjà dépêché un exprès au scheik des Arabes de la montagne de Judée, et un autre au père procureur de Rama. « Nous vous recevons, me disait le « père François Munoz, avec un cœur *limpido e bianco*. » Il était inutile que ce religieux espagnol m'assurât de la sincérité de ses sentiments; je les aurais facilement devinés à la pieuse franchise de son front et de ses regards.

Cette réception, si chrétienne et si charitable dans une terre où le christianisme et la charité ont pris naissance; cette hospitalité apostolique dans un lieu où le premier des apôtres prêcha l'Évangile, me touchaient jusqu'au cœur : je me rappelais que d'autres missionnaires m'avaient reçu avec la même cordialité dans les déserts de l'Amérique. Les religieux de Terre-Sainte ont d'autant plus de mérite, qu'en prodiguant aux pèlerins de Jérusalem la charité de Jésus-

Christ, ils ont gardé pour eux la croix qui fut plantée sur ces mêmes bords. Ce père au cœur *limpido e bianco* m'assurait encore qu'il trouvait la vie qu'il menait depuis cinquante ans *un vero paradiso*. Veut-on savoir ce que c'est que ce paradis? Tous les jours une avanie, la menace des coups de bâton, des fers et de la mort! Ce religieux, à la dernière fête de Pâques, ayant lavé des linges de l'autel, l'eau imprégnée d'amidon coula en dehors de l'hospice, et blanchit une pierre. Un Turc passe, voit cette pierre, et va déclarer au cadi que les pères ont réparé leur maison. Le cadi se transporte sur les lieux, décide que la pierre, qui était noire, est devenue blanche, et, sans écouter les religieux, il les oblige à payer dix bourses. La veille même de mon arrivée à Jaffa, le père procureur de l'hospice avait été menacé de la corde par un domestique de l'aga en présence de l'aga même. Celui-ci se contenta de rouler paisiblement sa moustache, sans daigner dire un mot favorable au *chien*. Voilà le véritable paradis de ces moines, qui, selon quelques voyageurs, sont de petits souverains en Terre-Sainte, et jouissent des plus grands honneurs.

A dix heures du soir, mes hôtes me reconduisirent par un long corridor à ma cellule. Les flots se brisaient avec fracas contre les rochers du port : la fenêtre fermée, on eût dit d'une tempête; la fenêtre ouverte, on voyait un beau ciel, une lune paisible, une mer calme, et le vaisseau des pèlerins mouillé au large. Les pères sourirent de la surprise que me causa ce contraste. Je leur dis en mauvais latin : *Ecce monachis similitudo mundi; quantumcumque mare fremitum reddat eis placidæ semper undæ videntur, omnia tranquillitas serenis animis.*

Je passai une partie de la nuit à contempler cette mer de Tyr, que l'Écriture appelle la *Grande-Mer*, et qui porta les flottes du roi-prophète quand elles allaient chercher les cèdres du Liban et la pourpre de Sidon; cette mer où Léviathan laisse des traces comme des abîmes (1); cette mer à qui le Seigneur donna des barrières et des portes (2); cette mer qui vit Dieu et qui s'enfuit (3). Ce n'étaient là ni l'Océan sauvage du Canada, ni les flots riants de la Grèce. Au midi s'étendait l'Égypte, où le Seigneur était entré sur un nuage léger, pour sécher les canaux du Nil, et renverser les idoles (4); au nord s'élevait la reine des cités, dont les marchands étaient des princes (5) : *Ululate, naves maris, quia devastata est fortitudo vestra!... Attrita est civitas vanitatis, clausa est omnis domus nullo introeunte... quia hæc erunt in medio terræ.... quomodo si paucæ olivæ remanserunt excutiantur ex olea, et racemi, cum fuerit finita vindemia.* « Hurlez, vaisseaux de la mer, parce que votre force est détruite.... La « ville des vanités est abattue; toutes les maisons en sont fermées, et personne « n'y entre plus... Ce qui restera d'hommes en ces lieux sera comme quelques « olives demeurées sur l'arbre après la récolte, comme quelques raisins sus-« pendus au cep après la vendange. » Voilà d'autres antiquités expliquées par un autre poëte : Isaïe succède à Homère.

Et ce n'était pas tout encore; car la mer que je contemplais baignait, à ma droite, les campagnes de la Galilée, et, à ma gauche, la plaine d'Ascalon : dans

---

(1) Job. — (2) *Id.* — (3) *Ps.* — (4) Is., cap. xix, 1. (5) Is., cap. xxiii, 14 ; xxiv, 10, 13.

les premières je retrouvais les traditions de la vie patriarcale et de la nativité du Sauveur ; dans la seconde je rencontrais les souvenirs des croisades et les ombres des héros de *Jérusalem :*

> Grandee mirabil cosa era il vedere
> Quando quel campo e questo a fronte venne :
> Come spiegate in ordine le schiere,
> Di mover già, già d'assalire accenne :
> Sparse al vento ondeggiando ire le bandiere
> E ventolar su i grand cimier le penne :
> Abiti, fregi, impresse, e arme, e colori
> D'oro e di ferro, al sol lampi, e fulgori.

« Quel grand et admirable spectacle, de voir les deux camps s'avancer front contre front, les bataillons se déployer en ordre, impatients de marcher et impatients de combattre ! Les bannières ondoyantes flottent dans les airs, et le vent agite les panaches sur les hauts cimiers. Les habits, les franges, les devises, les couleurs, les armes d'or et de fer resplendissent aux feux du soleil. »

J.-B. Rousseau nous peint ensuite le succès de cette journée :

> La Palestine, enfin, après tant de ravages,
> Vit fuir ses ennemis, comme on voit les nuages
> Dans le vague des airs fuir devant l'aquilon ;
> Et du vent du midi la dévorante haleine
> N'a consumé qu'à peine
> Leurs ossements blanchis dans les champs d'Ascalon.

Ce fut avec regret que je m'arrachai au spectacle de cette mer qui réveille tant de souvenirs ; mais il fallut céder au sommeil.

Le père Juan de la Conception, curé de Jaffa et président de l'hospice, arriva le lendemain matin, 2 octobre. Je voulais parcourir la ville et rendre visite à l'aga, qui m'avait envoyé complimenter ; le président me détourna de ce dessein :

« Vous ne connaissez pas ces gens-ci, me dit-il ; ce que vous prenez pour
« une politesse est un espionnage. On n'est venu vous saluer que pour savoir
« qui vous êtes, si vous êtes riche, si on peut vous dépouiller. Voulez-vous
« voir l'aga ? Il faudra d'abord lui porter des présents : il ne manquera pas de
« vous donner malgré vous une escorte pour Jérusalem ; l'aga de Rama
« augmentera cette escorte ; les Arabes, persuadés qu'un riche Franc va en pè-
« lerinage au Saint-Sépulcre, augmenteront les droits de Caffaro, ou vous atta-
« queront. A la porte de Jérusalem, vous trouverez le camp du pacha de
« Damas, qui est venu lever les contributions, avant de conduire la caravane
« à la Mecque . votre appareil donnera de l'ombrage à ce pacha, et vous expo-
« sera à des avanies. Arrivé à Jérusalem, on vous demandera trois ou quatre
« mille piastres pour l'escorte. Le peuple, instruit de votre arrivée, vous assié-
« gera de telle manière, qu'eussiez-vous des millions, vous ne satisferiez pas
« son avidité. Les rues seront obstruées sur votre passage, et vous ne pourrez
« entrer aux saints lieux sans courir les risques d'être déchiré. Croyez-moi,
« demain nous nous déguiserons en pèlerins, et nous irons ensemble à Rama ;

« là je recevrai la réponse de mes exprès ; si elle est favorable, vous partirez « dans la nuit, vous arriverez sain et sauf, à peu de frais, à Jérusalem. »

Le père appuya son raisonnement de mille exemples, et en particulier de celui d'un évêque polonais, à qui un trop grand air de richesse pensa coûter la vie, il y a deux ans. Je ne rapporte ceci que pour montrer à quel degré la corruption, l'amour de l'or, l'anarchie et la barbarie sont poussés dans ce pays.

Je m'abandonnai donc à l'expérience de mes hôtes, et je me renfermai dans l'hospice, où je passai une agréable journée dans des entretiens paisibles. J'y reçus la visite de M. Contessini, qui aspirait au vice-consulat de Jaffa, et de MM. Damiens père et fils, Français d'origine, jadis établis auprès de Djezzar, à Saint-Jean d'Acre. Ils me racontèrent des choses curieuses sur les derniers événements de la Syrie ; ils me parlèrent de la renommée que l'empereur et nos armes ont laissée au désert. Les hommes sont encore plus sensibles à la réputation de leur pays, hors de leur pays, que sous le toit paternel ; et l'on a vu les émigrés français réclamer leur part des victoires qui semblaient les condamner à un exil éternel (1).

Je passai cinq jours à Jaffa à mon retour de Jérusalem, et je l'examinai dans le plus grand détail : je ne devrais donc en parler qu'à cette époque ; mais pour suivre l'ordre de ma marche, je placerai ici mes observations ; d'ailleurs, après la description des saints lieux, il est probable que les lecteurs ne prendraient pas un grand intérêt à celle de Jaffa.

Jaffa s'appelait autrefois *Joppé*, ce qui signifie belle ou agréable, *pulchritudo aut decor*, dit Adrichomius. D'Anville dérive le nom actuel de Jaffa d'une forme primitive de Joppé, qui est Japho (2). Je remarquerai qu'il y avait dans le pays des Hébreux une autre cité du nom de *Jaffa*, qui fut prise par les Romains : ce nom a peut-être été transporté ensuite à Joppé. S'il faut en croire les interprètes et Pline lui-même, l'origine de cette ville remonterait à une haute antiquité, puisque Joppé aurait été bâtie avant le déluge. On dit que ce fut à Joppé que Noé entra dans l'arche. Après la retraite des eaux, le patriarche donna en partage à Sem, son fils aîné, toutes les terres dépendantes de la ville fondée par son troisième fils Japhet. Enfin Joppé, selon les traditions du pays, garde la sépulture du second père du genre humain.

Selon Pococke, Shaw et peut-être d'Anville, Joppé tomba en partage à Éphraïm, et forma la partie occidentale de cette tribu, avec Ramlé et Lydda. Mais d'autres auteurs, entre autres Adrichomius, Roger, etc., placent Joppé sous la tribu de Dan. Les Grecs étendirent leurs fables jusqu'à ces rivages. Ils disaient que Joppé tirait son nom d'une fille d'Éole. Ils plaçaient dans le voisinage de cette ville l'aventure de Persée et d'Andromède. Scaurus, selon Pline, apporta de Joppé à Rome les os du monstre marin suscité par Neptune. Pausanias prétend qu'on voyait près de Joppé une fontaine où Persée lava le sang

---

(1) Jacques II, qui perdait un royaume, exprima le même sentiment au combat de la Hogue.

(2) Je sais qu'on prononce en Syrie *Yâfa*, et M. de Volney l'écrit ainsi ; mais je ne sais point l'arabe ; je n'ai d'ailleurs aucune autorité pour réformer l'orthographe de d'Anville et de tant d'autres savants écrivains.

dont le monstre l'avait couvert; d'où il arriva que l'eau de cette fontaine demeura teinte d'une couleur rouge. Enfin saint Jérôme raconte que de son temps on montrait encore à Joppé le rocher et l'anneau auquel Andromède fut attachée.

Ce fut à Joppé qu'abordèrent les flottes d'Hyram, chargées de cèdres pour le Temple, et que s'embarqua le prophète Jonas lorsqu'il fuyait devant la face du Seigneur. Joppé tomba cinq fois entre les mains des Égyptiens, des Assyriens et des différents peuples qui firent la guerre aux Juifs avant l'arrivée des Romains en Asie. Elle devint une des onze toparchies où l'idole Ascarlen était adorée. Judas Machabée brûla cette ville, dont les habitants avaient massacré deux cents Juifs. Saint Pierre y ressuscita Tabithe, et y reçut chez Simon le corroyeur les hommes venus de Césarée. Au commencement des troubles de la Judée, Joppé fut détruite par Cestius. Des pirates en ayant relevé les murs, Vespasien la saccagea de nouveau, et mit garnison dans la citadelle.

On a vu que Joppé existait encore environ deux siècles après, du temps de saint Jérôme, qui la nomme *Japho*. Elle passa avec toute la Syrie sous le joug des Sarrasins. On la retrouve dans les historiens des croisades. L'Anonyme qui commence la collection, *Gesta Dei per Francos*, raconte que, l'armée des croisés étant sous les murs de Jérusalem, Godefroy de Bouillon envoya Raymond Pilet, Achard de Mommellou et Guillaume de Sabran pour garder les vaisseaux génois et pisans arrivés au port de Jaffa : *Qui fideliter custodirent homines et naves in portu Japhæi.* Benjamin de Tudèle en parle à peu près à cette époque sous le nom de *Gapha : Quinque abhinc leucis est Gapha, olim Japho, aliis Joppe dicta, ad mare sita; ubi unus tantum Judæus, isque lanæ inficiendæ artifex est.* Saladin reprit Jaffa sur les croisés, et Richard Cœur de Lion l'enleva à Saladin. Les Sarrasins y rentrèrent et massacrèrent les chrétiens. Mais lors du premier voyage de saint Louis en Orient, elle n'était plus au pouvoir des infidèles; car elle était tenue par Gautier de Brienne, qui prenait le titre de comte de Japhe, selon l'orthographe du sire de Joinville.

« Et quand le comte de Japhe vit que le roy venoit, il assorta et mist son
« chastel de Japhe en tel point, qu'il ressembloit bien une bonne ville deffen-
« sable. Car à chascun creneau de son chastel il y avoit bien cinq cents hommes ;
« à tout chascun une targe et ung penoncel à ses armes. Laquelle chose estoit
« fort belle à veoir. Car ses armes estoient de fin or, à une croix de gueules pa-
« tées faicte moult richement. Nous nous logeasmes aux champs tout à l'entour
« d'icelui chastel de Japhe qui estoit seant rez de la mer et en une isle. Et fist
« commancer le roy à faire fermer et edifier une bourge tout à l'entour du
« chastel, l'une dés mers jusques à l'aultre, en ce qu'il y avoit de terre. »

Ce fut à Jaffa que la reine, femme de saint Louis, accoucha d'une fille nommée *Blanche*, et saint Louis reçut dans la même ville la nouvelle de la mort de sa mère. Il se jeta à genoux et s'écria : « Je vous rends grâce, mon
« Dieu! de ce que vous m'avez presté madame ma chere mere tant qu'il a plu
« à vostre volonté; et de ce que maintenant, selon vostre bon plaisir, vous l'avez
« retirée à vous. Il est vrai que je l'aimois sur toutes les creatures du monde,
« et elle le meritoit; mais puisque vous me l'avez ostée, vostre nom soit béni
« eternellement. »

Jaffa, sous la domination des chrétiens, avait un évêque suffragant du siége de Césarée. Quand les chevaliers eurent été contraints d'abandonner entièrement la Terre-Sainte, Jaffa retomba avec toute la Palestine, sous le joug des soudans d'Égypte, et ensuite sous la domination des Turcs.

Depuis cette époque jusqu'à nos jours on retrouve Joppé ou Jaffa dans tous les voyages à Jérusalem ; mais la ville, telle qu'on la voit aujourd'hui, n'a guère plus d'un siècle d'existence, puisque Monconys, qui visita la Palestine en 1647, ne trouva à Jaffa qu'un château et trois cavernes creusées dans le roc. Thévenot ajoute que les moines de Terre-Sainte avaient élevé devant les cavernes des baraques de bois, et que les Turcs contraignirent les pères de les démolir. Cela explique un passage de la relation d'un religieux vénitien. Ce religieux raconte qu'à leur arrivée à Jaffa on renfermait les pèlerins dans une caverne. Breve, Opdam, Deshayes, Nicole le Huen, Barthélemy de Salignac, Duloir, Zuallart, le père Roger et Pierre de La Vallée, sont unanimes sur le peu d'étendue et la misère de Jaffa.

On peut voir dans M. de Volney ce qui concerne la moderne Jaffa, l'histoire des siéges qu'elle a soufferts pendant les guerres de Dâher et d'Aly-Bey, ainsi que les autres détails sur la bonté de ses fruits, l'agrément de ses jardins, etc. J'ajouterai quelques remarques.

Indépendamment des deux fontaines de Jaffa, citées par les voyageurs, on trouve des eaux douces le long de la mer, en remontant vers Gaza ; il suffit de creuser avec la main dans le sable pour faire sourdre au bord même de la vague une eau fraîche ; j'ai fait moi-même, avec M. Contessini, cette curieuse expérience, depuis l'angle méridional de la ville jusqu'à la demeure d'un santon, que l'on voit à quelque distance sur la côte.

Jaffa, déjà si maltraitée dans les guerres de Dâher, a beaucoup souffert par les derniers événements. Les Français, commandés par l'empereur, la prirent d'assaut en 1799. Lorsque nos soldats furent retournés en Égypte, les Anglais, unis aux troupes du grand vizir, bâtirent un bastion à l'angle sud-est de la ville. Abou-Marra, favori du grand vizir, fut nommé commandant de la ville. Djezzar, pacha d'Acre, ennemi du grand vizir, vint mettre le siége devant Jaffa après le départ de l'armée ottomane. Abou-Marra se défendit vaillamment pendant neuf mois, et trouva moyen de s'échapper par mer. Les ruines qu'on voit à l'orient de la ville sont les fruits de ce siége. Après la mort de Djezzar, Abou-Marra fut nommé pacha de Gedda, sur la mer Rouge. Le nouveau pacha prit sa route à travers la Palestine ; par une de ces révoltes si communes en Turquie, il s'arrêta dans Jaffa, et refusa de se rendre à son pachalic. Le pacha d'Acre, Suleiman-Pacha, second successeur de Djezzar (1), reçut ordre d'attaquer le rebelle, et Jaffa fut assiégée de nouveau. Après une assez faible résistance, Abou-Marra se réfugia auprès de Mahomet-Pacha-Adem, alors élevé au pachalic de Damas.

J'espère qu'on voudra bien pardonner l'aridité de ces détails, à cause de

---

(1) Le successeur immédiat de Djezzar s'appelait *Ismael-Pacha*. Il s'était saisi de l'autorité à la mort de Djezzar.

l'importance que Jaffa avait autrefois, et de celle qu'elle a acquise dans ces derniers temps.

J'attendais avec impatience le moment de mon départ pour Jérusalem. Le 3 octobre, à quatre heures de l'après-midi, mes domestiques se revêtirent de sayons de poils de chèvre, fabriqués dans la haute Égypte, et tels que les portent les Bédouins; je mis par-dessus mon habit une robe semblable à celle de Jean et de Julien, et nous montâmes sur de petits chevaux. Des bâts nous servaient de selles; nous avions les pieds passés dans des cordes en guise d'étriers. Le président de l'hospice marchait à notre tête, comme un simple frère ; un Arabe presque nu nous montrait le chemin, et un autre Arabe nous suivait, chassant devant lui un âne chargé de nos bagages. Nous sortîmes par les derrières du couvent, et nous gagnâmes la porte de la ville, du côté du midi, à travers les décombres des maisons détruites dans les derniers sièges. Nous cheminâmes d'abord au milieu des jardins, qui devaient être charmants autrefois : le père Néret et M. de Volney en ont fait l'éloge. Ces jardins ont été ravagés par les différents partis qui se sont disputés les ruines de Jaffa : mais il reste encore des grenadiers, des figuiers de Pharaon, des citronniers, quelques palmiers, des buissons de nopals et des pommiers, que l'on cultive aussi dans les environs de Gaza, et même au couvent du mont Sinaï.

Nous nous avançâmes dans la plaine de Saron, dont l'Écriture loue la beauté (1). Quand le père Neret y passa, au mois d'avril 1713, elle était couverte de tulipes. « La variété de leur couleur, dit-il, forme un agréable « parterre. » Les fleurs qui couvrent au printemps cette campagne célèbre sont les roses blanches et roses, le narcisse, l'anémone, les lis blancs et jaunes, les giroflées et une espèce d'immortelle très-odorante. La plaine s'étend le long de la mer, depuis Gaza au midi jusqu'au mont Carmel au nord. Elle est bornée au levant par les montagnes de Judée et de Samarie. Elle n'est pas d'un niveau égal : elle forme quatre plateaux qui sont séparés les uns des autres par un cordon de pierres nues et dépouillées. Le sol est une arène fine, blanche et rouge qui paraît, quoique sablonneuse, d'une extrême fertilité. Mais, grâces au despotisme musulman, ce sol n'offre de toutes parts que des chardons, des herbes sèches et flétries, entremêlées de chétives plantations de coton, de doura, d'orge et de froment. Çà et là paraissent quelques villages toujours en ruine, quelques bouquets d'oliviers et de sycomores. A moitié chemin de Rama à Jaffa, on trouve un puits indiqué par tous les voyageurs : l'abbé Mariti en fait l'histoire, afin d'avoir le plaisir d'opposer l'utilité d'un sandon turc à l'inutilité d'un religieux chrétien. Près de ce puits on remarque un bois d'oliviers plantés en quinconce, et dont la tradition fait remonter l'origine au temps de Godefroy de Bouillon. On découvre de ce lieu Rama ou Ramlé, située dans un endroit charmant, à l'extrémité d'un des plateaux ou des plis de la plaine. Avant d'y entrer nous quittâmes le chemin pour visiter une citerne, ouvrage de la mère de Constantin (2). On y descend par vingt-sept marches; elle a trente-trois pas

---

(1) Voyez les *Martyrs*, liv. XVII.
(2) Si l'on en croyait les traditions du pays, sainte Hélène aurait élevé tous les monu-

de long sur trente de large ; elle est composée de vingt-quatre arches, et reçoit les pluies par vingt-quatre ouvertures. De là, à travers une forêt de nopals, nous nous rendîmes à la tour des Quarante Martyrs, aujourd'hui le minaret d'une mosquée abandonnée, autrefois le clocher d'un monastère dont il reste d'assez belles ruines : ces ruines consistent en des espèces de portiques assez semblables à ceux des écuries de Mécène à Tibur ; ils sont remplis de figuiers sauvages. On veut que Joseph, la Vierge et l'Enfant se soient arrêtés dans ce lieu lors de la fuite en Égypte : ce lieu certainement serait charmant pour y peindre le repos de la sainte Famille ; le génie de Claude Lorrain semble avoir deviné ce paysage, à en juger par son admirable tableau du palais Doria à Rome.

Sur la porte de la tour, on lit une inscription arabe rapportée par M. de Volney : tout près de là est une antiquité miraculeuse décrite par Muratori.

Après avoir visité ces ruines, nous passâmes près d'un moulin abandonné : M. de Volney le cite comme le seul qu'il eût vu en Syrie ; il y en a plusieurs autres aujourd'hui. Nous descendîmes à Rama et nous arrivâmes à l'hospice des moines de Terre-Sainte. Ce couvent avait été saccagé cinq années auparavant, et l'on me montra le tombeau d'un des frères qui périt dans cette occasion. Les religieux venaient enfin d'obtenir, avec beaucoup de peine, la permission de faire à leur monastère les réparations les plus urgentes.

De bonnes nouvelles m'attendaient à Rama : j'y trouvai un drogman du couvent de Jérusalem, que le gardien envoyait au-devant de moi. Le chef arabe que les pères avaient fait avertir, et qui me devait servir d'escorte, rôdait à quelque distance dans la campagne ; car l'aga de Rama ne permettait pas aux Bédouins d'entrer dans la ville. La tribu la plus puissante des montagnes de Judée fait sa résidence au village de Jérémie ; elle ouvre et ferme à volonté le chemin de Jérusalem aux voyageurs. Le scheik de cette tribu était mort depuis très-peu de temps ; il avait laissé son fils Utman sous la tutelle de son oncle Abou-Gosh : celui-ci avait deux frères, Djiaber et Ibraïm-Habd-el-Rouman, qui m'accompagnèrent à mon retour.

Il fut convenu que je partirais au milieu de la nuit. Comme le jour n'était pas encore à sa fin, nous soupâmes sur les terrasses qui forment le toit du couvent. Les monastères de Terre-Sainte ressemblent à des forteresses lourdes et écrasées, et ne rappellent en aucune façon les monastères de l'Europe. Nous jouissions d'une vue charmante : les maisons de Rama sont des cahutes de plâtre surmontées d'un petit dôme tel que celui d'une mosquée ou d'un tombeau de santon ; elles semblent placées dans un bois d'oliviers, de figuiers, de grenadiers, et sont entourées de grands nopals qui affectent des formes bizarres et entassent en désordre les unes sur les autres leurs palettes épineuses. Du milieu de ce groupe confus d'arbres et de maisons s'élancent les plus beaux palmiers de l'Idumée. Il y en avait un surtout dans la cour du couvent que je ne

---

ments de la Palestine, ce qui ne se peut accorder avec le grand âge de cette princesse quand elle fit le pèlerinage de Jérusalem. Mais il est certain cependant, par le témoignage unanime d'Eusèbe, de saint Jérôme et de tous les historiens ecclésiastiques, qu'Hélène contribua puissamment au rétablissement des saints lieux.

me lassais point d'admirer : il montait en colonne à la hauteur de plus de trente pieds, puis épanouissait avec grâce ses rameaux recourbés, au-dessous desquels les dattes à moitié mûres pendaient comme des cristaux de corail.

Rama est l'ancienne Arimathie, patrie de cet homme juste qui eut la gloire d'ensevelir le Sauveur. Ce fut à Lod, Lydda ou Diospolis, village à une demi-lieue de Rama, que saint Pierre opéra le miracle de la guérison du paralytique. Pour ce qui concerne Rama, considérée sous les rapports du commerce, on peut consulter les *Mémoires* du baron de Tott, et le *Voyage* de M. de Volney.

Nous sortîmes de Rama le 4 octobre à minuit. Le père président nous conduisit par des chemins détournés à l'endroit où nous attendait Abou-Gosh, et retourna ensuite à son couvent. Notre troupe était composée du chef arabe, du drogman de Jérusalem, de mes deux domestiques, et du Bédouin de Jaffa, qui conduisait l'âne chargé du bagage. Nous gardions toujours la robe et la contenance de pauvres pèlerins latins, mais nous étions armés sous nos habits.

Après avoir chevauché une heure sur un terrain inégal, nous arrivâmes à quelques masures placées au haut d'une éminence rocailleuse. Nous franchîmes un des ressauts de la plaine, et, au bout d'une autre heure de marche, nous parvînmes à la première ondulation des montagnes de Judée. Nous tournâmes par un ravin raboteux autour d'un monticule isolé et aride. Au sommet de ce tertre on entrevoyait un village en ruines et les pierres éparses d'un cimetière abandonné : ce village porte le nom du *Latroun* ou du Larron : c'est la patrie du criminel qui se repentit sur la croix, et qui fit faire au Christ son dernier acte de miséricorde. Trois milles plus loin nous entrâmes dans les montagnes. Nous suivions le lit desséché d'un torrent : la lune, diminuée d'une moitié, éclairait à peine nos pas dans ces profondeurs ; les sangliers faisaient entendre autour de nous un cri singulièrement sauvage. Je compris, à la désolation de ces bords, comment la fille de Jephté voulait pleurer sur la montagne de Judée, et pourquoi les prophètes allaient gémir sur les hauts lieux. Quand le jour fut venu, nous nous trouvâmes au milieu d'un labyrinthe de montagnes de forme conique, à peu près semblables entre elles et enchaînées l'une à l'autre par la base. La roche qui formait le fond de ces montagnes perçait la terre. Ses bandes et ses corniches parallèles étaient disposées comme les gradins d'un amphithéâtre romain, ou comme ces murs en échelons avec lesquels on soutient les vignes dans les vallées de la Savoie (1). A chaque redan du rocher croissaient des touffes de chênes nains, des buis et des lauriers-roses. Dans le fond des ravins s'élevaient des oliviers ; et quelquefois ces arbres formaient des bois entiers sur le flanc des montagnes. Nous entendîmes crier divers oiseaux, entre autres des geais. Parvenus au plus haut point de cette chaîne, nous découvrîmes derrière nous (au midi et à l'occident) la plaine de Saron jusqu'à Jaffa, et l'horizon de la mer jusqu'à Gaza ; devant nous (au nord et au levant) s'ouvrait le vallon de Saint-Jérémie ; et, dans la même direction, sur le haut d'un rocher, on apercevait au loin une vieille forteresse appelée le *Château des Machabées*. On croit que l'auteur des *Lamentations* vint au monde dans le vil-

(1) On les soutenait autrefois de la même manière en Judée.

lage qui a retenu son nom au milieu de ces montagnes (1) : il est certain que la tristesse de ces lieux semble respirer dans les cantiques du prophète des douleurs.

Cependant en approchant de Saint-Jérémie, je fus un peu consolé par un spectacle inattendu. Des troupeaux de chèvres à oreilles tombantes, des moutons à large queue, des ânes qui rappelaient par leur beauté l'onagre des Écritures, sortaient du village au lever de l'aurore. Des femmes arabes faisaient sécher des raisins dans les vignes ; quelques-unes avaient le visage couvert d'un voile, et portaient sur leur tête un vase plein d'eau, comme les filles de Madian. La fumée du hameau montait en vapeur blanche aux premiers rayons du jour ; on entendait des voix confuses, des chants, des cris de joie : cette scène formait un contraste agréable avec la désolation du lieu et les souvenirs de la nuit. Notre chef arabe avait reçu d'avance le droit que la tribu exige des voyageurs, et nous passâmes sans obstacle. Tout à coup je fus frappé de ces mots prononcés distinctement en français : « En avant : Marche! » Je tournai la tête, et j'aperçus une troupe de petits Arabes tout nus qui faisaient l'exercice avec des bâtons de palmier. Je ne sais quel vieux souvenir de ma première vie me tourmente ; et quand on me parle d'un soldat français, le cœur me bat : mais voir de petits Bédouins dans les montagnes de la Judée imiter nos exercices militaires et garder le souvenir de notre valeur ; les entendre prononcer ces mots qui sont, pour ainsi dire, les mots d'ordre de nos armées, et les seuls que sachent nos grenadiers, il y aurait eu de quoi toucher un homme moins amoureux que moi de la gloire de sa patrie. Je ne fus pas si effrayé que Robinson quand il entendit parler son perroquet, mais je ne fus pas moins charmé que ce fameux voyageur. Je donnai quelques médins au petit bataillon, en lui disant : « En « avant : Marche! » Et afin de ne rien oublier, je lui criai : « Dieu le veut! « Dieu le veut! » comme les compagnons de Godefroy et de saint Louis.

De la vallée de Jérémie nous descendîmes dans celle de Térébinthe. Elle est plus profonde et plus étroite que la première. On y voit des vignes, et quelques roseaux de doura. Nous arrivâmes au torrent où David enfant prit les cinq pierres dont il frappa le géant Goliath. Nous passâmes ce torrent sur un pont de pierre, le seul qu'on rencontre dans ces lieux déserts : le torrent conservait encore un peu d'eau stagnante. Tout près de là, à main gauche, sous un village appelé *Kaloni*, je remarquai parmi des ruines plus modernes les débris d'une fabrique antique. L'abbé Mariti attribue ce monument à je ne sais quels moines. Pour un voyageur italien, l'erreur est grossière. Si l'architecture de ce monument n'est pas hébraïque, elle est certainement romaine : l'aplomb, la taille et le volume des pierres ne laissent aucun doute à ce sujet.

Après avoir passé le torrent, on découvre le village de Keriet-Lefta au bord d'un autre torrent desséché qui ressemble à un grand chemin poudreux. El-Biré se montre au loin au sommet d'une haute montagne, sur la route de Nablous, Nabolos, ou Nabolosa, la Sichem du royaume d'Israël, et la Néapolis des Hérodes.

(1) Cette tradition du pays ne tient pas contre la critique.

Nous continuâmes à nous enfoncer dans un désert, où des figuiers sauvages clair-semés étalaient au vent du midi leurs feuilles noircies. La terre, qui jusqu'alors avait conservé quelque verdure, se dépouilla, les flancs des montagnes s'élargirent, et prirent à la fois un air plus grand et plus stérile. Bientôt toute végétation cessa : les mousses même disparurent. L'amphithéâtre des montagnes se teignit d'une couleur rouge et ardente. Nous gravîmes pendant une heure ces régions attristées pour atteindre un col élevé que nous voyions devant nous. Parvenus à ce passage, nous cheminâmes pendant une autre heure sur un plateau nu, semé de pierres roulantes. Tout à coup, à l'extrémité de ce plateau, j'aperçus une ligne de murs gothiques flanqués de tours carrées, et derrière lesquelles s'élevaient quelques pointes d'édifices. Au pied de ces murs paraissait un camp de cavalerie turque dans toute la pompe orientale. Le guide s'écria : « El-Cods! » La Sainte (Jérusalem)! et il s'enfuit au grand galop (1).

Je conçois maintenant ce que les historiens et les voyageurs rapportent de la surprise des croisés et des pèlerins, à la première vue de Jérusalem (2).

Je puis assurer que quiconque a eu comme moi la patience de lire à peu près deux cents relations modernes de la Terre-Sainte, les compilations rabbiniques et les passages des anciens sur la Judée, ne connaît rien du tout encore. Je restai les yeux fixés sur Jérusalem, mesurant la hauteur de ses murs, recevant à la fois tous les souvenirs de l'histoire, depuis Abraham jusqu'à Godefroy de Bouillon, pensant au monde entier changé par la mission du Fils de l'Homme, et cherchant vainement ce temple dont *il ne reste pas pierre sur pierre*. Quand

---

(1) Abou-Gosh, quoique sujet du Grand Seigneur, avait peur d'être *avanisé* et bâtonné par le pacha de Damas, dont nous apercevions le camp.

(2) *O bone Jesu! ut castra tua viderunt hujus terrenæ Jerusalem muros quantos exitus aquarum oculi eorum deduxerunt! Et mox terræ procumbentia, sonitu oris et nutu inclinati corporis Sanctum Sepulchrum tuum salutaverunt; et te, qui in eo jacuisti, ut sedentem in dextera Patris, ut venturum Judicem omnium, adoraverunt.* (ROB., *Monachus*, lib. IX.)

Ubi vero ad locum ventum est, unde ipsam turritam Jerusalem *possent admirari, quis quam multas ediderint lacrymas digne recenseat? Quis affectus illos convenienter exprimat? Extorquebat gaudium suspiria, et singultus generabat immensa lætitia. Omnes visa Jerusalem, substiterunt, et adoraverunt, et flexo poplite terram sanctam deosculati sunt : omnes nudis pedibus ambularent, nisi metus hostilis eos armatos incedere debere præciperet. Ibant, et flebant ; et qui orandi gratia convenerant, pugnaturi prius arma deferebant. Fleverunt igitur super illam, super quam et Christus illorum fleverat : et mirum in modum, super quam flebant, feria tertia, octavo idas junii, obsederunt : obsederunt, inquam, non tanquam novercam privigni, sed quasi matrem filii.* (BALDRIC., *Hist. Jerosel.*, lib. IV.)

Le Tasse a imité ce passage :

  Ecco apparir Gierosalem si vede,
  Ecco additar Gierusalem si scorge,
  Ecco da mille voci unitamente
  Gierusalemme salutar si sente, etc., **etc.**

Les strophes qui suivent sont admirables :

  Al gran piacer che quella prima vista
  Dolcemente spirò nell' altrui petto,
  Alta contrizion successe, etc.

je vivrais mille ans, jamais je n'oublierai ce désert qui semble respirer encore la grandeur de Jéhovah, et les épouvantements de la mort (1).

Les cris du drogman, qui me disait de serrer notre troupe parce que nous allions entrer dans le camp, me tirèrent de la stupeur où la vue des lieux saints m'avait jeté. Nous passâmes au milieu des tentes ; ces tentes étaient de peaux de brebis noires : il y avait quelques pavillons de toile rayée, entre autres, celui du pacha. Les chevaux sellés et bridés étaient attachés à des piquets. Je fus surpris de voir quatre pièces d'artillerie à cheval ; elles étaient bien montées, et le charronnage m'en a paru anglais. Notre mince équipage et nos robes de pèlerins excitaient la risée des soldats. Comme nous approchions de la porte de la ville, le pacha sortait de Jérusalem.

Je fus obligé d'ôter promptement le mouchoir que j'avais jeté sur mon chapeau pour me défendre du soleil, dans la crainte de m'attirer une disgrâce pareille à celle du pauvre Joseph à Tripolizza.

Nous entrâmes dans Jérusalem par la porte des Pèlerins. Auprès de cette porte s'élève la tour de David, plus connue sous le nom de *la Tour des Pisans*. Nous payâmes le tribut, et nous suivîmes la rue qui se présentait devant nous : puis, tournant à gauche entre des espèces de prisons de plâtre qu'on appelle des maisons, nous arrivâmes, à midi vingt-deux minutes, au monastère des pères latins. Il était envahi par les soldats d'Abdallah, qui se faisaient donner tout ce qu'ils trouvaient à leur convenance.

Il faut être dans la position des pères de Terre-Sainte pour comprendre le plaisir que leur causa mon arrivée. Ils se crurent sauvés par la présence d'un seul Français. Je remis au père Bonaventure de Nola, gardien du couvent, une lettre de M. le général Sébastiani. « Monsieur, me dit le gardien, c'est la Provi-
« dence qui vous amène. Vous avez des firmans de route ? Permettez-nous de
« les envoyer au pacha ; il saura qu'un Français est descendu au couvent ; il
« nous croira spécialement protégés par l'empereur. L'année dernière il nous
« contraignit de payer soixante mille piastres ; d'après l'usage, nous ne lui en
« devons que quatre mille, encore à titre de simple présent. Il veut cette année
« nous arracher la même somme, et il nous menace de se porter aux der-
« nières extrémités si nous la refusons. Nous serons obligés de vendre les vases
« sacrés ; car depuis quatre ans nous ne recevons plus aucune aumône de l'Eu-
« rope : si cela continue, nous nous verrons forcés d'abandonner la Terre-
« Sainte, et de livrer aux mahométans le tombeau de Jésus-Christ. »

Je me trouvai trop heureux de pouvoir rendre ce léger service au gardien. Je le priai toutefois de me laisser aller au Jourdain, avant d'envoyer les firmans, pour ne pas augmenter les difficultés d'un voyage toujours dangereux : Abdallah aurait pu me faire assassiner en route, et rejeter le tout sur les Arabes.

Le père Clément Perès, procureur général du couvent, homme très-instruit, d'un esprit fin, orné et agréable, me conduisit à la chambre d'honneur des pèlerins. On y déposa mes bagages, et je me préparai à quitter Jérusalem quelques heures après y être entré. J'avais cependant plus besoin de repos que de guer-

(1) Nos anciennes Bibles françaises appellent la mort *le roi des épouvantements*.

royer avec les Arabes de la mer Morte. Il y avait longtemps que je courais la terre et la mer pour arriver aux saints lieux : à peine touchais-je au but de mon voyage, que je m'en éloignais de nouveau. Mais je crus devoir ce sacrifice à des religieux qui font eux-mêmes un perpétuel sacrifice de leurs biens et de leur vie. D'ailleurs j'aurais pu concilier l'intérêt des pères et ma sûreté en renonçant à voir le Jourdain ; et il ne tenait qu'à moi de mettre des bornes à ma curiosité.

Tandis que j'attendais l'instant du départ, les religieux se mirent à chanter dans l'église du monastère. Je demandai la cause de ces chants, et j'appris que l'on célébrait la fête du patron de l'ordre. Je me souvins alors que nous étions au 4 octobre, le jour de la Saint-François, jour de ma naissance et de ma fête. Je courus au chœur, et j'offris des vœux pour le repos de celle qui m'avait autrefois donné la vie à pareil jour : *Paries liberos in dolore.* Je regarde comme un bonheur que ma première prière à Jérusalem n'ait pas été pour moi. Je considérais avec respect ces religieux qui chantaient les louanges du Seigneur à trois cents pas du tombeau de Jésus-Christ ; je me sentais touché à la vue de cette faible mais invincible milice restée seule à la garde du Saint-Sépulcre, quand les rois l'ont abandonnée :

Voilà donc quels vengeurs s'arment pour ta querelle !

Le père gardien envoya chercher un Turc appelé *Ali-Aga*, pour me conduire à Bethléem. Cet Ali-Aga était fils d'un aga de Rama, qui avait eu la tête tranchée sous la tyrannie de Djezzar. Ali était né à Jéricho, aujourd'hui Rihha, et il se disait gouverneur de ce village. C'était un homme de tête et de courage, dont j'eus beaucoup à me louer. Il commença d'abord par nous faire quitter, à moi et à mes domestiques, le vêtement arabe pour reprendre l'habit français : cet habit, naguère si méprisé des Orientaux, inspire aujourd'hui le respect et la crainte. La valeur française est rentrée en possession de la renommée qu'elle avait autrefois dans ce pays : ce furent des chevaliers de France qui rétablirent le royaume de Jérusalem, comme ce sont des soldats de France qui ont cueilli les dernières palmes de l'Idumée. Les Turcs vous montrent à la fois et la *Tour* de Baudoin et le *camp* de l'empereur : on voit au Calvaire l'épée de Godefroy de Bouillon, qui, dans son vieux fourreau, semble encore garder le Saint-Sépulcre.

On nous amena à cinq heures du soir trois bons chevaux ; Michel, drogman du couvent, se joignit à nous ; Ali se mit à notre tête, et nous partîmes pour Bethléem, où nous devions coucher et prendre une escorte de six Arabes. J'avais lu que le gardien de Saint-Sauveur est le seul Franc qui ait le privilége de monter à cheval à Jérusalem, et j'étais un peu surpris de galoper sur une jument arabe ; mais j'ai su depuis que tout voyageur en peut faire autant pour son argent. Nous sortîmes de Jérusalem par la porte de Damas, puis tournant à gauche et traversant les ravins au pied du mont Sion, nous gravîmes une montagne sur le plateau de laquelle nous cheminâmes pendant une heure. Nous laissions Jérusalem au nord derrière nous ; nous avions au couchant les montagnes de Judée, et au levant, par delà la mer Morte, les montagnes d'Arabie. Nous passâmes le couvent de Saint-Élie. On ne manque pas de faire remarquer, sous un olivier et sur un rocher au bord du chemin, l'endroit où ce prophète se reposait lorsqu'il allait à Jérusalem. A une lieue plus loin, nous entrâmes dans le champ de Rama, où l'on trouve le tombeau de Rachel. C'est un édifice carré, surmonté d'un petit dôme : il jouit des priviléges d'une mosquée ; les Turcs, ainsi que les Arabes, honorent les familles des patriarches. Les traditions des chrétiens s'accordent à placer le sépulcre de Rachel dans ce lieu : la critique historique est favorable à cette opinion ; mais malgré Thévenot, Monconys, Roger et tant d'autres, je ne puis reconnaître un monument antique dans ce qu'on appelle aujourd'hui le *Tombeau de Rachel* : c'est évidemment une fabrique turque consacrée à un santon.

Nous aperçûmes dans la montagne (car la nuit était venue) les lumières du village de Rama. Le silence était profond autour de nous. Ce fut sans doute dans une pareille nuit que l'on entendit tout à coup la voix de Rachel : *Vox in Rama audita est, ploratus ; et ululatus multus Rachel plorans filios suos, et noluit consolari, quia non sunt.* Ici la mère d'Astyanax et celle d'Euryale sont vaincues ; Homère et Virgile cèdent la palme de la douleur à Jérémie.

Nous arrivâmes par un chemin étroit et scabreux à Bethléem. Nous frappâmes à la porte du couvent ; l'alarme se mit parmi les religieux, parce que notre visite était inattendue, et que le turban d'Ali inspira d'abord l'épouvante ; mais tout fut bientôt expliqué.

Bethléem reçut son nom d'Abraham, et Bethléem signifie la *Maison de Pain.* Elle fut surnommée *Ephrata* (fructueuse), du nom de la femme de Caleb, pour la distinguer d'une autre Bethléem de la tribu de Zabulon. Elle appartenait à la tribu de Juda ; elle porta aussi le nom de *Cité de David ;* elle était la patrie de ce monarque, et il y garda les troupeaux dans son enfance. Abissan, septième juge d'Israël ; Élimelech, Obed, Jessé et Booz naquirent comme David à Bethléem ; et c'est là qu'il faut placer l'admirable églogue de Ruth. Saint Mathias, apôtre, eut aussi le bonheur de recevoir le jour dans la cité où le Messie vint au monde.

Les premiers fidèles avaient élevé un oratoire sur la crèche du Sauveur. Adrien le fit renverser pour y placer une statue d'Adonis. Sainte Hélène détruisit l'idole, et bâtit au même lieu une église dont l'architecture se mêle aujourd'hui aux différentes parties ajoutées par les princes chrétiens. Tout le monde sait que saint Jérôme se retira à Bethléem. Bethléem, conquise par les croisés, retomba avec Jérusalem sous le joug infidèle ; mais elle a toujours été l'objet de la vénération des pèlerins. De saints religieux, se dévouant à un martyre perpétuel, l'ont gardée pendant sept siècles. Quant à la Bethléem moderne, à son sol, à ses productions, à ses habitants, on peut consulter M. de Volney. Je n'ai pourtant point remarqué dans la vallée de Bethléem la fécondité qu'on lui attribue il est vrai que, sous le gouvernement turc, le terrain le plus fertile devient désert en peu d'années.

Le 5 octobre, à quatre heures du matin, je commençai la revue des monuments de Bethléem. Quoique ces monuments aient été souvent décrits, le sujet par lui-même est si intéressant, que je ne puis me dispenser d'entrer dans quelques détails.

Le couvent de Bethléem tient à l'église par une cour fermée de hautes murailles. Nous traversâmes cette cour, et une petite porte latérale nous donna passage dans l'église. Cette église est certainement d'une haute antiquité, et, quoique souvent détruite et souvent réparée, elle conserve les marques de son origine grecque. Sa forme est celle d'une croix. La longue nef, ou, si l'on veut, le pied de la croix, est ornée de quarante-huit colonnes d'ordre corinthien, placées sur quatre lignes. Ces colonnes ont deux pieds six pouces de diamètre près la base, et dix-huit pieds de hauteur, y compris la base et le chapiteau. Comme la voûte de cette nef manque, les colonnes ne portent rien qu'une frise de bois qui remplace l'architrave et tient lieu de l'entablement entier. Une charpente à jour prend sa naissance au haut des murs et s'élève en dôme pour porter un toit qui n'existe plus, ou qui n'a jamais été achevé. On dit que cette charpente est de bois de cèdre; mais c'est une erreur. Les murs sont percés de grandes fenêtres : ils étaient ornés autrefois de tableaux en mosaïques et de passages de l'Évangile, écrits en caractères grecs et latins : on en voit encore des traces. La plupart de ces inscriptions sont rapportées par Quaresmius. L'abbé Mariti relève avec aigreur une méprise de ce savant religieux, touchant une date : un très-habile homme peut se tromper ; mais celui qui en avertit le public sans égard et sans politesse prouve moins sa science que sa vanité.

Les restes des mosaïques que l'on aperçoit çà et là, et quelques tableaux peints sur bois, sont intéressants pour l'histoire de l'art : ils présentent en général des figures de face, droites, raides, sans mouvement et sans ombre ; mais l'effet en est majestueux, et le caractère, noble et sévère. Je n'ai pu, en examinant ces peintures, m'empêcher de penser au respectable M. d'Agincourt, qui fait à Rome l'*Histoire des Arts du dessin dans le moyen âge* (1), et qui trouverait à Bethléem de grands secours.

La secte chrétienne des Arméniens est en possession de la nef que je viens de décrire. Cette nef est séparée des trois autres branches de la croix par un mur, de sorte que l'église n'a plus d'unité. Quand vous avez passé ce mur, vous vous trouvez en face du sanctuaire ou du chœur, qui occupe le haut de la croix. Ce chœur est élevé de trois degrés au-dessus de la nef. On y voit un autel dédié aux Mages. Sur le pavé, au bas de cet autel, on remarque une étoile de marbre : la tradition veut que cette étoile corresponde au point du ciel où s'arrêta l'étoile miraculeuse qui conduisit les trois rois. Ce qu'il y a de certain, c'est que l'endroit où naquit le Sauveur du monde se trouve perpendiculairement au-dessous de cette étoile de marbre, dans l'église souterraine de la Crèche. Je parlerai de celle-ci dans un moment. Les Grecs occupent le sanctuaire des Mages, ainsi que les deux autres nefs formées par les deux extrémités de la traverse de la croix. Ces deux dernières nefs sont vides et sans autels.

(1) Nous jouissons enfin des premières livraisons de cet excellent ouvrage, fruit d'un travail de trente années et des recherches les plus curieuses.

Deux escaliers tournants, composés chacun de quinze degrés, s'ouvrent aux deux côtés du chœur de l'église extérieure, et descendent à l'église souterraine, placée sous ce chœur. Celle-ci est le lieu à jamais révéré de la nativité du Sauveur. Avant d'y entrer, le supérieur me mit un cierge à la main et me fit une courte exhortation. Cette sainte grotte est irrégulière, parce qu'elle occupe l'emplacement irrégulier de l'étable et de la crèche. Elle a trente-sept pieds et demi de long, onze pieds trois pouces de large, et neuf pieds de haut. Elle est taillée dans le roc : les parois de ce roc sont revêtues de marbre, et le pavé de la grotte est également d'un marbre précieux. Ces embellissements sont attribués à sainte Hélène. L'église ne tire aucun jour du dehors, et n'est éclairée que par la lumière de trente-deux lampes envoyées par différents princes chrétiens. Tout au fond de la grotte, du côté de l'orient, est la place où la Vierge enfanta le Rédempteur des hommes. Cette place est marquée par un marbre blanc incrusté de jaspe et entouré d'un cercle d'argent, radié en forme de soleil. On lit ces mots à l'entour :

HIC DE VIRGINE MARIA
JESUS CHRISTUS NATUS EST.

Une table de marbre, qui sert d'autel, est appuyée contre le rocher, et s'élève au-dessus de l'endroit où le Messie vint à la lumière. Cet autel est éclairé par trois lampes, dont la plus belle a été donnée par Louis XIII.

A sept pas de là, vers le midi, après avoir passé l'entrée d'un des escaliers qui montent à l'église supérieure, vous trouvez la crèche. On y descend par deux degrés, car elle n'est pas de niveau avec le reste de la grotte. C'est une voûte peu élevée, enfoncée dans le rocher. Un bloc de marbre blanc, exhaussé d'un pied au-dessus du sol, et creusé en forme de berceau, indique l'endroit même où le souverain du ciel fut couché sur la paille.

« Joseph partit aussi de la ville de Nazareth qui est en Galilée et vint en
« Judée à la ville de David, appelée *Bethléem*, parce qu'il était de la maison et
« de la famille de David,

« Pour se faire enregistrer avec Marie son épouse, qui était grosse.

« Pendant qu'ils étaient en ce lieu, il arriva que le temps auquel elle devait
« accoucher s'accomplit ;

« Et elle enfanta son fils premier-né ; et l'ayant emmailloté, elle le coucha
« dans une crèche, parce qu'il n'y avait point de place pour eux dans l'hôtel-
« lerie (1). »

A deux pas, vis-à-vis la crèche, est un autel qui occupe la place où Marie était assise lorsqu'elle présenta l'enfant des douleurs aux adorations des Mages.

« Jésus étant donc né dans Bethléem, ville de la tribu de Juda, du temps
« du roi Hérode, des Mages vinrent de l'Orient en Jérusalem.

« Et ils demandèrent : où est le roi des Juifs qui est nouvellement né ? car
« nous avons vu son étoile en Orient, et nous sommes venus l'adorer.

« . . . .

(1) Saint Luc.

« Et en même temps l'étoile qu'ils avaient vue en Orient allait devant eux,
« jusqu'à ce qu'étant arrivée sur le lieu où était l'enfant, elle s'y arrêta.

« Lorsqu'ils virent l'étoile ils furent tout transportés de joie :

« Et entrant dans la maison ils trouvèrent l'enfant avec Marie sa mère, et
« se prosternant en terre ils l'adorèrent; puis ouvrant leurs trésors, ils lui
« offrirent pour présents de l'or, de l'encens et de la myrrhe (1). »

Rien n'est plus agréable et plus dévot que cette église souterraine. Elle est enrichie de tableaux des écoles italienne et espagnole. Ces tableaux représentent les mystères de ces lieux, des Vierges et des Enfants d'après Raphaël, des Annonciations, l'Adoration des Mages, la Venue des Pasteurs, et tous ces miracles mêlés de grandeur et d'innocence. Les ornements ordinaires de la crèche sont de satin bleu brodé en argent. L'encens fume sans cesse devant le berceau du Sauveur. J'ai entendu un orgue, fort bien touché, jouer à la messe les airs les plus doux et les plus tendres des meilleurs compositeurs d'Italie. Ces concerts charment l'Arabe chrétien qui, laissant paître ses chameaux, vient, comme les antiques bergers de Bethléem, adorer le Roi des rois dans sa crèche. J'ai vu cet habitant du désert communier à l'autel des Mages avec une ferveur, une piété, une religion, inconnues des chrétiens de l'Occident. « Nul endroit
« dans l'univers, dit le père Néret, n'inspire plus de dévotion..... L'abord
« continuel des caravanes de toutes les nations chrétiennes, les prières pu-
« bliques, les prosternations... la richesse même des présents que les princes
« chrétiens y ont envoyés... tout cela excite en votre âme des choses qui se font
« sentir beaucoup mieux qu'on ne peut les exprimer. »

Ajoutons qu'un contraste extraordinaire rend encore ces choses plus frappantes; car en sortant de la grotte, où vous avez retrouvé la richesse, les arts, la religion des peuples civilisés, vous êtes transporté dans une solitude profonde, au milieu des masures arabes, parmi des Sauvages demi-nus et des musulmans sans foi. Ces lieux sont pourtant ceux-là mêmes où s'opérèrent tant de merveilles ; mais cette terre sainte n'ose plus faire éclater au dehors son allégresse, et les souvenirs de sa gloire sont renfermés dans son sein.

Nous descendîmes de la grotte de la Nativité dans la chapelle souterraine où la tradition place la sépulture des Innocents : « Hérode envoya tuer à Beth-
« léem, et en tout le pays d'alentour, tous les enfants âgés de deux ans et au-
« dessous: alors s'accomplit ce qui avait été dit par le prophète Jérémie : *Vox*
« *in Rama audita est.* »

La chapelle des Innocents nous conduisit à la grotte de saint Jérôme : on y voit le sépulcre de ce docteur de l'Église, celui de saint Eusèbe, et les tombeaux de sainte Paule et de sainte Eustochie.

Saint Jérôme passa la plus grande partie de sa vie dans cette grotte. C'est de là qu'il vit la chute de l'empire romain ; ce fut là qu'il reçut ces patriciens fugitifs qui, après avoir possédé les palais de la terre, s'estimèrent heureux de partager la cellule d'un cénobite. La paix du saint et les troubles du monde font un merveilleux effet dans les lettres du savant interprète de l'Écriture.

Sainte Paule et sainte Eustochie sa fille étaient deux grandes dames romaines de la famille des Gracques et des Scipions. Elles quittèrent les délices de Rome pour venir vivre et mourir à Bethléem dans la pratique des vertus monastiques. Leur épitaphe, faite par saint Jérôme, n'est pas assez bonne et trop connue pour que je la rapporte ici :

> Scipio, quam genuit, etc.

On voit dans l'oratoire de saint Jérôme un tableau où ce saint conserve l'air de tête qu'il a pris sous le pinceau du Carrache et du Dominiquin. Un autre tableau offre les images de Paule et d'Eustochie. Ces deux héritières de Scipion sont représentées mortes et couchées dans le même cercueil. Par une idée touchante, le peintre a donné aux deux saintes une ressemblance parfaite ; on distingue seulement la fille de la mère à sa jeunesse et à son voile blanc : l'une a marché plus longtemps et l'autre plus vite dans la vie ; et elles sont arrivées au port au même moment.

Dans les nombreux tableaux que l'on voit aux lieux saints, et qu'aucun voyageur n'a décrit (1), j'ai cru quelquefois reconnaître la touche mystique et le ton inspiré de Murillo : il serait assez singulier qu'un grand maître eût à la crèche ou au tombeau du Sauveur quelque chef-d'œuvre inconnu.

Nous remontâmes au couvent. J'examinai la campagne du haut d'une terrasse. Bethléem est bâtie sur un monticule qui domine une longue vallée. Cette vallée s'étend de l'est à l'ouest : la colline du midi est couverte d'oliviers clair-semés sur un terrain rougeâtre, hérissé de cailloux ; la colline du nord porte des figuiers sur un sol semblable à celui de l'autre colline. On découvre çà et là quelques ruines, entre autres les débris d'une tour qu'on appelle la *Tour de Sainte-Paule*. Je rentrai dans le monastère, qui doit une partie de sa richesse à Baudoin, roi de Jérusalem et successeur de Godefroy de Bouillon : c'est une véritable forteresse, et ses murs sont si épais qu'ils soutiendraient aisément un siège contre les Turcs.

L'escorte arabe étant arrivée, je me préparai à partir pour la mer Morte. En déjeunant avec les religieux, qui formaient un cercle autour de moi, ils m'apprirent qu'il y avait au couvent un père, Français de nation. On l'envoya chercher : il vint les yeux baissés, les deux mains dans ses manches, marchant d'un air sérieux ; il me donna un salut froid et court. Je n'ai jamais entendu chez l'étranger le son d'une voix française sans être ému :

> Ω φίλτατον φώνημα! φεῦ τὸ καὶ λαβεῖν
> Πρόσφθεγμα τοιοῦδ' ἀνδρὸς ἐν χρόνῳ μακρῷ!

> Après un si long temps. . . . .
> Oh! que cette parole à mon oreille est chère !

Je fis quelques questions à ce religieux. Il me dit qu'il s'appelait le *père Clément ;* qu'il était des environs de Mayenne ; que, se trouvant dans un monastère

---

(1) Villamont avait été frappé de la beauté d'un saint Jérôme.

en Bretagne, il avait été déporté en Espagne avec une centaine de prêtres comme lui ; qu'ayant reçu l'hospitalité dans un couvent de son ordre, ses supérieurs l'avaient ensuite envoyé missionnaire en Terre-Sainte. Je lui demandai s'il n'avait point envie de revoir sa patrie, et s'il voulait écrire à sa famille. Voici sa réponse mot pour mot : « Qui est-ce qui se souvient encore de moi en « France ? Sais-je si j'ai encore des frères et des sœurs ? J'espère obtenir par le « mérite de la crèche du Sauveur la force de mourir ici, sans importuner « personne et sans songer à un pays où je suis oublié. »

Le père Clément fut obligé de se retirer : ma présence avait réveillé dans son cœur des sentiments qu'il cherchait à éteindre. Telles sont les destinées humaines : un Français gémit aujourd'hui sur la perte de son pays aux mêmes bords dont les souvenirs inspirèrent autrefois le plus beau des cantiques sur l'amour de la patrie :

Super flumina Babylonis, etc.

Mais ces fils d'Aaron qui suspendirent leurs harpes aux saules de Babylone ne rentrèrent pas tous dans la cité de David ; ces filles de Judée qui s'écriaient sur le bord de l'Euphrate :

O rives du Jourdain ! ô champs aimés des cieux ! etc.

ces compagnes d'Esther ne revirent pas toutes Emmaüs et Béthel : plusieurs laissèrent leurs dépouilles aux champs de la captivité.

A dix heures du matin, nous montâmes à cheval, et nous sortîmes de Bethléem. Six Arabes bethléémites à pied, armés de poignards et de longs fusils à mèche, formaient notre escorte. Ils marchaient trois en avant et trois en arrière de nos chevaux. Nous avions ajouté à notre cavalerie un âne qui portait l'eau et les provisions. Nous prîmes la route du monastère de Saint-Saba, d'où nous devions ensuite descendre à la mer Morte et revenir par le Jourdain.

Nous suivîmes d'abord le vallon de Bethléem, qui s'étend au levant, comme je l'ai dit. Nous passâmes une croupe de montagnes où l'on voit sur la droite une vigne nouvellement plantée, chose assez rare dans le pays pour que je l'aie remarquée.

Nous arrivâmes à une grotte appelée la *Grotte des Pasteurs*. Les Arabes l'appellent encore *Dta-el-Natour*, le Village des Bergers. On prétend qu'Abraham faisait paître ses troupeaux dans ce lieu, et que les bergers de Judée furent avertis dans ce même lieu de la naissance du Sauveur.

« Or, il y avait aux environs des bergers qui passaient la nuit dans les champs, veillant tour à tour à la garde de leurs troupeaux.

« Et tout d'un coup un ange du Seigneur se présenta à eux, et une lumière « divine les environna, ce qui les remplit d'une extrême crainte.

« Alors l'ange leur dit : Ne craignez point, car je viens vous apporter une « nouvelle qui sera pour tout le peuple le sujet d'une grande joie.

« C'est qu'aujourd'hui, dans la ville de David, il vous est né un Sauveur, « qui est le Christ, le Seigneur

« Et voici la marque à laquelle vous le reconnaîtrez : Vous trouverez un « enfant emmaillotté, couché dans une crèche.

« Au même instant il se joignit à l'ange une grande troupe de l'armée céleste, « louant Dieu et disant :

« Gloire à Dieu au plus haut des cieux, et paix sur la terre aux hommes « de bonne volonté, chéris de Dieu. »

La piété des fidèles a transformé cette grotte en une chapelle. Elle devait être autrefois très-ornée : j'y ai remarqué trois chapiteaux d'ordre corinthien, et deux autres d'ordre ionique. La découverte de ces derniers était une véritable merveille; car on ne trouve plus guère après le siècle d'Hélène que l'éternel corinthien.

En sortant de cette grotte, et marchant toujours à l'orient, une pointe de compas au midi, nous quittâmes les montagnes Rouges pour entrer dans une chaîne de montagnes blanchâtres. Nos chevaux enfonçaient dans une terre molle et crayeuse, formée des débris d'une roche calcaire. Cette terre était si horriblement dépouillée qu'elle n'avait pas même une écorce de mousse. On voyait seulement croître çà et là quelques touffes de plantes épineuses aussi pâles que le sol qui les produit, et qui semblent couvertes de poussière comme les arbres de nos grands chemins pendant l'été.

En tournant une des croupes de ces montagnes nous aperçûmes deux camps de Bédouins : l'un formé de sept tentes de peaux de brebis noires disposées en carré long, ouvert à l'extrémité orientale : l'autre composé d'une douzaine de tentes plantées en cercle. Quelques chameaux et des cavales erraient dans les environs.

Il était trop tard pour reculer; il fallut faire bonne contenance et traverser le second camp. Tout se passa bien d'abord. Les Arabes touchèrent la main des Bethléémites et la barbe d'Ali-Aga. Mais à peine avions-nous franchi les dernières tentes, qu'un Bédouin arrêta l'âne qui portait nos vivres. Les Bethléémites voulurent le repousser; l'Arabe appela ses frères à son secours. Ceux-ci sautent à cheval : on s'arme, on nous enveloppe. Ali parvint à calmer tout ce bruit pour quelque argent. Ces Bédouins exigèrent un droit de passage : ils prennent apparemment le désert pour un grand chemin; chacun est maître chez soi. Ceci n'était que le prélude d'une scène plus violente.

Une lieue plus loin, en descendant le revers d'une montagne, nous découvrîmes la cime de deux hautes tours qui s'élevaient dans une vallée profonde. C'était le couvent de Saint-Saba. Comme nous approchions, une nouvelle troupe d'Arabes, cachée au fond d'un ravin, se jeta sur notre escorte, en poussant des hurlements. Dans un instant nous vîmes voler les pierres, briller les poignards, ajuster les fusils. Ali se précipita dans la mêlée; nous courons pour lui prêter secours : il saisit le chef des Bédouins par la barbe, l'entraîne sous le ventre de son cheval, et le menace de l'écraser s'il ne fait finir cette querelle. Pendant le tumulte un religieux grec criait de son côté et gesticulait du haut d'une tour; il cherchait inutilement à mettre la paix. Nous étions tous arrivés à la porte de Saint-Saba. Les frères, en dedans, tournaient la clef, mais avec lenteur, car ils craignaient que dans ce désordre on ne pillât le monastère. Le janissaire, fatigué de ces délais, entrait en fureur contre les religieux et contre les Arabes. Enfin, il tira son sabre, et allait abattre la tête du chef des Bédouins, qu'il tenait toujours par la barbe avec une force surprenante, lorsque le couvent s'ouvrit. Nous nous précipitâmes tous pêle-mêle dans une cour, et la porte se referma sur nous. L'affaire devint alors plus sérieuse : nous n'étions point dans l'intérieur du couvent; il y avait une autre cour à passer, et la porte de cette cour n'était point ouverte. Nous étions renfermés dans un espace étroit, où nous nous blessions avec nos armes, et où nos chevaux, animés par le bruit, étaient devenus furieux. Ali prétendit avoir détourné un coup de poignard qu'un Arabe me portait par derrière, et il montrait sa main ensanglantée ; mais Ali, très-brave homme d'ailleurs, aimait l'argent, comme tous les Turcs. La dernière porte du monastère s'ouvrit; le chef des religieux parut, dit quelques mots, et le bruit cessa. Nous apprîmes alors le sujet de la contestation.

Les derniers Arabes qui nous avaient attaqués appartenaient à une tribu qui prétendait avoir seule le droit de conduire les étrangers à Saint-Saba. Les Bethléémites, qui désiraient avoir le prix de l'escorte, et qui ont une réputation de courage à soutenir, n'avaient pas voulu céder. Le supérieur du monastère avait promis que je satisferais les Bédouins, et l'affaire s'était arrangée. Je ne leur voulais rien donner, pour les punir. Ali-Aga me représenta que si je tenais à cette résolution, nous ne pourrions jamais arriver au Jourdain; que ces Arabes iraient appeler les autres tribus ; que nous serions infailliblement massacrés; que c'était la raison pour laquelle il n'avait pas voulu tuer le chef; car, une fois le sang versé, nous n'aurions eu d'autre parti à prendre que de retourner promptement à Jérusalem.

Je doute que les couvents de Scété soient placés dans des lieux plus tristes et plus désolés que le couvent de Saint-Saba. Il est bâti dans la ravine même du torrent de Cédron, qui peut avoir trois ou quatre cents pieds de profondeur dans cet endroit. Ce torrent est à sec et ne roule qu'au printemps une eau fangeuse et rougie. L'église occupe une petite éminence dans le fond du lit. De là les bâtiments du monastère s'élèvent par des escaliers perpendiculaires et des passages creusés dans le roc, sur le flanc de la ravine, et parviennent ainsi jusqu'à la croupe de la montagne où ils se terminent par deux tours carrées. L'une de ces tours est hors du couvent; elle servait autrefois de poste avancé pour surveiller les Arabes. Du haut de ces tours on découvre les sommets stériles des montagnes de Judée; au-dessous de soi, l'œil plonge dans le ravin desséché du torrent de Cédron, où l'on voit des grottes qu'habitèrent jadis les premiers anachorètes. Des colombes bleues nichent aujourd'hui dans ces grottes, comme pour rappeler par leurs gémissements, leur innocence et leur douceur, les saints qui peuplaient autrefois ces rochers. Je ne dois point oublier un palmier qui croît dans un mur sur une des terrasses du couvent; je suis persuadé que tous les voyageurs le remarqueront comme moi; il faut être environné d'une stérilité aussi affreuse pour sentir le prix d'une touffe de verdure.

Quant à la partie historique du couvent de Saint-Saba, le lecteur peut avoir recours à la lettre du père Néret et à la *Vie des Pères du Désert*. On montre aujourd'hui dans ce monastère trois ou quatre mille têtes de morts, qui sont celles des religieux massacrés par les infidèles. Les moines me laissèrent un quart d'heure tout seul avec ces reliques : ils semblaient avoir deviné que mon dessein était de peindre un jour la situation de l'âme des solitaires de la Thébaïde. Mais je ne me rappelle pas encore sans un sentiment pénible qu'un caloyer voulut me parler de politique et me raconter les secrets de la cour de Russie. « Hélas ! mon père, lui dis-je, où chercherez-vous la paix, si vous ne « la trouvez pas ici ? »

Nous quittâmes le couvent à trois heures de l'après-midi ; nous remontâmes le torrent de Cédron, ensuite, traversant la ravine, nous reprîmes notre route au levant. Nous découvrîmes Jérusalem par une ouverture des montagnes. Je ne savais trop ce que j'apercevais ; je croyais voir un amas de rochers brisés : l'apparition subite de cette cité des désolations au milieu d'une solitude désolée avait quelque chose d'effrayant ; c'était véritablement la reine du désert.

Nous avancions : l'aspect des montagnes était toujours le même, c'est-à-dire blanc poudreux, sans ombre, sans arbre, sans herbe et sans mousse. A quatre heures et demie, nous descendîmes de la haute chaîne de ces montagnes sur une chaîne moins élevée. Nous cheminâmes pendant cinquante minutes sur un plateau assez égal. Nous parvînmes enfin au dernier rang des monts qui bordent à l'occident la vallée du Jourdain et les eaux de la mer Morte. Le soleil était près de se coucher : nous mîmes pied à terre pour laisser reposer les chevaux, et je contemplai à loisir le lac, la vallée et le fleuve.

Quand on parle d'une vallée, on se représente une vallée cultivée ou inculte : cultivée, elle est couverte de moissons, de vignes, de villages, de troupeaux ; inculte elle offre des herbages ou des forêts ; si elle est arrosée par un fleuve, ce fleuve a des replis ; les collines qui forment cette vallée ont elles-mêmes des sinuosités dont les perspectives attirent agréablement les regards.

Ici, rien de tout cela : qu'on se figure deux longues chaînes de montagnes, courant parallèlement du septentrion au midi, sans détours, sans sinuosités. La chaîne du levant, appelée *Montagne d'Arabie*, est la plus élevée ; vue à la distance de huit à dix lieues, on dirait un grand mur perpendiculaire, tout à fait semblable au Jura par sa forme et par sa couleur azurée : on ne distingue pas un sommet, pas la moindre cime ; seulement on aperçoit çà et là de légères inflexions, comme si la main du peintre qui a tracé cette ligne horizontale sur le ciel eût tremblé dans quelques endroits (1).

La chaîne du couchant appartient aux montagnes de Judée. Moins élevée et plus inégale que la chaîne de l'est, elle en diffère encore par sa nature : elle présente de grands monceaux de craie et de sable qui imitent la forme de faisceaux d'armes, de drapeaux ployés, ou de tentes d'un camp assis au bord d'une plaine. Du côté de l'Arabie, ce sont au contraire de noirs rochers à pic qui répandent au loin leur ombre sur les eaux de la mer Morte. Le plus petit oiseau du ciel ne trouverait pas dans ces rochers un brin d'herbe pour se nourrir ; tout

(1) Toutes ces descriptions de la mer Morte et du Jourdain se retrouvent dans les *Martyrs*, liv. XIX ; mais comme le sujet est important et que j'ai ajouté dans l'*Itinéraire* plusieurs traits à ces descriptions, je n'ai pas craint de les répéter.

y annonce la patrie d'un peuple réprouvé; tout semble y respirer l'horreur et l'inceste d'où sortirent Ammon et Moab.

La vallée comprise entre ces deux chaînes de montagnes offre un sol semblable au fond d'une mer depuis longtemps retirée; des plages de sel, une vase desséchée, des sables mouvants et comme sillonnés par les flots. Çà et là des arbustes chétifs croissent péniblement sur cette terre privée de vie; leurs feuilles sont couvertes du sel qui les a nourris, et leur écorce a le goût et l'odeur de la fumée. Au lieu de villages, on aperçoit les ruines de quelques tours. Au milieu de la vallée passe un fleuve décoloré: il se traîne à regret vers le lac empesté qui l'engloutit. On ne distingue son cours au milieu de l'arène que par les saules et les roseaux qui le bordent: l'Arabe se cache dans ces roseaux pour attaquer le voyageur et dépouiller le pèlerin.

Tels sont ces lieux fameux par les bénédictions et par les malédictions du ciel: ce fleuve est le Jourdain; ce lac est la mer Morte; elle paraît brillante, mais les villes coupables qu'elle cache dans son sein semblent avoir empoisonné ses flots. Ses abîmes solitaires ne peuvent nourrir aucun être vivant (1); jamais vaisseau n'a pressé ses ondes (2); ses grèves sont sans oiseaux, sans arbres, sans verdure; et son eau, d'une amertume affreuse, est si pesante, que les vents les plus impétueux peuvent à peine la soulever.

Quand on voyage dans la Judée, d'abord un grand ennui saisit le cœur; mais lorsque, passant de solitude en solitude, l'espace s'étend sans bornes devant vous, peu à peu l'ennui se dissipe, on éprouve une terreur secrète qui, loin d'abaisser l'âme, donne du courage et élève le génie. Des aspects extraordinaires décèlent de toutes parts une terre travaillée par des miracles: le soleil brûlant, l'aigle impétueux, le figuier stérile, toute la poésie, tous les tableaux de l'Écriture sont là. Chaque nom renferme un mystère; chaque grotte déclare l'avenir; chaque sommet retentit des accents d'un prophète. Dieu même a parlé sur ces bords: les torrents desséchés, les rochers fendus, les tombeaux entr'ouverts, attestent le prodige; le désert paraît encore muet de terreur, et l'on dirait qu'il n'a osé rompre le silence depuis qu'il a entendu la voix de l'Éternel.

Nous descendîmes de la croupe de la montagne afin d'aller passer la nuit au bord de la mer Morte, pour remonter ensuite au Jourdain. En entrant dans la vallée, notre petite troupe se resserra: nos Bethléémites préparèrent leurs fusils, et marchèrent en avant avec précaution. Nous nous trouvions sur le chemin des Arabes du désert, qui vont chercher du sel au lac, et qui font une guerre impitoyable au voyageur. Les mœurs des Bédouins commencent à s'altérer par une trop grande fréquentation avec les Turcs et les Européens. Ils prostituent maintenant leurs filles et leurs épouses, et égorgent le voyageur qu'ils se contentaient autrefois de dépouiller.

Nous marchâmes ainsi pendant deux heures le pistolet à la main comme en pays ennemi. Nous suivions, entre les dunes de sable, les fissures qui s'étaient

(1) Je suis l'opinion générale. On va voir qu'elle n'est peut-être pas fondée.
(2) Strabon, Pline et Diodore de Sicile parlent de radeaux avec lesquels les Arabes vont recueillir l'asphalte. Diodore décrit ces radeaux: ils étaient faits avec des nattes de joncs entrelacés. (Diod., liv. xix.) Tacite fait mention d'un bateau, mais il se trompe visiblement.

formées dans une vase cuite aux rayons du soleil. Une croûte de sel recouvrait l'arène, et présentait comme un champ de neige, d'où s'élevaient quelques arbustes rachitiques. Nous arrivâmes tout à coup au lac, je dis tout à coup parce que je m'en croyais encore assez éloigné. Aucun bruit, aucune fraîcheur ne m'avait annoncé l'approche des eaux. La grève semée de pierres était brûlante, le flot était sans mouvement et absolument mort sur la rive.

Il était nuit close: la première chose que je fis en mettant pied à terre fut d'entrer dans le lac jusqu'aux genoux, et de porter l'eau à ma bouche. Il me fut impossible de l'y retenir. La salure en est beaucoup plus forte que celle de la mer, et elle produit sur les lèvres l'effet d'une forte solution d'alun. Mes bottes furent à peine séchées, qu'elles se couvrirent de sel; nos vêtements et nos mains furent en moins de trois heures imprégnés de ce minéral. Galien avait déjà remarqué ces effets, et Pococke en a confirmé l'existence.

Nous établîmes notre camp au bord du lac, et les Bethléémites firent du feu pour préparer le café. Ils ne manquaient pas de bois, car le rivage était encombré de branches de tamarin apportées par les Arabes. Outre le sel que ceux-ci trouvent tout formé dans cet endroit, ils le tirent encore de l'eau par ébullition. Telle est la force de l'habitude, nos Bethléémites avaient marché avec beaucoup de prudence dans la campagne, et ils ne craignirent point d'allumer un feu qui pouvait bien plus aisément les trahir. L'un d'eux se servit d'un moyen singulier pour faire prendre le bois: il enfourcha le bûcher et s'abaissa sur le feu; sa tunique s'enfla par la fumée; alors il se releva brusquement; l'air aspiré par cette espèce de pompe fit sortir du foyer une flamme brillante. Après avoir bu le café, mes compagnons s'endormirent, et je restai seul éveillé avec nos Arabes.

Vers minuit j'entendis quelque bruit sur le lac. Les Bethléémites me dirent que c'étaient des légions de petits poissons qui viennent sauter au rivage. Ceci contredirait l'opinion généralement adoptée que la mer Morte ne produit aucun être vivant. Pococke, étant à Jérusalem, avait entendu dire qu'un missionnaire avait vu des poissons dans le lac Asphaltite. Hasselquist et Maundrell découvrirent des coquillages sur la rive. M. Seetzen, qui voyage encore en Arabie, n'a remarqué dans la mer Morte ni hélices ni moules; mais il a trouvé quelques escargots.

Pococke fit analyser une bouteille d'eau de cette mer. En 1778, MM. Lavoisier, Macquer et Sage renouvelèrent cette analyse; ils prouvèrent que l'eau contenait, par quintal, quarante-quatre livres six onces de sel, savoir: six livres quatre onces de sel marin ordinaire, et trente-huit livres deux onces de sel marin à base terreuse. Dernièrement M. Gordon a fait faire à Londres la même expérience. « La pesanteur spécifique des eaux (dit M. Malte-Brun
« dans ses *Annales*) est de 1,211, celle de l'eau douce étant 1.000 : elles sont
« parfaitement transparentes. Les réactifs y démontrent la présence de l'acide
« marin et de l'acide sulfurique; il n'y a point d'alumine; elles ne sont point
« saturées de sel marin; elles ne changent point les couleurs, telles que le
« tournesol ou la violette. Elles tiennent en dissolution les substances suivantes,
« et dans les proportions que nous allons indiquer :

Muriate de chaux.	3,920
— de magnésie.	10,246
— de soude.	10,360
Sulfate de chaux.	0,054
	24,580 sur 100.

« Ces substances étrangères forment donc environ un quart de son poids à
« l'état de dessiccation parfaite ; mais desséchées seulement à 180 degrés
« (Fahrenheit), elles en forment 41 pour 100. M. Gordon, qui a apporté la
« bouteille d'eau soumise à l'analyse, a lui-même constaté que les hommes y
« flottent, sans avoir appris à nager. »

Je possède un vase de ferblanc rempli de l'eau que j'ai prise moi-même dans la mer Morte. Je ne l'ai point encore ouvert, mais au poids et au bruit je juge que le fluide est un peu diminué. Mon projet était d'essayer l'expérience que Pococke propose, c'est-à-dire de mettre des petits poissons de mer dans cette eau, et d'examiner s'ils y pourraient vivre : d'autres occupations m'ayant empêché de tenter plus tôt cet essai, je crains à présent qu'il ne soit trop tard.

La lune en se levant à deux heures du matin amena une forte brise qui ne rafraîchit pas l'air, mais qui agita un peu le lac. Le flot chargé de sel retombait bientôt par son poids, et battait à peine la rive. Un bruit lugubre sortit de ce lac de mort, comme les clameurs étouffées du peuple abîmé dans ses eaux.

L'aurore parut sur la montagne d'Arabie en face de nous. La mer Morte et la vallée du Jourdain se teignirent d'une couleur admirable ; mais une si riche apparence ne servait qu'à mieux faire paraître la désolation du fond.

Le lac fameux qui occupe l'emplacement de Sodome et de Gomorrhe est nommé *mer Morte* ou *mer Salée* dans l'Écriture ; *Asphaltite* par les Grecs et les Latins ; *Almotenah* et *Bahar-Loth* par les Arabes ; *Ula-Degnisi* par les Turcs. Je ne puis être du sentiment de ceux qui supposent que la mer Morte n'est que le cratère d'un volcan. J'ai vu le Vésuve, la Solfatare, le Monte-Nuovo dans le lac Fusin, le pic des Açores, le Mamelife vis-à-vis de Carthage, les volcans éteints d'Auvergne ; j'ai partout remarqué les mêmes cratères, c'est-à-dire des montagnes creusées en entonnoir, des laves et des cendres où l'action du feu ne se peut méconnaître. La mer Morte, au contraire, est un lac assez long, courbé en arc, encaissé entre deux chaînes de montagnes qui n'ont entre elles aucune cohérence de forme, aucune homogénéité de sol. Elles ne se rejoignent point aux deux extrémités du lac : elles continuent, d'un côté, à border la vallée du Jourdain en se rapprochant vers le nord jusqu'au lac de Tibériade ; et de l'autre, elles vont, en s'écartant, se perdre au midi dans les sables de l'Yémen. Il est vrai qu'on trouve du bitume, des eaux chaudes et des pierres phosphoriques dans la chaîne des montagnes d'Arabie ; mais je n'en ai point vu dans la chaîne opposée. D'ailleurs la présence des eaux thermales, du soufre et de l'asphalte ne suffit point pour attester l'existence antérieure d'un volcan. C'est dire assez que, quant aux villes abîmées, je m'en tiens au sens de l'Écriture sans appeler la physique à mon secours. D'ailleurs, en adoptant l'idée du professeur Michaëlis et du savant Busching dans son *Mémoire sur la mer Morte*, la physique peut encore être admise dans la catastrophe des villes coupables, sans blesser la religion. Sodome était bâtie sur une carrière de bitume, comme on le sait par le témoignage de Moïse et de Josèphe, qui parlent des puits de bitume de la vallée de Siddim. La foudre alluma ce gouffre ; et les villes s'enfoncèrent dans l'incendie souterrain. M. Malte-Brun conjecture très-ingénieusement que Sodome et Gomorrhe pouvaient être elles-mêmes bâties en pierres bitumineuses, et s'être enflammées au feu du ciel.

Strabon parle de treize villes englouties dans le lac Asphaltite ; Étienne de Byzance en compte huit ; la *Genèse* en place cinq *in valle silvestri*, Sodome, Gomorrhe, Adam, Seboim, et Bala ou Ségor ; mais elle ne marque que les deux premières comme détruites par la colère de Dieu ; le *Deutéronome* en cite quatre : Sodome, Gomorrhe, Adam et Soboim ; la *Sagesse* en compte cinq sans les désigner : *Descendente igne in Pentapolim.*

Jacques Cerbus ayant remarqué que sept grands courants d'eau tombent dans la mer Morte, Reland en conclut que cette mer devait se dégager de la superfluité de ses eaux par des canaux souterrains ; Sandy et quelques autres voyageurs ont énoncé la même opinion : mais elle est aujourd'hui abandonnée, d'après les observations du docteur Halley sur l'évaporation ; observations admises par Shaw, qui trouve pourtant que le Jourdain roule par jour à la mer Morte six millions quatre-vingt-dix mille tonnes d'eau, sans compter les eaux de l'Arnon et de sept autres torrents. Plusieurs voyageurs, entre autres Troïlo et d'Arvieux, disent avoir remarqué des débris de murailles et de palais dans les eaux de la mer Morte. Ce rapport semble confirmé par Maundrell et par le père Nau. Les anciens sont plus positifs à ce sujet : Josèphe, qui se sert d'une expression poétique, dit qu'on apercevait au bord du lac les *ombres* des cités détruites. Strabon donne soixante stades de tour aux ruines de Sodome : Tacite parle de ces débris : je ne sais s'ils existent encore, je ne les ai point vus ; mais comme le lac s'élève ou se retire selon les saisons, il peut cacher ou découvrir tour à tour les squelettes des villes réprouvées.

Les autres merveilles racontées de la mer Morte ont disparu devant un examen plus sévère. On sait aujourd'hui que les corps y plongent ou y surnagent suivant les lois de la pesanteur de ces corps et de la pesanteur des eaux du lac. Les vapeurs empestées qui devaient sortir de son sein se réduisent à une forte odeur de marine, à des fumées qui annoncent ou suivent l'émersion de l'asphalte, et à des brouillards, à la vérité malsains comme tous les brouillards. Si jamais les Turcs le permettaient, et qu'on pût transporter une barque de Jaffa à la mer Morte, on ferait certainement des découvertes curieuses sur ce lac. Les anciens le connaissaient beaucoup mieux que nous, comme on le voit par Aristote, Strabon, Diodore de Sicile, Pline, Tacite, Solin, Josèphe, Galien, Dioscoride, Étienne de Byzance. Nos vieilles cartes tracent aussi la forme de ce lac d'une manière plus satisfaisante que les cartes modernes. Personne jusqu'à présent n'en a fait le tour, si ce n'est Daniel, abbé de Saint-Saba. Nau nous a conservé dans son Voyage le récit de ce solitaire. Nous apprenons par ce récit « que la mer Morte, à sa fin, est comme séparée en deux, et qu'il y a un
« chemin par où on la traverse n'ayant de l'eau qu'à demi-jambe, au moins

« en été; que là, la terre s'élève et borne un autre petit lac, de figure ronde
« un peu ovale, entouré de plaines et de montagnes de sel; que les campagnes
« des environs sont peuplées d'Arabes sans nombre, etc. » Nyembourg dit à
peu près les mêmes choses; l'abbé Mariti et M. de Volney ont fait usage de ces
documents. Quand nous aurons le Voyage de M. Seetzen, nous serons vraisemblablement mieux instruits.

Il n'y a presque point de lecteur qui n'ait entendu parler du fameux arbre
de Sodome : cet arbre doit porter une pomme agréable à l'œil, mais amère
au goût et pleine de cendres. Tacite, dans le cinquième livre de son *Histoire*, et
Josèphe, dans sa *Guerre des Juifs*, sont, je crois, les deux premiers auteurs qui
aient fait mention des fruits singuliers de la mer Morte. Foulcher de Chartres,
qui voyageait en Palestine vers l'an 1100, vit la pomme trompeuse, et la
compara aux plaisirs du monde. Depuis cette époque, les uns, comme Ceverius de Vera, Baumgarten (*Peregrinationis in Ægyptum*, etc.), Pierre de La
Vallée (*Viaggi*), Troïlo et quelques missionnaires, confirment le récit de Foulcher; d'autres, comme Reland, le père Néret, Maundrell, inclinent à croire
que ce fruit n'est qu'une image poétique de nos fausses joies, *mala mentis
gaudia;* d'autres enfin, tels que Pococke, Shaw, etc., doutent absolument de
son existence.

Amman semble trancher la difficulté; il décrit l'arbre qui, selon lui, ressemble à une aubépine : « Le fruit, dit-il, est une petite pomme d'une belle
« couleur, etc. »

Le botaniste Hasselquist survient; il dérange tout cela. La pomme de Sodome n'est plus le fruit d'un arbre ni d'un arbrisseau, mais c'est la production
du *solanum melongena* de Linné. « On en trouve, dit-il, quantité près de Jé-
« richo, dans les vallées qui sont près du Jourdain, dans le voisinage de la mer
« Morte; il est vrai qu'ils sont quelquefois remplis de poussière, mais cela
« n'arrive que lorsque le fruit est attaqué par un insecte (*tenthredo*), qui con-
« vertit tout le dedans en poussière, ne laissant que la peau entière, sans lui rien
« faire perdre de sa couleur. »

Qui ne croirait après cela la question décidée sur l'autorité d'Hasselquist
et sur celle beaucoup plus grande de Linné, dans sa *Flora Palæstina?* Pas du
tout : M. Seetzen, savant aussi, et le plus moderne de tous ces voyageurs, puisqu'il est encore en Arabie, ne s'accorde point avec Hasselquist sur le *solanum Sodomæum*. « Je vis, dit-il, pendant mon séjour à Karrak, chez le curé grec de
« cette ville, une espèce de coton ressemblant à la soie; ce coton, me dit-il,
« vient dans la plaine El-Gor, à la partie orientale de la mer Morte, sur un
« arbre pareil au figuier, et qui porte le nom d'*Aoéscha-èz;* on le trouve dans
« un fruit ressemblant à la grenade. J'ai pensé que ces fruits, qui n'ont point
« de chair intérieurement, et qui sont inconnus dans tout le reste de la Palestine,
« pourraient bien être les fameuses pommes de Sodome. »

Me voilà bien embarrassé, car je crois aussi avoir trouvé le fruit tant recherché : l'arbuste qui le porte croît partout à deux ou trois lieues de l'embouchure
du Jourdain; il est épineux, et ses feuilles sont grêles et menues; il ressemble
beaucoup à l'arbuste décrit par Amman; son fruit est tout à fait semblable, en

couleur et en forme, au petit limon d'Égygte. Lorsque ce fruit n'est pas encore mûr, il est enflé d'une sève corrosive et salée ; quand il est desséché, il donne une semence noirâtre qu'on peut comparer à des cendres, et dont le goût ressemble à un poivre amer. J'ai cueilli une demi-douzaine de ces fruits ; j'en possède encore quatre desséchés, bien conservés et qui peuvent mériter l'attention des naturalistes.

J'employai deux heures entières (5 octobre) à errer au bord de la mer Morte, malgré les Bethléémites qui me pressaient de quitter cet endroit dangereux. Je voulais voir le Jourdain à l'endroit où il se jette dans le lac, point essentiel qui n'a encore été reconnu que par Hasselquist ; mais les Arabes refusèrent de m'y conduire, parce que le fleuve, à une lieue environ de son embouchure, fait un détour sur la gauche, et se rapproche de la montagne d'Arabie. Il fallut donc me contenter de marcher vers la courbure du fleuve la plus rapprochée de nous. Nous levâmes le camp et nous cheminâmes pendant une heure et demie avec une peine excessive dans une arène blanche et fine. Nous avancions vers un petit bois d'arbres de baume et de tamarins, qu'à mon grand étonnement je voyais s'élever du milieu d'un sol stérile. Tout à coup les Bethléémites s'arrêtèrent et me montrèrent de la main, au fond d'une ravine, quelque chose que je n'avais pas aperçu. Sans pouvoir dire ce que c'était, j'entrevoyais comme une espèce de sable en mouvement sur l'immobilité du sol. Je m'approchai de ce singulier objet, et je vis un fleuve jaune que j'avais peine à distinguer de l'arène de ses deux rives. Il était profondément encaissé, et roulait avec lenteur une onde épaissie : c'était le Jourdain.

J'avais vu les grands fleuves de l'Amérique avec ce plaisir qu'inspirent la solitude et la nature ; j'avais visité le Tibre avec empressement, et recherché avec le même intérêt l'Eurotas et le Céphise ; mais je ne puis dire ce que j'éprouvai à la vue du Jourdain. Non-seulement ce fleuve me rappelait une antiquité fameuse et un des plus beaux noms que jamais la plus belle poésie ait confiés à la mémoire des hommes, mais ses rives m'offraient encore le théâtre des miracles de ma religion. La Judée est le seul pays de la terre qui retrace au voyageur le souvenir des affaires humaines et des choses du ciel, et qui fasse naître, au fond de l'âme, par ce mélange, un sentiment et des pensées qu'aucun autre lieu ne peut inspirer.

Les Bethléémites se dépouillèrent et se plongèrent dans le Jourdain. Je n'osai les imiter à cause de la fièvre qui me tourmentait toujours ; mais je me mis à genoux sur le bord avec mes deux domestiques et le drogman du monastère. Ayant oublié d'apporter une Bible, nous ne pûmes réciter les passages de l'Évangile relatifs au lieu où nous étions ; mais le drogman, qui connaissait les coutumes, psalmodia l'*Ave, maris stella*. Nous y répondîmes comme des matelots au terme de leur voyage : le sire de Joinville n'était pas plus habile que nous. Je puisai ensuite de l'eau du fleuve dans un vase de cuir : elle ne me parut pas aussi douce que du sucre, ainsi que le dit un bon missionnaire ; je la trouvai, au contraire, un peu saumâtre ; mais, quoique j'en busse en grande quantité, elle ne me fit aucun mal ; je crois qu'elle serait fort agréable si elle était purgée du sable qu'elle charrie.

Ali-Aga fit lui-même des ablutions : le Jourdain est un fleuve sacré pour les Turcs et les Arabes, qui conservent plusieurs traditions hébraïques et chrétiennes, les unes dérivées d'Ismaël, dont les Arabes habitent encore le pays, les autres introduites chez les Turcs à travers les fables du Coran.

Selon d'Anville, les Arabes donnent au Jourdain le nom de *Nahar-el-Arden;* selon le père Roger, ils le nomment *Nahar-el-Chiria.* L'abbé Mariti fait prendre à ce nom la forme italienne de *Scheria,* et M. de Volney écrit *El-Charia.*

Saint Jérôme, dans son traité *de Situ et Nominibus locorum Hebraicorum* espèce de traduction des *Topiques* d'Eusèbe, trouve le nom de Jourdain dans la réunion des noms des deux sources, *Jor et Dan*, de ce fleuve ; mais il varie ailleurs sur cette opinion ; d'autres la rejettent, sur l'autorité de Josèphe, de Pline et d'Eusèbe, qui placent l'unique source du Jourdain à Panéades, au pied du mont Hémon dans l'Anti-Liban. La Roque traite à fond cette question dans son *Voyage de Syrie* : l'abbé Mariti n'a fait que le répéter, en citant de plus un passage de Guillaume de Tyr, pour prouver que Dan et Panéades étaient la même ville : c'est ce que l'on savait. Il faut remarquer avec Reland (*Palestina ex monumentis veteribus illustrata*), contre l'opinion de saint Jérôme, que le nom du fleuve sacré n'est pas en hébreu *Jordan*, mais *Jorden;* qu'en admettant même la première manière de lire, on explique Jordan par fleuve du Jugement ; Jor, que saint Jérôme traduit par ῥεῖθον, *fluvius*, et Dan, que l'on rend par *judicans, sive judicium* : étymologie si juste qu'elle rendrait improbable l'opinion des deux fontaines Jor et Dan, si d'ailleurs la géographie laissait quelque doute à ce sujet.

A environ deux lieues de l'endroit où nous étions arrêtés, j'aperçus plus haut, sur le cours du fleuve, un bocage d'une grande étendue. Je le voulus visiter ; car je calculai que c'était à peu près là, en face de Jéricho, que les Israélites passèrent le fleuve, que la manne cessa de tomber, que les Hébreux goûtèrent les premiers fruits de la terre promise, que Naaman fut guéri de la lèpre, et qu'enfin Jésus-Christ reçut le baptême de la main de saint Jean-Baptiste. Nous marchâmes vers cet endroit pendant quelque temps : mais comme nous en approchions, nous entendîmes des voix d'hommes dans le bocage. Malheureusement la voix de l'homme, qui vous rassure partout, et que vous aimeriez à entendre au bord du Jourdain, est précisément ce qui vous alarme dans ces déserts. Les Bethléémites et le drogman voulaient à l'instant s'éloigner. Je leur déclarai que je n'étais pas venu si loin pour m'en retourner si vite, que je consentais à ne pas remonter plus haut, mais que je voulais revoir le fleuve en face de l'endroit où nous nous trouvions.

On se conforma à regret à ma déclaration, et nous revînmes au Jourdain, qu'un détour avait éloigné de nous sur la droite. Je lui trouvai la même largeur et la même profondeur qu'à une lieue plus bas, c'est-à-dire six à sept pieds de profondeur sous la rive, et à peu près cinquante pas de largeur.

Les guides m'importunaient pour partir ; Ali-Aga même murmurait. Après avoir achevé de prendre les notes qui me parurent les plus importantes, je cédai au désir de la caravane ; je saluai pour la dernière fois le Jourdain ; je pris une bouteille de son eau et quelques roseaux de sa rive. Nous commençâmes à nous éloigner pour gagner le village de Rihha (1), l'ancienne Jéricho, sous la montagne de Judée. A peine avions-nous fait un quart de lieue dans la vallée, que nous aperçûmes sur le sable des traces nombreuses de pas d'hommes et de chevaux. Ali proposa de serrer notre troupe afin d'empêcher les Arabes de nous compter. « S'ils peuvent nous prendre, dit-il, à notre ordre et à nos vêtements, pour des *soldats chrétiens*, ils n'oseront pas nous attaquer. » Quel éloge de la bravoure de nos armées!

Nos soupçons étaient fondés. Nous découvrîmes bientôt derrière nous, au bord du Jourdain, une troupe d'une trentaine d'Arabes qui nous observaient. Nous fîmes marcher en avant notre *infanterie*, c'est-à-dire nos six Bethléémites, et nous couvrîmes leur retraite avec notre *cavalerie;* nous mîmes nos *bagages* au milieu; malheureusement l'âne qui les portait était rétif, et n'avançait qu'à force de coups. Le cheval du drogman ayant mis le pied dans un guêpier, les guêpes se jetèrent sur lui, et le pauvre Michel, emporté par sa monture, jetait des cris pitoyables; Jean, tout Grec qu'il était, faisait bonne contenance; Ali était brave comme un janissaire de Mahomet II. Quant à Julien, il n'était jamais étonné; le monde avait passé sous ses yeux sans qu'il l'eût regardé; il se croyait toujours dans la rue Saint-Honoré, et me disait du plus grand sang-froid du monde, en menant son cheval au petit pas: « Monsieur, est-ce qu'il n'y a pas de police dans ce pays-ci pour réprimer ces gens-là? »

Après nous avoir regardés longtemps, les Arabes firent quelques mouvements vers nous; puis, à notre grand étonnement, ils rentrèrent dans les buissons qui bordent le fleuve. Ali avait raison: ils nous prirent sans doute pour des soldats chrétiens. Nous arrivâmes sans accident à Jéricho.

L'abbé Mariti a très-bien recueilli les faits historiques touchant cette ville célèbre (2); il a aussi parlé des productions de Jéricho, de la manière d'extraire l'huile de zaccon, etc.: il serait donc inutile de le répéter, à moins de faire, comme tant d'autres, un Voyage avec des Voyages. On sait aussi que les environs de Jéricho sont ornés d'une source dont les eaux autrefois amères furent adoucies par un miracle d'Élisée. Cette source est située à deux milles au-dessus de la ville, au pied de la montagne où Jésus-Christ pria et jeûna pendant quarante jours. Elle se divise en deux bras. On voit sur ses bords quelques champs de doura, des groupes d'acacias, l'arbre qui donne le baume de Judée (3), et des arbustes qui ressemblent au lilas pour la feuille, mais dont je n'ai pas vu la fleur. Il n'y a plus de roses ni de palmiers à Jéricho, et je n'ai pu y manger les nicolaï d'Auguste: ces dattes, au temps de Belon, étaient fort dégénérées. Un vieil acacia protége la source; un autre arbre se penche un

---

(1) Il est remarquable que ce nom, qui signifie *parfum*, est presque celui de la femme qui reçut les espions de l'armée de Josué à Jéricho. Elle s'appelait *Rahab*.

(2) Il en a cependant oublié quelques-uns, tels que le don fait par Antoine à Cléopâtre du territoire de Jéricho, etc.

(3) Il ne faut pas le confondre avec le fameux baumier, qui n'existe plus à Jéricho. Il paraît que celui-ci a péri vers le septième siècle, car Arculfe ne le trouva plus. (*De Loc. Sanc. ap. Ven. Bed.*)

peu plus bas sur le ruisseau qui sort de cette source, et forme sur ce ruisseau un pont naturel.

J'ai dit qu'Ali-Aga était né dans le village de Rihha (Jéricho), et qu'il en était gouverneur. Il me conduisit dans ses États, où je ne pouvais manquer d'être bien reçu de ses sujets : en effet, ils vinrent complimenter leur souverain. Il voulut me faire entrer dans une vieille masure qu'il appelait son *château;* je refusai cet honneur, préférant dîner au bord de la source d'Élisée, nommée aujourd'hui *source du Roi.* En traversant le village, nous vîmes un jeune Arabe assis à l'écart, la tête ornée de plumes, et paré comme dans un jour de fête. Tous ceux qui passaient devant lui s'arrêtaient pour le baiser au front et aux joues : on me dit que c'était un nouveau marié. Nous nous arrêtâmes à la source d'Élisée. On égorgea un agneau, qu'on mit rôtir tout entier à un grand bûcher au bord de l'eau; un Arabe fit griller des gerbes de doura. Quand le festin fut préparé, nous nous assîmes en rond autour d'un plateau de bois, et chacun déchira avec ses mains une partie de la victime.

On aime à distinguer dans ces usages quelques traces des mœurs des anciens jours, et à retrouver chez les descendants d'Ismaël des souvenirs d'Abraham et de Jacob.

Les Arabes, partout où je les ai vus, en Judée, en Égypte, et même en Barbarie, m'ont paru d'une taille plutôt grande que petite. Leur démarche est fière. Ils sont bien faits et légers. Ils ont la tête ovale, le front haut et arqué, le nez aquilin, les yeux grands et coupés en amandes, le regard humide et singulièrement doux : rien n'annoncerait chez eux le Sauvage s'ils avaient toujours la bouche fermée; mais aussitôt qu'ils viennent à parler, on entend une langue bruyante et fortement aspirée, on aperçoit de longues dents éblouissantes de blancheur, comme celles des chacals et des onces : différents en cela du Sauvage américain, dont la férocité est dans le regard, et l'expression humaine dans la bouche.

Les femmes arabes ont la taille plus haute en proportion que celle des hommes. Leur port est noble; et, par la régularité de leurs traits, la beauté de leurs formes et la disposition de leurs voiles, elles rappellent un peu les statues des prêtresses et des Muses. Ceci doit s'entendre avec restriction : ces belles statues sont souvent drapées avec des lambeaux; l'air de misère, de saleté et de souffrance dégrade ces formes si pures; un teint cuivré cache la régularité des traits; en un mot, pour voir ces femmes telles que je viens de les dépeindre, il faut les contempler d'un peu loin, se contenter de l'ensemble, et ne pas entrer dans les détails.

La plupart des Arabes portent une tunique nouée autour des reins par une ceinture. Tantôt ils ôtent un bras de la manche de cette tunique, et ils sont alors drapés à la manière antique; tantôt ils s'enveloppent dans une couverture de laine blanche, qui leur sert de toge, de manteau ou de voile, selon qu'ils la roulent autour d'eux, la suspendent à leurs épaules, où la jettent sur leur tête. Ils marchent pieds nus. Ils sont armés d'un poignard, d'une lance ou d'un long fusil. Les tribus voyagent en caravane; les chameaux cheminent à la file. Le chameau de tête est attaché par une corde de bourre de palmier au cou d'un âne qui est le guide de la troupe : celui-ci, comme chef, est exempt de tout fardeau, et jouit de divers priviléges ; chez les tribus riches les chameaux sont ornés de franges, de banderoles et de plumes.

Les juments, selon la noblesse de leurs races, sont traitées avec plus ou moins d'honneurs, mais toujours avec une rigueur extrême. On ne met point les chevaux à l'ombre ; on les laisse exposés à toute l'ardeur du soleil, attachés en terre à des piquets par les quatre pieds, de manière à les rendre immobiles ; on ne leur ôte jamais la selle ; souvent ils ne boivent qu'une seule fois, et ne mangent qu'un peu d'orge en vingt-quatre heures. Un traitement si rude, loin de les faire dépérir, leur donne la sobriété, la patience et la vitesse. J'ai souvent admiré un cheval arabe ainsi enchaîné dans le sable brûlant, les crins descendants épars, la tête baissée entre ses jambes pour trouver un peu d'ombre, et laissant tomber de son œil sauvage un regard oblique sur son maître. Avez-vous dégagé ses pieds des entraves, vous êtes-vous élancé sur son dos, *il écume, il frémit, il dévore la terre ; la trompette sonne, il dit : Allons* (1) ! et vous reconnaissez le cheval de Job.

Tout ce qu'on dit de la passion des Arabes pour les contes est vrai, et j'en vais citer un exemple : pendant la nuit que nous venions de passer sur la grève de la mer Morte, nos Bethléémites étaient assis autour de leur bûcher, leurs fusils couchés à terre à leurs côtés, les chevaux attachés à des piquets, formant un second cercle en dehors. Après avoir bu le café et parlé beaucoup ensemble, ces Arabes tombèrent dans le silence, à l'exception du scheik. Je voyais à la lueur du feu ses gestes expressifs, sa barbe noire, ses dents blanches, les diverses formes qu'il donnait à son vêtement en continuant son récit. Ses compagnons l'écoutaient dans une attention profonde, tous penchés en avant, le visage sur la flamme, tantôt poussant un cri d'admiration, tantôt répétant avec emphase les gestes du conteur ; quelques têtes de chevaux qui s'avançaient au-dessus de la troupe, et qui se dessinaient dans l'ombre, achevaient de donner à ce tableau le caractère le plus pittoresque, surtout lorsqu'on y joignait un coin du paysage de la mer Morte et des montagnes de Judée.

Si j'avais étudié avec tant d'intérêt au bord de leurs lacs les hordes américaines, quelle autre espèce de Sauvages ne contemplais-je pas ici ! J'avais sous les yeux les descendants de la race primitive des hommes, je les voyais avec les mêmes mœurs qu'ils ont conservées depuis les jours d'Agar et d'Ismaël ; je les voyais dans le même désert qui leur fut assigné par Dieu en héritage : *Moratus est in solitudine, habitavitque in deserto Pharan.* Je les rencontrais dans la vallée du Jourdain, au pied des montagnes de Samarie, sur les chemins d'Habron, dans les lieux où la voix de Josué arrêta le soleil, dans les champs de Gomorrhe encore fumants de la colère de Jéhovah, et que consolèrent ensuite les merveilles miséricordieuses de Jésus-Christ.

Ce qui distingue surtout les Arabes des peuples du Nouveau-Monde, c'est qu'à travers la rudesse des premiers on sent pourtant quelque chose de délicat dans leurs mœurs : on sent qu'ils sont nés dans cet Orient d'où sont sortis tous

---

(1) *Fervens et fremens sorbet terram ; ubi audierit buccinam, dicit : Vahl*

les arts, toutes les sciences, toutes les religions. Caché aux extrémités de l'Occident, dans un canton détourné de l'univers, le Canadien habite des vallées ombragées par des forêts éternelles, et arrosées par des fleuves immenses; l'Arabe, pour ainsi dire jeté sur le grand chemin du monde, entre l'Afrique et l'Asie, erre dans les brillantes régions de l'aurore, sur un sol sans arbres et sans eau. Il faut parmi les tribus des descendants d'Ismaël des maîtres, des serviteurs, des animaux domestiques, une liberté soumise à des lois. Chez les hordes américaines, l'homme est encore tout seul avec sa fière et cruelle indépendance : au lieu de la couverture de laine, il a la peau d'ours; au lieu de la lance, la flèche; au lieu du poignard, la massue; il ne connaît point et il dédaignerait la datte, la pastèque, le lait de chameau : il veut à ses festins de la chair et du sang. Il n'a point tissu le poil de chèvre pour se mettre à l'abri sous des tentes : l'orme tombé de vétusté fournit l'écorce à sa hutte. Il n'a point dompté le cheval pour poursuivre la gazelle : il prend lui-même l'orignal à la course. Il ne tient point par son origine à de grandes nations civilisées; on ne rencontre point le nom de ses ancêtres dans les fastes des empires : les contemporains de ses aïeux sont de vieux chênes encore debout. Monuments de la nature et non de l'histoire, les tombeaux de ses pères s'élèvent inconnus dans les forêts ignorées. En un mot, tout annonce chez l'Américain le Sauvage qui n'est point encore parvenu à l'état de civilisation; tout indique chez l'Arabe l'homme civilisé retombé dans l'état sauvage.

Nous quittâmes la source d'Élisée le 6, à trois heures de l'après-midi, pour retourner à Jérusalem. Nous laissâmes à droite le mont de la *Quarantaine*, qui s'élève au-dessus de Jéricho, précisément en face du mont Abarim, d'où Moïse, avant de mourir, aperçut la terre de Promission. En rentrant dans la montagne de Judée, nous vîmes les restes d'un aqueduc romain. L'abbé Mariti, poursuivi par le souvenir des moines, veut encore que cet aqueduc ait appartenu à une ancienne communauté, ou qu'il ait servi à arroser les terres voisines lorsqu'on cultivait la canne à sucre dans la plaine de Jéricho. Si la seule inspection de l'ouvrage ne suffisait pas pour détruire cette idée bizarre, on pourrait consulter Adrichomius (*Theatrum Terræ-Sanctæ*) l'*Elucidatio historica Terræ-Sanctæ* de Quaresmius, et la plupart des voyageurs déjà cités. Le chemin que nous suivions dans la montagne était large et quelquefois pavé; c'est peut-être une ancienne voie romaine. Nous passâmes au pied d'une montagne couronnée autrefois par un château gothique qui protégeait et fermait le chemin. Après cette montagne nous descendîmes dans une vallée noire et profonde, appelée en hébreu *Adommin* ou *le lieu du sang*. Il y avait là une petite cité de la tribu de Juda, et ce fut dans cet endroit solitaire que le Samaritain secourut le voyageur blessé. Nous y rencontrâmes la cavalerie du pacha qui allait faire de l'autre côté du Jourdain l'expédition dont j'aurai occasion de parler. Heureusement la nuit nous déroba à la vue de cette soldatesque.

Nous passâmes à Bahurim, où David, fuyant devant Absalon, faillit d'être lapidé par Seméi. Un peu plus loin, nous mîmes pied à terre à la fontaine où Jésus-Christ avait coutume de se reposer avec les apôtres en revenant de Jéricho. Nous commençâmes à gravir les revers de la montagne des Oliviers;

nous traversâmes le village de Béthanie, où l'on montre les ruines de la maison de Marthe et le sépulcre de Lazare. Ensuite nous descendîmes la montagne des Oliviers, qui domine Jérusalem, et nous traversâmes le torrent de Cédron dans la vallée de Josaphat Un sentier qui circule au pied du temple, et s'élève sur le mont Sion, nous conduisit à la porte des Pèlerins, en faisant le tour entier de la ville. Il était minuit. Ali-Aga se fit ouvrir. Les six Arabes retournèrent à Bethléem. Nous rentrâmes au couvent. Mille bruits fâcheux s'étaient déjà répandus sur notre compte : on disait que nous avions été tués par les Arabes ou par la cavalerie du pacha; on me blâmait d'avoir entrepris ce voyage avec une escorte aussi faible; chose qu'on rejetait sur le caractère imprudent des Français. Les événements qui suivirent prouvèrent pourtant que, si je n'avais pas pris ce parti et mis à profit les premières heures de mon arrivée à Jérusalem, je n'aurais jamais pu pénétrer jusqu'au Jourdain (1).

QUATRIÈME PARTIE.

VOYAGE DE JÉRUSALEM.

Je m'occupai pendant quelques heures à crayonner des notes sur les lieux que je venais de voir; manière de vivre que je suivis tout le temps que je demeurai à Jérusalem, courant le jour et écrivant la nuit. Le père procureur entra chez moi le 7 octobre de très-grand matin; il m'apprit la suite des démêlés du pacha et du père gardien. Nous convînmes de ce que nous avions à faire. On envoya mes firmans à Abdallah. Il s'emporta, cria, menaça, et finit cependant par exiger des religieux une somme un peu moins considérable. Je regrette bien de ne pouvoir donner la copie d'une lettre écrite par le père Bonaventure de Nola à M. le général Sébastiani; je tiens cette copie du père Bonaventure lui-même. On y verrait, avec l'histoire du pacha, des choses aussi honorables pour la France que pour M. le général Sébastiani. Mais je ne pourrais publier cette lettre sans la permission de celui à qui elle est écrite, et malheureusement l'absence du général m'ôte tout moyen d'obtenir cette permission

Il fallait tout le désir que j'avais d'être utile aux pères de Terre-Sainte pour m'occuper d'autre chose que de visiter le Saint-Sépulcre. Je sortis du couvent le même jour, à neuf heures du matin, accompagné de deux religieux, d'un drogman, de mon domestique et d'un janissaire. Je me rendis à pied à l'église qui renferme le tombeau de Jésus-Christ.

Tous les voyageurs ont décrit cette église, la plus vénérable de la terre,

---

(1) On m'a conté qu'un Anglais, habillé en Arabe, était allé seul, deux ou trois fois, de Jérusalem à la mer Morte. Cela est très-possible, et je crois même que l'on court moins de risques ainsi qu'avec une escorte de dix ou douze hommes.

soit que l'on pense en philosophe ou en chrétien. Ici j'éprouve un véritable embarras. Dois-je offrir la peinture exacte des lieux saints ? Mais alors je ne puis que répéter ce que l'on a dit avant moi : jamais sujet ne fut peut-être moins connu des lecteurs modernes, et toutefois jamais sujet ne fut plus complétement épuisé. Dois-je omettre le tableau de ces lieux sacrés ? Mais ne sera-ce pas enlever la partie la plus essentielle de mon voyage, et en faire disparaître ce qui en est la fin et le but ? Après avoir balancé longtemps, je me suis déterminé à décrire les principales stations de Jérusalem, par les considérations suivantes :

1° Personne ne lit aujourd'hui les anciens pèlerinages à Jérusalem ; et ce qui est très-usé paraîtra vraisemblablement tout neuf à la plupart des lecteurs ;

2° L'église du Saint-Sépulcre n'existe plus ; elle a été incendiée de fond en comble depuis mon retour de Judée ; je suis, pour ainsi dire, le dernier voyageur qui l'ait vue ; et j'en serai par cette raison même le dernier historien.

Mais comme je n'ai point la prétention de refaire un tableau déjà très-bien fait, je profiterai des travaux de mes devanciers, prenant soin seulement de les éclaircir par des observations.

Parmi ces travaux, j'aurais choisi de préférence ceux des voyageurs protestants, à cause de l'esprit du siècle : nous sommes toujours prêts à rejeter aujourd'hui ce que nous croyons sortir d'une source trop religieuse. Malheureusement je n'ai rien trouvé de satisfaisant sur le Saint-Sépulcre dans Pococke, Shaw, Maundrell, Hasselquist et quelques autres.

Les savants et les voyageurs qui ont écrit en latin touchant les antiquités de Jérusalem, tels que Adamannus, Bède, Brocard, Willibaldus, Breydenbach, Sanut, Ludolphe, Reland (1), Andrichomius, Quaresmius, Baumgarten, Fureri, Bochart, Arias-Montanus, Reuwich, Hese, Cotovic (2), m'obligeraient à des traductions qui, en dernier résultat, n'apprendraient rien de nouveau au lecteur (3). Je m'en suis donc tenu aux voyageurs français (4) ; et parmi ces derniers, j'ai préféré la description du Saint-Sépulcre par Desbayes ; voici pourquoi :

Belon (1550), assez célèbre d'ailleurs comme naturaliste, dit à peine un mot du Saint-Sépulcre : son style en outre a trop vieilli. D'autres auteurs, plus anciens encore que lui, ou ses contemporains, tels que Cachernois (1490), Regnault (1522), Salignac (1522), le Huen (1525), Gassot (1536), Renaud (1548),

(1) Son ouvrage, *Palestina ex monumentis verteribus illustrata*, est un miracle d'érudition.

(2) Sa description du Saint-Sépulcre va jusqu'à donner en entier les hymnes que les pèlerins chantaient à chaque station.

(3) Il y a aussi une description de Jérusalem en arménien, et une autre en grec moderne : j'ai vu la dernière. Les descriptions très-anciennes, comme celles de Sanut, de Ludolphe, de Brocard, de Breydenbach, de Willibaldus ou Guillebaud, d'Adamannus, ou plutôt d'Arculfe, et du vénérable Bède, sont curieuses, parce qu'en les lisant on peut juger des changements survenus depuis à l'église du Saint-Sépulcre ; mais elles seraient inutiles quant au monument moderne.

(4) De Vera, en espagnol, est très-concis, et pourtant très-clair. Zuallardo, en italien, est confus et vague. Pierre de La Vallée est charmant à cause de la grâce particulière de son style et de ses singulières aventures, mais il ne fait point autorité.

Postel (1553), Giraudet (1575), se servent également d'une langue trop éloignée de celle que nous parlons (1).

Villamont (1588) se noie dans les détails, et il n'a ni méthode ni critique. Le père Boucher (1610) est si pieusement exagéré, qu'il est impossible de le citer. Bernard (1616) écrit avec assez de sagesse, quoiqu'il n'eût que vingt ans à l'époque de son voyage; mais il est diffus, plat et obscur. Le père Pacifique (1622) est vulgaire et sa narration est trop abrégée. Monconys (1647) ne s'occupe que de recettes de médecine. Doubdan (1651) est clair, savant, très-digne d'être consulté, mais long et sujet à s'appesantir sur les petites choses. Le frère Roger (1653), attaché pendant cinq années au service des lieux saints, a de la science, de la critique, un style vif et animé : sa description du Saint-Sépulcre est trop longue; c'est ce qui me l'a fait exclure. Thévenot (1656), un de nos voyageurs les plus connus, a parfaitement parlé de l'église de Saint-Sauveur; et j'engage les lecteurs à consulter son ouvrage (*Voyage au Levant*, chapitre XXXIX); mais il ne s'éloigne guère de Deshayes. Le père Nau, jésuite (1674), joignit à la connaissance des langues de l'Orient l'avantage d'accomplir le voyage de Jérusalem avec le marquis de Nointel, notre ambassadeur à Constantinople, et le même à qui nous devons les premiers dessins d'Athènes : c'est bien dommage que le savant jésuite soit d'une intolérable prolixité. La lettre du père Néret, dans les *Lettres édifiantes*, est excellente de tout point; mais elle omet trop de choses. J'en dis autant de du Loiret de La Roque (1688). Quant aux voyageurs tout à fait modernes, Muller, Vanzow, Korte Bscheider, Mariti, Volney, Niebuhr, Brown, ils se taisent presque entièrement sur les saints lieux.

Deshayes (1621), envoyé par Louis XIII en Palestine, m'a donc paru mériter qu'on s'attachât à son récit :

1° Parce que les Turcs s'empressèrent de montrer eux-mêmes Jérusalem à cet ambassadeur, et qu'il serait entré jusque dans la mosquée du Temple s'il l'avait voulu;

2° Parce qu'il est si clair et si précis dans le style un peu vieilli de son secrétaire, que Paul Lucas l'a copié mot à mot, sans avertir du plagiat, selon sa coutume;

3° Parce que d'Anville, et c'est la raison péremptoire, a pris la carte de Deshayes pour l'objet d'une dissertation qui est peut-être le chef-d'œuvre de notre célèbre géographe (2). Deshayes va nous donner ainsi le matériel de l'église du Saint-Sépulcre : j'y joindrai ensuite mes observations (3).

« Le Saint-Sépulcre et la plupart des saints lieux sont servis par des reli-

(1) Quelques-uns de ces auteurs ont écrit en latin ; mais on a d'anciennes versions françaises de leurs ouvrages.

(2) C'était l'opinion du savant M. de Sainte-Croix. La dissertation de d'Anville porte le nom de *Dissertation sur l'étendue de l'ancienne Jérusalem*. Elle est fort rare, mais je la donne à la fin de cet *Itinéraire*.

(3) Je n'ai point rejeté dans les notes à la fin du volume cette longue citation de Deshayes, parce qu'elle est trop importante, et que son déplacement rendrait ensuite inintelligible ce que je dis moi-même de l'église du Saint-Sépulcre.

« gieux cordeliers qui y sont envoyés de trois ans en trois ans; et, encore qu'il
« y en ait de toutes nations, ils passent néanmoins tous pour Français, ou pour
« Vénitiens, et ne subsistent que parce qu'ils sont sous la protection du roi. Il
« y a près de soixante ans qu'ils demeuraient hors de la ville, sur le mont de
« Sion, au même lieu où Notre-Seigneur fit la Cène avec ses apôtres; mais
« leur église ayant été convertie en mosquée, ils ont toujours depuis demeuré
« dans la ville sur le mont Giron, où est leur couvent que l'on appelle *Saint-*
« *Sauveur.* C'est où leur gardien demeure avec le corps de la famille, qui pourvoit
« de religieux en tous les lieux de la Terre-Sainte où il est besoin qu'il y en ait.

« L'église du Saint-Sépulcre n'est éloignée de ce couvent que de deux cents
« pas. Elle comprend le Saint-Sépulcre, le mont Calvaire, et plusieurs autres
« lieux saints. Ce fut sainte Hélène qui en fit bâtir une partie pour couvrir le
« Saint-Sépulcre; mais les princes chrétiens qui vinrent après, la firent aug-
« menter pour y comprendre le mont Calvaire, qui n'est qu'à cinquante pas du
« Saint-Sépulcre.

« Anciennement le mont Calvaire était hors de la ville, ainsi que je l'ai déjà
« dit: c'était le lieu où l'on exécutait les criminels condamnés à mort; et, afin
« que tout le peuple y pût assister, il y avait une grande place entre le mont
« et la muraille de la ville. Le reste du mont était environné de jardins, dont
« l'un appartenait à Joseph d'Arimathie, disciple secret de Jésus-Christ, où il
« avait fait faire un sépulcre pour lui, dans lequel fut mis le corps de Notre-
« Seigneur. La coutume parmi les Juifs n'était pas d'enterrer les corps comme
« nous faisons en chrétienté. Chacun, selon ses moyens, faisait pratiquer dans
« quelque roche une forme de petit cabinet où l'on mettait le corps que l'on
« étendait sur une table du rocher même; et puis on refermait ce lieu avec une
« pierre que l'on mettait devant la porte, qui n'avait d'ordinaire que quatre
« pieds de haut.

« L'Église du Saint-Sépulcre est fort irrégulière; car l'on s'est assujetti aux
« lieux que l'on voulait enfermer dedans. Elle est à peu près faite en croix,
« ayant six-vingts pas de long, sans compter la descente de l'Invention de la
« sainte Croix, et soixante et dix de large. Il y a trois dômes, dont celui qui
« couvre le Saint-Sépulcre sert de nef à l'église. Il a trente pas de diamètre,
« et est ouvert par en haut comme la rotonde de Rome. Il est vrai qu'il n'y a
« point de voûte: la couverture en est soutenue seulement par de grands che-
« vrons de cèdre, qui ont été apportés du mont Liban. L'on entrait autrefois
« en cette église par trois portes; mais aujourd'hui il n'y en a plus qu'une, dont
« les Turcs gardent soigneusement les clefs, de crainte que les pèlerins n'y
« entrent sans payer les neuf sequins, ou trente-six livres, à quoi ils sont taxés;
« j'entends ceux qui viennent de chrétienté, car pour les chrétiens sujets du
« Grand Seigneur, ils n'en payent pas la moitié. Cette porte est toujours fer-
« mée, et il n'y a qu'une petite fenêtre traversée d'un barreau de fer, par où
« ceux de dehors donnent des vivres à ceux qui sont dedans, lesquels sont de
« huit nations différentes.

« La première est celle des Latins ou Romains que représentent les religieux
« cordeliers. Ils gardent le Saint-Sépulcre; le lieu du mont Calvaire où Notre-

« Seigneur fut attaché à la croix; l'endroit où la sainte croix fut trouvée, la
« pierre de l'*onction*, et la chapelle où Notre-Seigneur apparut à la Vierge après
« sa résurrection.

« La seconde nation est celle des Grecs, qui ont le chœur de l'église, où ils
« officient, au milieu duquel il y a un petit cercle de marbre, dont ils estiment
« que le centre soit le milieu de la terre.

« La troisième nation est celle des Abissins; ils tiennent la chapelle où est
« la colonne d'*Impropere*.

« La quatrième nation est celle des Cophtes, qui sont les chrétiens d'Égypte ;
« ils ont un petit oratoire proche du Saint-Sépulcre.

« La cinquième est celle des Arméniens; ils ont la chapelle de Sainte-Hélène,
« et celle où les habits de Notre-Seigneur furent partagés et joués.

« La sixième nation est celle des Nestoriens ou Jacobites, qui sont venus
« de Chaldée et de Syrie; ils ont une petite chapelle proche du lieu où Notre-
« Seigneur apparut à la Madeleine, en forme de jardinier, qui pour cela est
« appelée *la Chapelle de la Madeleine*.

« La septième nation est celle des Géorgiens, qui habitent entre la mer Ma-
« jeure et la mer Caspienne; ils tiennent le lieu du mont Calvaire où fut dres-
« sée la croix, et la prison où demeura Notre-Seigneur, en attendant que l'on
« eût fait le trou pour la placer.

« La huitième nation est celle des Maronites, qui habitent le mont Liban ;
« ils reconnaissent le pape comme nous faisons.

« Chaque nation, outre ces lieux que tous ceux qui sont dedans peuvent vi-
« siter, a encore quelque endroit particulier dans les voûtes et dans les coins
« de cette église qui lui sert de retraite, et où elle fait l'office selon son usage ;
« car les prêtres et religieux qui y entrent demeurent d'ordinaire deux mois
« sans en sortir, jusqu'à ce que du couvent qu'ils ont dans la ville l'on y en
« envoie d'autres pour servir en leur place. Il serait malaisé d'y demeurer
« longuement sans être malade, parce qu'il y a fort peu d'air, et que les voûtes
« et les murailles rendent une fraîcheur assez malsaine : néanmoins nous y
« trouvâmes un bon ermite, qui a pris l'habit de saint François, qui y a de-
« meuré vingt ans sans en sortir, encore qu'il y ait tellement à travailler, pour
« entretenir deux cents lampes, et pour nettoyer et parer tous les lieux saints,
« qu'il ne saurait reposer plus de quatre heures par jour.

« En entrant dans l'église, on rencontre la pierre de l'*onction*, sur laquelle le
« corps de Notre-Seigneur fut oint de myrrhe et d'aloès avant que d'être mis
« dans le sépulcre. Quelques-uns disent qu'elle est du même rocher du mont
« Calvaire, et les autres tiennent qu'elle fut apportée dans ce lieu par Joseph
« et Nicodème, disciples secrets de Jésus-Christ, qui lui rendirent ce pieux
« office, et qu'elle tire sur le vert. Quoi qu'il en soit, à cause de l'indiscrétion
« de quelques pèlerins qui la rompaient, l'on a été contraint de la couvrir de
« marbre blanc et de l'entourer d'un petit balustre de fer, de peur que l'on
« ne marche dessus. Elle a huit pieds moins trois pouces de long, et deux
« pieds moins un pouce de large, et au-dessus il y a huit lampes qui brûlent
« continuellement.

« Le Saint-Sépulcre est à trente pas de cette pierre, justement au milieu du
« grand dôme dont j'ai parlé : c'est comme un petit cabinet qui a été creusé
« et pratiqué dans une roche vive, à la pointe du ciseau. La porte qui re-
« garde l'orient n'a que quatre pieds de haut et deux et un quart de large, de
« sorte qu'il se faut grandement baisser pour y entrer. Le dedans du sépulcre
« est presque carré. Il a six pieds moins un pouce de long, et six pieds moins
« deux pouces de large ; et, depuis le bas jusqu'à la voûte, huit pieds un pouce.
« Il y a une table solide de la même pierre qui fut laissée en creusant le reste.
« Elle a deux pieds quatre pouces et demi de haut, et contient la moitié du sé-
« pulcre; car elle a six pieds moins un pouce de long, et deux pieds deux tiers
« et demi de large. Ce fut sur cette table que le corps de Notre-Seigneur fut
« mis, ayant la tête vers l'occident et les pieds à l'orient ; mais à cause de la
« superstitieuse dévotion des Orientaux, qui croient qu'ayant laissé leurs che-
« veux sur cette pierre, Dieu ne les abandonnerait jamais ; et aussi parce que
« les pèlerins en rompaient des morceaux, l'on |a été contraint de la couvrir
« de marbre blanc sur lequel on célèbre aujourd'hui la messe: il y a conti-
« nuellement quarante-quatre lampes qui brûlent dans ce saint lieu ; et afin
« d'en faire exhaler la fumée, l'on a fait trois trous à la voûte. Le dehors du
« sépulcre est aussi revêtu de tables de marbre et de plusieurs colonnes, avec
« un dôme au-dessus.

« A l'entrée de la porte du sépulcre, il y a une pierre d'un pied et demi
« en carré, et relevée d'un pied, qui est du même roc, laquelle servait pour
« appuyer la grosse pierre qui bouchait la porte du sépulcre ; c'était sur cette
« pierre qu'était l'ange lorsqu'il parla aux Maries ; et tant à cause de ce mystère
« que pour ne pas entrer d'abord dans le Saint-Sépulcre, les premiers chrétiens
« firent une petite chapelle au devant, qui est appelée *la Chapelle de l'Ange*.

« A douze pas du Saint-Sépulcre, en tirant vers le septentrion, l'on rencontre
« une grande pierre de marbre gris, qui peut avoir quatre pieds de diamètre,
« que l'on a mise là pour marquer le lieu où Notre-Seigneur se fit voir à la
« Madeleine, en forme de jardinier.

« Plus avant est la chapelle de l'Apparition, où l'on tient par tradition que
« Notre-Seigneur apparut premièrement à la Vierge, après sa résurrection. C'est
« le lieu où les religieux cordeliers font leur office, et où ils se retirent : car de
« là ils entrent en des chambres qui n'ont point d'autre issue que par cette
« chapelle.

« Continuant à faire le tour de l'église, l'on trouve une petite chapelle voû-
« tée, qui a sept pieds de long et six de large, que l'on appelle autrement *la*
« *Prison de Notre-Seigneur*, parce qu'il fut mis dans ce lieu en attendant que
« l'on eût fait le trou pour planter la croix. Cette chapelle est à l'opposite du
« mont Calvaire ; de sorte que ces deux lieux sont comme la croisée de l'église ;
« car le mont est au midi et la chapelle au septentrion.

« Assez proche de là est une autre chapelle de cinq pas de long et de trois de
« large, qui est au même lieu où Notre-Seigneur fut dépouillé par les soldats
« avant que d'être attaché à la croix, et où ses vêtements furent joués et partagés.

« En sortant de cette chapelle, on rencontre à main gauche un grand escalier

« qui perce la muraille de l'église pour descendre dans une espèce de cave
« qui est creusée dans le roc. Après avoir descendu trente marches, il y a
« une chapelle, à main gauche, que l'on appelle vulgairement *la Chapelle
« Sainte-Hélène*, à cause qu'elle était là en prière pendant qu'elle faisait
« chercher la sainte croix. L'on descend encore onze marches jusqu'à l'en-
« droit où elle fut trouvée avec les clous, la couronne d'épines et le fer de la
« lance, qui avaient été cachés en ce lieu plus de trois cents ans.

« Proche du haut de ce degré, en tirant vers le mont Calvaire, est une cha-
« pelle qui a quatre pas de long et deux et demi de large, sous l'autel de la-
« quelle l'on voit une colonne de marbre gris, marqueté de taches noires, qui
« a deux pieds de haut et un de diamètre. Elle est appelée *la Colonne d'Impro-
« pere*, parce que l'on y fit asseoir Notre-Seigneur pour le couronner d'épines.

« L'on rencontre à dix pas de cette chapelle un petit degré fort étroit, dont
« les marches sont de bois au commencement et de pierre à la fin. Il y en a
« vingt en tout, par lesquelles on va sur le mont Calvaire. Ce lieu, qui était
« autrefois si ignominieux, ayant été sanctifié par le sang de Notre-Seigneur,
« les premiers chrétiens en eurent un soin particulier; et, après avoir ôté
« toutes les immondices et toute la terre qui était dessus, ils l'enfermèrent de
« murailles : de sorte que c'est à présent comme une chapelle haute, qui est
« enclose dans cette grande église. Elle est revêtue de marbre par dedans, et
« séparée en deux par une arcade. Ce qui est vers le septentrion est l'endroit
« où Notre-Seigneur fut attaché à la croix. Il y a toujours trente-deux
« lampes ardentes qui sont entretenues par les cordeliers, qui célèbrent aussi
« tous les jours la messe en ce saint lieu.

« En l'autre partie, qui est au midi, fut plantée la sainte croix. On voit encore
« le trou qui est creusé dans le roc environ un pied et demi, outre la terre
« qui était dessus. Le lieu où étaient les croix des deux larrons est proche de
« là. Celle du bon larron était au septentrion et l'autre au midi; de manière
« que le premier était à la main droite de Notre-Seigneur, qui avait la face
« tournée vers l'occident, et le dos du côté de Jérusalem, qui était à l'orient.
« Il y a continuellement cinquante lampes ardentes pour honorer ce saint lieu.

« Au-dessous de cette chapelle sont les sépultures de Godefroy de Bouillon et
« de Baudoin son frère, où on lit ces inscriptions :

HIC JACET INCLYTUS DUX GODEFRIDUS DE
BULION, QUI TOTAM ISTAM TERRAM AC-
QUISIVIT CULTUI CHRISTIANO, CUJUS ANIMA
REGNET CUM CHRISTO AMEN.
REX BALDUINUS, JUDAS ALTER MACHABEUS,
SPES PATRIÆ, VIGOR ECCLESIÆ, VIRTUS UTRIUSQUE,
QUEM FORMIDABANT, CUI DONA TRIBUTA FEREBANT
CEDAR ET ÆGYPTUS, DAN AC HOMICIDA DAMASCUS.
PROH DOLOR! IN MODICO CLAUDITUR HOC TUMULO (1).

---

(1) Outre ces deux tombeaux on en voit quatre autres à moitié brisés. Sur un de ces tombeaux on lit encore, mais avec beaucoup de peine, une épitaphe rapportée par Cotovic.

« Le mont de Calvaire est la dernière station de l'église du Saint Sépulcre;
« car à vingt pas de là l'on rencontre la pierre de l'*onction*, qui est justement
« à l'entrée de l'église. »

Deshayes ayant ainsi décrit par ordre les stations de tant de lieux vénérables, il ne me reste à présent qu'à montrer l'ensemble de ces lieux aux lecteurs.

On voit d'abord que l'église du Saint-Sépulcre se compose de trois églises : celle du Saint-Sépulcre, celle du Calvaire et celle de l'Invention de la sainte Croix.

L'église proprement dite du Saint-Sépulcre est bâtie dans la vallée du mont Calvaire, et sur le terrain où l'on sait que Jésus-Christ fut enseveli. Cette église forme une croix; la chapelle même du Saint-Sépulcre n'est en effet que la grande nef de l'édifice : elle est circulaire comme le Panthéon à Rome, et ne reçoit le jour que par un dôme au-dessous duquel se trouve le Saint-Sépulcre. Seize colonnes de marbre ornent le pourtour de cette rotonde; elles soutiennent, en décrivant dix-sept arcades, une galerie supérieure, également composée de seize colonnes et de dix-sept arcades, plus petites que les colonnes et les arcades qui les portent. Des niches correspondantes aux arcades s'élèvent au-dessus de la frise de la dernière galerie, et le dôme prend sa naissance sur l'arc de ces niches. Celles-ci étaient autrefois décorées de mosaïques représentant les douze apôtres, sainte Hélène, l'empereur Constantin, et trois autres portraits inconnus.

Le chœur de l'église du Saint-Sépulcre est à l'orient de la nef du tombeau : il est double comme dans les anciennes basiliques, c'est-à-dire qu'il a d'abord une enceinte avec des stalles pour les prêtres, ensuite un sanctuaire reculé et élevé de deux degrés au-dessus du premier. Autour de ce double sanctuaire règnent les ailes du chœur; et dans ces ailes sont placées les chapelles décrites par Deshayes.

C'est aussi dans l'aile droite, derrière le chœur, que s'ouvrent les deux escaliers qui conduisent, l'un à l'église du Calvaire, l'autre à l'église de l'Invention de la sainte Croix : le premier monte à la cime du Calvaire; le second descend sous le Calvaire même; en effet la croix fut élevée sur le sommet du Golgotha, et retrouvée sous cette montagne. Ainsi, pour nous résumer, l'église du Saint-Sépulcre est bâtie au pied du Calvaire : elle touche par sa partie orientale à ce monticule sous lequel et sur lequel on a bâti deux autres églises, qui tiennent par des murailles et des escaliers voûtés au principal monument.

L'architecture de l'église est évidemment du siècle de Constantin : l'ordre corinthien domine partout. Les piliers sont lourds ou maigres, et leur diamètre est presque toujours sans proportion avec leur hauteur. Quelques colonnes accouplées qui portent la frise du chœur sont toutefois d'un assez bon style. L'église étant haute et développée, les corniches se profilent à l'œil avec assez de grandeur; mais comme depuis environ soixante ans on a surbaissé l'arcade qui sépare le chœur de la nef, le rayon horizontal est brisé, et l'on ne jouit plus de l'ensemble de la voûte.

L'église n'a point de péristyle : on entre par deux portes latérales; il n'y en a plus qu'une d'ouverte. Ainsi le monument ne paraît pas avoir eu de décorations extérieures. Il est masqué d'ailleurs par les masures et par les couvents grecs qui sont accolés aux murailles.

Le petit monument de marbre qui couvre le Saint-Sépulcre a la forme d'un catafalque orné d'arceaux demi-gothiques engagés dans les côtés-pleins de ce catafalque : il s'élève élégamment sous le dôme qui l'éclaire ; mais il est gâté par une chapelle massive que les Arméniens ont obtenu la permission de bâtir à l'une de ses extrémités. L'intérieur du catafalque offre un tombeau de marbre blanc fort simple, appuyé d'un côté au mur du monument, et servant d'autel aux religieux catholiques : c'est le tombeau de Jésus-Christ.

L'origine de l'église du Saint-Sépulcre est d'une haute antiquité. L'auteur de l'*Epitome* des guerres sacrées (*Epitome bellorum sacrorum*) prétend que, quarante-six ans après la destruction de Jérusalem par Vespasien et Titus, les chrétiens obtinrent d'Adrien la permission de bâtir, ou plutôt de rebâtir un temple sur le tombeau de leur Dieu, et d'enfermer dans la nouvelle cité les autres lieux révérés des chrétiens. Il ajoute que ce temple fut agrandi et réparé par Hélène, mère de Constantin. Quaresmius combat cette opinion, « parce « que, dit-il, les fidèles, jusqu'au règne de Constantin, n'eurent pas la per- « mission d'élever de pareils temples. » Le savant religieux oublie qu'avant la persécution de Dioclétien les chrétiens possédaient de nombreuses églises et célébraient publiquement leurs mystères. Lactance et Eusèbe vantent à cette époque la richesse et le bonheur des fidèles.

D'autres auteurs dignes de foi, Sozomène, dans le second livre de son *Histoire;* saint Jérôme, dans ses *Épîtres* à Paulin et à Ruffin; Sévère, livre II; Nicéphore, livre XVIII; et Eusèbe, dans la *Vie de Constantin*, nous apprennent que les païens entourèrent d'un mur les saints lieux ; qu'ils élevèrent sur le tombeau de Jésus-Christ une statue à Jupiter, et une autre statue à Vénus sur le Calvaire ; qu'ils consacrèrent un bois à Adonis sur le berceau du Sauveur. Ces témoignages démontrent également l'antiquité du vrai culte à Jérusalem par la profanation même des lieux sacrés, et prouvent que les chrétiens avaient des sanctuaires dans ces lieux (1).

Quoi qu'il en soit, la fondation de l'église du Saint-Sépulcre remonte au moins au règne de Constantin : il nous reste une lettre de ce prince, qui ordonne à Macaire, évêque de Jérusalem, d'élever une église sur le lieu où s'accomplit le grand mystère du salut. Eusèbe nous a conservé cette lettre. L'évêque de Césarée fait ensuite la description de l'église nouvelle, dont la dédicace dura huit jours. Si le récit d'Eusèbe avait besoin d'être appuyé par des témoignages étrangers, on aurait ceux de Cyrille, évêque de Jérusalem (*Catéch.* 1-10-13), de Théodoret, et même de l'*Itinéraire de Bordeaux à Jérusalem en 333*: *Ibidem, jussu Constantini imperatoris, basilica facta est miræ pulchritudinis.*

Cette église fut ravagée par Cosroës II, roi de Perse, environ trois siècles après qu'elle eut été bâtie par Constantin. Héraclius reconquit la vraie croix, et Modeste, évêque de Jérusalem, rétablit l'église du Saint-Sépulcre. Quelque

---

(1) Voyez le deuxième Mémoire de l'Introduction.

temps après, le calife Omar s'empara de Jérusalem ; mais il laissa aux chrétiens le libre exercice de leur culte. Vers l'an 1009, Hequem ou Hakem, qui régnait en Égypte, porta la désolation au tombeau de Jésus-Christ. Les uns veulent que la mère de ce prince, qui était chrétienne, ait fait encore relever les murs de l'église abattue ; les autres disent que le fils du calife d'Égypte ; à la sollicitation de l'empereur Argyropile, permit aux fidèles d'enfermer les saints lieux dans un monument nouveau. Mais comme à l'époque du règne de Hakem les chrétiens de Jérusalem n'étaient ni assez riches, ni assez habiles pour bâtir l'édifice qui couvre aujourd'hui le Calvaire (1) ; comme, malgré un passage très-suspect de Guillaume de Tyr, rien n'indique que les croisés aient fait construire à Jérusalem une église du Saint-Sépulcre, il est probable que l'église fondée par Constantin a toujours subsisté telle qu'elle est, du moins quant aux murailles du bâtiment. La seule inspection de l'architecture de ce bâtiment suffirait pour démontrer la vérité de ce que j'avance.

Les croisés s'étant emparés de Jérusalem, le 15 juillet 1099, arrachèrent le tombeau de Jésus-Christ des mains des infidèles. Il demeura quatre-vingt-huit ans sous la puissance des successeurs de Godefroy de Bouillon. Lorsque Jérusalem retomba sous le joug musulman, les Syriens rachetèrent à prix d'or l'église du Saint-Sépulcre, et des moines vinrent défendre avec leurs prières des lieux inutilement confiés aux armes des rois : c'est ainsi qu'à travers mille révolutions la foi des premiers chrétiens nous avait conservé un temple qu'il était donné à notre siècle de voir périr.

Les premiers voyageurs étaient bien heureux ; ils n'étaient point obligés d'entrer dans toutes ces critiques : premièrement, parce qu'ils trouvaient dans leurs lecteurs la religion qui ne dispute jamais avec la vérité ; secondement, parce que tout le monde était persuadé que le seul moyen de voir un pays tel qu'il est, c'est de le voir avec ses traditions et ses souvenirs. C'est en effet la Bible et l'Évangile à la main que l'on doit parcourir la Terre-Sainte. Si l'on veut y porter un esprit de contention et de chicane, la Judée ne vaut pas la peine qu'on l'aille chercher si loin. Que dirait-on d'un homme qui, parcourant la Grèce et l'Italie, ne s'occuperait qu'à contredire Homère et Virgile ? Voilà pourtant comme on voyage aujourd'hui : effet sensible de notre amour-propre qui veut nous faire passer pour habiles en nous rendant dédaigneux.

Les lecteurs chrétiens demanderont peut-être à présent quels furent les sentiments que j'éprouvai en entrant dans ce lieu redoutable ; je ne puis réellement le dire. Tant de choses se présentaient à la fois à mon esprit, que je ne m'arrêtais à aucune idée particulière. Je restai près d'une demi-heure à genoux dans la petite chambre du Saint-Sépulcre, les regards attachés sur la pierre sans pouvoir les en arracher. L'un des deux religieux qui me conduisaient demeurait prosterné auprès de moi, le front sur le marbre ; l'autre, l'Évangile à la main, me lisait à la lueur des lampes les passages relatifs au saint tombeau. Entre chaque verset il récitait une prière : *Domine Jesu Christe, qui in hora diei vespertina*

---

(1) On prétend que Marie, femme de Hakem et mère du nouveau calife, en fit les frais, et qu'elle fut aidée dans cette pieuse entreprise par Constantin Monomaque.

de cruce depositus, in brachiis dulcissimœ Matris tuœ reclinatus fuisti, horaque ultima in hoc sanctissimo monumento corpus tuum examine contulisti, etc. Tout ce que je puis assurer, c'est qu'à la vue de ce sépulcre triomphant je ne sentis que ma faiblesse; et quand mon guide s'écria avec saint Paul : *Ubi est Mors, victoria tua ? Ubi est Mors, stimulus tuus ?* je prêtai l'oreille, comme si la Mort allait répondre qu'elle était vaincue et enchaînée dans ce monument.

Nous parcourûmes les stations jusqu'au sommet du Calvaire. Où trouver dans l'antiquité rien d'aussi touchant, rien d'aussi merveilleux que les dernières scènes de l'Évangile? Ce ne sont point ici les aventures bizarres d'une divinité étrangère à l'humanité : c'est l'histoire la plus pathétique, histoire qui non-seulement fait couler des larmes par sa beauté, mais dont les conséquences, appliquées à l'univers, ont changé la face de la terre. Je venais de visiter les monuments de la Grèce, et j'étais encore tout rempli de leur grandeur; mais qu'ils avaient été loin de m'inspirer ce que j'éprouvais à la vue des lieux saints !

L'église du Saint-Sépulcre, composée de plusieurs églises, bâtie sur un terrain inégal, éclairée par une multitude de lampes, est singulièrement mystérieuse; il y règne une obscurité favorable à la piété et au recueillement de l'âme. Les prêtres chrétiens des différentes sectes habitent les différentes parties de l'édifice.

Du haut des arcades, où ils se sont nichés comme des colombes, du fond des chapelles et des souterrains, ils font entendre leurs cantiques à toutes les heures du jour et de la nuit; l'orgue du religieux latin, les cymbales du prêtre abyssin, la voix du caloyer grec, la prière du solitaire arménien, l'espèce de plainte du moine cophte, frappent tour à tour ou tout à la fois votre oreille; vous ne savez d'où partent ces concerts ; vous respirez l'odeur de l'encens sans apercevoir la main qui le brûle : seulement vous voyez passer, s'enfoncer derrière des colonnes, se perdre dans l'ombre du temple, le pontife qui va célébrer les plus redoutables mystères aux lieux mêmes où ils se sont accomplis.

Je ne sortis point de l'enceinte sacrée sans m'arrêter aux monuments de Godefroy et de Baudoin : ils font face à la porte de l'église, et sont appuyés contre le mur du chœur. Je saluai les cendres de ces rois chevaliers qui méritèrent de reposer près du grand sépulcre qu'ils avaient délivré. Ces cendres sont des cendres françaises, et les seules qui soient ensevelies à l'ombre du tombeau de Jésus-Christ. Quel titre d'honneur pour ma patrie !

Je retournai au couvent à onze heures, et j'en sortis de nouveau à midi pour suivre la *Voie douloureuse :* on appelle ainsi le chemin que parcourut le Sauveur du monde en se rendant de la maison de Pilate au Calvaire.

La maison de Pilate (1) est une ruine d'où l'on découvre le vaste emplacement du temple de Salomon et la mosquée bâtie sur cet emplacement.

Jésus-Christ ayant été battu de verges, couronné d'épines, et revêtu d'une

---

(1) Le gouverneur de Jérusalem demeurait autrefois dans cette maison, mais on n'y loge plus que ses chevaux parmi les débris. Voyez l'Introduction, sur la vérité des traditions religieuses à Jérusalem.

casaque de pourpre, fut présenté aux Juifs par Pilate : *Ecce Homo*, s'écria le juge ; et l'on voit encore la fenêtre d'où il prononça ces paroles mémorables.

Selon la tradition latine à Jérusalem, la couronne de Jésus-Christ fut prise sur l'arbre épineux, *lycium spinosum*. Mais le savant botaniste Hasselquist croit qu'on employa pour cette couronne le *nabka* des Arabes. La raison qu'il en donne mérite d'être rapportée :

« Il y a toute apparence, dit l'auteur, que le nabka fournit la couronne que « l'on mit sur la tête de Notre-Seigneur : il est commun dans l'Orient. On ne « pouvait choisir une plante plus propre à cet usage, car elle est armée de pi-« quants ; ses branches sont souples et pliantes, et sa feuille est d'un vert foncé « comme celle du lierre. Peut-être les ennemis de Jésus-Christ choisirent-ils, « pour ajouter l'insulte au châtiment, une plante approchante de celle dont on « se servait pour couronner les empereurs et les généraux d'armée. »

Une autre tradition conserve à Jérusalem la sentence prononcée par Pilate contre le Sauveur du monde :

Jesum Nazarenum, subversorem gentis, contemptorem Cæsaris, et falsum Messiam, ut majorum suæ gentis testimonio probatum est, ducite ad communis supplicii locum, et cum in ludibriis regiæ majestatis in medio duorum latronum cruci affigite. I, lictor, expedi cruces.

A cent vingt pas de l'arc de l'*Ecce Homo*, on me montra, à gauche, les ruines d'une église consacrée autrefois à Notre-Dame des Douleurs. Ce fut dans cet endroit que Marie, chassée d'abord par les gardes, rencontra son Fils chargé de la croix. Ce fait n'est point rapporté dans les Évangiles ; mais il est cru généralement sur l'autorité de saint Boniface et de saint Anselme. Saint Boniface dit que la Vierge tomba comme demi-morte, et qu'elle ne put prononcer un seul mot : *Nec verbum dicere potuit*. Saint Anselme assure que le Christ la salua par ces mots : *Salve, Mater !* Comme on retrouve Marie au pied de la croix (1), ce récit des Pères n'a rien que de très-probable ; la foi ne s'oppose point à ces traditions : elles montrent à quel point la merveilleuse et sublime histoire de la Passion s'est gravée dans la mémoire des hommes. Dix-huit siècles écoulés, des persécutions sans fin, des révolutions éternelles, des ruines toujours croissantes, n'ont pu effacer ou cacher la trace d'une mère qui vint pleurer sur son fils.

Cinquante pas plus loin nous trouvâmes l'endroit où Simon le Cyrénéen aida Jésus-Christ à porter sa croix.

« Comme ils le menaient à la mort, ils prirent un homme de Cyrène, ap-« pelé *Simon*, qui revenait des champs, et le chargèrent de la croix, la lui fai-« sant porter après Jésus (2). »

Ici le chemin qui se dirigeait est et ouest fait un coude et tourne au nord ; je vis à main droite le lieu où se tenait Lazare le pauvre, et en face, de l'autre côté de la rue, la maison du mauvais riche.

« Il y avait un homme riche qui était vêtu de pourpre et de lin, et qui se « traitait magnifiquement tous les jours.

(1) *In Joan.* — (2) Saint Luc.

« Il y avait aussi un pauvre appelé *Lazare*, tout couvert d'ulcères, couché à
« sa porte, qui eût bien voulu se rassasier des miettes qui tombaient de la
« table du riche; mais personne ne lui en donnait, et les chiens venaient lui
« lécher ses plaies. »

« Or, il arriva que le pauvre mourut, et fut emporté par les anges dans le
« sein d'Abraham. Le riche mourut aussi, et eut l'enfer pour sépulcre. »

Saint Chrysostôme, saint Ambroise et saint Cyrille ont cru que l'histoire du Lazare et du mauvais riche n'était point une simple parabole, mais un fait réel et connu. Les Juifs même nous ont conservé le nom du mauvais riche, qu'ils appellent *Nabal*.

Après avoir passé la maison du mauvais riche, on tourne à droite, et l'on reprend la direction du couchant. A l'entrée de cette rue qui monte au Calvaire, le Christ rencontra les saintes femmes qui le pleuraient.

« Or, il était suivi d'une grande multitude de peuple et de femmes qui se
« frappaient la poitrine et qui pleuraient. »

« Mais Jésus se tournant vers elles leur dit : Filles de Jérusalem, ne pleurez
« pas sur moi, mais pleurez sur vous-mêmes et sur vos enfants (1). »

A cent dix pas de là on montre l'emplacement de la maison de Véronique, et le lieu où cette pieuse femme essuya le visage du Sauveur. Le premier nom de cette femme était Bérénice; il fut changé dans la suite en celui de *Vera-Icon*, vraie image, par la transposition de deux lettres ; en outre, la transmutation du *b* en *v* est très-fréquente dans les langues anciennes.

Après avoir fait une centaine de pas, on trouve la porte Judiciaire : c'était la porte par où sortaient les criminels qu'on exécutait sur le Golgotha. Le Golgotha, aujourd'hui renfermé dans la nouvelle cité, était hors de l'enceinte de l'ancienne Jérusalem.

De la porte Judiciaire au haut du Calvaire on compte à peu près deux cents pas : là se termine la Voie Douloureuse, qui peut avoir en tout un mille de longueur. Nous avons vu que le Calvaire est maintenant compris dans l'église du Saint-Sépulcre. Si ceux qui lisent la Passion dans l'Évangile sont frappés d'une sainte tristesse et d'une admiration profonde, qu'est-ce donc que d'en suivre les scènes au pied de la montagne de Sion, à la vue du temple, et dans les murs mêmes de Jérusalem !

Après la description de la Voie Douloureuse et de l'église du Saint-Sépulcre, je ne dirai qu'un mot des autres lieux de dévotion que l'on trouve dans l'enceinte de la ville. Je me contenterai de les nommer dans l'ordre où je les ai parcourus pendant mon séjour à Jérusalem.

1° La maison d'Anne le pontife, près de la porte de David, au pied du mont Sion, en dedans du mur de la ville : les Arméniens possèdent l'église bâtie sur les ruines de cette maison.

2° Le lieu de l'apparition du Sauveur à Marie Madeleine, Marie mère de Jacques, et Marie Salomé, entre le château et la porte du mont Sion.

3° La maison de Simon le Pharisien. Madeleine y confessa ses erreurs. C'est une église totalement ruinée, à l'orient de la ville.

(1) Saint Luc.

4° Le monastère de sainte Anne, mère de la sainte Vierge ; et la grotte de la Conception immaculée, sous l'église du monastère. Ce monastère est converti en mosquée, mais on y entre pour quelques médins. Sous les rois chrétiens, il était habité par des religieuses. Il n'est pas loin de la maison de Simon.

5° La prison de saint Pierre, près du Calvaire. Ce sont de vieilles murailles où l'on montre des crampons de fer.

6° La maison de Zébédée, assez près de la prison de saint Pierre, grande église qui appartient au patriarche grec.

7° La maison de Marie, mère de Jean-Marc, où saint Pierre se retira lorsqu'il eut été délivré par l'ange. C'est une église desservie par les Syriens.

8° Le lieu du martyre de saint Jacques le Majeur. C'est le couvent des Arméniens. L'église en est fort riche et fort élégante. Je parlerai bientôt du patriarche arménien.

Le lecteur a maintenant sous les yeux le tableau complet des monuments chrétiens dans Jérusalem. Nous allons à présent visiter les dehors de la ville sainte.

J'avais employé deux heures à parcourir à pied la Voie Douloureuse.

J'eus soin chaque jour de revoir ce chemin sacré ainsi que l'église du Calvaire, afin qu'aucune circonstance essentielle n'échappât à ma mémoire. Il était donc deux heures quand j'achevai, le 7 octobre, ma première revue des saints lieux. Je montai alors à cheval avec Ali-Aga, le drogman Michel et mes domestiques. Nous sortîmes par la porte de Jaffa pour faire le tour complet de Jérusalem. Nous étions couverts d'armes, habillés à la française, et très-décidés à ne souffrir aucune insulte. On voit que les temps sont bien changés, grâce au renom de nos victoires : car l'ambassadeur Deshayes, sous Louis XIII, eut toutes les peines du monde à obtenir la permission d'entrer à Jérusalem avec son épée.

Nous tournâmes à gauche en sortant de la porte de la ville ; nous marchâmes au midi, et nous passâmes la piscine de Bersabée, fossé large et profond, mais sans eau ; ensuite nous gravîmes la montagne de Sion, dont une partie se trouve hors de Jérusalem.

Je suppose que ce nom de Sion réveille dans la mémoire des lecteurs un grand souvenir ; qu'ils sont curieux de connaître cette montagne si mystérieuse dans l'Écriture, si célèbre dans les cantiques de Salomon ; cette montagne objet des bénédictions ou des larmes des prophètes, et dont Racine a soupiré les malheurs.

C'est un monticule d'un aspect jaunâtre et stérile, ouvert en forme de croissant du côté de Jérusalem, à peu près de la hauteur de Montmartre, mais plus arrondi au sommet. Ce sommet sacré est marqué par trois monuments ou plutôt par trois ruines : la maison de Caïphe, le Saint-Cénacle, et le tombeau ou le palais de David. Du haut de la montagne vous voyez au midi la vallée de Ben-Hinnon, par delà cette vallée le Champ du Sang acheté des trente deniers de Judas, le mont du Mauvais-Conseil, les tombeaux des juges et tout le désert vers Habron et Bethléem. Au nord le mur de Jérusalem qui passe sur la cime de Sion, vous empêche de voir la ville ; celle-ci va toujours en s'inclinant vers la vallée de Josaphat.

La maison de Caïphe est aujourd'hui une église, desservie par les Arméniens; le tombeau de David est une petite salle voûtée, où l'on trouve trois sépulcres de pierres noirâtres; le Saint-Cénacle est une mosquée et un hôpital turc : c'étaient autrefois une église et un monastère occupés par les pères de Terre-Sainte.

Ce dernier sanctuaire est également fameux dans l'ancien et dans le nouveau *Testament :* David y bâtit son palais et son tombeau; il y garda pendant trois mois l'arche d'alliance.

Jésus-Christ y fit la dernière Pâque, et y institua le sacrement d'Eucharistie.

Il apparut à ses disciples le jour de sa résurrection; le Saint-Esprit y descendit sur les apôtres.

Le Saint-Cénacle devint le premier temple chrétien que le monde ait vu; saint Jacques le Mineur y fut consacré premier évêque de Jérusalem, et saint Pierre y tint le premier concile de l'Église.

Enfin ce fut de ce lieu que les apôtres partirent, pauvres et nus, pour monter sur tous les trônes de la terre : *Docete omnes gentes.*

L'historien Josèphe nous a laissé une description magnifique du palais et du tombeau de David.

Benjamin de Tudèle fait au sujet de ce tombeau un conte assez curieux (*e*).

En descendant de la montagne de Sion du côté du levant, nous arrivâmes à la vallée, à la fontaine et à la piscine de Siloé, où Jésus-Christ rendit la vue à l'aveugle. La fontaine sort d'un rocher; elle coule en silence, *cum silentio*, selon le témoignage de Jérémie, ce qui contredit un passage de saint Jérôme, elle a une espèce de flux et de reflux, tantôt versant ses eaux comme la fontaine de Vaucluse, tantôt les retenant et les laissant à peine couler. Les lévites répandaient l'eau de Siloé sur l'autel à la fête des Tabernacles, en chantant : *Haurietis aquas in gaudio de fontibus Salvatoris.* Milton invoque cette source, au commencement de son poëme, au lieu de la fontaine Castalie :

> . . . . Or if Sion-hill
> Delight thee more, and Siloa's brook that flow'd
> Fast by the oracle of God, etc.;

beaux vers que Delille a magnifiquement rendus :

> Toi donc qui, célébrant les merveilles des cieux,
> Prends loin de l'Hélicon un vol audacieux;
> Soit que, te retenant sous ses palmiers antiques,
> Sion avec plaisir répète tes cantiques;
> . . . .
> Soit que, chantant le jour où Dieu donna sa loi,
> Le Sina sous tes pieds tressaille encor d'effroi;
> Soit que, près du saint lieu d'où partent ses oracles
> Les flots du Siloé te disent ses miracles :
> Muse sainte, soutiens mon vol présomptueux!

Les uns racontent que cette fontaine sortit tout à coup de la terre pour apaiser la soif d'Isaïe lorsque ce prophète fut scié en deux avec une scie de bois par l'ordre de Manassès; les autres prétendent qu'on la vit paraître sous le règne d'Ézéchias, dont nous avons l'admirable cantique :

> J'ai vu mes tristes journées
> Décliner vers leur penchant! etc.

Selon Josèphe, cette source miraculeuse coulait pour l'armée de Titus, et refusait ses eaux aux Juifs coupables. La piscine, ou plutôt les deux piscines du même nom sont tout auprès de la source. Elles servent aujourd'hui à laver le linge comme autrefois, et nous y vîmes des femmes qui nous dirent des injures en s'enfuyant. L'eau de la fontaine est saumâtre et assez désagréable au goût; on s'y baigne les yeux en mémoire du miracle de l'aveugle-né.

Près de là on montre l'endroit où le prophète Isaïe subit le supplice dont j'ai parlé. On y voit aussi un village appelé *Siloan;* au pied de ce village est une autre fontaine que l'Écriture nomme *Rogel :* en face de cette fontaine, au pied de la montagne de Sion, se trouve une troisième fontaine qui porte le nom de *Marie.* On croit que la Vierge y venait chercher de l'eau; comme les filles de Laban au puits dont Jacob ôta la pierre : *Ecce Rachel veniebat cum ovibus patris sui*, etc. La fontaine de la Vierge mêle ses eaux à celles de la fontaine de Siloé.

Ici, comme le remarque saint Jérôme, on est à la racine du mont Moria sous les murs du temple, à peu près en face de la porte Sterquilinaire. Nous avançâmes jusqu'à l'angle oriental du mur de la ville, et nous entrâmes dans la vallée de Josaphat. Elle court du nord au midi, entre la montagne des Oliviers et le mont Moria. Le torrent de Cédron passe au milieu. Ce torrent est à sec une partie de l'année; dans les orages ou dans les printemps pluvieux il roule une eau rougie.

La vallée de Josaphat est encore appelée dans l'Écriture *vallée de Savé, vallée du Roi, vallée de Melchisédech* (1). Ce fut dans la vallée de Melchisédech que le roi de Sodome chercha Abraham pour le féliciter de la victoire remportée sur les cinq rois. Moloch et Béelphégor furent adorés dans cette même vallée. Elle prit dans la suite le nom de *Josaphat,* parce que le roi de ce nom y fit élever son tombeau. La vallée de Josaphat semble avoir toujours servi de cimetière à Jérusalem; on y rencontre les monuments des siècles les plus reculés et des temps les plus modernes : les Juifs viennent y mourir des quatre parties du monde; un étranger leur vend au poids de l'or un peu de terre pour couvrir leurs corps dans le champ de leurs aïeux. Les cèdres dont Salomon planta cette vallée (2), l'ombre du temple dont elle était couverte, le torrent qui la traversait (3), les cantiques de deuil que David y composa, les lamen-

(1) Sur tout cela il y a différentes opinions. La vallée du Roi pourrait bien être vers les montagnes du Jourdain, et cette position conviendrait même davantage à l'histoire d'Abraham.

(2) Josèphe raconte que Salomon fit couvrir de cèdres les montagnes de la Judée.

(3) Cédron est un mot hébreu qui signifie noirceur et tristesse. On observe qu'il y a faute dans l'évangile de saint Jean, qui nomme ce torrent, *Torrent des Cèdres.* L'erreur vient d'un oméga, écrit au lieu d'un omicron : κέδρων au lieu de κέδρον.

tations que Jérémie y fit entendre, la rendaient propre à la tristesse et à la paix des tombeaux. En commençant sa Passion dans ce lieu solitaire, Jésus-Christ le consacra de nouveau aux douleurs : ce David innocent y versa, pour effacer nos crimes, les larmes que le David coupable y répandit pour expier ses propres erreurs. Il y a peu de noms qui réveillent dans l'imagination des pensées à la fois plus touchantes et plus formidables que celui de la vallée de Josaphat : vallée si pleine de mystères que, selon le prophète Joël, tous les hommes y doivent comparaître un jour devant le juge redoutable : *Congregabo omnes gentes, et deducam eas in vallem Josaphat, et disceptabo cum eis ibi.* « Il est raisonnable, dit le père Nau, que l'honneur de Jésus-Christ soit réparé « publiquement dans le lieu où il lui a été ravi par tant d'opprobres et d'igno-« minies, et qu'il juge justement les hommes où ils l'ont jugé si injustement. »

L'aspect de la vallée de Josaphat est désolé : le côté occidental est une haute falaise de craie qui soutient les murs gothiques de la ville, au-dessus desquels on aperçoit Jérusalem ; le côté oriental est formé par le mont des Oliviers et par la montagne du Scandale, *mons Offensionis*, ainsi nommée de l'idolâtrie de Salomon. Ces deux montagnes, qui se touchent, sont presque nues et d'une couleur rouge et sombre : sur leurs flancs déserts on voit çà et là quelques vignes noires et brûlées, quelques bouquets d'oliviers sauvages, des friches couvertes d'hysope, des chapelles, des oratoires et des mosquées en ruine. Au fond de la vallée on découvre un pont d'une seule arche, jeté sur la ravine du torrent de Cédron. Les pierres du cimetière des Juifs se montrent comme un amas de débris au pied de la montagne du Scandale, sous le village arabe de Siloan : on a peine à distinguer les masures de ce village des sépulcres dont elles sont environnées. Trois monuments antiques, les tombeaux de Zacharie, de Josaphat et d'Absalon, se font remarquer dans ce champ de destruction. A la tristesse de Jérusalem, dont il ne s'élève aucune fumée, dont il ne sort aucun bruit ; à la solitude des montagnes où l'on n'aperçoit pas un être vivant ; au désordre de toutes ces tombes fracassées, brisées, demi-ouvertes, on dirait que la trompette du jugement s'est déjà fait entendre, et que les morts vont se lever dans la vallée de Josaphat.

Au bord même, et presque à la naissance du torrent de Cédron, nous entrâmes dans le jardin des Oliviers ; il appartient aux pères latins, qui l'ont acheté de leurs propres deniers : on y voit huit gros oliviers d'une extrême décrépitude. L'olivier est pour ainsi dire immortel, parce qu'il renaît de sa souche : on conservait dans la citadelle d'Athènes un olivier dont l'origine remontait à la fondation de la ville. Les oliviers du jardin de ce nom à Jérusalem sont au moins du temps du Bas-Empire ; en voici la preuve : en Turquie, tout olivier trouvé debout par les musulmans, lorsqu'ils envahirent l'Asie, ne paie qu'un médin au fisc, tandis que l'olivier planté depuis la conquête doit au Grand Seigneur la moitié de ses fruits (1) : or les huit oliviers dont nous parlons ne sont taxés qu'à huit médins.

(1) Cette loi est aussi absurde que la plupart des autres lois en Turquie : chose bizarre d'épargner le vaincu au moment de la conquête, lorsque la violence peut amener l'injustice, et d'accabler le sujet en pleine paix !

Nous descendîmes de cheval à l'entrée de ce jardin, pour visiter à pied les Stations de la montagne. Le village de Gethsémani était à quelque distance du jardin des Oliviers. On le confond aujourd'hui avec ce jardin, comme le remarquent Thévenot et Roger.

Nous entrâmes d'abord dans le sépulcre de la Vierge. C'est une église souterraine où l'on descend par cinquante degrés assez beaux : elle est partagée entre toutes les sectes chrétiennes : les Turcs même ont un oratoire dans ce lieu; les catholiques possèdent le tombeau de Marie. Quoique la Vierge ne soit pas morte à Jérusalem, elle fut (selon l'opinion de plusieurs Pères) miraculeusement ensevelie à Gethsémani par les apôtres. Euthymius raconte l'histoire de ces merveilleuses funérailles. Saint Thomas ayant fait ouvrir le cercueil, on n'y trouva plus qu'une robe virginale, simple et pauvre vêtement de cette reine de gloire que les anges avaient enlevée aux cieux. Les tombeaux de saint Joseph, de saint Joachim et de sainte Anne se voient aussi dans cette église souterraine.

Sortis du sépulcre de la Vierge, nous allâmes voir, dans le jardin des Oliviers, la grotte où le Sauveur répandit une sueur de sang, en prononçant ces paroles : *Pater, si possibile est, transeat a me calix iste.*

Cette grotte est irrégulière; on y a pratiqué des autels. A quelques pas en dehors on voit la place où Judas trahit son maître par un baiser. A quelle espèce de douleur Jésus-Christ consentit à descendre! Il éprouva ces affreux dégoûts de la vie que la vertu même a de la peine à surmonter. Et à l'instant où un ange est obligé de sortir du ciel pour soutenir la Divinité défaillante sous le fardeau des misères de l'homme, cette Divinité miséricordieuse est trahie par l'homme (*f*)!

En quittant la grotte du Calice d'amertume, et gravissant un chemin tortueux semé de cailloux, le drogman nous arrêta près d'une roche d'où l'on prétend que Jésus-Christ regarda la ville coupable en pleurant sur la désolation prochaine de Sion. Baronius observe que Titus planta ses tentes à l'endroit même où le Sauveur avait prédit la ruine de Jérusalem. Doubdan, qui combat cette opinion sans citer Baronius, croit que la sixième légion romaine campa au sommet de la montagne des Oliviers et non pas sur le penchant de la montagne. Cette critique est trop sévère, et la remarque de Baronius n'en est ni moins belle ni moins juste (*g*).

De la roche de la Prédiction nous montâmes à des grottes qui sont à la droite du chemin. On les appelle les *Tombeaux des Prophètes;* elles n'ont rien de remarquable, et l'on ne sait trop de quels prophètes elles peuvent garder les cendres.

Un peu au-dessus de ces grottes nous trouvâmes une espèce de citerne composée de douze arcades : ce fut là que les apôtres composèrent le premier symbole de notre croyance. Tandis que le monde entier adorait à la face du soleil mille divinités honteuses, douze pêcheurs, cachés dans les entrailles de la terre, dressaient la profession de foi du genre humain, et reconnaissaient l'unité du Dieu créateur de ces astres à la lumière desquels on n'osait encore proclamer son existence. Si quelque Romain de la cour d'Auguste, passant auprès de ce souterrain, eût aperçu les douze Juifs qui composaient cette œuvre sublime, quel mépris il eût témoigné pour cette troupe superstitieuse! Avec quel dédain il eût parlé de ces premiers fidèles! Et pourtant ils allaient renverser les temples de ce Romain, détruire la religion de ses pères, changer les lois, la politique, la morale, la raison et jusqu'aux pensées des hommes. Ne désespérons donc jamais du salut des peuples. Les chrétiens gémissent aujourd'hui sur la tiédeur de la foi : qui sait si Dieu n'a point planté dans une aire inconnue le grain de sénevé qui doit multiplier dans les champs? Peut-être cet espoir de salut est-il sous nos yeux sans que nous nous y arrêtions : peut-être nous paraît-il aussi absurde que ridicule. Mais qui aurait jamais pu croire à la folie de la Croix?

On monte encore un peu plus haut, et l'on rencontre les ruines ou plutôt l'emplacement désert d'une chapelle : une tradition constante enseigne que Jésus-Christ récita dans cet endroit l'*Oraison dominicale.*

« Un jour, comme il était en prière en un certain lieu, après qu'il eut cessé
« de prier, un de ses disciples lui dit: Seigneur, apprenez-nous à prier, ainsi
« que Jean l'a appris à ses disciples.

« Et il leur dit : Lorsque vous prierez, dites: Père, que votre nom soit sanc-
« tifié, etc. (1). »

Ainsi furent composées presque au même lieu la profession de foi de tous les hommes et la prière de tous les hommes.

A trente pas de là, en tirant un peu vers le nord, est un olivier au pied duquel le Fils du souverain Arbitre prédit le jugement universel (*h*).

Enfin, on fait encore une cinquantaine de pas sur la montagne, et l'on arrive à une petite mosquée, de forme octogone, reste d'une église élevée jadis à l'endroit même où Jésus-Christ monta au ciel après sa résurrection. On distingue sur le rocher l'empreinte du pied gauche d'un homme; le vestige du pied droit s'y voyait aussi autrefois : la plupart des pèlerins disent que les Turcs ont enlevé ce second vestige pour le placer dans la mosquée du Temple; mais le père Roger affirme positivement qu'il n'y est pas. Je me tais, par respect, sans pourtant être convaincu, devant des autorités considérables : saint Augustin, saint Jérôme, saint Paulin, Sulpice Sévère, le vénérable Bède, la tradition, tous les voyageurs anciens et modernes, assurent que cette trace marque un pas de Jésus-Christ. En examinant cette trace, on en a conclu que le Sauveur avait le visage tourné vers le nord au moment de son ascension, comme pour renier ce midi infesté d'erreurs, pour appeler à la foi les Barbares qui devaient renverser les temples des faux dieux, créer de nouvelles nations, et planter l'étendard de la croix sur les murs de Jérusalem.

Plusieurs Pères de l'Église ont cru que Jésus-Christ s'éleva aux cieux au milieu des âmes des patriarches et des prophètes, délivrées par lui des chaînes de la mort : sa mère et cent vingt disciples furent témoins de son ascension. Il étendit les bras comme Moïse, dit saint Grégoire de Nazianze, et présenta ses disciples à son père; ensuite il croisa ses mains puissantes en les abaissant

(1) Saint Luc.

sur la tête de ses bien-aimés (1), et c'était de cette manière que Jacob avait béni les fils de Joseph; puis, quittant la terre avec une majesté admirable, il monta lentement vers les demeures éternelles et se perdit dans une nue éclatante (2)!

Sainte Hélène avait fait bâtir une église où l'on trouve aujourd'hui la mosquée octogone. Saint Jérôme nous apprend qu'on n'avait jamais pu fermer la voûte de cette église à l'endroit où Jésus-Christ prit sa route à travers les airs. Le vénérable Bède assure que de son temps, la veille de l'Ascension, on voyait, pendant la nuit, la montagne des Oliviers couverte de feux. Rien n'oblige à croire ces traditions, que je rapporte seulement pour faire connaître l'histoire et les mœurs; mais si Descartes et Newton eussent philosophiquement douté de ces merveilles, Racine et Milton ne les auraient pas poétiquement répétées.

Telle est l'histoire évangélique expliquée par les monuments. Nous l'avons vue commencer à Bethléem, marcher au dénoûment chez Pilate, arriver à la catastrophe au Calvaire, et se terminer sur la montagne des Oliviers. Le lieu même de l'ascension n'est pas tout à fait à la cime de la montagne, mais à deux ou trois cents pas au-dessous du plus haut sommet (*i*).

Nous descendîmes de la montagne des Oliviers, et remontant à cheval, nous continuâmes notre route. Nous laissâmes derrière nous la vallée de Josaphat, et nous marchâmes par des chemins escarpés, jusqu'à l'angle septentrional de la ville; de là, tournant à l'ouest, et longeant le mur qui fait face au nord, nous arrivâmes à la grotte où Jérémie composa ses *Lamentations*. Nous n'étions pas loin des sépulcres des rois; mais nous renonçâmes à les voir ce jour-là, parce qu'il était trop tard. Nous revînmes chercher la porte de Jaffa, par laquelle nous étions sortis de Jérusalem. Il était sept heures précises quand nous rentrâmes au couvent.

Notre course avait duré cinq heures. A pied, et en suivant l'enceinte des murs, il faut à peine une heure pour faire le tour de Jérusalem.

Le 8 octobre à cinq heures du matin, j'entrepris avec Ali-Aga et le drogman Michel la revue de l'intérieur de la ville. Il faut nous arrêter ici pour jeter un regard sur l'histoire de Jérusalem.

Jérusalem fut fondée l'an du monde 2023, par le grand-prêtre Melchisédech : il la nomma *Salem*, c'est-à-dire la Paix; elle n'occupait alors que les deux montagnes de Mora et d'Acra.

Cinquante ans après sa fondation, elle fut prise par les Jébuséens, descendant de Jébus, fils de Chanaan. Ils bâtirent sur le mont Sion une forteresse à laquelle ils donnèrent le nom de *Jébus* leur père : la ville prit alors le nom de *Jérusalem*, ce qui signifie *Vision de paix*. Toute l'Écriture en fait un magnifique éloge : *Jerusalem, civitas Dei, luce splendida fulgebis. Omnes nationes terræ adorabunt te*, etc. (3).

Josué s'empara de la ville basse de Jérusalem, la première année de son entrée dans la terre promise : il fit mourir le roi Adonisédech et les quatre rois

(1) TERTULL. — (2) LUDOLPH. — (3) TOBIE.

d'Ébron, de Jérimol, de Lachis et d'Églon. Les Jébuséens demeurèrent les maîtres de la ville haute ou de la citadelle de Jébus. Ils n'en furent chassés que par David, huit cent vingt-quatre ans après leur entrée dans la cité de Melchisédech.

David fit augmenter la forteresse de Jébus, et lui donna son propre nom. Il fit aussi bâtir sur la montagne de Sion un palais et un tabernacle, afin d'y déposer l'arche d'alliance.

Salomon augmenta la Cité sainte : il éleva ce premier temple dont l'Écriture et l'historien Josèphe racontent les merveilles, et pour lequel Salomon lui-même composa de si beaux cantiques.

Cinq ans après la mort de Salomon, Sésac, roi d'Égypte, attaqua Roboam, prit et pilla Jérusalem.

Elle fut encore saccagée cent cinquante ans après par Joas, roi d'Israël.

Envahie de nouveau par les Assyriens, Manassès, roi de Juda, fut emmené captif à Babylone. Enfin, sous le règne de Sédécias, Nabuchodonosor renversa Jérusalem de fond en comble, brûla le temple, et transporta les Juifs à Babylone. *Sion quasi ager arabatur*, dit Jérémie ; *Hierusalem ut :... lapidum erat.* Saint Jérôme, pour peindre la solitude de cette ville désolée, dit qu'on n'y voyait pas voler un seul oiseau.

Le premier temple fut détruit quatre cent soixante-dix ans six mois et dix jours après sa fondation par Salomon, l'an du monde 3513, environ six cents ans avant Jésus-Christ : quatre cent soixante-dix-sept ans s'étaient écoulés depuis David jusqu'à Sédécias, et la ville avait été gouvernée par dix-sept rois.

Après les soixante et dix ans de captivité, Zorobabel commença à rebâtir le temple et la ville. Cet ouvrage, interrompu pendant quelques années, fut successivement achevé par Esdras et Néhémie.

Alexandre passa à Jérusalem l'an du monde 3583, et offrit des sacrifices dans le temple.

Ptolémée, fils de Lagus, se rendit maître de Jérusalem ; mais elle fut très-bien traitée par Ptolémée Philadelphe, qui fit au temple de magnifiques présents.

Antiochus le Grand reprit la Judée sur les rois d'Égypte, et la remit ensuite à Ptolémée Évergètes. Antiochus Épiphane saccagea de nouveau Jérusalem, et plaça dans le temple l'idole de Jupiter Olympien.

Les Machabées rendirent la liberté à leur pays, et le défendirent contre les rois de l'Asie.

Malheureusement Aristobule et Hircan se disputèrent la couronne ; ils eurent recours aux Romains qui, par la mort de Mithridate, étaient devenus les maîtres de l'Orient. Pompée accourut à Jérusalem : introduit dans la ville, il assiége et prend le temple. Crassus ne tarda pas à piller ce monument auguste que Pompée vainqueur avait respecté.

Hircan, protégé de César, s'était maintenu dans la grande sacrificature. Antigone, fils d'Aristobule, empoisonné par les Pompéiens, fait la guerre à son oncle Hircan et appelle les Parthes à son secours. Ceux-ci fondent sur la Judée, entrent dans Jérusalem et emmènent Hircan prisonnier.

Hérode le Grand, fils d'Antipater, officier distingué de la cour d'Hircan, s'empare du royaume de Judée par la faveur des Romains. Antigone, que le sort des armes fait tomber entre les mains d'Hérode, est envoyé à Antoine. Le dernier descendant des Machabées, le roi légitime de Jérusalem, est attaché à un poteau, battu de verges et mis à mort par l'ordre d'un citoyen romain.

Hérode, demeuré seul maître de Jérusalem, la remplit de monuments superbes dont je parlerai dans un autre lieu. Ce fut sous le règne de ce prince que Jésus-Christ vint au monde.

Archélaüs, fils d'Hérode et de Mariamne, succéda à son père, tandis qu'Hérode Antipas, fils aussi du grand Hérode, eut la tétrarchie de la Galilée et de la Pérée. Celui-ci fit trancher la tête à saint Jean-Baptiste, et renvoya Jésus-Christ à Pilate. Cet Hérode le tétrarque fut exilé à Lyon par Caligula.

Agrippa, petit-fils d'Hérode le Grand, obtint le royaume de Judée; mais son frère Hérode, roi de Chalcide, eut tout pouvoir sur le temple, le trésor sacré et la grande sacrificature.

Après la mort d'Agrippa, la Judée fut réduite en province romaine. Les Juifs s'étant révoltés contre leurs maîtres, Titus assiégea et prit Jérusalem. Deux cent mille Juifs moururent de faim pendant ce siége. Depuis le 14 avril jusqu'au 1ᵉʳ de juillet de l'an 71 de notre ère, cent quinze mille huit cent quatre-vingts cadavres sortirent par une seule porte de Jérusalem (1). On mangea le cuir des souliers et des boucliers; on en vint à se nourrir de foin et des ordures que l'on chercha dans les égouts de la ville : une mère dévora son enfant. Les assiégés avalaient leur or ; le soldat romain qui s'en aperçut égorgeait les prisonniers, et cherchait ensuite le trésor recélé dans les entrailles de ces malheureux. Onze cent mille Juifs périrent dans la ville de Jérusalem, et deux cent trente-huit mille quatre cent soixante dans le reste de la Judée. Je ne comprends dans ce calcul ni les femmes, ni les enfants, ni les vieillards emportés par la faim, les séditions et les flammes. Enfin il y eut quatre-vingt dix-neuf mille deux cents prisonniers de guerre ; les uns furent condamnés aux travaux publics; les autres furent réservés au triomphe de Titus : ils parurent dans les amphithéâtres de l'Europe et de l'Asie, où ils s'entre-tuèrent pour amuser la populace du monde romain. Ceux qui n'avaient pas atteint l'âge de dix-sept ans furent mis à l'encan avec les femmes ; on en donnait trente pour un denier. Le sang du Juste avait été vendu trente deniers à Jérusalem, et le peuple avait crié : *Sanguis ejus super nos et super filios nostros.* Dieu entendit ce vœu des Juifs, et pour la dernière fois il exauça leur prière : après quoi il détourna ses regards de la terre promise et choisit un nouveau peuple.

Le temple fut brûlé trente-huit ans après la mort de Jésus-Christ ; de sorte qu'un grand nombre de ceux qui avaient entendu la prédiction du Sauveur purent en voir l'accomplissement.

Le reste de la nation juive s'étant soulevé de nouveau, Adrien acheva de dé-

---

(1) N'est-il pas singulier qu'un critique m'ait reproché tous ces calculs, comme s'ils étaient de moi, et comme si je faisais autre chose que de suivre ici les historiens de l'antiquité, entre autres Josèphe? L'abbé Guénée et plusieurs savants ont prouvé au reste que ces calculs ne sont point exagérés. (*Note de la troisième édition.*)

truire ce que Titus avait laissé debout dans l'ancienne Jérusalem. Il éleva sur les ruines de la cité de David une autre ville à laquelle il donna le nom d'*Ælia Capitolina;* il en défendit l'entrée aux Juifs sous peine de mort, et fit sculpter un pourceau sur la porte qui conduisait à Bethléem. Saint Grégoire de Nazianze assure cependant que les Juifs avaient la permission d'entrer à Ælia une fois par an, pour y pleurer; saint Jérôme ajoute qu'on leur vendait au poids de l'or le droit de verser des larmes sur les cendres de leur patrie.

Cinq cent quatre-vingt-cinq mille Juifs, au rapport de Dion, moururent de la main du soldat dans cette guerre d'Adrien. Une multitude d'esclaves de l'un et de l'autre sexe fut vendue aux foires de Gaza et de Membré; on rasa cinquante châteaux et neuf cent quatre-vingt-cinq bourgades.

Adrien bâtit sa ville nouvelle précisément dans la place qu'elle occupe aujourd'hui; et, par une providence particulière, comme l'observe Doubdan, il enferma le mont Calvaire dans l'enceinte des murailles. A l'époque de la persécution de Dioclétien, le nom même de Jérusalem était si totalement oublié, qu'un martyr ayant répondu à un gouverneur romain qu'il était de Jérusalem, ce gouverneur s'imagina que le martyr parlait de quelque ville factieuse bâtie secrètement par les chrétiens. Vers la fin du septième siècle, Jérusalem portait encore le nom d'*Ælia*, comme on le voit par le *Voyage* d'Arculfe, de la rédaction d'Adamannus, ou de celle du vénérable Bède.

Quelques mouvements paraissent avoir eu lieu dans la Judée, sous les empereurs Antonin, Septime-Sévère et Caracalla. Jérusalem, devenue païenne dans ses vieilles années, reconnut enfin le Dieu qu'elle avait rejeté. Constantin et sa mère renversèrent les idoles élevées sur le sépulcre du Sauveur, et consacrèrent les saints lieux par des édifices qu'on y voit encore.

Ce fut en vain que Julien, trente-sept ans après, rassembla les Juifs à Jérusalem pour y rebâtir le temple : les hommes travaillaient à cet ouvrage avec des hottes, des bêches et des pelles d'argent; les femmes emportaient la terre dans le pan de leurs plus belles robes; mais des globes de feu sortant des fondements à demi creusés dispersèrent les ouvriers et ne permirent pas d'achever l'entreprise.

Nous trouvons une révolte des Juifs sous Justinien, l'an 501 de Jésus-Christ. Ce fut aussi sous cet empereur que l'Église de Jérusalem fut élevée à la dignité patriarcale.

Toujours destinée à lutter contre l'idolâtrie et à vaincre les fausses religions, Jérusalem fut prise par Cosroës, roi des Perses, l'an 613 de Jésus-Christ. Les Juifs répandus dans la Judée achetèrent de ce prince quatre-vingt-dix mille prisonniers chrétiens et les égorgèrent.

Héraclius battit Cosroës en 627, reconquit la vraie croix que le roi des Perses avait enlevée, et la reporta à Jérusalem.

Neuf ans après, le calife Omar, troisième successeur de Mahomet, s'empara de Jérusalem, après l'avoir assiégée pendant quatre mois : la Palestine, ainsi que l'Égypte, passa sous le joug du vainqueur.

Omar fut assassiné à Jérusalem en 643. L'établissement de plusieurs califats en Arabie et en Syrie, la chute de la dynastie des Omniades et l'élévation de celle des Abassides, remplirent la Judée de troubles et de malheurs pendant plus de deux cents ans.

Ahmed, Turc Toulounide, qui de gouverneur de l'Égypte en était devenu le souverain, fit la conquête de Jérusalem en 868 ; mais son fils ayant été défait par les califes de Bagdad, la Cité sainte retourna sous la puissance de ces califes l'an 905 de notre ère.

Un nouveau Turc, nommé *Mahomet-Ikhschid*, s'étant à son tour emparé de l'Égypte, porta ses armes au dehors, et soumit Jérusalem l'an 936 de Jésus-Christ.

Les Fatimites, sortis des sables de Cyrène en 968, chassèrent les Ikhschidites de l'Égypte, et conquirent plusieurs villes de la Palestine.

Un autre Turc, du nom d'*Ortok*, favorisé par les Seljoucides d'Alep, se rendit maître de Jérusalem en 984, et ses enfants y régnèrent après lui.

Mostali, calife d'Égypte, obligea les Ortokides à sortir de Jérusalem.

Hakem ou Hequem, successeur d'Aziz, second calife fatimite, persécuta les chrétiens à Jérusalem vers l'an 996, comme je l'ai déjà raconté en parlant de l'église du Saint-Sépulcre. Ce calife mourut en 1021.

Meleschah, Turc Seljoucide, prit la sainte Cité en 1076, et fit ravager tout le pays. Les Ortokides qui avaient été chassés de Jérusalem par le calife Mostali y rentrèrent, et s'y maintinrent contre Redouan, prince d'Alep. Mais ils en furent expulsés de nouveau par les Fatimites en 1076 : ceux-ci y régnaient encore lorsque les croisés parurent sur les frontières de la Palestine.

Les écrivains du dix-huitième siècle se sont plu à représenter les croisades sous un jour odieux. J'ai réclamé un des premiers contre cette ignorance ou cette injustice (1). Les croisades ne furent des folies, comme on affectait de les appeler, ni dans leur principe, ni dans leur résultat. Les chrétiens n'étaient point les agresseurs. Si les sujets d'Omar, partis de Jérusalem, après avoir fait le tour de l'Afrique, fondirent sur la Sicile, sur l'Espagne, sur la France même, où Charles-Martel les extermina, pourquoi des sujets de Philippe Ier, sortis de la France, n'auraient-ils pas fait le tour de l'Asie pour se venger des descendants d'Omar jusque dans Jérusalem ? C'est un grand spectacle sans doute que ces deux armées de l'Europe et de l'Asie marchant en sens contraire autour de la Méditerranée, et venant chacune sous la bannière de sa religion, attaquer Mahomet et Jésus-Christ au milieu de leurs adorateurs. N'apercevoir dans les croisades que des pèlerins armés qui courent délivrer un tombeau en Palestine, c'est montrer une vue très-bornée en histoire. Il s'agissait non-seulement de la délivrance de ce tombeau sacré, mais encore de savoir qui devait l'emporter sur la terre, ou d'un culte ennemi de la civilisation, favorable par système à l'ignorance, au despotisme, à l'esclavage, ou d'un culte qui a fait revivre chez les modernes le génie de la docte antiquité, et aboli la servitude. Il suffit de lire le discours du pape Urbain II au concile de Clermont, pour se convaincre que les chefs de ces entreprises guerrières n'avaient pas les petites idées qu'on leur suppose, et qu'ils pensaient à sauver le monde d'une inondation de nou-

---

(1) Dans le *Génie du Christianisme*.

veaux Barbares. L'esprit du mahométisme est la persécution et la conquête; l'Evangile au contraire ne prêche que la tolérance et la paix. Aussi les chrétiens supportèrent-ils pendant sept cent soixante-quatre ans tous les maux que le fanatisme des Sarrasins leur voulut faire souffrir; ils tâchèrent seulement d'intéresser en leur faveur Charlemagne : mais ni les Espagnes soumises, ni la France envahie, ni la Grèce et les deux Siciles ravagées, ni l'Afrique entière tombée dans les fers, ne purent déterminer pendant près de huit siècles les chrétiens à prendre les armes. Si enfin les cris de tant de victimes égorgées ne Orient, si les progrès des Barbares, déjà aux portes de Constantinople, réveillèrent la chrétienté et la firent courir à sa propre défense, qui oserait dire que la cause des guerres sacrées fut injuste? Où en serions-nous si nos pères n'eussent repoussé la force par la force? Que l'on contemple la Grèce, et l'on apprendra ce que devient un peuple sous le joug des musulmans. Ceux qui s'applaudissent tant aujourd'hui du progrès des lumières auraient-ils donc voulu voir régner parmi nous une religion qui a brûlé la bibliothèque d'Alexandrie, qui se fait un mérite de fouler aux pieds les hommes, et de mépriser souverainement les lettres et les arts?

Les croisades, en affaiblissant les hordes mahométanes au centre même de l'Asie, nous ont empêchés de devenir la proie des Turcs et des Arabes. Elles ont fait plus : elles nous ont sauvés de nos propres révolutions; elles ont suspendu, par la *paix de Dieu,* nos guerres intestines; elles ont ouvert une issue à cet excès de population qui tôt ou tard cause la ruine des États : remarque que le père Maimbourg a faite, et que M. de Bonald a développée.

Quant aux autres résultats des croisades, on commence à convenir que ces entreprises guerrières ont été favorables au progrès des lettres et de la civilisation. Rorbertson a parfaitement traité ce sujet dans son *Histoire du commerce des anciens aux Indes orientales.* J'ajouterai qu'il ne faut pas, dans ces calculs, omettre la renommée que les armes européennes ont obtenue dans les expéditions d'outre-mer. Le temps de ces expéditions est le temps héroïque de notre histoire; c'est celui qui a donné naissance à notre poésie épique. Tout ce qui répand du merveilleux sur une nation ne doit point être méprisé par cette nation même. On voudrait en vain se le dissimuler, il y a quelque chose dans notre cœur qui nous fait aimer la gloire; l'homme ne se compose pas absolument de calculs positifs pour son bien et pour son mal, ce serait trop le ravaler; c'est en entretenant les Romains de l'*éternité* de leur ville qu'on les amenés à la conquête du monde, et qu'on leur a fait laisser dans l'histoire un nom éternel.

Godefroy parut donc sur les frontières de la Palestine, l'an 1099 de Jésus-Christ; il était entouré de Baudoin, d'Eustache, de Tancrède, de Raimond de Toulouse, des comtes de Flandre et de Normandie, de l'Étoile, qui sauta le premier sur les murs de Jérusalem; de Guicher, déjà célèbre pour avoir coupé un lion par la moitié; de Gaston de Foix, de Gérard de Roussillon, de Raimbaud d'Orange, de Saint-Pol, de Lambert : Pierre l'Ermite marchait avec son bâton de pèlerin à la tête de ces chevaliers. Ils s'emparèrent d'abord de Rama; ils entrèrent ensuite dans Emmaüs, tandis que Tancrède et Baudoin du Bourg pénétraient à Bethléem. Jérusalem fut bientôt assiégée, et l'étendard de la croix flotta sur les murs un vendredi 15, et, selon d'autres, 12 de juillet 1099, à trois heures de l'après-midi.

Je parlerai du siège de cette ville lorsque j'examinerai le théâtre de la *Jérusalem délivrée*. Godefroy fut élu par ses frères d'armes roi de la cité conquise. C'était le temps où de simples chevaliers sautaient de la brèche sur le trône : le casque apprend à porter le diadème; et la main blessée qui mania la pique s'enveloppe noblement dans la pourpre. Godefroy refusa de mettre sur sa tête la couronne brillante qu'on lui offrait, « ne voulant point, dit-il, porter une cou-« ronne d'or où Jésus-Christ avait porté une couronne d'épines. »

Naplouse ouvrit ses portes, l'armée du soudan d'Égypte fut battue à Ascalon. Robert, moine, pour peindre la défaite de cette armée, se sert précisément de la comparaison employée par J. B. Rousseau; comparaison d'ailleurs empruntée de *la Bible* :

> La Palestine enfin, après tant de ravages,
> Vit fuir ses ennemis comme on voit les nuages
> Dans le vague des airs fuir devant l'aquilon.

Il est probable que Godefroy mourut à Jaffa, dont il avait fait relever les murs. Il eut pour successeur Baudoin son frère, comte d'Edesse.

Celui-ci expira au milieu de ses victoires, et laissa, en 1118, le royaume à Baudoin du Bourg son neveu.

Mélisandre, fille aînée de Baudoin II, épousa Foulques d'Anjou, et porta le royaume de Jérusalem dans la maison de son mari, vers l'an 1130. Foulques étant mort d'une chute de cheval, en 1140, son fils Baudoin III lui succéda. La deuxième croisade, prêchée par saint Bernard, conduite par Louis VII et par l'empereur Conrad, eut lieu sous le règne de Baudoin III. Après avoir occupé le trône pendant vingt ans, Baudoin laissa la couronne à son frère Amaury, qui la porta onze années. Amaury eut pour successeur son fils Baudoin, quatrième du nom.

On vit alors paraître Saladin, qui, battu d'abord et ensuite victorieux, finit par arracher les lieux saints à leurs nouveaux maîtres.

Baudoin avait donné sa sœur Sibylle, veuve de Guillaume Longue-Épée, en mariage à Gui de Lusignan. Les grands du royaume, jaloux de ce choix, se divisèrent. Baudoin IV, ayant fini ses jours en 1184, eut pour héritier son neveu, Baudoin V, fils de Sibylle et de Guillaume Longue-Épée. Le jeune roi, qui n'avait que huit ans, succomba en 1186 sous une violente maladie. Sa mère Sibylle fit donner la couronne à Gui de Lusignan, son second mari. Le comte de Tripoli trahit le nouveau monarque, qui tomba entre les mains de Saladin à la bataille de Tibériade.

Après avoir achevé la conquête des villes maritimes de la Palestine, le soudan assiégea Jérusalem; il la prit l'an 1188 de notre ère. Chaque homme fut obligé de donner pour rançon dix besants d'or : quatorze mille habitants demeurèrent esclaves faute de pouvoir payer cette somme. Saladin ne voulut point entrer dans la mosquée du Temple, convertie en église par les chrétiens, sans en avoir fait laver les murs avec de l'eau de rose. Cinq cents chameaux, dit Sanut, suffirent à peine pour porter toute l'eau de rose employée dans cette occasion ; ce conte est digne de l'Orient. Les soldats de Saladin abattirent une croix d'or qui s'élevait au-dessus du temple, la traînèrent par les rues jusqu'au sommet de la montagne de Sion, où ils la brisèrent. Une seule église fut épargnée, et ce fut l'église du Saint-Sépulcre : les Syriens la rachetèrent pour une grosse somme d'argent.

La couronne de ce royaume à demi perdu passa à Isabelle, fille d'Amaury Ier, sœur de Sibylle décédée, et femme d'Eufroy de Turenne. Philippe-Auguste et Richard Cœur de Lion arrivèrent trop tard pour sauver la ville sainte ; mais ils prirent Ptolémaïs ou Saint-Jean d'Acre. La valeur de Richard fut si renommée que, longtemps après la mort de ce prince, quand un cheval tressaillait sans cause, les Sarrasins disaient qu'il avait vu l'ombre de Richard. Saladin mourut peu de temps après la prise de Ptolémaïs : il ordonna que l'on portât un linceul au bout d'une lance le jour de ses funérailles, et qu'un héraut criât à haute voix :

SALADIN,
DOMPTEUR DE L'ASIE,
DE TOUTES LES RICHESSES QU'IL A CONQUISES,
N'EMPORTE QUE CE LINCEUL.

Richard, rival de gloire de Saladin, après avoir quitté la Palestine, vint se faire renfermer dans une tour en Allemagne. Sa prison donna lieu à des aventures que l'histoire a rejetées, mais que les troubadours ont conservées dans leurs ballades.

L'an 1242, l'émir de Damas Saleh-Ismaël, qui faisait la guerre à Nedjmeddin, soudan d'Égypte, et qui était entré dans Jérusalem, remit cette ville entre les mains des princes latins. Le soudan envoya les Karismiens assiéger la capitale de la Judée. Ils la reprirent et en massacrèrent tous les habitants : ils la pillèrent encore une fois l'année suivante avant de la rendre au soudan Saley-Ayoub, successeur de Nedjmeddin.

Pendant le cours de ces événements, la couronne de Jérusalem avait passé d'Isabelle à Henri, comte de Champagne, son nouvel époux ; et de celui-ci à Amaury, frère de Lusignan, qui épousa en quatrièmes noces la même Isabelle. Il en eut un fils qui mourut en bas âge. Marie, fille d'Isabelle et de son premier mari Conrad, marquis de Montferrat, devint l'héritière d'un royaume imaginaire. Jean, comte de Brienne, épousa Marie. Il en eut une fille, Isabelle Yolande, mariée depuis à l'empereur Frédéric II. Celui-ci, arrivé à Tyr, fit la paix avec le soudan d'Égypte. Les conditions du traité furent que Jérusalem serait partagée entre les chrétiens et les musulmans. Frédéric II vint en conséquence prendre la couronne de Godefroy sur l'autel du Saint-Sépulcre, la mit sur sa tête, et repassa bientôt en Europe. Il est probable que les Sarrasins ne tinrent pas les engagements qu'ils avaient pris avec Frédéric, puisque nous voyons, vingt ans après, en 1242, Nedjmeddin, saccager Jérusalem, comme je l'ai dit plus haut. Saint Louis arrive en Orient sept ans après ce dernier malheur. Il est remarquable que ce prince, prisonnier en Égypte, vit massacrer sous ses yeux les derniers héritiers de la famille de Saladin (j).

Il est certain que les mamelucks Baharites, après avoir trempé leurs mains dans le sang de leur maître, eurent un moment la pensée de briser les fers de saint Louis, et de faire de leur prisonnier leur soudan, tant ils avaient été frappés de ses vertus! Saint Louis dit au sire de Joinville qu'il eût accepté cette couronne, si les infidèles la lui avaient décernée. Rien peut-être ne fait mieux connaître ce prince, qui n'avait pas moins de grandeur d'âme que de piété, et en qui la religion n'excluait point les pensées royales.

Les mamelucks changèrent de sentiments : Moas, Almansor-Nuradin-Ali, Sefeidin-Modfar, succédèrent tour à tour au trône d'Égypte, et le fameux Bibars-Bondoc-Dari devint soudan en 1263. Il ravagea la partie de la Palestine qui n'était pas soumise à ses armes, et fit réparer Jérusalem. Kelaoun, héritier de Bondoc-Dari en 1281, poussa les chrétiens de place en place, et Khalil, son fils, leur enleva Tyr et Ptolémaïs; enfin, en 1291, ils furent entièrement chassés de la Terre-Sainte, après s'être maintenus cent quatre-vingt-douze ans dans leurs conquêtes, et après avoir régné quatre-vingt-huit ans à Jérusalem.

Le vain titre de roi de Jérusalem fut transporté dans la maison de Sicile, par le frère de saint Louis, Charles, comte de Provence et d'Anjou, qui réunit sur sa tête les droits du roi de Chypre et de la princesse Marie, fille de Frédéric, prince d'Antioche. Les chevaliers de Saint-Jean de Jérusalem, devenus les chevaliers de Rhodes et de Malte, les chevaliers Teutoniques, conquérants du nord de l'Europe et fondateurs du royaume de Prusse, sont aujourd'hui les seuls restes de ces croisés qui firent trembler l'Afrique et l'Asie, et occupèrent les trônes de Jérusalem, de Chypre et de Constantinople.

Il y a encore des personnes qui se persuadent, sur l'autorité de quelques plaisanteries usées, que le royaume de Jérusalem était un misérable petit vallon, peu digne du nom pompeux dont on l'avait décoré : c'était un très-vaste et très-grand pays. L'Écriture entière, les auteurs païens, comme Hécatée d'Abdère, Théophraste, Strabon même, Pausanias, Galien, Dioscoride, Pline, Tacite; Solin, Ammien Marcellin; les écrivains juifs, tels que Josèphe, les compilateurs du *Talmud* et de la *Misna;* les historiens et les géographes arabes, Massudi, Ibn-Haukal, Ibnal-Quadi, Hamdoullah, Abulfeda, Edrisi, etc.; les voyageurs en Palestine, depuis les premiers temps jusqu'à nos jours, rendent unanimement témoignage à la fertilité de la Judée. L'abbé Guénée a discuté ces autorités avec une clarté et une critique admirables (1). Faudrait-il s'étonner d'ailleurs qu'une terre féconde fût devenue stérile après tant de dévastations? Jérusalem a été prise et saccagée dix-sept fois; des millions d'hommes ont été égorgés dans son enceinte, et ce massacre dure pour ainsi dire encore; nulle autre ville n'a éprouvé un pareil sort. Cette punition, si longue et presque surnaturelle, annonce un crime sans exemple, et qu'aucun châtiment ne peut expier. Dans cette contrée, devenue la proie du fer et de la flamme, les champs

(1) Dans les quatre Mémoires dont je parlerai.

incultes ont perdu la fécondité qu'ils devaient aux sueurs de l'homme ; les sources ont été ensevelies sous des éboulements ; la terre des montagnes, n'étant plus soutenue par l'industrie du vigneron, a été entraînée au fond des vallées, et les collines, jadis couvertes de bois de sycomores, n'ont plus offert que des sommets arides (k).

Les chrétiens ayant donc perdu ce royaume en 1291, les soudans Baharites demeurèrent en possession de leur conquête jusqu'en 1382. A cette époque les mamelucks circassiens usurpèrent l'autorité en Égypte, et donnèrent une nouvelle forme de gouvernement à la Palestine. Si les soudans circassiens sont ceux qui avaient établi une poste aux pigeons et les relais pour apporter au Caire la neige du mont Liban, il faut convenir que pour des Barbares, ils connaissaient assez bien les agréments de la vie. Sélim mit fin à tant de révolutions en s'emparant, en 1716, de l'Égypte et de la Syrie.

C'est cette Jérusalem des Turcs, cette dix-septième ombre de la Jérusalem primitive que nous allons maintenant examiner.

En sortant du couvent nous nous rendîmes à la citadelle. On ne permettait autrefois à personne de la visiter ; aujourd'hui qu'elle est en ruines, on y entre pour quelques piastres. D'Anville prouve que ce château, appelé par les chrétiens *le Château* ou *la Tour des Pisans*, est bâti sur les ruines de l'ancien château de David, et qu'il occupe la place de la tour Psephina. Il n'a rien de remarquable : c'est une forteresse gothique, telle qu'il en existe partout, avec des cours intérieures, des fossés, des chemins couverts, etc. (1). On me montra une salle abandonnée, remplie de vieux casques. Quelques-uns de ces casques avaient la forme d'un bonnet égyptien : je remarquai encore des tubes de fer, de la longueur et de la grosseur d'un canon de fusil, dont j'ignore l'usage. Je m'étais intrigué secrètement pour acheter deux ou trois de ces antiquailles ; je ne sais plus quel hasard fit manquer ma négociation.

Le donjon du château découvre Jérusalem du couchant à l'orient, comme le mont des Oliviers la voit de l'orient au couchant. Le paysage qui environne la ville est affreux : ce sont de toutes parts des montagnes nues, arrondies à leur cime, ou terminées en plateau ; plusieurs d'entre elles, à de grandes distances, portent des ruines de tours ou de mosquées délabrées. Ces montagnes ne sont pas tellement serrées, qu'elles ne présentent des intervalles par où l'œil va chercher d'autres perspectives ; mais ces ouvertures ne laissent voir que d'arrière-plans de rochers aussi arides que les premiers plans.

Ce fut du haut de la tour de David que le roi-prophète découvrit Bethsabée se baignant dans les jardins d'Urie. La passion qu'il conçut pour cette femme lui inspira dans la suite ces magnifiques *Psaumes de la Pénitence*.

« Seigneur, ne me reprenez point dans votre fureur, et ne me châtiez pas
« dans votre colère... Ayez pitié de moi selon l'étendue de votre miséricorde...
« Mes jours se sont évanouis comme la fumée... Je suis devenu semblable au
« pélican des déserts... Seigneur, je crie vers vous du fond de l'abîme, etc. »

On ignore pourquoi le château de Jérusalem porte le nom de *Château des*

---

(1) Voyez la *Dissertation* de d'Anville, à la fin de cet *Itinéraire*.

Pisans. D'Anville, qui forme à ce sujet diverses conjectures, a laissé échapper un passage de Belon assez curieux :

« Il convient à un chacun qui veut entrer au Sepulcre, bailler neuf ducats, « et n'y a personne qui en soit exempt, ne pauvres, ne riches. Aussi celui qui « a prins la gabelle du Sepulcre à ferme, paye huit mille ducats au seigneur; « qui est la cause pourquoy les rentiers rançonnent les pelerins, ou bien ils n'y « entreront point. Les cordeliers et les caloyers grecs, et autres manieres de « religieux chrestiens, ne payent rien pour y entrer. Les Turcs le gardent en « grande reverence, et y entrent avec grande devotion. L'on dit que les *Pisans* « imposèrent cette somme de neuf ducats lorsqu'ils estoient seigneurs en Je-« rusalem, et qu'elle a esté ainsi maintenue depuis leur temps. »

La citadelle des Pisans (1) était gardée quand je la vis par une espèce d'aga demi-nègre : il y tenait ses femmes renfermées, et il faisait bien, à en juger par l'empressement qu'elles mettaient à se montrer dans cette triste ruine. Au reste, je n'aperçus pas un canon, et je ne sais pas si le recul d'une seule pièce ne ferait pas crouler tous ces vieux créneaux.

Nous sortîmes du château après l'avoir examiné pendant une heure; nous prîmes une rue qui se dirige de l'ouest à l'est, et qu'on appelle la *rue du Bazar;* c'est la grande rue et le beau quartier de Jérusalem. Mais quelle désolation et quelle misère! N'anticipons pas sur la description générale. Nous ne rencontrerions personne, car la plupart des habitants s'étaient retirés dans la montagne à l'arrivée du pacha. La porte de quelques boutiques abandonnées était ouverte; on aperçoit par cette porte de petites chambres de sept ou huit pieds carrés, où le maître, alors en fuite, mange, couche et dort sur la seule natte qui compose son ameublement.

A la droite du Bazar, entre le temple et le pied de la montagne de Sion, nous entrâmes dans le quartier des Juifs. Ceux-ci, fortifiés par leur misère, avaient bravé l'assaut du pacha : ils étaient là tous en guenilles, assis dans la poussière de Sion, cherchant les insectes qui les dévoraient, et les yeux attachés sur le temple. Le drogman me fit entrer dans une espèce d'école : je voulus acheter le *Pentateuque* hébreu dans lequel un rabbin montrait à lire à un enfant, mais le rabbin ne voulut jamais me le vendre. On a observé que les Juifs étrangers qui se fixent à Jérusalem vivent peu de temps. Quant à ceux de la Palestine, ils sont si pauvres, qu'ils envoient chaque année faire des quêtes parmi leurs frères en Égypte et en Barbarie.

J'avais commencé d'assez longues recherches sur l'état des Juifs à Jérusalem, depuis la ruine de cette ville par Titus jusqu'à nos jours; j'étais entré dans une discussion importante touchant la fertilité de la Judée : à la publication des derniers volumes des *Mémoires de l'Académie des Inscriptions*, j'ai supprimé mon travail. On trouve dans ces volumes quatre *Mémoires* de l'abbé Guénée qui ne laissent rien à désirer sur les deux sujets que je me proposais de traiter. Ces *Mémoires* sont de véritables chefs-d'œuvre de clarté, de critique et d'érudi

---

(1) Elle portait aussi le nom de *Neblosa* vers la fin du treizième siècle, comme on le voit par un passage de Brocard. Voyez la *Dissertation* de d'Anville.

tion. L'auteur des *Lettres de quelques Juifs portugais* est un de ces hommes dont les cabales littéraires ont étouffé la renommée durant sa vie, mais dont la réputation croîtra dans la postérité. Je renvoie le lecteur curieux à ces excellents *Mémoires;* il les trouvera aisément, puisqu'ils viennent d'être publiés, et qu'ils existent dans une collection qui n'est pas rare. Je n'ai point la prétention de surpasser les maîtres; je sais jeter au feu le fruit de mes études, et reconnaître qu'on a fait mieux que moi (1).

Du quartier des Juifs nous nous rendîmes à la maison de Pilate, afin d'examiner par une fenêtre la mosquée du temple; il est défendu à tout chrétien, sous peine de mort, d'entrer dans le parvis qui environne cette mosquée : je me réserve à en faire la description lorsque je parlerai des monuments de Jérusalem. A quelque distance du prétoire de Pilate, nous trouvâmes la piscine Probatique et le palais d'Hérode : ce dernier est une ruine dont les fondations appartiennent à l'antiquité.

Un ancien hôpital chrétien, aujourd'hui consacré au soulagement des Turcs, attira notre attention. On nous y montra une immense chaudière appelée la *chaudière de sainte Hélène*. Chaque musulman qui se présentait autrefois à cet hôpital recevait deux petits pains et des légumes cuits à l'huile; le vendredi on ajoutait à cette distribution du riz accommodé au miel ou au raisiné : tout cela n'a plus lieu; à peine reste-t-il quelque trace de cette charité évangélique, dont les émanations s'étaient comme attachées au mur de cet hôpital.

Nous traversâmes de nouveau la ville, et, revenant chercher la porte de Sion, Ali-Aga me fit monter avec lui sur les murs : le drogman n'osa pas nous y suivre. Je trouvai quelques vieux canons de vingt-quatre ajustés sur des affûts sans roues, et placés aux embrasures d'un bastion gothique. Un garde qui fumait sa pipe dans un coin voulut crier; Ali le menaça de le jeter dans le fossé s'il ne se taisait : et il se tut : je lui donnai une piastre.

Les murs de Jérusalem, dont j'ai fait trois fois le tour à pied, présentent quatre faces aux quatre vents; ils forment un carré long, dont le grand côté court d'orient en occident, deux pointes de la boussole au midi. D'Anville a prouvé par les mesures et les positions locales que l'ancienne Jérusalem n'était pas beaucoup plus vaste que la moderne : elle occupait quasi le même emplacement, si ce n'est qu'elle enfermait toute la montagne de Sion, et qu'elle laissait dehors le Calvaire (2). On ne doit pas prendre à la lettre le texte de Josèphe lorsque cet historien assure que les murs de la cité s'avançaient, au nord, jus-

---

(1) J'aurais pu piller les *Mémoires* de l'abbé Guénée, sans en rien dire, à l'exemple de tan d'auteurs qui se donnent l'air d'avoir puisé dans les sources quand ils n'ont fait que dépouiller des savants dont ils taisent le nom. Ces fraudes sont très-faciles aujourd'hui, car dans ce siècle de lumières, l'ignorance est grande. On commence par écrire sans avoir rien lu, et l'on continue ainsi toute sa vie. Les véritables gens de lettres gémissent en voyant cette nuée de jeunes auteurs qui auraient peut-être du talent s'ils avaient quelques études Il faudrait se souvenir que Boileau lisait Longin dans l'original, et que Racine savait par cœur le Sophocle et l'Euripide grecs. Dieu nous ramène au siècle des pédants! Trente Vadius ne feront jamais autant de mal aux lettres qu'un écolier en bonnet de docteur (*l*).

(2) Voyez la *Dissertation* de d'Anville, à la fin de cet *Itinéraire*.

qu'aux sépulcres des rois : le nombre des stades s'y oppose : d'ailleurs, on pourrait dire encore que les murailles touchent aujourd'hui à ces sépulcres ; car elles n'en sont pas éloignées de cinq cents pas.

Le mur d'enceinte qui existe aujourd'hui est l'ouvrage de Soliman, fils de Sélim (1), comme le prouvent es inscriptions turques placées dans ce mur. On prétend que le dessein de Soliman était d'enclore la montagne de Sion dans la circonvallation de Jérusalem, et qu'il fit mourir l'architecte pour n'avoir pas suivi ses ordres. Ces murailles flanquées de tours carrées, peuvent avoir à la plate-forme des bastions une trentaine de pieds de largeur, et cent-vingt pieds d'élévation ; elles n'ont d'autres fossés que les vallées qui environnent la ville. Six pièces de douze, tirées à barbette, en poussant seulement quelques gabions, sans ouvrir de tranchée, y feraient dans une nuit une brèche praticable ; mais on sait que les Turcs se défendent très-bien derrière un mur par le moyen des épaulements. Jérusalem est dominée de toutes parts ; pour la rendre tenable contre une armée régulière, il faudrait faire de grands ouvrages avancés à l'ouest et au nord, et bâtir une citadelle sur la montagne des Oliviers.

Dans cet amas de décombres, qu'on appelle une ville, il a plu aux gens du pays de donner des noms de rues à des passages déserts.

Ces divisions sont assez curieuses, et méritent d'être rapportées, d'autant plus qu'aucun voyageur n'en a parlé ; toutefois les pères Roger, Nau, etc., nomment quelques portes en arabe. Je commence par ces dernières :

Bab-el-Kzalil, la porte du Bien-Aimé : elle s'ouvre à l'ouest. On sort par cette porte pour aller à Bethléem, Hébron et Saint-Jean du Désert. Nau écrit *Bab-el-Khalil*, et traduit, porte d'Abraham : c'est la porte de Jaffa de Deshayes, la porte des Pèlerins, et quelquefois la porte de Damas des autres voyageurs.

Bab-el-Nabi-Dahoud, la porte du prophète David : elle est au midi, sur le sommet de la montagne de Sion, presque en face du tombeau de David et du Saint-Cénacle. Nau écrit *Bab-Sidi-Daod*. Elle est nommée **Porte de Sion** par Deshayes, Doubdan, Roger, Cotovic, Bénard, etc.

Bab-el-Maugrarbé, la porte des Maugrabins ou des Barbaresques : elle se trouve entre le levant et le midi, sur la vallée d'Annon, presque au coin du temple, et en regard du village de Siloan. Nau écrit *Bab-el-Megarebe*. C'est la porte Sterquilinaire ou des ordures, par où les Juifs amenèrent Jésus-Christ à Pilate, après l'avoir pris au jardin des Oliviers.

Bab-el-Darahie, la porte Dorée ; elle est au levant et donne sur le parvis du temple. Les Turcs l'ont murée : une prédiction leur annonce que les chrétiens prendront un jour la ville par cette porte ; on croit que Jésus-Christ entra à Jérusalem par cette même porte le jour des Rameaux.

Bab-el-Sidi-Mariam, la porte de la Sainte-Vierge, à l'orient, vis-à-vis la montagne des Oliviers. Nau l'appelle en arabe *Heutta*. Toutes les relations de la Terre-Sainte la nomment *porte de Saint-Étienne* ou *de Marie*, parce qu'elle fut témoin du martyre de saint Étienne, et qu'elle conduit au sépulcre de la Vierge. Du temps des Juifs elle se nommait *la porte des Troupeaux*.

(1) En 1534.

Bab-el-Zahara, la porte de l'Aurore ou du Cerceau, *Cerchiolino :* elle regarde le septentrion, et conduit à la grotte des Lamentations de Jérémie. Les meilleurs plans de Jérusalem s'accordent à nommer cette porte, porte *d'Éphraïm* ou *d'Hérode.* Cotovic la supprime et la confond avec la porte de Damas; il écrit : *Porta Damascena, sive Effraïm;* mais son plan, trop petit et très-défectueux, ne se peut comparer à celui de Deshayes, ni encore moins à celui de Shaw. Le plan du Voyage espagnol de Vera est très-beau, mais chargé et inexact. Nau ne donne point le nom arabe de la porte d'Éphraïm; il est peut-être le seul voyageur qui l'appelle *porte des Turcomans.* La porte d'Éphraïm et la porte Sterquilinaire ou du fumier sont les deux petites portes de Jérusalem.

Bab-el-Hamond ou *Bab-el-Cham*, la porte de la Colonne ou de Damas : elle est tournée au nord-ouest, et mène aux sépulcres des rois à Naplouse ou Sichem, à Saint-Jean d'Acre et à Damas. Nau écrit *Bab-el-Amond.* Quand Simon le Cyrénéen rencontra Jésus-Christ chargé de la croix, il venait de la porte de Damas. Les pèlerins entraient anciennement par cette porte, maintenant ils entrent par celle de Jaffa ou de Bethléem; d'où il est arrivé qu'on a transporté les noms de la porte de Damas à la porte de Jaffa ou des Pèlerins. Cette observation n'a point encore été faite, et je la consigne ici pour expliquer une confusion de lieux qui embarrasse quelquefois dans les récits des voyageurs.

Venons maintenant au détail des rues. Les trois principales se nomment :

Harat-bab-el-Hamond, la rue de la Porte de la Colonne : elle traverse la ville du nord au midi.

Souk-el-Kebiz, la rue du Grand-Bazar : elle court du couchant au levant.

Harat-el-Allam, la Voie Douloureuse : elle commence à la porte de la Vierge, passe au prétoire de Pilate, et va finir au Calvaire.

On trouve ensuite sept autres petites rues :

Harat-el-Mulsmin, la rue des Turcs.

Harat-el-Nassara, la rue des Chrétiens : elle va du Saint-Sépulcre au couvent latin.

Harat-el-Asman, la rue des Arméniens, au levant du château.

Harat-el-Youd, la rue des Juifs : les boucheries de la ville sont dans cette rue.

Harat-bab-Hotta, la rue près du Temple.

Harat-el-Zahara. Mon drogman me traduisait ces mots par *strada Comparita.* Je ne sais trop ce que cela veut dire. Il m'assurait encore que les *rebelles* et les *méchantes gens* demeuraient dans cette rue.

Harat-el-Maugrarbé, rue des Maugrabins. Ces Maugrabins comme je l'ai dit, sont les Occidentaux ou Barbaresques. On compte parmi eux quelques descendants des Maures chassés d'Espagne par Ferdinand et Isabelle. Ces bannis furent reçus dans la ville sainte avec une grande charité; on leur fit bâtir une mosquée : on leur distribue encore aujourd'hui du pain, des fruits et quelque argent. Les héritiers des fiers Abencerages, les élégants architectes de l'Alhambra, sont devenus à Jérusalem des portiers qu'on recherche à cause de leur intelligence, et des courriers estimés pour leur légèreté. Que diraient Saladin et Richard si, revenant tout à coup au monde, ils trouvaient les chevaliers maures transformés en concierges au Saint-Sépulcre, et les chevaliers chrétiens représentés par des frères quêteurs ?

A l'époque du voyage de Benjamin de Tudèle, c'est-à-dire sous les rois français de Jérusalem, la ville avait trois enceintes de murailles, et quatre portes que Benjamin appelle *porta Somnus Abrahæ, porta David, porta Sion, porta Jehosaphat*. Quant aux trois enceintes, elles ne s'accordent guère avec ce que nous savons du local de Jérusalem lors de la prise de cette ville par Saladin. Benjamin trouva plusieurs Juifs établis dans le quartier de la Tour de David : ils y avaient le privilége exclusif de la teinture des draps et des laines, moyennant une somme qu'ils payaient tous les ans au roi.

Les lecteurs qui voudront comparer la Jérusalem moderne avec la Jérusalem antique peuvent avoir recours à d'Anville, dans sa *Dissertation sur l'ancienne Jérusalem* (1); à Reland, et au père Lami, *de sancta Civitate et Templo*.

Nous rentrâmes au couvent vers neuf heures. Après avoir déjeuné j'allai faire une visite au patriarche grec et au patriarche arménien, qui m'avaient envoyé saluer par leurs drogmans.

Le couvent grec touche à l'église du Saint-Sépulcre. De la terrasse de ce couvent on découvre un assez vaste enclos, où croissent deux ou trois oliviers, un palmier et quelques cyprès : la maison des chevaliers de Saint-Jean de Jérusalem occupait autrefois ce terrain abandonné. Le patriarche grec me parut un très-bon homme. Il était dans ce moment aussi tourmenté par le pacha que le gardien de Saint-Sauveur. Nous parlâmes de la Grèce : je lui demandai s'il possédait quelques manuscrits ; on me fit voir des Rituels et des traités des Pères. Après avoir bu le café et reçu trois ou quatre chapelets, je passai chez le patriarche arménien.

Celui-ci s'appelait *Arsenios*, de la ville de Césarée en Cappadoce ; il était métropolitain de Scythopoli, et procureur patriarcal de Jérusalem ; il m'écrivit lui-même son nom et ses titres en caractères syriaques sur un petit billet que j'ai encore. Je ne trouvai point chez lui l'air de souffrance et d'oppression que j'avais remarqué chez les malheureux Grecs, esclaves partout. Le couvent arménien est agréable, l'église charmante, et d'une propreté rare. Le patriarche, qui ressemblait à un riche Turc, était enveloppé dans des robes de soie, et assis sur des coussins. Je bus d'excellent café de Moka. On m'apporta des confitures, de l'eau fraîche, des serviettes blanches ; on brûla du bois d'aloès, et je fus parfumé d'essence de rose au point de m'en trouver incommodé. Arsenios me parla des Turcs avec mépris. Il m'assura que l'Asie entière attendait l'arrivée des Français ; que s'il paraissait un seul soldat de ma nation dans son pays, le soulèvement serait général. On ne saurait croire à quel point les esprits fermentent dans l'Orient (2). J'ai vu Ali-Aga se fâcher à Jéricho contre un Arabe qui se moquait de lui, et qui lui disait que, si l'empereur avait voulu prendre

---

(1) Voyez cette *Dissertation* à la fin de cet *Itinéraire*.
(2) M. Seetzen, qui passa à Jérusalem quelques mois avant moi, et qui a voyagé plus tard dans l'Arabie, dit, dans sa lettre à M. de Zach, que les habitants du pays ne firent que lui parler des armées françaises. (*Ann. des Voyages*, par M. Malte-Brun.)

Jérusalem, il y serait entré aussi aisément qu'un chameau dans un champ de doura. Les peuples de l'Orient sont beaucoup plus familiarisés que nous avec les idées d'invasion. Ils ont vu passer tous les hommes qui ont changé la face de la terre. Sésostris, Cyrus, Alexandre, Mahomet, et le dernier conquérant de l'Europe. Accoutumés à suivre les destinées d'un maître, ils n'ont point de loi qui les attache à des idées d'ordre et de modération politique : tuer quand on est le plus fort leur semble un droit légitime; ils s'y soumettent ou l'exercent avec la même indifférence. Ils appartiennent essentiellement à l'épée; ils aiment tous les prodiges qu'elle opère : le glaive est pour eux la baguette d'un génie qui élève et détruit les empires. La liberté, ils l'ignorent; les propriétés, ils n'en ont point : la force est leur dieu. Quand ils sont longtemps sans voir paraître ces conquérants exécuteurs des hautes justices du ciel, ils ont l'air de soldats sans chef, de citoyens sans législateur, et d'une famille sans père.

Mes deux visites durèrent à peu près une heure. De là j'entrai dans l'église du Saint-Sépulcre; le Turc qui en ouvre les portes avait été prévenu de se tenir prêt à me recevoir : je payai de nouveau à Mahomet le droit d'adorer Jésus-Christ. J'étudiai une seconde fois, et plus à loisir, les monuments de cette vénérable église. Je montai dans la galerie où je rencontrai le moine cophte et l'évêque abyssin : ils sont très-pauvres, et leur simplicité rappelle les beaux temps de l'Évangile. Ces prêtres, demi-sauvages, le teint brûlé par les feux du tropique, portant pour seule marque de leur dignité une robe de toile bleue, et n'ayant point d'autre abri que le Saint-Sépulcre, me touchèrent bien plus que le chef des papas grecs et le patriarche arménien. Je défierais l'imagination la moins religieuse de n'être pas émue à cette rencontre de tant de peuples au tombeau de Jésus-Christ, à ces prières prononcées dans cent langages divers, au lieu même où les apôtres reçurent du Saint-Esprit le don de parler toutes les langues de la terre.

Je sortis à une heure du Saint-Sépulcre, et nous rentrâmes au couvent. Les soldats du pacha avaient envahi l'hospice, ainsi que je l'ai déjà raconté, et ils y vivaient à discrétion. En retournant à ma cellule, et traversant le corridor avec le drogman Michel, je rencontrai deux jeunes spahis armés de pied en cap, et faisant un bruit étrange : il est vrai qu'ils n'étaient pas bien redoutables, car, à la honte de Mahomet, ils étaient ivres à tomber. Aussitôt qu'ils m'aperçurent, ils me fermèrent le passage en jetant de grands éclats de rire. Je m'arrêtai pour attendre la fin de ces jeux. Jusque-là il n'y avait point de mal; mais bientôt un de ces Tartares, passant derrière moi, me prit la tête, me la courba de force, tandis que son camarade, baissant le collet de mon habit, me frappait le cou avec le dos de son sabre nu. Le drogman se mit à beugler. Je me débarrassai des mains des spahis; je sautai à la gorge de celui qui m'avait saisi par la tête : d'une main lui arrachant la barbe, et de l'autre l'étranglant contre le mur, je le fis devenir noir comme mon chapeau; après quoi je le lâchai, lui ayant rendu jeu pour jeu et insulte pour insulte. L'autre spahi, chargé de vin et étourdi de mon action, ne songea point à venger la plus grande avanie que l'on puisse faire à un Turc, celle de le prendre par la barbe. Je me retirai dans ma chambre et je me préparai à tout événement. Le père gardien n'était pas trop fâché que j'eusse un peu corrigé ses persécuteurs; mais il craignait quelque catastrophe : un Turc humilié n'est jamais dangereux, et nous n'entendîmes parler de rien.

Je dînai à deux heures, et je sortis à trois avec ma petite troupe accoutumée. Je visitai les sépulcres des rois; de là, faisant à pied le tour de la ville, je m'arrêtai aux tombeaux d'Absalon, de Josaphat et de Zacharie dans la vallée de Josaphat. J'ai dit que les sépulcres des rois étaient en dehors de la porte d'Éphraïm, vers le nord, à trois ou quatre portées de fusil de la grotte de Jérémie. Parlons des monuments de Jérusalem.

J'en distingue de six espèces :

1° Les monuments purement hébreux ; 2° les monuments grecs et romains du temps des païens; 3° les monuments grecs et romains sous le christianisme; 4° les monuments arabes ou moresques; 5° les monuments gothiques sous les rois français; 6° les monuments turcs.

Venons aux premiers.

On ne voit plus aucune trace de ceux-ci à Jérusalem, si ce n'est à la piscine Probatique; car je mets les sépulcres des rois et les tombeaux d'Absalon, de Josaphat et de Zacharie au nombre des monuments grecs et romains exécutés par les Juifs.

Il est difficile de se faire une idée nette du premier et même du second temple d'après ce qu'en dit l'Écriture et d'après la description de Josèphe; mais on entrevoit deux choses: les Juifs avaient le goût du sombre et du grand dans leurs édifices, comme les Égyptiens; ils aimaient les petits détails et les ornements recherchés, soit dans les gravures des pierres, soit dans les ornements en bois, en bronze ou en or (*m*).

Le temple de Salomon ayant été détruit par les Syriens, le second temple, rebâti par Hérode l'Ascalonite, rentra dans l'ordre de ces ouvrages moitié juifs, moitié grecs, dont je vais bientôt parler.

Il ne nous reste donc rien de l'architecture primitive des Juifs à Jérusalem, hors la piscine Probatique. On la voit encore près de la porte Saint-Etienne, et elle bornait le temple au septentrion. C'est un réservoir long de cent cinquante pieds, et large de quarante. L'excavation de ce réservoir est soutenue par des murs, et ces murs sont ainsi composés : un lit de grosses pierres jointes ensemble par des crampons de fer; une maçonnerie mêlée appliquée sur ces grosses pierres; une couche de cailloutage collée sur cette maçonnerie; un enduit répandu sur ce cailloutage. Les quatre lits sont perpendiculaires au sol, et non pas horizontaux : l'enduit était du côté de l'eau, et les grosses pierres s'appuyaient et s'appuient encore contre la terre.

Cette piscine est maintenant desséchée et à demi comblée ; il y croît quelques grenadiers et une espèce de tamarin sauvage, dont la verdure est bleuâtre : l'angle de l'ouest est tout rempli de nopals. On remarque aussi dans le côté occidental deux arcades qui donnent naissance à deux voûtes : c'était peut-être un aqueduc qui conduisait l'eau dans l'intérieur du temple.

Josèphe appelle cette piscine *Stagnum Salomonis*, l'Évangile la nomme

Probatique, parce qu'on y purifiait les brebis destinées aux sacrifices. Ce fut au bord de cette piscine que JésusChrist dit au paralytique :

« Levez-vous et emportez votre lit. »

Voilà tout ce qui reste aujourd'hui de la Jérusalem de David et de Salomon.

Les monuments de la Jérusalem grecque et romaine sont plus nombreux, et forment une classe nouvelle et fort singulière dans les arts. Je commence par les tombeaux de la vallée de Josaphat et de la vallée de Siloé.

Quand on a passé le pont du torrent de Cédron, on trouve au pied du *Mons Offensionis* le sépulcre d'Absalon. C'est une masse carrée, mesurant huit pas sur chaque face ; elle est formée d'une seule roche, laquelle roche a été taillée dans la montagne voisine, dont elle n'est séparée que de quinze pieds. L'ornement de ce sépulcre consiste en vingt-quatre colonnes d'ordre dorique sans cannelure, six sur chaque front du monument. Ces colonnes sont à demi engagées et forment partie intégrante du bloc, ayant été prises dans l'épaisseur de la masse. Sur les chapiteaux règne la frise avec le triglyphe. Au-dessus de cette frise s'élève un socle qui porte une pyramide triangulaire, trop élevée pour la hauteur totale du tombeau. Cette pyramide est d'un autre morceau que le corps du monument.

Le sépulcre de Zacharie ressemble beaucoup à celui-ci ; il est taillé dans le roc de la même manière, et se termine en une pointe un peu recourbée comme le bonnet phrygien ou comme un monument chinois. Le sépulcre de Josaphat est une grotte dont la porte, d'un assez bon goût, fait le principal ornement. Enfin, le sépulcre où se cacha l'apôtre saint Jacques présente sur la vallée de Siloé un portique agréable. Les quatre colonnes qui composent ce portique ne posent point sur le sol, mais elles sont placées à une certaine hauteur dans le rocher, ainsi que la colonnade du Louvre sur le premier étage du palais.

La tradition, comme on le voit, assigne des noms à ces tombeaux. Arculfe, dans Adamannus (*De Locis Sanctis*, lib. I, cap. X), Vilalpandus, (*Antiquæ Jerusalem Descriptio*), Adrichomius *Sententia de loco sepulcri Absalon*), Quaresmius (tom. II, cap. IV et V), et plusieurs autres, ont ou parlé de ces noms, ou épuisé sur ce sujet la critique de l'histoire. Mais, quand la tradition ne serait pas ici démentie par les faits, l'architecture de ces monuments prouverait que leur origine ne remonte pas à la première antiquité judaïque.

S'il fallait absolument fixer l'époque où ces mausolées ont été construits, je la placerais vers le temps de l'alliance des Juifs et des Lacédémoniens, sous les premiers Machabées. Le dorique dominait encore dans la Grèce : le corinthien n'envahit l'architecture qu'un demi-siècle après, lorsque les Romains commencèrent à s'étendre dans le Péloponèse et dans l'Asie (1).

Mais, en naturalisant à Jérusalem l'architecture de Corinthe et d'Athènes, les Juifs y mêlèrent les formes de leur propre style. Les sépulcres de la vallée de Josaphat, et surtout les tombeaux dont je vais bientôt parler, offrent l'alliance

---

(1) Aussi trouvons-nous à cette dernière époque un portique corinthien dans le temple rebâti par Hérode, des colonnes avec des inscriptions grecques et latines, des portes de cuivre de Corinthe, etc. *.

* Joseph., *de Bell. Judaic.*, lib. VI, cap. XIV.

visible du goût de l'Égypte et du goût de la Grèce. Il résulta de cette alliance une sorte de monuments indécis, qui forment pour ainsi dire le passage entre les Pyramides et le Parthénon ; monuments où l'on distingue un génie sombre, hardi, gigantesque, et une imagination riante, sage et modérée (1). On va voir un bel exemple de cette vérité dans les sépulcres des rois.

En sortant de Jérusalem par la porte d'Éphraïm, on marche pendant un demi-mille sur le plateau d'un rocher rougeâtre où croissent quelques oliviers. On rencontre ensuite au milieu d'un champ une excavation assez semblable aux travaux abandonnés d'une ancienne carrière. Un chemin large et en pente douce vous conduit au fond de cette excavation, où l'on entre par une arcade. On se trouve alors au milieu d'une salle découverte taillée dans le roc. Cette salle a trente pieds de long sur trente pieds de large, et les parois du rocher peuvent avoir douze à quinze pieds d'élévation.

Au centre de la muraille du midi vous apercevez une grande porte carrée, d'ordre dorique, creusée de plusieurs pieds de profondeur dans le roc. Une frise un peu capricieuse, mais d'une délicatesse exquise, est sculptée au-dessus de la porte : c'est d'abord un triglyphe suivi d'un métope orné d'un simple anneau ; ensuite vient une grappe de raisin entre deux couronnes et deux palmes. Le triglyphe se représente, et la ligne se reproduisait sans doute de la même manière le long du rocher ; mais elle est actuellement effacée. A dix-huit pouces de cette frise règne un feuillage entremêlé de pommes de pin et d'un autre fruit que je n'ai pu reconnaître, mais qui ressemble à un petit citron d'Égypte. Cette dernière décoration suivait parallèlement la frise, et descendait ensuite perpendiculairement le long des deux côtés de la porte.

Dans l'enfoncement et dans l'angle à gauche de cette grande porte s'ouvre un canal où l'on marchait autrefois debout, mais où l'on se glisse aujourd'hui en rampant. Il aboutit par une pente assez raide, ainsi que dans la grande pyramide, à une chambre carrée, creusée dans le roc avec le marteau et le ciseau. Des trous de six pieds de long sur trois pieds de large sont pratiqués dans les murailles, ou plutôt dans les parois de cette chambre, pour y placer des cercueils. Trois portes voûtées conduisent de cette première chambre dans sept autres demeures sépulcrales d'inégale grandeur, toutes formées dans le roc vif, et dont il est difficile de comprendre le dessein, surtout à la lueur des flambeaux. Une de ces grottes, plus basse que les autres, et où l'on descend six degrés, semble avoir renfermé les principaux cercueils. Ceux-ci étaient généralement disposés de la manière suivante : le plus considérable était au fond de la grotte, en face de la porte d'entrée, dans la niche ou dans l'étui qu'on lui avait préparé ; des deux côtés de la porte deux petites voûtes étaient réservées pour les morts les moins illustres, et comme pour les gardes de ces rois qui n'avaient plus besoin de leur secours. Les cercueils, dont on ne voit que les fragments, étaient de pierre et ornés d'élégantes arabesques.

Ce qu'on admire le plus dans ces tombeaux, ce sont les portes des chambres

(1) C'est ainsi que, sous François Ier, l'architecture grecque se mêla au style gothique, et produisit des ouvrages charmants.

sépulcrales; elles sont de la même pierre que la grotte, ainsi que les gonds et les pivots sur lesquels elles tournent. Presque tous les voyageurs ont cru qu'elles avaient été taillées dans le roc même; mais cela est visiblement impossible, comme le prouve très-bien le père Nau. Thévenot assure « qu'en grattant un « peu la poussière on aperçoit la jointure des pierres, qui y ont été mises après « que les portes ont été posées avec leurs pivots dans les trous. » J'ai cependant gratté la poussière, et je n'ai point vu ces marques au bas de la seule porte qui reste debout : toutes les autres sont brisées et jetées en dedans des grottes.

En entrant dans ces palais de la mort, je fus tenté de les prendre pour des bains d'architecture romaine, tels que ceux de l'antre de la Sibylle près du lac Averne. Je ne parle ici que de l'effet général pour me faire comprendre; car je savais très-bien que j'étais dans des tombeaux. Arculfe (*Apud Adamann.*), qui les a décrits avec une grande exactitude (*Sepulcra sunt in naturali collis rupe*, etc.), avait vu des ossements dans les cercueils. Plusieurs siècles après, Villamont y trouva pareillement des cendres qu'on y cherche vainement aujourd'hui. Ce monument souterrain était annoncé au dehors par trois pyramides, dont une existait encore du temps de Vilalpandus. Je ne sais ce qu'il faut croire de Zuellard et d'Appart qui décrivent des ouvrages extérieurs et des péristyles.

Une question s'élève sur ces sépulcres nommés *Sépulcres des rois*. De quels rois s'agit-il? D'après un passage des *Paralipomènes* et d'après quelques autres endroits de l'Écriture, on voit que les tombeaux des rois de Juda étaient dans la ville de Jérusalem : *Dormiitque Achaz cum patribus suis, et sepelierunt eum in civitate Jerusalem*. David avait son sépulcre sur la montagne de Sion ; d'ailleurs le ciseau grec se fait reconnaître dans les ornements des sépulcres des rois.

Josèphe, auquel il faut avoir recours, cite trois mausolées fameux.

Le premier était le tombeau des Machabées, élevé par Simon leur frère :
« Il était, dit Josèphe, de marbre blanc et poli, si élevé qu'on le peut voir de
« fort loin. Il y a tout à l'entour des voûtes en forme de portiques, dont cha-
« cune des colonnes qui le soutiennent est d'une seule pierre. Et pour marquer
« ces sept personnes, il y ajouta sept pyramides d'une très-grande hauteur et
« d'une merveilleuse beauté (1). »

Le premier livre des *Machabées* donne à peu près les mêmes détails sur ce tombeau. Il ajoute qu'on l'avait construit à Modin, et qu'on le voyait en naviguant sur la mer : *Ab omnibus navigantibus mare*. Modin était une ville bâtie près de Diospolis, sur une montagne de la tribu de Juda. Du temps d'Eusèbe, et même du temps de saint Jérôme, le monument des Machabées existait encore. Les sépulcres des rois, à la porte de Jérusalem, malgré leurs sept chambres funèbres et les pyramides qui les couronnaient, ne peuvent donc avoir appartenu aux princes asmonéens.

Josèphe nous apprend ensuite qu'Hélène, reine d'Adiabène, avait fait élever, à deux stades de Jérusalem, trois pyramides funèbres, et que ses os et ceux de son fils Izate y furent renfermés par les soins de Manabaze (2). Le même his-

---

(1) *Antiq. Judaï.* — (2) *Ibid.*

torien, dans un autre ouvrage (1), en traçant les limites de la Cité sainte, dit que les murs passaient au septentrion vis-à-vis le sépulcre d'Hélène. Tout cela convient parfaitement aux sépulcres des rois, qui, selon Vilalpandus, étaient ornés de trois pyramides, et qui se trouvent encore au nord de Jérusalem, à la distance marquée par Josèphe. Saint Jérôme parle aussi de ce sépulcre. Les savants qui se sont occupés du monument que j'examine ont laissé échapper un passage curieux de Pausanias (2) ; il est vrai qu'on ne pense guère à Pausanias à propos de Jérusalem. Quoi qu'il en soit, voici le passage ; la version latine et le texte de Gédoyn sont fidèles :

« Le second tombeau était à Jérusalem... C'était la sépulture d'une femme
« juive nommée *Hélène*. La porte du tombeau, qui était de marbre comme tout
« le reste, s'ouvrait d'elle-même à certain jour de l'année et à certaine heure,
« par le moyen d'une machine, et se refermait peu de temps après. En tout autre
« temps, si vous aviez voulu l'ouvrir vous l'auriez plutôt rompue. »

Cette porte, qui s'ouvrait et se refermait d'elle-même par une machine, semblerait, à la merveille près, rappeler les portes extraordinaires des sépulcres des rois. Suidas et Étienne de Byzance parlent d'un Voyage de Phénicie et de Syrie publié par Pausanias. Si nous avions cet ouvrage, nous y aurions sans doute trouvé de grands éclaircissements sur le sujet que nous traitons.

Les passages réunis de l'historien juif et du voyageur grec sembleraient donc prouver assez bien que les sépulcres des rois ne sont que le tombeau d'Hélène ; mais on est arrêté dans cette conjecture par la connaissance d'un troisième monument.

Josèphe parle de certaines grottes qu'il nomme les *Cavernes royales*, selon la traduction littérale d'Arnaud d'Andilly : malheureusement il n'en fait point la description ; il les place au septentrion de la ville sainte, tout auprès du tombeau d'Hélène.

Reste donc à savoir quel fut le prince qui fit creuser ces cavernes de la mort, comment elles étaient ornées, et de quels rois elles gardaient les cendres. Josèphe, qui compte avec tant de soin les ouvrages entrepris ou achevés par Hérode le Grand, ne met point les sépulcres des rois au nombre de ces ouvrages ; il nous apprend même qu'Hérode, étant mort à Jéricho, fut enterré avec une grande magnificence à Hérodium. Ainsi, les cavernes royales ne sont point le lieu de la sépulture de ce prince ; mais un mot échappé ailleurs à l'historien pourrait répandre quelque lumière sur cette discussion.

En parlant du mur que Titus fit élever pour serrer de plus près Jérusalem, Josèphe dit que ce mur, revenant vers la région boréale, renfermait le *sépulcre d'Hérode*. C'est la position des cavernes royales. Celles-ci auraient donc porté également le nom de *Cavernes royales* et de *Sépulcre d'Hérode*. Dans ce cas cet Hérode ne serait point Hérode l'Ascalonite, mais Hérode le Tétrarque. Ce dernier prince était presque aussi magnifique que son père : il avait fait bâtir

(1) *De Bell. Jud.*
(2) J'ai vu depuis que l'abbé Guénée l'a indiqué dans les excellents Mémoires dont j'ai parlé. Il dit qu'il se propose d'examiner ce passage dans un autre Mémoire : il le dit, mais il n'y revient plus : c'est bien dommage.

deux villes, Séphoris et Tibériade; et quoi qu'il fût exilé à Lyon par Caligula (2), il pouvait très-bien s'être préparé un cercueil dans sa patrie : Philippe son frère lui avait donné le modèle de ces édifices funèbres.

Nous ne savons rien des monuments dont Agrippa embellit Jérusalem.

Voilà ce que j'ai pu trouver de plus satisfaisant sur cette question ; j'ai cru devoir la traiter à fond, parce qu'elle a jusqu'ici été plutôt embrouillée qu'éclaircie par les critiques. Les anciens pèlerins qui avaient vu le sépulcre d'Hélène l'ont confondu avec les cavernes royales. Les voyageurs modernes, qui n'ont point retrouvé le tombeau de la reine d'Adiabène, ont donné le nom de ce tombeau aux sépultures des princes de la maison d'Hérode. Il est résulté de tous ces rapports une étrange confusion : confusion augmentée par l'érudition des écrivains pieux qui ont voulu ensevelir les rois de Juda dans les grottes royales, et qui n'ont pas manqué d'autorités.

La critique de l'art ainsi que les faits historiques nous obligent à ranger les sépulcres des rois dans la classe des monuments grecs à Jérusalem. Ces sépulcres étaient très-nombreux, et la postérité d'Hérode finit assez vite ; de sorte que plusieurs cercueils auraient attendu vainement leurs maîtres : il ne manquait plus, pour connaître toute la vanité de notre nature, que de voir les tombeaux d'hommes qui ne sont pas nés. Rien, au reste, ne forme un contraste plus singulier que la frise charmante sculptée par le ciseau de la Grèce sur la porte de ces chambres formidables où reposaient les cendres des Hérodes. Les idées les plus tragiques s'attachent à la mémoire de ces princes; ils ne nous sont bien connus que par le meurtre de Mariamne, le massacre des Innocents, la mort de saint Jean-Baptiste, et la condamnation de Jésus-Christ. On ne s'attend donc point à trouver leurs tombeaux embellis de guirlandes légères, au milieu du site effrayant de Jérusalem, non loin du temple où Jéhovah rendait ses terribles oracles, et près de la grotte où Jérémie composa ses *Lamentations*.

M. Casas a très-bien représenté ces monuments dans son *Voyage pittoresque de la Syrie* : je ne connais point l'ouvrage plus récent de M. Mayer. La plupart des voyages en Terre-Sainte sont accompagnés de gravures et de vignettes. Il faut distinguer celles de la Relation du père Roger, qui pourraient bien être de Claude Mellan.

Les autres édifices des temps romains à Jérusalem, tels que le théâtre et l'amphithéâtre, les tours Antonia, Hippicos, Phasaële et Psephima, n'existent plus, ou du moins on n'en connaît que des ruines informes.

Nous passons maintenant à la troisième sorte des monuments de Jérusalem, aux monuments du christianisme avant l'invasion des Sarrasins. Je n'en ai plus rien à dire, puisque je les ai décrits en rendant compte des saints lieux. Je ferai seulement une remarque : comme ces monuments doivent leur origine à des chrétiens qui n'étaient pas Juifs, ils ne conservent rien du caractère demi-égyptien, demi-grec, que j'ai observé dans les ouvrages des princes asmonéens et des Hérodes; ce sont de simples églises grecques du temps de la décadence de l'art.

(1) JOSEPH., *Ant. Jud.*, lib. XVIII ; STRAB., lib. XVIII.

La quatrième espèce de monuments à Jérusalem est celle des monuments qui appartiennent au temps de la prise de cette ville par le calife Omar, successeur d'Abubeker, et chef de la race des Ommiades. Les Arabes qui avaient suivi les étendards du calife s'emparèrent de l'Égypte; de là, s'avançant le long des côtes de l'Afrique, ils passèrent en Espagne, et remplirent de palais enchantés Grenade et Cordoue. C'est donc au règne d'Omar qu'il faut faire remonter l'origine de cette architecture arabe dont l'Alhambra est le chef-d'œuvre, comme le Parthénon est le miracle du génie de la Grèce. La mosquée du Temple, commencée à Jérusalem par Omar, agrandie par Abd-el-Maleck, et rebâtie sur un nouveau plan par El-Oulid, est un monument très-curieux pour l'histoire de l'art chez les Arabes. On ne sait point encore d'après quel modèle furent élevées ces demeures des fées dont l'Espagne nous offre les ruines. On me saura peut-être gré de dire quelques mots sur un sujet si neuf, et jusqu'à présent si peu étudié.

Le premier temple de Salomon ayant été renversé six cents ans avant la naissance de Jésus-Christ, il fut relevé après les soixante-dix ans de la captivité, par Josué, fils de Josédé, et Zorobabel, fils de Salathiel. Hérode l'Ascalonite rebâtit en entier ce second temple. Il y employa onze mille ouvriers pendant neuf ans. Les travaux en furent prodigieux, et ils ne furent achevés que longtemps après la mort d'Hérode. Les Juifs ayant comblé des précipices et coupé le sommet d'une montagne, firent enfin cette vaste esplanade où s'élevait le temple à l'orient de Jérusalem, sur les vallées de Siloé et de Josaphat.

Quarante jours après sa naissance, Jésus-Christ fut présenté dans ce second temple; la Vierge y fut purifiée. A douze ans le Fils de l'Homme y enseigna les docteurs; il en chassa les marchands; il y fut inutilement tenté par le démon; il y remit les péchés à la femme adultère; il y proposa la parabole du bon Pasteur, celle des deux Enfants, celle des Vignerons et celle du Banquet nuptial. Ce fut dans ce même temple qu'il entra au milieu des palmes et des branches d'olivier, le jour de la fête des Rameaux; enfin il y prononça le *Reddite quæ sunt Cæsaris Cæsari, et quæ sunt Dei Deo;* il y fit l'éloge du denier de la veuve.

Titus ayant pris Jérusalem la deuxième année du règne de Vespasien, il ne resta pas pierre sur pierre du temple où Jésus-Christ avait fait tant de choses glorieuses, et dont il avait prédit la ruine. Lorsque Omar s'empara de Jérusalem, il paraît que l'espace du temple, à l'exception d'une très-petite partie, avait été abandonné par les chrétiens. Saïdebn-Batrik (1), historien arabe, raconte que le calife s'adressa au patriarche Sophronius, et lui demanda quel serait le lieu le plus propre de Jérusalem pour y bâtir une mosquée. Sophronius le conduisit sur les ruines du temple de Salomon.

Omar, satisfait d'établir sa mosquée dans une enceinte si fameuse, fit déblayer les terres et découvrir une grande roche où Dieu avait dû parler à Jacob. La mosquée nouvelle prit le nom de cette roche, *Gâmeat-el-Sakhra*, et devint pour les musulmans presque aussi sacrée que les mosquées de la Mecque

---

(1) C'est Eutychius, patriarche d'Alexandrie. Nous avons ses *Annales arabes*, imprimées à Oxford, avec une version latine.

et de Médine. Le calife Abd-el-Maleck en augmenta les bâtiments et renferma la roche dans l'enceinte des murailles. Son successeur, le calife El-Oulid, embellit encore El-Sakhra, et la couvrit d'un dôme de cuivre doré, dépouille d'une église de Balbeck. Dans la suite, les croisés convertirent le temple de Mahomet en un sanctuaire de Jésus-Christ ; et lorsque Saladin reprit Jérusalem, il rendit ce temple à sa destination primitive.

Mais quelle est l'architecture de cette mosquée, type ou modèle primitif de l'élégante architecture des Maures? C'est ce qu'il est très-difficile de dire. Les Arabes, par une suite de leurs mœurs despotiques et jalouses, ont réservé les décorations pour l'intérieur de leurs monuments ; et il y a peine de mort contre tout chrétien qui non-seulement entrerait dans Gâmeat-el-Sakhra, mais qui mettrait seulement le pied dans le parvis qui l'environne. Quel dommage que l'ambassadeur Deshayes, par un vain scrupule diplomatique, ait refusé de voir cette mosquée où les Turcs lui proposaient de l'introduire! J'en vais décrire l'extérieur :

On voit la grande place de la mosquée, autrefois la place du temple, par une fenêtre de la maison de Pilate.

Cette place forme un parvis qui peut avoir cinq cents pas de longueur sur quatre cent soixante de largeur. Les murailles de la ville ferment ce parvis à l'orient et au midi. Il est borné à l'occident par des maisons turques, et au nord par les ruines du prétoire de Pilate et du palais d'Hérode.

Douze portiques, placés à des distances inégales les uns des autres, et tout à fait irréguliers comme les cloîtres de l'Alhambra, donnent entrée sur ce parvis. Ils sont composés de trois ou quatre arcades, et quelquefois ces arcades en soutiennent un second rang ; ce qui imite assez bien l'effet d'un double aqueduc. Le plus considérable de tous ces portiques correspond à l'ancienne *Porta Speciosa*, connue des chrétiens par un miracle de saint Pierre. Il y a des lampes sous ces portiques.

Au milieu de ce parvis on en trouve un plus petit qui s'élève de six à sept pieds comme une terrasse sans balustres, au-dessus du précédent. Ce second parvis a, selon l'opinion commune, deux cents pas de long sur cent cinquante de large ; on y monte de quatre côtés par un escalier de marbre ; chaque escalier est composé de huit degrés.

Au centre de ce parvis supérieur s'élève la fameuse mosquée de la Roche. Tout auprès de la mosquée est une citerne qui tire son eau de l'ancienne fontaine Scellée (1), et où les Turcs font leurs ablutions avant la prière. Quelques vieux oliviers et des cyprès clair-semés sont répandus çà et là sur les deux parvis.

Le temple est octogone : une lanterne également à huit faces, et percée d'une fenêtre sur chaque face, couronne le monument. Cette lanterne est recouverte d'un dôme. Ce dôme était autrefois de cuivre doré, il est de plomb aujourd'hui ; une flèche d'un assez bon goût, terminée par un croissant, surmonte tout l'édifice, qui ressemble à une tente arabe élevée au milieu du désert. Le père Roger donne trente-deux pas à chaque côté de l'octogone, deux cent cinquante-

(1) *Fons signatus.*

deux pas de circuit à la mosquée en dehors, et dix-huit ou vingt toises d'élévation au monument entier. Les murs sont revêtus extérieurement de petits carreaux ou de briques peintes de diverses couleurs ; ces briques sont chargées d'arabesques et de versets du Coran écrits en lettres d'or. Les huit fenêtres de la lanterne sont ornées de vitraux ronds et coloriés. Ici nous trouvons déjà quelques traits originaux des édifices moresques de l'Espagne : les légers portiques des parvis et les briques peintes de la mosquée rappellent diverses parties du Généralife, de l'Alhambra et de la cathédrale de Cordoue.

Quant à l'intérieur de cette mosquée, je ne l'ai point vu. Je fus bien tenté de risquer tout pour satisfaire mon amour des arts ; mais la crainte de causer la perte des chrétiens de Jérusalem m'arrêta. Guillaume de Tyr et Deshayes disent quelque chose de l'intérieur de la mosquée de la Roche ; le père Roger en fait une description fort détaillée et vraisemblablement très-fidèle (n).

Cependant elle ne suffit pas pour prouver que l'intérieur de la mosquée de Jérusalem a des rapports avec l'intérieur des monuments moresques en Espagne. Cela dépend absolument de la manière dont les colonnes sont disposées dans le monument ; et c'est ce que le père Roger ne dit pas. Portent-elles de petites arcades ? sont-elles accouplées, groupées, isolées, comme à Cordoue et à Grenade ? Mais, si les dehors de cette mosquée ont déjà tant de ressemblance avec quelques parties de l'Alhambra, n'est-il pas à présumer que les dedans conservent le même goût d'architecture ? Je le croirais d'autant plus facilement que les marbres et les colonnes de cet édifice ont été dérobés aux églises chrétiennes, et qu'ils doivent offrir ce mélange d'ordres et de proportions que l'on remarque dans la cathédrale de Cordoue.

Ajoutons une observation à ces conjectures. La mosquée abandonnée que l'on voit près du Caire paraît être du même style que la mosquée de Jérusalem : or, cette mosquée du Caire est évidemment l'original de la mosquée de Cordoue. Celle-ci fut bâtie par des princes, derniers descendants de la dynastie des Ommiades ; et Omar, chef de leur famille, avait fondé la mosquée de Jérusalem.

Ces monuments vraiment arabes appartiennent donc à la première dynastie des califes et au génie de la nation en général : ils ne sont donc pas, comme on l'a cru jusqu'ici, le fruit du talent particulier des Maures de l'Andalousie, puisque j'ai trouvé les modèles de ces monuments dans l'Orient.

Cela prouvé, j'irai plus loin. Je crois apercevoir dans l'architecture égyptienne, si pesante, si majestueuse, si vaste, si durable, le germe de cette architecture sarrasine, si légère, si riante, si petite, si fragile : le minaret est l'imitation de l'obélisque ; les moresques sont des hiéroglyphes dessinés au lieu d'hiéroglyphes gravés. Quant à ces forêts de colonnes qui composent l'intérieur des mosquées arabes, et qui portent une voûte plate, les temples de Memphis, de Denderah, de Thèbes, de Méroué, offraient encore des exemples de ce genre de construction. Placés sur la frontière de Metzraïm, les descendants d'Ismaël ont eu nécessairement l'imagination frappée des merveilles des Pharaons : ils n'ont rien emprunté des Grecs qu'ils n'ont point connus, mais ils ont cherché à copier les arts d'une nation fameuse qu'ils avaient sans cesse sous les yeux. Peuples vagabonds, conquérants, voyageurs, ils ont imité en courant l'immuable Égypte : ils se sont fait des obélisques de bois doré et des hiéroglyphes de plâtre, qu'ils pouvaient emporter avec leurs tentes sur le dos de leurs chameaux.

Je n'ignore pas que ce système, si c'en est un, est sujet à quelques objections, et même à des objections historiques. Je sais que le palais de Zehra, bâti par Abdoulraham auprès de Cordoue, fut élevé sur le plan d'un architecte de Constantinople, et que les colonnes de ce palais furent taillées en Grèce ; je sais qu'il existe une architecture née dans la corruption de l'art, qu'on peut appeler *architecture justinienne*, et que cette architecture a quelques rapports avec les ouvrages des Maures ; je sais enfin que des hommes d'un excellent goût et d'un grand savoir, tels que le respectable M. d'Agincourt et l'auteur du magnifique *Voyage en Espagne*, M. de La Borde, pensent que toute architecture est fille de la Grèce ; mais quelles que soient ces difficultés et ces autorités puissantes, j'avoue qu'elles ne me font point changer d'opinion. Un plan envoyé par un architecte de Constantinople, des colonnes taillées sur les rives du Bosphore, des ouvriers grecs travaillant à une mosquée, ne prouvent rien : on ne peut tirer d'un fait particulier une conséquence générale. J'ai vu à Constantinople l'architecture justinienne. Elle a, j'en conviens, quelque ressemblance avec l'architecture des monuments sarrasins, comme le rétrécissement de la voûte dans les arcades, etc. Toutefois elle conserve une raison, une froideur, une solidité qu'on ne remarque point dans la fantaisie arabe. D'ailleurs cette architecture justinienne me semble être elle-même l'architecture égyptienne rentrée dans l'architecture grecque. Cette nouvelle invasion de l'art de Memphis fut produite par l'établissement du christianisme : les solitaires qui peuplèrent les déserts de la Thébaïde, et dont les opinions gouvernaient le monde, introduisirent dans les églises, dans les monastères, et jusque dans les palais ces portiques dégénérés appelés *cloîtres*, où respire le génie de l'Orient. Remarquons, à l'appui de ceci, que la véritable détérioration de l'art chez les Grecs commence précisément à l'époque de la translation du siège de l'empire romain à Constantinople : ce qui prouve que l'architecture grecque n'enfanta pas l'architecture orientale, mais que l'architecture orientale se glissa dans l'architecture grecque par le voisinage des lieux.

J'incline donc à croire que toute architecture est sortie de l'Égypte, même l'architecture gothique ; car rien n'est venu du Nord, hors le fer et la dévastation. Mais cette architecture égyptienne s'est modifiée selon le génie des peuples : elle ne changea guère chez les premiers Hébreux, où elle se débarrassa seulement des monstres et des dieux de l'idolâtrie. En Grèce, où elle fut introduite par Cécrops et Inachus, elle s'épura et devint le modèle de tous les genres de beautés. Elle parvint à Rome par les Toscans, colonie égyptienne. Elle y conserva sa grandeur, mais elle n'atteignit jamais sa perfection comme à Athènes. Des apôtres accourus de l'Orient la portèrent aux Barbares du Nord : sans perdre parmi ces peuples son caractère religieux et sombre, elle s'éleva avec les forêts des Gaules et de la Germanie ; elle présenta la singulière union de la force, de la majesté, de la tristesse dans l'ensemble, et de la légèreté la plus extraordinaire dans les détails. Enfin, elle prit chez les Arabes les traits dont nous avons parlé ; architecture du désert, enchantée comme les oasis, magique comme les histoires contées sous la tente, mais que les vents peuvent emporter avec le sable qui lui servit de premier fondement.

Je pourrais appuyer mon opinion d'un million de faits historiques ; je pourrais montrer que les premiers temples de la Grèce, tels que celui de Jupiter à Onga, près d'Amyclée, étaient de véritables temples égyptiens ; que la sculpture elle-même était égyptienne à Argos, à Sparte, à Athènes, du temps de Dédale et dans les siècles héroïques. Mais j'ai peur d'avoir poussé trop loin cette digression, et il est plus que temps de passer aux monuments gothiques de Jérusalem.

Ceux-ci se réduisent à quelques tombeaux. Les monuments de Godefroy et de Baudoin sont deux cercueils de pierre, portés sur quatre petits piliers. Les épitaphes qu'on a lues dans la description de Deshayes sont écrites sur ces cercueils en lettres gothiques.

Tout cela en soi-même est fort peu de chose : cependant je fus très-frappé par l'aspect de ces tombeaux, en entrant au Saint-Sépulcre : leurs formes étrangères, sur un sol étranger, m'annoncèrent d'autres hommes, d'autres mœurs, d'autres pays ; je me crus transporté dans un de nos vieux monastères : j'étais comme l'Otaïtien quand il reconnut en France un arbre de sa patrie. Je contemplai avec vénération ces mausolées gothiques qui renfermaient des chevaliers français, des pèlerins devenus rois, des héros de la *Jérusalem délivrée ;* je me rappelai les paroles que le Tasse met dans la bouche de Godefroy :

> Chi sia di noi, ch' esser sepulto schivi,
> Ove i membri di Dio fur già sepulti ?

Quant aux monuments turcs, derniers témoins qui attestent à Jérusalem les révolutions des empires, ils ne valent pas la peine qu'on s'y arrête : j'en ai parlé seulement pour avertir qu'il ne faut pas du tout confondre les ouvrages des Tartares avec les travaux des Maures. Au fond, il est plus vrai de dire que les Turcs ignorent absolument l'architecture ; ils n'ont fait qu'enlaidir les édifices grecs et les édifices arabes, en les couronnant de dômes massifs et de pavillons chinois. Quelques bazars et des oratoires de santons sont tout ce que les nouveaux tyrans de Jérusalem ont ajouté à cette ville infortunée.

Le lecteur connaît maintenant les divers monuments de la Cité sainte.

En revenant de visiter les sépulcres des rois qui ont donné lieu aux descriptions précédentes, je passai par la vallée de Josaphat. Le soleil se couchait derrière Jérusalem ; il dorait de ses derniers rayons cet amas de ruines et les montagnes de la Judée. Je renvoyai mes compagnons par la porte Saint-Étienne, et je ne gardai avec moi que le janissaire. Je m'assis au pied du tombeau de Josaphat, le visage tourné vers le temple : je tirai de ma poche un volume de Racine, et je relus *Athalie*.

A ces premiers vers :

> Oui, je viens dans son temple adorer l'Éternel, etc.,

il m'est impossible de dire ce que j'éprouvai. Je crus entendre les cantiques de

Salomon et la voix des prophètes ; l'antique Jérusalem se leva devant moi ; les ombres de Joad, d'Athalie, de Josabeth sortirent du tombeau ; il me sembla que je ne connaissais que depuis ce moment le génie de Racine. Quelle poésie ! puisque je la trouvais digne du lieu où j'étais ! On ne saurait s'imaginer ce qu'est *Athalie* lue sur le tombeau du *saint roi Josaphat*, au bord du torrent de Cédron, et devant les ruines du temple. Mais qu'est-il devenu ce temple *orné partout de festons magnifiques?*

> Comment en un plomb vil l'or pur s'est-il changé ?
> Quel est dans ce lieu saint ce pontife égorgé ?
> Pleure, Jérusalem, pleure, cité perfide,
> Des prophètes divins malheureuse homicide :
> De son amour pour toi ton Dieu s'est dépouillé ;
> Ton encens à ses yeux est un encens souillé...
> Où menez-vous ces enfants et ces femmes ?
> Le Seigneur a détruit la reine des cités :
> Ses prêtres sont captifs, ses rois sont rejetés ;
> Dieu ne veut plus qu'on vienne à ses solennités :
> Temple, renverse-toi, cèdres, jetez des flammes.
> Jérusalem, objet de ma douleur,
> Quelle main en un jour t'a ravi tous tes charmes ?
> Qui changera mes yeux en deux sources de larmes
> Pour pleurer ton malheur ?
>   AZARIAS.
> O saint temple !
>   JOSABETH.
> O David !
>   LE CHOEUR.
>   Dieu de Sion, rappelle,
> Rappelle en sa faveur tes antiques bontés.

La plume tombe des mains : on est honteux de barbouiller encore du papier après qu'un homme a écrit de pareils vers.

Je passai une partie de la journée du 9 au couvent, pour m'occuper des détails de la vie privée à Jérusalem ; je n'avais plus rien d'essentiel à voir, soit au dedans, soit au dehors de la ville, si ce n'est le puits de Néhémie, où l'on cacha le feu sacré au temps de la captivité, les sépulcres des juges, et quelques autres lieux ; je les visitai le soir du 9. Comme ils n'ont rien de remarquable, excepté les noms qu'ils portent, ce n'est pas la peine d'en entretenir le lecteur.

Je viens donc à ces petits détails qui piquent la curiosité, en raison de la grandeur des lieux dont on parle. On ne se peut figurer qu'on vive à Athènes et à Sparte comme chez soi. Jérusalem surtout, dont le nom réveille le souvenir de tant de mystères, effraie l'imagination ; il semble que tout doive être extraordinaire dans cette ville extraordinaire. Voyons ce qu'il en est, et commençons par la description du couvent des Pères latins.

On y pénètre par une rue voûtée qui se lie à une autre voûte assez longue et très-obscure. Au bout de cette voûte on rencontre une cour formée par le bûcher, le cellier et le pressoir du couvent. On aperçoit à droite, dans cette cour, un escalier de douze à quinze marches; cet escalier monte à un cloître qui règne au-dessus du cellier, du bûcher et du pressoir, et qui, par conséquent, a vue sur la cour d'entrée. A l'orient de ce cloître s'ouvre un vestibule qui communique à l'église : elle est assez jolie : elle a un chœur garni de stalles, une nef éclairée par un dôme, un autel à la romaine et un petit jeu d'orgues : tout cela est renfermé dans un espace de vingt pieds de longueur sur douze de largeur.

Une autre porte, placée à l'occident du cloître dont j'ai parlé, conduit dans l'intérieur du couvent. « Ce couvent, dit un pèlerin (1) dans sa description
« aussi exacte que naïve, ce couvent est fort irrégulier, bâti à l'antique et de
« plusieurs pièces rapportées, hautes et basses, les officines petites et dérobées,
« les chambres pauvres et obscures, plusieurs petites courcelles, deux petits jar-
« dins, dont le plus grand peut avoir quinze ou seize perches, et tenant aux
« remparts de la ville. Vers la partie occidentale est une autre cour et quelques
« petits logements pour les pèlerins. Toute la récréation qu'on peut avoir dans
« ce lieu, c'est que, montant sur la terrasse de l'église, on découvre toute la
« ville, qui va toujours en descendant jusqu'à la vallée de Josaphat : on voit
« l'église du Saint-Sépulcre, le parvis du temple de Salomon, et plus loin, du
« même côté d'orient, la montagne des Olives : au midi le château de la ville
« et le chemin de Bethléem, et au nord la grotte de Jérémie. Voilà en peu
« de paroles le plan et le tableau de ce couvent qui ressent extrêmement la
« simplicité et la pauvreté de celui qui, en ce même lieu, *propter nos egenus*
« *factus est cum esset dives.* » (II *Cor.*, viii.)

La chambre que j'occupais s'appelle *la Grande Chambre des Pèlerins*. Elle donnait sur une cour solitaire, environnée de murs de toutes parts. Les meubles consistaient en un lit d'hôpital avec des rideaux de serge verte, une table et un coffre; mes domestiques occupaient deux cellules assez loin de moi. Une cruche pleine d'eau et une lampe à l'italienne complétaient mon ménage. La chambre, assez grande, était obscure et ne tirait de jour que par une fenêtre qui s'ouvrait sur la cour dont j'ai parlé. Treize pèlerins avaient écrit leurs noms sur la porte, en dedans de la chambre : le premier s'appelait *Charles Lombard*, et il se trouvait à Jérusalem en 1669; le dernier est *John Gordon*, et la date de son passage est de 1804 (2). Je n'ai reconnu que trois noms français parmi ces treize voyageurs.

Les pèlerins ne mangent point avec les Pères comme à Jaffa. On les sert à part, et ils font la dépense qu'ils veulent. S'ils sont pauvres, on les nourrit; s'ils sont riches, ils paient ce qu'on achète pour eux : le couvent n'en retire pas une obole. Le logement, le lit, le linge, la lumière, le feu, sont toujours pour rien et à titre d'hospitalité.

On avait mis un cuisinier à mes ordres. Je ne dînais presque jamais qu'à la nuit, au retour de mes courses. On me servait d'abord un potage à l'huile et aux lentilles, ensuite du veau aux concombres ou aux ognons, du chevreau grillé ou du mouton au riz. On ne mange point de bœuf, et la viande de buffle a un

---

(1) Doubdan. — (2) C'est apparemment le même M. Gordon qui a fait analyser à Londres une bouteille d'eau de la mer Morte.

goût sauvage. Pour rôti, j'avais des pigeons, et quelquefois des perdrix de l'espèce blanche, appelée *perdrix du désert*. Le gibier est fort commun dans la plaine de Rama et dans les montagnes de Judée : il consiste en perdrix, bécasses, lièvres, sangliers et gazelles. La caille d'Arabie qui nourrit les Israélites est presque inconnue à Jérusalem ; cependant on en trouve quelques-unes dans la vallée du Jourdain. Pour légumes on m'a continuellement fourni des lentilles, des fèves, des concombres et des ognons.

Le vin de Jérusalem est excellent : il a la couleur et le goût de nos vins de Roussillon. Les coteaux qui le fournissent sont encore ceux d'Engaddi près de Bethléem. Quant aux fruits, je mangeai, comme à Jaffa, de gros raisins, des dattes, des grenades, des pastèques, des pommes et des figues de la seconde saison : celles du sycomore ou figuier de Pharaon étaient passées. Le pain, fait au couvent, était bon et savoureux.

Venons au prix de ces divers comestibles.

Le quintal de Jérusalem est composé de cent rolts, le rolt de neuf cents drachmes.

Le rolt vaut deux oques et un quart, ce qui revient à peu près à huit livres de France.

Le mouton se vend deux piastres dix paras le rolt. La piastre turque, continuellement altérée par les beys et les pachas d'Égypte, ne s'élève pas en Syrie à plus de trente-trois sous quatre deniers, et le para à plus de dix deniers. Or, le rolt étant à peu près de huit livres, la livre de viande de mouton, à Jérusalem, revient à neuf sous quatre deniers et demi.

Le veau ne coûte qu'une piastre le rolt ; le chevreau, une piastre et quelques paras.

Un très-grand veau se vend trente ou trente-cinq piastres ; un grand mouton, dix ou quinze piastres ; une chèvre, six ou huit.

Le prix de la mesure de blé varie de huit à neuf piastres.

L'huile revient à trois piastres le rolt.

Les légumes sont fort chers : on les apporte à Jérusalem de Jaffa et des villages voisins.

Cette année, 1806, le raisin de vendange s'éleva jusqu'à vingt-sept piastres le quintal.

Passons à quelques autres détails.

Un homme qui ne voudrait point descendre aux kans, ni demeurer chez les Pères de Terre-Sainte, pourrait louer une ou plusieurs chambres dans une maison à Jérusalem ; mais il n'y serait pas en sûreté de la vie. Selon la petitesse ou la grandeur, la pauvreté ou la richesse de la maison, chaque chambre coûterait par mois, depuis deux jusqu'à vingt piastres. Une maison entière, où l'on trouverait une assez grande salle et une quinzaine de trous qu'on appelle des chambres, se paierait par an cinq mille piastres.

Un maître ouvrier, maçon, menuisier, charpentier, reçoit deux piastres par jour, et il faut le nourrir : la journée d'un garçon ouvrier coûte une piastre.

Il n'y a point de mesure fixe pour la terre ; le plus souvent on achète à vue le morceau que l'on désire : on estime le fonds sur ce que ce morceau peut produire en fruit, blé ou vigne.

La charrue n'a point de roues; elle est armée d'un petit fer qui effleure à peine la terre : on laboure avec des bœufs.

On récolte de l'orge, du froment, du doura, du maïs et du coton. On sème la sésame dans le même champ où l'on cultive le coton.

Un mulet coûte cent ou deux cents piastres, selon sa beauté : un âne vaut depuis quinze jusqu'à cinquante piastres. On donne quatre-vingts ou cent piastres pour un cheval commun, moins estimé en général que l'âne ou le mulet; mais un cheval d'une race arabe bien connue est sans prix. Le pacha de Damas, Abdallah-Pacha, venait d'en acheter un trois mille piastres. L'histoire d'une jument fait souvent l'entretien du pays. On racontait lorsque j'étais à Jérusalem, les prouesses d'une de ces cavales merveilleuses. Le Bédouin qui la montait, poursuivi par les sbires du gouverneur, s'était précipité avec elle du sommet des montagnes qui dominent Jéricho. La jument était descendue au grand galop presque perpendiculairement, sans broncher, laissant les soldats dans l'admiration et l'épouvante de cette fuite. Mais la pauvre gazelle creva en entrant à Jéricho, et le Bédouin, qui ne voulut point l'abandonner, fut pris pleurant sur le corps de sa compagne. Cette jument a un frère dans le désert; il est si fameux que les Arabes savent toujours où il a passé, où il est, ce qu'il fait, comment il se porte. Ali-Aga m'a religieusement montré dans les montagnes, près de Jéricho, la marque des pas de la jument morte en voulant sauver son maître : un Macédonien n'aurait pas regardé avec plus de respect la trace des pas de Bucéphale.

Parlons à présent des pèlerins. Les relations modernes ont un peu exagéré les richesses que les pèlerins doivent répandre à leur passage dans la Terre-Sainte. Et d'abord, de quels pèlerins sagit-il? Ce n'est pas des pèlerins latins, car il n'y en a plus, et l'on en convient généralement. Dans l'espace du dernier siècle, les Pères de Saint-Sauveur n'ont peut-être pas vu deux cents voyageurs catholiques, y compris les religieux de leurs ordres et les missionnaires au Levant. Que les pèlerins latins n'ont jamais été nombreux, on le peut prouver par mille exemples. Thévenot raconte qu'en 1656, il se trouva, lui vingt-deuxième, au Saint-Sépulcre.

Très-souvent les pèlerins ne montaient pas au nombre de douze, puisqu'on était obligé de prendre des religieux pour compléter ce nombre dans la cérémonie du lavement des pieds le mercredi saint (1). En effet, en 1589, soixante-dix-neuf ans avant Thévenot, Villamont ne rencontra que six pèlerins francs à Jérusalem (2). Si, en 1589, au moment où la religion était si florissante, on ne vit que sept pèlerins latins en Palestine, qu'on juge combien il y en devait avoir en 1806! Mon arrivée au couvent de Saint-Sauveur fut un véritable événement.

M. Seetzen, qui s'y trouvait à Pâques de la même année, c'est-à-dire sept mois avant moi, dit qu'il était le seul catholique (3).

Les richesses dont le Saint-Sépulcre doit regorger, n'étant point apportées

---

(1) Thév., chap. XLII, pag. 391. — (2) Liv. II, chap. XIX, page 250. — (3) *Ann. des Voy.*, par M. Malte-Brun, tom. II, pag. 343.

à Jérusalem par les pèlerins catholiques, le sont donc par des pèlerins juifs, grecs et arméniens? Dans ce cas-là même je crois les calculs très-enflés.

La plus grande dépense des pèlerins consiste dans les droits qu'ils sont obligés de payer aux Turcs et aux Arabes, soit pour l'entrée des saints lieux, soit pour les caffari ou permissions de passage. Or, tous ces objets réunis ne montent qu'à soixante-cinq piastres vingt-neuf paras. Si vous portez la piastre à son maximum, à cinquante sous de France, et le para à cinq liards ou quinze deniers, cela vous donnera cent soixante-quatre livres six sous trois deniers; si vous calculez la piastre à son minimum, c'est-à-dire à trente-trois sous de France et quatre deniers, et le para à trois liards et un denier, vous aurez cent huit livres neuf sous six deniers.

Voici le compte tel que je le tiens du père procureur du couvent de Saint-Sauveur.

Je le laisse en italien, que tout le monde entend aujourd'hui, avec les noms propres des Turcs, etc.; caractères originaux qui attestent leur authenticité :

Spesa solita che fa un pelerino en la sua intrata da Giaffa sin a Gerusalemme.
e nel ritorno a Giaffa (1).

		Piast.	Par.
Caffari. {	In Giaffa dopo il suo sbarco, Caffaro.	5	20
	In Giaffa prima del imbarco al suo ritorno	5	20
Cavalcatura sin a Rama, e portar al Aravo (2), che accompagna sin a Gerusalemme		1	20
Pago al Aravo che accompagna. . . . . . . 5 »		10	30
Al vilano che accompagna da Gerasma. 5 30			
Cavalcatura per venire da Rama, ed altra per ritornare		10	»
Caffari nella strada 1 16 cadi medni 20 ».		1	16
Intrata nel SSmo Sepulcro. Al Meheah governatore. E stader del tempio.		26	38
Intrata nella città Ciohadari del cadi e governatore. Sbirro E portinaro.		»	15
Primo e secundo drogomano.		3	30
		65	29

Si le pèlerin allait au Jourdain, il faudrait ajouter à ces frais la somme de douze piastres.

Enfin j'ai pensé que, dans une discussion de faits, il y a des lecteurs qui verraient avec plaisir les détails de ma propre dépense à Jérusalem. Si l'on considère que j'avais des chevaux, des janissaires, des escortes à mes ordres ; que je vivais comme à Paris quant à la nourriture, aux temps des repas, etc.; que j'entrais sans cesse au Saint-Sépulcre à des heures inusitées ; que je revoyais dix fois les mêmes lieux, payais dix fois les droits, les caffari et mille autres exactions des Turcs, on s'étonnera que j'en aie été quitte à si bon marché. Je

---

(1) Les comptes suivants varient un peu dans leurs sommes totales, parce que la piastre éprouve chaque jour un mouvement en Syrie, tandis que le para reste fixe : d'où il arrive que la piastre n'est pas toujours composée du même nombre de paras.

(2) Aravo pour Arabo. Changement de lettres très-commun dans la langue franque, dans le grec moderne et dans le grec ancien.

ITINÉRAIRE DE PARIS A JÉRUSALEM.

donne les comptes originaux avec les fautes d'orthographe du drogman Michel : ils ont cela de curieux qu'ils conservent pour ainsi dire l'air du pays. On y voit tous mes mouvements répétés, les noms propres de plusieurs personnages, le prix de divers objets, etc. Enfin, ces comptes sont des témoins fidèles de la sincérité de mon récit. On verra même que j'ai négligé beaucoup de choses dans ma relation, et que j'ai visité Jérusalem avec plus de soin encore que je ne l'ai dit.

Dépense à Jaffa :

	Piast.	Par.
Per un messo a Gerusalemme.	7	20
Altro messo a Rama.	3	»
Alro per avisare agli Arav	1	20
Orso in Rama per gli cavalli	2	»
Per il cavallo del servitore di Giaffa in Rama.	2	20
Gaffaro alli Aravi.	2	36
Al cavaliero che adato il gov^{re} di Rama	15	»
Per il cavalle che porto sua Ecc^a a Gerusalemme.	15	»
Regallo alli servitorj de gli cavalli.	3	»
Regallo al Mucaro Menum.	5	»
Tutto p$_s$.	57	16

Dépense à Jérusalem :

Spesa fatta per il sig^e dal giorno del suo arrivoa Gierusalemme ali 4 di ottobre 1806.

	Piast.	Par.
Il giorno del suo arrivo, per cavaleria da Rama, a Gierusalemme.	015	»
Compania per li Arabi, 6 isolote per testa.	013	20
Report.	028	20
Cad... a 10 M^i.	000	30
Al Muccaro	001	20
Cavalcatura per Michelle andare, e ritornar da Rama	008	20
4 Cavalli per andare a Betlemme e al Giordano.	080	»
Al portinaro della città.	001	25
Apertura del S^{mo}-Sepolcro.	001	25
Regallo alli portinari del S^{mo}-Sepolcro 7 persone.	030	»
Alli figlio, che chiamano li Turchi per aprire la porta.	01	25
Al Chavas del governatore per avere acompagniato il sig^o dentro della città, et fuori a cavallo.	008	»
Item. A un Dalati, cioe, guardia del Zambarakgi Pari	004	»
Per 5 cavalli per andare al Monte Olibette, e altri luoghi, et seconda volte al Potzo di Jeremia, e la madona	016	30
Al genisero per companiare il sig^e a Betlemme.	003	20
Item. Al genisero per avere andato col sig^e per la città.	001	35
12 ottobre per la apertura del S^{mo} Sepolcro	004	»
	189	10

Spese fatte da Michel, per ordine del Sig⁶.

	Piast.	Par.
In vari luoghi	»	»
In tabaco per li villani, et la compania nel viagio per il Giordano, e per li villani di Sᵃ Saba.	006	20
In candelle per Sⁿ Saba, es ervitori	006	»
Per li sacrestani greci, e altri.	006	20
Regallo nella casa della Madona, e serolio, e nella case di Simione, e nel convento dell Suriani, e nel spitale di Sᵗᵃ Elena, e nella casa di Anas, e nella singoga delli Ebrei	009	10
Item. Regallo nel convento delli Armeni di Sⁿ Giacomo, alli servitori, sacrestino, e genisari.	028	»
Regallo nel Sepolcro della Madona alli sacrestani, e nel Monte-Olibette.	005	10
Al servitore del governatore il negro, e nel castello	005	20
Per lavare la robba del sigᵉ e suoi servitori.	003	»
Alli poveri in tutto il giro.	005	15
Regallo nel convento delli Greci in chiesa al sacrestano; e alli servitori, et ali geniseri	018	»
4 cavalcature per il sigᵉ, suo dragomano, suo servitore, e Michelle da Gierusalemme fino a Giaffa, e quella di Michelle per andare, e ritornare la seconda volta	046	»
Compania a 6 isolote, ogni persona delli sigʳⁱ.	013	20
Villano.	003	»
Cafarro.	004	24
Regallo alli geniseri	020	»
Regallo a Goch di Sⁿ Geremia.	050	»
Regallo alli dragomani.	030	»
Regallo al communiere.	010	»
Al Portinaro Malia.	005	»
Al Spenditare	005	»
In Bellemme una cavalcatura per la provisione del Giordano, orzo 4 Arabi, due villani : regallo alli capi, e servitori	172	»
Ali-Agha figliò d'Apugiahfar.	150	»
Item. Zbirri, poveri, e guardie nel calare al Sᵐᵒ-Sepolcro l'ultimo giorno	010	»
	804	29
A Mechele Casar 80 ; Alcucsnaro 20.	100	»
	904	29

Il faut donc d'abord réduire ce grand nombre de pèlerins, du moins quant aux catholiques, à très-peu de chose, ou à rien du tout : car sept, douze, vingt, trente, même cent pèlerins ne valent pas la peine d'être comptés.

Mais, si cette douzaine de pèlerins qui paraissaient chaque année au Saint-Sépulcre, il y a un ou deux siècles, étaient de pauvres voyageurs, les Pères de Terre-Sainte ne pouvaient guère s'enrichir de leur dépouille. Écoutons le sincère Doubdan :

« Les religieux qui y demeurent (au couvent de Saint-Sauveur) militants
« sous la règle de saint François, y gardent une pauvreté très-étroite et ne
« vivent que des aumônes et charités qu'on leur envoie de la chrétienté, et que
« les pèlerins leur donnent, chacun selon ses facultés : mais, comme ils sont

« éloignés de leur pays, et savent les grandes dépenses qui leur restent à
« faire pour le retour, aussi n'y laissent-ils pas de grandes aumônes, ce qui
« n'empêche pas qu'ils n'y soient reçus et traités avec grande charité (1). »

Ainsi les pèlerins de Terre-Sainte qui doivent laisser des trésors à Jérusalem ne sont point des pèlerins catholiques; ainsi la partie de ces trésors qui devient l'héritage des couvents ne tombe point entre les mains des religieux latins. Si ces religieux reçoivent des aumônes de l'Europe, ces aumônes, loin de les enrichir, ne suffisent pas à la conservation des lieux saints qui croulent de toutes parts, et qui seront bientôt abandonnés faute de secours. La pauvreté de ces religieux est donc prouvée par le témoignage unanime des voyageurs. J'ai déjà parlé de leurs souffrances; s'il en faut d'autres preuves, les voici :

« Tout ainsi, dit le père Roger, que ce fut un religieux français qui eut pos-
« session des saints lieux de Jérusalem, ainsi le premier religieux qui a souffert
« le martyre fut un Français nommé *frère Limin*, de la province de Touraine,
« lequel fut décapité au Grand-Caire. Peu de temps après, frère Jacques et
« frère Jérémie furent mis à mort hors des portes de Jérusalem. Frère Conrad
« d'Alis Barthélemy, du mont Politian, de la province de Toscane, fut fendu
« en deux, depuis la tête jusqu'en bas, dans le Grand-Caire. Frère Jean d'É-
« ther, Espagnol de la province de Castille, fut taillé en pièces par le pacha de
« Casa. Sept religieux furent décapités par le sultan d'Égypte. Deux religieux
« furent écorchés tout vifs en Syrie.

« L'an 1637, les Arabes martyrisèrent toute la communauté des frères qui
« étaient au sacré mont de Sion, au nombre de douze. Quelque temps après,
« seize religieux, tant clercs que laïques, furent menés de Jérusalem en prison
« à Damas (ce fut lorsque Chypre fut pris par le roi d'Alexandrie, et y demeu-
« rèrent cinq ans, tant que l'un après l'autre y moururent de nécessité. Frère
« Cosme de Saint-François fut tué par les Turcs à la porte du Saint-Sépulcre,
« où il prêchait la foi chrétienne. Deux autres frères, à Damas, reçurent tant
« de coups de bâton qu'ils moururent sur la place. Six religieux furent mis à
« mort par les Arabes, une nuit qu'ils étaient à matines au couvent bâti à Ana-
« thot, en la maison du prophète Jérémie, qu'ils brûlèrent ensuite. Ce serait
« abuser de la patience du lecteur, de déduire en particulier les souffrances et
« les persécutions que nos pauvres religieux ont souffertes depuis qu'ils ont eu
« en garde les saints lieux. Ce qui continue avec augmentation, depuis l'an 1627
« que nos religieux y ont été établis, comme on pourra connaitre par les
« choses qui suivent, etc. (2). »

L'ambassadeur Deshayes tient le même langage sur les persécutions que les Turcs font éprouver aux Pères de Terre-Sainte.

« Les pauvres religieux qui les servent sont aussi réduits aucunes fois à de
« si grandes extrémités, faute d'être assistés de la chrétienté, que leur condition
« est déplorable. Ils n'ont pour tout revenu que les aumônes qu'on leur en-
« voie, qui ne suffisent pas pour faire la moitié de la dépense à laquelle ils

(1) Chap. XLVII, pag. 376
(2) *Description de la Terre-Sainte*, pag. 436.

« sont obligés; car, outre leur nourriture et le grand nombre de luminaires
« qu'ils entretiennent, il faut qu'ils donnent continuellement aux Turcs, s'ils
« veulent vivre en paix; et, quand ils n'ont pas moyen de satisfaire à leur
« avarice, il faut qu'ils entrent en prison.

« Jérusalem est tellement éloignée de Constantinople, que l'ambassadeur
« du roi qui y réside ne saurait avoir nouvelles des oppressions qu'on leur fait,
« que longtemps après. Cependant ils souffrent et endurent s'ils n'ont de l'ar-
« gent pour se rédimer; et bien souvent les Turcs ne se contentent pas de les
« travailler en leurs personnes, mais encore ils convertissent leurs églises en
« mosquées (1). »

Je pourrais composer des volumes entiers de témoignages semblables consi-
gnés dans les Voyages en Palestine; je n'en produirai plus qu'un, et il sera
sans réplique.

Je le trouve, ce témoignage, dans un monument d'iniquité et d'oppression
peut-être unique sur la terre, monument d'une autorité d'autant plus grande,
qu'il était fait pour demeurer dans un éternel oubli.

Les Pères m'avaient permis d'examiner la bibliothèque et les archives de
leur couvent. Malheureusement ces archives et cette bibliothèque furent dispersés il y a près d'un siècle : un pacha fit mettre aux fers les religieux, et les
emmena captifs à Damas. Quelques papiers échappèrent à la dévastation, en
particulier les firmans que les Pères ont obtenus, soit de la Porte, soit des souverains de l'Égypte, pour se défendre contre l'oppression des peuples et des
gouverneurs.

Ce carton curieux est intitulé :

Registro delli Capitolazioni, Cattiscerifi, Baratti, Comandamenti, Cgetti, Attestazioni,
Sentenze, Ordini dei Bascia', Giudici e Polizze, che si trovano nell' Archivio di questa
Procura generale di Terra-Santa.

Sous la lettre H, n° 1, pag. 369, on lit :

Instrumento del re saraceno Muzafar contiene : che non sia dimandato di vino da i religiosi
franchi. Dato alli 13 della luna di Regeb del anno 414.

Sous le n° 2 :

Instrumento del re saraceno Matamad contiene : che li religiosi franchi non siano moles-
tati. Dato alli 2 di Sciaval del anno 501.

Sous le n° 5, pag. 370.

Instrumento con la sua copia del re saraceno Amed Ciakmak contiene : che li religiosi
franchi non paghino a quei ministri, che non vengono per gli affari dei frati... possino sepelire
i loro morti, possino fare vino provizione... non siano obligati a montare cavalli per forza in
Rama; non diano visitare loco possessioni : che nessuno pretenda d' esser drogloromanno, se
non alcuno appoggio. Dato alli 10 di Sefer 609.

Plusieurs firmans commencent ainsi :

Copia autenticata d'un commendamento-ottenuto ad instanza dell' ambasciadore di Fran-
cia, etc.

(1) *Voyage du Levant*, pag. 409.

On voit donc les malheureux Pères, gardiens du tombeau de Jésus-Christ, uniquement occupés, pendant plusieurs siècles, à se défendre, jour par jour, de tous les genres d'insultes et de tyrannie. Il faut qu'ils obtiennent la permission de se nourrir, d'ensevelir leurs morts, etc.; tantôt on les force de monter à cheval sans nécessité, afin de leur faire payer des droits; tantôt un Turc se déclare leur drogman malgré eux, et exige un salaire de la communauté. On épuise contre ces infortunés moines les inventions les plus bizarres du despotisme oriental (1). En vain ils obtiennent à prix d'argent des ordres qui semblent les mettre à couvert de tant d'avanies; ces ordres ne sont point exécutés : chaque année voit une oppression nouvelle, et exige un nouveau firman. Le commandant prévaricateur, le prince, protecteur en apparence, sont deux tyrans qui s'entendent, l'un pour commettre une injustice avant que la loi soit faite, l'autre pour vendre à prix d'or une loi qui n'est donnée que quand le crime est commis. Le registre des firmans des Pères est un livre bien précieux, bien digne à tous égards de la bibliothèque de ces apôtres qui, au milieu des tribulations, gardent avec une constance invincible le tombeau de Jésus-Christ. Les Pères ne connaissaient pas la valeur de ce catalogue évangélique; ils ne croyaient pas qu'il pût m'intéresser; ils n'y voyaient rien de curieux : souffrir leur est si naturel qu'ils s'étonnaient de mon étonnement. J'avoue que mon admiration pour tant de malheurs si courageusement supportés était grande et sincère; mais combien aussi j'étais touché en retrouvant sans cesse cette formule: *Copie d'un firman obtenu à la sollicitation de M. l'ambassadeur de France*, etc.! Honneur à un pays qui, du sein de l'Europe, veille jusqu'au fond de l'Asie à la défense du misérable, et protége le faible contre le fort! Jamais ma patrie ne m'a semblé plus belle et plus glorieuse que lorsque j'ai retrouvé les actes de sa bienfaisance, cachés à Jérusalem dans le registre où sont inscrites les souffrances ignorées et les iniquités inconnues de l'opprimé et de l'oppresseur.

J'espère que mes sentiments particuliers ne m'aveugleront jamais au point de méconnaître la vérité : il y a quelque chose qui marche avant toutes les opinions; c'est la justice. Si un philosophe faisait aujourd'hui un bon ouvrage; s'il faisait quelque chose de mieux, une bonne action; s'il montrait des sentiments nobles et élevés, moi chrétien, je lui applaudirais avec franchise. Et pourquoi un philosophe n'en agirait-il pas ainsi avec un chrétien ? Faut-il, parce qu'un homme porte un froc, une longue barbe, une ceinture de corde, ne lui tenir compte d'aucun sacrifice? Quant à moi, j'irais chercher une vertu aux entrailles de la terre, chez un adorateur de Wishnou ou du grand Lama, afin d'avoir le bonheur de l'admirer : les actions généreuses sont trop rares aujourd'hui pour ne pas les honorer sous quelque habit qu'on les découvre, et pour regarder de si près à la robe du prêtre ou au manteau du philosophe.

(1) On voulut une fois massacrer deux religieux à Jérusalem parce qu'un chat était tombé dans la citerne du couvent. (*Roger*, page 330.)

FIN DU PREMIER VOLUME.

TABLE DES MATIERES

CONTENUES DANS CE VOLUME.

	Pages.
Préface pour l'édition de 1827.	1
Note sur la Grèce. — Avertissement.	4
Avant-propos. — Première partie	5
— — Deuxième partie.	12
Préface de la troisième édition de la note.	21
Note sur la Grèce.	23
Extrait d'un discours sur l'Histoire de France, lu à l'Académie française, dans sa séance tenue le 9 février 1826, à la réception de M. le duc Mathieu de Montmorency.	31
Opinion de M. le vicomte de Chateaubriand sur le projet de loi relatif à la répression des délits commis dans les échelles du Levant.	34
Amendement à l'article 1er du projet de loi sur la répression des crimes commis par des Français dans les échelles du Levant, et devant former le second paragraphe de cet article.	36
Discours en réponse à M. le garde des sceaux	36
Préface de la première édition de l'Itinéraire.	39
Préface de la troisième édition	41
Introduction. — Premier Mémoire	46
— — Deuxième Mémoire.	66

ITINÉRAIRE.

Ire PARTIE. — Voyage de la Grèce.		76
IIe PARTIE. — Voyage de l'Archipel, de l'Anatolie et de Constantinople.		167
IIIe PARTIE. — Voyage de Rhodes, de Jaffa, de Bethléem et de la mer Morte.		189
IVe PARTIE. — Voyage de Jérusalem		234

FIN DE LA TABLE.

En vente chez les mêmes éditeurs.

Louis XIV et son siècle, par A. Dumas, 63 gravures, 240 vignettes. 2 vol. grand in-8.

Monte-Cristo, par A. Dumas, 2 vol. grand in-8, 30 gravures sur acier.

Les Mousquetaires, par A. Dumas, 4 vol. grand in-8, 33 gravures.

Vingt ans après, par le même, 4 vol., 37 gravures.

La Régence et Louis XV, par A. Dumas, 15 gravures et 60 vignettes.

Œuvres littéraires de M. A. de Lamartine, 6 vol. grand in-8, 34 gravures.

Histoire de France, 6 beaux vol., 34 gravures.

Histoire de la Révolution, du Consulat et de l'Empire, par Dulaure, 4 vol. grand in-8, 8 gravures.

Histoire de la Restauration, du règne de Louis-Philippe et de la Révolution de 1848 jusqu'à la nomination du Président de la République, par Paul Lacroix (Bibliophile Jacob), 4 vol grand in-8, 8 gravures.

La Collection de l'Écho des Feuilletons, 11 vol., 120 gravures sur acier, et 300 gravures sur bois.

Le Vicomte de Bragelonne, par le même, 2 très-beaux vol. grand in-8, 60 gravures.

Histoire maritime de France, par M. Léon Guérin, historien titulaire de la marine, 6 vol. grand in-8, 40 gravures sur acier ou plans. Les deux derniers volumes, qui comprennent les événements maritimes depuis 1789 jusqu'en 1850, se vendent à part.

Histoire de Louis XVI et de la Révolution, par A. Dumas, 3 vol., 40 gravures.

Histoire de la vie de Louis-Philippe, par M. A. Dumas, 2 vol. grand in-8, avec 20 gravures sur acier.

LAGNY. — IMPRIMERIE DE VIALAT ET Cie.

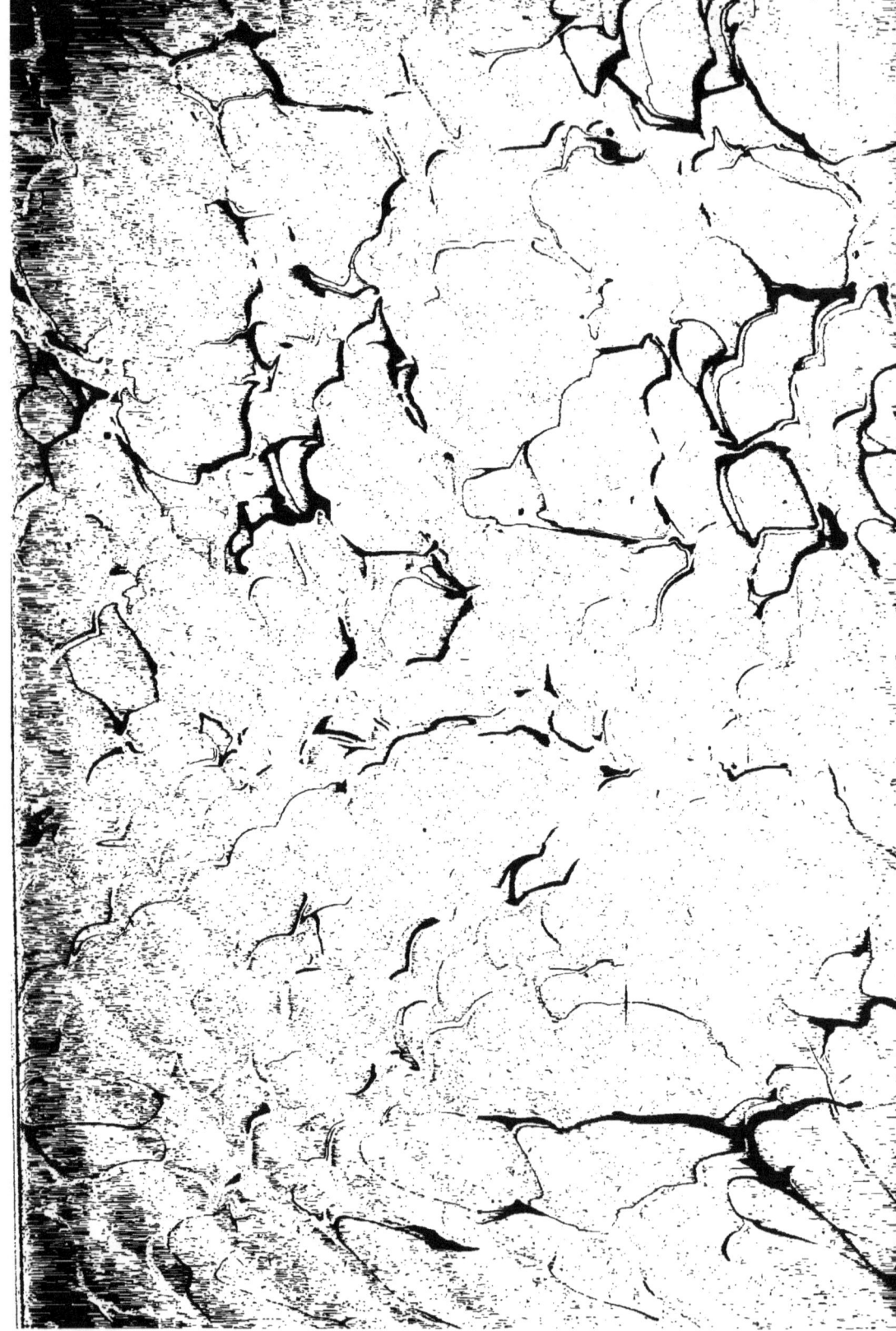

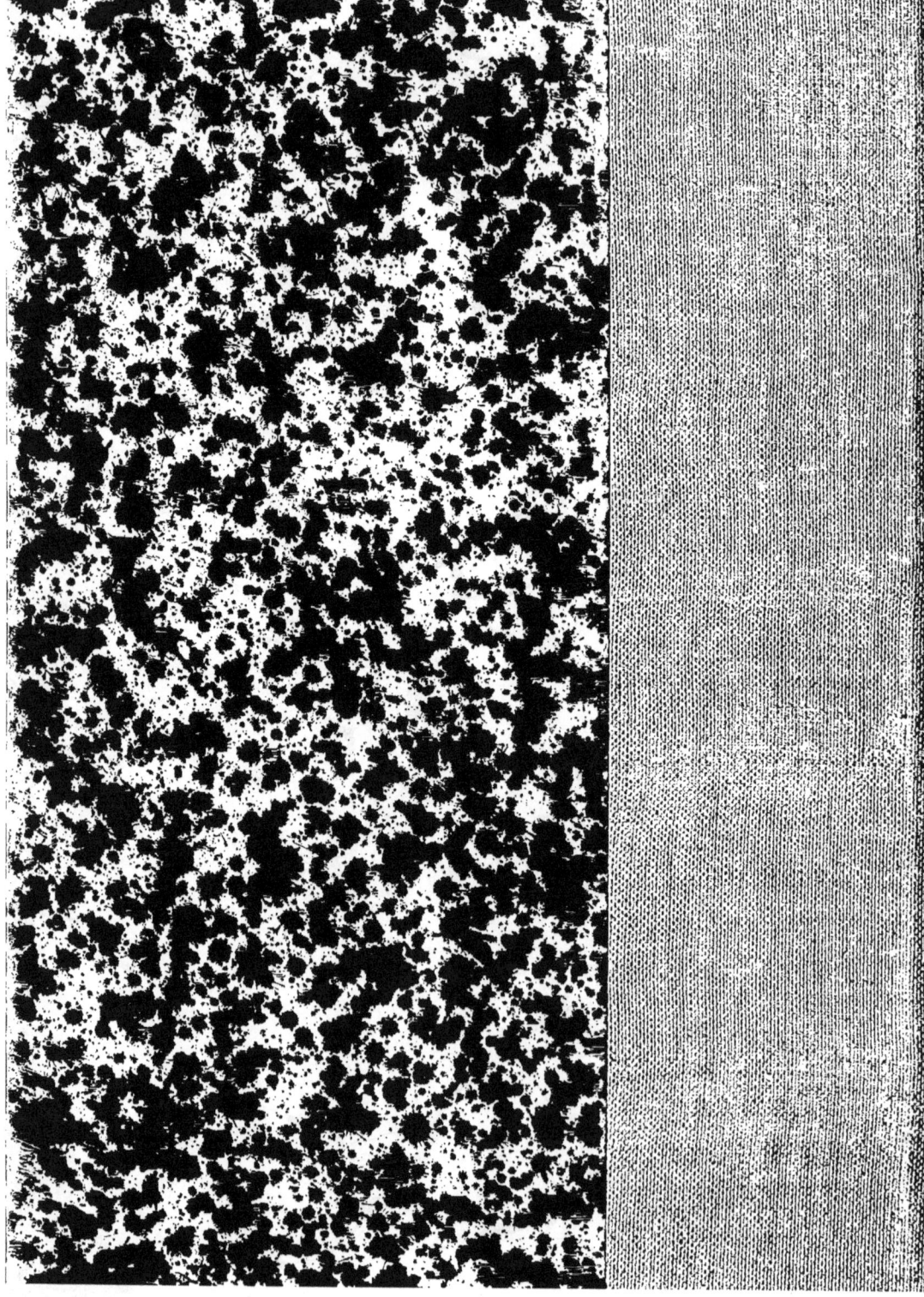

www.ingramcontent.com/pod-product-compliance
Lightning Source LLC
Chambersburg PA
CBHW071256160426
43196CB00009B/1316